भारतीय सिने-सिद्धान्त

भारतीय सिने-सिद्धान्त

डॉ. अनुपम ओझा

राधाकृष्ण प्रकाशन

ISBN : 978-81-7119-795-8

भारतीय सिने-सिद्धान्त

पहला संस्करण : 2002
चौथा संस्करण : 2021
पाँचवी आवृत्ति : 2022

मूल्य : ₹795

प्रकाशक
राधाकृष्ण प्रकाशन प्राइवेट लिमिटेड
जी-17, जगतपुरी, दिल्ली-110 051

शाखाएँ : अशोक राजपथ, साइंस कॉलेज के सामने, पटना-800 006
पहली मंजिल, दरबारी बिल्डिंग, महात्मा गांधी मार्ग, प्रयागराज-211 001
1, अनमोल सोराबजी संतुक लेन, धोबी तलाव, मरीन लाइंस, मुम्बई-400 002
वेबसाइट : www.radhakrishnaprakashan.com
ई-मेल : info@radhakrishnaprakashan.com

मुद्रक
राजकमल प्रेस
नई दिल्ली-110 002

BHARTIYA CINE-SIDDHANT
by Dr. Anupam Ojha

एक भारतीय सिने-सिद्धान्त की
रचना का आह्वान करनेवाले
बीसवीं सदी के भरत
दादा साहब फाल्के
को समर्पित

अपने पिता श्री ब्रह्मानन्द ओझा तथा माता श्रीमती रेशमा देवी को समर्पित जिनके सहयोग के बिना इस पुस्तक को पूरा कर पाना सम्भव नहीं होता।

देहरी

यह किताब प्रश्नों और जिज्ञासाओं का संकलन है। इसमें निष्कर्ष की उम्मीदें हैं, उत्तर नहीं। जो उत्तर ढूँढ़ने के आग्रही हों उनका आह्वान किया जाता है कि वे हमकदम बनें। हिन्दी सिनेमा एक साथ ढेर सारे मिले-जुले प्रभावों से परिचालित है—एक तरफ हॉलीवुड सिनेमा लोक-नाट्य रूपों तथा पारसी थिएटर की खिचड़ी, तो दूसरी तरफ पौराणिक मिथकों का रहस्यमय लोक-लुभावन स्वरूप, तीसरी तरफ इटैलियन नवयथार्थवादी सिनेमा का प्रभाव।

दादा साहब फाल्के ने भारतीय सिनेमा को व्याकरण के साँचे में कसने के लिए एक भारतीय सिने-सिद्धान्त की आवश्यकता महसूस की थी। वे भरत के 'नाट्यशास्त्र' के आधार पर एक सिने-सिद्धान्त गढ़ना भी चाहते थे लेकिन ऐसा नहीं कर पाए। उसके बाद आज तक किसी अन्य फिल्मकार, फिल्म-समीक्षक या फिल्म-चिन्तक ने इसका सुनियोजित प्रयत्न नहीं किया।

मैं दावा नहीं करता कि इस पुस्तक में भारतीय सिने-सिद्धान्त को ढूँढ़ निकाला गया है। लेकिन मैं विनम्रता के साथ कहना चाहता हूँ कि फाल्के से आज तक के फिल्म-चिन्तकों, फिल्मकारों आदि के जो विचार मुझे उपलब्ध हुए हैं, उन्हें मैंने एक सूत्र में गूँथने का प्रयत्न किया है। अपनी खोज को पुष्ट करने के लिए मुझे साहित्य-चिन्तकों, दार्शनिकों आदि के विचारों का सहयोग लेना पड़ा है, क्योंकि हिन्दी में सिनेमा-लेखन हिन्दीतर भाषाओं की तुलना में कम हुआ है।

हिन्दी साहित्य और हिन्दीभाषी समाज में सिनेमा समान रूप से कला के सम्मानित वर्ग से लम्बे समय तक तिरस्कृत रहा है। किन्तु मुझे दृढ़ विश्वास था कि जब सिनेमा ने समाज पर अपना प्रभाव डालना शुरू किया होगा, तब हिन्दी के जागरूक लेखकों ने जरूर इस पर सोचा होगा। इसलिए सामग्री की खोज में किताबों की पुरानी दुकान और पुरानी किताबों की दुकान से 'फिल्म-आर्काइव' तक मैं समान भाव से गया। आश्चर्यजनक ढंग से मुझे कुछ अद्‌भुत पुस्तकें प्राप्त हुईं। उनमें से भगवतीचरण वर्मा की पटकथा 'वासवदत्ता का चित्रालेख' में लिखी गई भूमिका और प्राक्कथन में सिनेमा से सम्बन्धित सभी महत्त्वपूर्ण प्रश्नों के उत्तर तलाशने के प्रयास के बीज-रूप मिल गए। अपनी ही भाषा में एक महत्त्वपूर्ण लेखक का मिल जाना जो मेरे जन्म से बीस साल पहले मेरी ही तरह सोच रहा है; मेरे लिए सुखद सहयोगी सिद्ध हुआ। हिन्दी में

'सवाक्-चित्र कहानी' (1935) तथा 'वासवदत्ता का चित्रालेख' (1952) ये दो पुस्तकें हैं, जिनमें पटकथा और सिने-भाषा में प्रयुक्त होनेवाली पदावलियों का उल्लेख है। मैंने अंग्रेजी की पुस्तकों से सहयोग लेते हुए पटकथा और सिने-सिद्धान्तों के ठोस स्वरूप को विश्लेषित करने की कोशिश की है।

सिने-सिद्धान्त की कुंजी खोजने के लिए मैंने प्रस्तुत पुस्तक को छः अध्यायों में विभाजित किया है–

1. कला और सिनेमा : विकासात्मक अध्ययन
2. सिनेमा, कला-सिनेमा : भेदपरक मूल्यांकन
3. कला-सिनेमा की विकास-यात्रा
4. कला-सिनेमा की कथा-पटकथा : संरचनात्मक विशिष्टताएँ
5. सिने-समीक्षा, कला-सिनेमा और उसकी जरूरत
6. एक भारतीय सिने-सिद्धान्त का अनुसन्धान

पहले अध्याय में मैंने कला की भारतीय तथा पश्चिमी अवधारणाओं और कला-इतिहास के आलोक में सिनेमा का एक कला-विधा के रूप में मूल्यांकन किया है। कला के दीर्घकालीन इतिहास के जिन पड़ावों से सिनेमा कला की निजी इकाई प्राप्त करने लगता है, उसको मैंने रेखांकित किया है। वस्तुतः सिनेमा ने पूर्ववर्ती सभी ललित कलाओं, उपयोगी कलाओं तथा कविता, नाटक, कहानी, उपन्यास को अपने भीतर समाहित कर, विज्ञान और व्यवसाय के समुचित सन्तुलन से अपना स्वरूप निर्मित किया है।

दूसरे अध्याय में मैंने 'कला-सिनेमा' तथा 'व्यावसायिक सिनेमा' के स्वरूप, उद्देश्य आदि के अन्तर्विरोधों और अन्तर्सम्बन्धों को विश्लेषित किया है। दोनों ही सिनेमा-स्वरूपों के व्यावसायिक आधारों के ठोस विश्लेषण पर भी मैंने ध्यान केन्द्रित किया है। मुनाफाखोरों के लिए सिनेमा सिर्फ एक उत्पाद है, जिस पर वस्तु-व्यापार के नियम लागू होते हैं। दूसरी तरफ कलात्मक अभिव्यक्ति का माध्यम बनानेवालों के लिए सिनेमा एक भाषा है, अभिव्यक्ति की एक कलात्मक शैली है। फिल्म कला है, परन्तु उद्योग भी है। फिल्म की समस्त कलात्मक सम्भावनाओं के मूल में प्रमुख रूप से उसकी व्यावसायिकता रही है।

सिनेमा का जन्म, कला के रूप में उसका विकास तथा सिनेमा-स्वरूपों पर विचार करने के बाद तीसरे अध्याय में मैंने कला-सिनेमा या 'समान्तर सिनेमा' नामक आन्दोलन के अध्ययन के आधार पर समूचे सिनेमा में उद्देश्योन्मुख सिनेमा की धाराओं के मूल बिन्दुओं तक पहुँचने का प्रयास किया है। चूँकि सिनेमा एक सार्वदेशिक विधा है। अतः किसी एक भाषा-विशेष की सिने-परम्परा की अन्तर्धारा को ढूँढ़ने, पहचानने के पथ से मुख्यधारा के कई उच्च बिन्दुओं पर रुकते-ठहरते विभिन्न भौगोलिक परिवेशों के बौद्धिक यात्रा-पथ से गुजरना लाजिमी है। लोकप्रिय सिनेमा में भी समाज-सार्थकता के उद्देश्यों का वस्तुपरक मूल्यांकन मेरा अभीष्ट है।

चौथे अध्याय में मैंने पटकथा की संरचनात्मक विशिष्टताओं का उद्घाटन तथा सिने-भाषा में खासतौर से पटकथा में प्रयुक्त होनेवाले पदों और तकनीकी शब्दों को हिन्दी में उपलब्ध कराने की कोशिश की है। जो शब्द हिन्दी में घुल-मिल गए हैं तथा जिनका अनुवाद सम्भव नहीं हुआ उन्हें छोड़कर हिन्दी से विजातीय शब्दों की आत्मा हिन्दी में उतारने का प्रयास किया है। सिनेमा दृश्यकाव्य का चरम वैज्ञानिक उत्कर्ष है। जिस तरह नाट्यालेख शब्द साहित्य की भी सम्पदा है; उसका अध्ययन श्रव्य-काव्य की तरह ही चाक्षुष रूप से भी किया जाता है, उसी तरह मैंने सिने-कथा और पटकथा के साहित्यिक स्वरूप को रेखांकित करने का प्रयास किया है। 'कला सिनेमा' और 'व्यावसायिक सिनेमा' में अन्तर का एक महत्त्वपूर्ण आधार सिनेमा में लेखक की स्थापना या बहिष्कार भी रहा है। मैंने हिन्दी 'कला सिनेमा' आन्दोलन में हिन्दी कथा-पटकथा और लेखक की भूमिका को विश्लेषित किया है।

पाँचवें अध्याय में मैंने सिनेमा-समीक्षा के इतिहास, प्रकार, उसका एक समालोचनात्मक विधा के रूप में अवलोकन, हिन्दी सिनेमा-समीक्षा की दशा तथा 'कला सिनेमा' या सार्थक सिनेमा को विकसित और स्थापित करने में 'सिनेमा लेखन' की भूमिका को मूल्यांकित किया है। हिन्दी सिनेमा लेखन का वर्तमान परिदृश्य अत्यन्त हृदय-विदारक है। कहने को खूब लिखा जा रहा है। लगभग हर अखबार, पत्रिका में सिनेमा पर कुछ-न-कुछ छपता ही रहता है। दसियों गॉसिप पत्रिकाएँ निकलती हैं और बाजारूपन को बढ़ावा देती रहती हैं। लेकिन एक सम्पूर्ण रचनात्मक फिल्म-पत्रिका हिन्दी में उपलब्ध नहीं है। हालाँकि हिन्दी में सिने-पत्रकारिता की शुरुआत 1933 (चित्रपट) में बहुत शालीन ढंग से हुई थी तथा सन् 1950 के बाद पत्रकारों, लेखकों की समूची पीढ़ी ने ('माधुरी', 'दिनमान', 'सारिका' आदि पत्रिकाओं में) गम्भीरतापूर्वक सिनेमा-लेखन किया। इस अध्याय में 'सिनेमा-लेखन' की परम्परा की कड़ियों को जोड़कर सार्थक सिनेमा के विकास के लिए गम्भीर सिनेमा-लेखन की आवश्यकता पर बल दिया गया है।

छठे अध्याय में मैंने भारतीय सिने-सिद्धान्त के अनुसन्धान की जरूरत पर ध्यान केन्द्रित किया है। भारतीय सिने-सिद्धान्त की तलाश में पश्चिमी कला का तुलनात्मक अध्ययन आवश्यक है। वस्तुतः सिनेमा का जन्म भी पश्चिम में हुआ तथा कलात्मक विकास के आवश्यक कदम भी वहीं बढ़ाए गए। दुनिया के अन्य देशों ने सिनेमा में अनुसन्धान किए गए, सिने-भाषा के प्रयोगों के परिणामों से लाभ उठाते हुए सहज ही अपने एक निजी स्वरूप का भी विकास किया है। अलग-अलग भौगोलिक, सामाजिक, राजनीतिक, सांस्कृतिक परिवेश में सिनेमा ने अपने अलग रूप विकसित किए हैं। भारतीय सिने-सिद्धान्त पर छिटपुट टिप्पणियों, लेखों, विचारों को एकत्रित कर सिने-सिद्धान्त का अवलोकन करना मेरे चिन्तन के मुद्दों में महत्त्वपूर्ण है।

सिनेमा की कला-भाषा का ठीक से शिक्षण नहीं होने के चलते, एक दृष्टिहीन सिनेमा का व्यावसायिक लुभावना सम्मोहन समाज पर आज भी हावी है।

समान्तर सिनेमा आन्दोलन को भारत में सरकारी सहयोग ने विकसित किया। समान्तर फिल्में समाज को सही पथ पर ले जाने का सार्थक कला रूप हैं। किन्तु दर्शकों के बीच समान्तर सिनेमा अपना स्थान नहीं बना पाया। उन कारणों को तलाश कर दूर कर दिया जाए, तो सिनेमा जैसा शक्तिशाली माध्यम समूचे समाज को सकारात्मक दिशा देने में सक्रिय हो सकेगा। समान्तर सिनेमा को बहुत सारे अवरोधों का सामना करना पड़ा, उन अवरोधों के आत्मगत और समाजगत कारणों के अनुसन्धान से एक समाजोपयोगी सिने-सिद्धान्त की सर्जना की जा सकती है। फिल्म-निर्माण की श्रमसाध्य यान्त्रिक प्रक्रियाओं और सिने-भाषा के अपने विशेष ढंग से परिचित होने के बाद जनमानस सम्मोहक, भ्रामक, नौटंकीनुमा सिनेमा से अलग श्रेष्ठ साहित्य, संगीत या अन्य कला रूपों की तरह श्रेष्ठ सिनेमा का भी रस प्राप्त करने में सक्षम हो सकेगा। सिनेमा समूचे समाज को सर्वाधिक तेजी से प्रभावित कर सकता है, और करता है। उसके भावी परिणामों का मूल्यांकन समाज के हित में अत्यावश्यक है।

मैं उम्मीद करता हूँ कि यह पुस्तक भारतीय सिने-सिद्धान्त को लेकर किंचित भी चिन्तित व्यक्तियों को गम्भीरता से सोचने के लिए तथ्य उपलब्ध कराएगी, साथ ही एक सामूहिक प्रयास के लिए प्रेरित करेगी। बीसवीं सदी में तो दादा साहब फाल्के की सत्-कामना उनके पश्चगामियों के द्वारा प्रतिफलित नहीं हो सकी। लेकिन आशा की जा सकती है कि इक्कीसवीं सदी के आरम्भिक चरण में यह महत् कार्य सम्पन्न हो जाएगा।

—अनुपम

आभार

प्रस्तुत पुस्तक मेरे शोध-प्रबन्ध (कला-सिनेमा की कथा-पटकथा) के आधार पर तैयार की गई है, जिसे सत्र 1998 में काशी हिन्दू विश्वविद्यालय के हिन्दी विभाग से पी-एच.डी. उपाधि से विभूषित किया जा चुका है। इस पुस्तक को तैयार करने में मेरे शोध-निर्देशक और गुरु डॉ. बलिराज पांडेय तथा आदरणीय मित्र श्री अखिलेश्वरी नाथ ने प्रेरक भूमिका निभाई है। उनके प्रति मैं सतत् आभारी हूँ।

शोध के दौरान मैंने पूना फिल्म एवं टेलीविजन संस्थान से एफ.ए. किया। उस दौरान फिल्मकारों, शिक्षकों तथा विद्यार्थियों से मिले सहयोग के बिना इस पुस्तक के लिए सामग्री संकलित कर पाना सम्भव नहीं हो पाता। उनके सहित मैं अपने सभी मित्रों, गुरुजनों और हर कदम पर साथ देनेवाली अपनी भार्या तथा माता-पिता के प्रति आभारी हूँ।

सबसे अन्त में राधाकृष्ण प्रकाशन प्रा.लि., श्री अशोक महेश्वरी, श्री हरीश आनन्द, श्री महेश दत्त आदि का मैं विशेष आभारी हूँ, जिन्होंने इस शोध को पुस्तक के रूप में पाठकों तक पहुँचाने का महत् कार्य किया है।

—डॉ अनुपम ओझा

विषय सूची

प्रथम अध्याय

कला और सिनेमा : विकासात्मक अध्ययन

दो अक्षरों का यह शब्द 'कला' अपने आयतन में बहुत बड़ा कलेवर समेटे हुए है। मानवता के विकास के साथ इस शब्द का अर्थ-विस्तार और संकुचन होता रहा है। कला का दोनों ही स्थितियों में सृजन से सम्बन्ध रहा है। कला के सन्दर्भ में भारतीय तथा पश्चिमी मत भिन्न-भिन्न हैं, किन्तु दोनों ही परम्पराओं में सिनेमा का कला के रूप में मूल्यांकन करें। इससे पहले कला के सम्बन्ध में मान्य मतों का एक अनुवीक्षण कर लेना आवश्यक है। सिनेमा सभी कलाओं के चरम विकास की अवस्था में जन्म लेता है। एक तरफ सिनेमा को कला तथा साहित्य के मूल्यांकन के पूर्वनिर्मित मानदंड विपुल मात्रा में उपलब्ध हुए, तो दूसरी तरफ इसके सहयोग और संघर्ष में उसके अपने मानदंड निर्मित हुए।

कला की भारतीय अवधारणा

कला के सन्दर्भ में सुप्रसिद्ध इतिहासविद् श्री भगवतशरण उपाध्याय का कहना है– "ललित आकलन कला है। कालिदास ने 'ललिते कलाविधे' का जो 'रघुवंश' में उल्लेख किया है, वह इसी प्रसंग में है। अभिराम अंकन चाहे वह वाग्विलास के क्षेत्र में हो, चाहे राग रेखाओं में, चाहे वास्तुशिल्प में, वह कला है। प्रकृति जो देती है, वह कलाकार नहीं देता। न कलाकार प्रकृति का यथावत रूपायन करता है। यह काम छाया-शिल्पी या फोटोग्राफर का है। कला प्रकृति को अपनी दृष्टि से देखती है। कलाकार दृश्य में पैठकर, प्रायः उससे एकीभाव होकर उसे देखता है, सिरजता है। वह प्रकृति को अपनी तूलिका, छेनी अथवा लेखनी से सँवार देता है। नंगी प्रकृत स्थिति में कलावन्त, जो अपने माध्यम से अन्तर डाल देता है, वही कला है। प्रकृति रात बनाती है। कलावन्त दीप बनाता है।"[1]

उपरोक्त टिप्पणी से स्पष्ट है कि लेखक छेनी, तूलिका और लेखनी द्वारा होनेवाले सृजनात्मक कर्म को कला के अन्तर्गत समेटते हैं। किन्तु कैमरे को यथा-तथ्य रूपायन का माध्यम भर मानते हैं। वस्तुतः कैमरे को दृश्यविधा की कलम या तूलिका का मान प्राप्त करने में काफी समय लगा। लेखनी से किए गए कर्म को कला के अन्तर्गत समेटने में भी हेगेल आदि पश्चिमी दार्शनिकों की दृष्टि का योगदान रहा है, क्योंकि भारतीय दृष्टि से काव्य तथा कला को भिन्न-भिन्न माना गया है।

इस सन्दर्भ में सुप्रसिद्ध निबन्ध 'काव्य और कला' में जयशंकर प्रसाद लिखते हैं कि, "काव्य की विवेचना में प्रथम विचारणीय विषय उसका वर्गीकरण हो गया है तथा उसके लिए सम्भवतः हेगेल के अनुकरण पर काव्य का वर्गीकरण कला के अन्तर्गत किया जाने लगा है। यह परम्परागत विवेचनात्मक वर्गीकरण जर्मन दार्शनिक शैली का वह विकास है, जो पश्चिम में ग्रीक की विधारधारा तथा अनुकूल सौन्दर्यबोध के सतत अभ्यास से हुआ है।"[2] वे अपने निबन्ध में इस विचारधारा और सौन्दर्यबोध के भारतीय मौलिक उद्‌गम के अनुसन्धान का प्रयास करते हैं। वस्तुतः सौन्दर्य-बोध विशेष देश-काल और संस्कृति से प्रभावित तथा निर्मित होता है। विष्णुस्वरूप का कहना है–"पपीहे की बोली को हमारे यहाँ 'पी कहाँ' के अर्थ में ग्रहण किया जाता है, तो अंग्रेजी में Brain fever (मस्तिष्क ज्वर) के अर्थ में तथा मराठी में 'पाओस आल' (पावस आता है) के अर्थ में ग्रहण किया जाता है।"[3]

सौन्दर्यानुभूति के देशकालातीत होने पर भी सौन्दर्य के विशिष्ट आदर्श अवश्य ही देश और काल की सीमाओं से आबद्ध रहते हैं। विभिन्न भौगोलिक परिस्थितियों में सौन्दर्य के पृथक्-पृथक् आदर्श जन्म लेते और पोषित होते हैं, तथा युगानुरूप भावनाओं से वे संस्कार ग्रहण करते चलते हैं, विकास और ह्रास के क्रम भी उनमें विद्यमान रहते हैं।

काव्य और कला के वर्गीकरण के सन्दर्भ में भारतीय दृष्टि सर्वथा भिन्न रही है। जयशंकर प्रसाद लिखते हैं कि "काव्य-मीमांसा से पता चलता है कि भारत के दो प्राचीन महानगरों में दो तरह की परीक्षाएँ अलग-अलग थीं। काव्यकार की परीक्षा उज्जयिनी में और शास्त्रकार की परीक्षा पाटलिपुत्र में होती थी। इस तरह भारतीय ज्ञान दो भागों में विभक्त था। काव्य की गणना विद्या में थी और कलाओं का वर्गीकरण उपविद्या में था। कला से जो अर्थ पाश्चात्य विचारों में लिया जाता है, वैसा भारतीय दृष्टिकोण में नहीं।"[4] वे आगे लिखते हैं, "कला को भारतीय दृष्टि में उपविद्या मानने का जो प्रसंग आता है, उससे यह प्रकट होता है कि यह विज्ञान से अधिक सम्बन्ध रखती है। उसकी रेखाएँ निश्चित सिद्धान्त तक पहुँचा देती हैं। सम्भवतः इसीलिए 'काव्य समस्या पूरण' इत्यादि भी छन्दशास्त्र और पिंगल के नियमों के द्वारा बनने के कारण उपविद्या-कला के अन्तर्गत माना गया है। छन्दशास्त्र काव्योपजीवी कला का शास्त्र है। इसलिए यह भी विज्ञान का अथवा शास्त्रीय विषय है। वास्तुनिर्माण, मूर्ति तथा शास्त्रीय दृष्टि से शिल्प कहे जाते हैं, इन सबकी विशेषता भिन्न-भिन्न होने पर भी, यह सब एक ही वर्ग की वस्तुएँ हैं।

> भवन्ति शिल्पिनो लोके चतुर्धा स्व-स्व कर्मभिः।
> स्थपतिः सूत्रग्राही च वर्धकिस्तक्षकस्तथा॥
>
> (मयमयतम, अध्याय 5)

चित्र के सम्बन्ध में भी–

> चित्रा भासमिति ख्यातंपूर्वैः शिल्पविशारदैः।
>
> (शिल्परत्न, अध्याय-16)

इस तरह वास्तु-निर्माण, मूर्ति और चित्र शिल्प-शास्त्र के अन्तर्गत हैं। काव्य के प्राचीन आलोचक दंडी ने कला के सम्बन्ध में लिखा है–'नृत्यगीत प्रभृतयः कला कामार्थ संश्रयाः' (3-162), नृत्यगीत आदि कलाएँ कामाश्रय कलाएँ हैं और इन कलाओं की संख्या भी वे चौसठ बताते हैं, जैसा कि कामशास्त्र या तन्त्रों में कहा गया है–इत्थं कला चतुःषष्ठि विरोधः साधु नीयताम (3-171)। काव्यादर्श में दंडी ने कलाशास्त्र के माने हुए सिद्धान्तों में प्रमाद न करने के लिए कहा है, अर्थात्–काव्य में यदि इन कलाओं का कोई उल्लेख हो तो उसी कला के मतानुसार इससे प्रकट हो जाता है कि काव्य और कला भिन्न वर्ग की वस्तुएँ हैं। नतंज्ञानं न तच्छिल्पं न सा विद्या न सा कला (1-117 भरत नाट्यम्) की व्याख्या करते हुए अभिनव गुप्त कहते हैं–'कला गीत वाद्यारिका'। इसी से गाने-बजानेवालों को अब भी कलावन्त कहते हैं।

भामह ने भी जहाँ काव्य का विषय सम्बन्धी विभाग किया है, वहाँ वस्तु के चार भेद मानते हैं–देव चरित शंसि, उत्पाद्य, कलाश्रय और शास्त्राश्रय। यहाँ भामह का तात्पर्य है कि कला सम्बन्धी विषयों को लेकर भी काव्य का विस्तार होता है। काव्य का एक विषय कला भी है।"[5]

इस प्रकार हम देखते हैं कि कला का वर्गीकरण हमारे यहाँ भिन्न रूप में हुआ है। जहाँ एक तरफ काव्य और कला को भिन्न माना गया है, वहीं दूसरी तरफ इनमें आपसी गाढ़े अन्तर्सम्बन्ध को भी स्वीकार किया गया है। भारतीय आचार्यों ने काम को भी कला के अन्तर्गत रखा है। कामशास्त्री श्री कल्याण मल्ल का कहना है कि " 'सूरत भेद निरूपक प्रकरण' को कई नामों से पुकारा जाता है। इसे कला की संज्ञा दी जाती है और कामकला कहा जाता है। पांचालिकी कला भी इसकी एक संज्ञा है, इसे चतुषष्टि कला भी कहा जाता है।"[6] वात्स्यायन ने दो प्रकार की कलाओं का विवेचन किया है– संगीतादि कलाएँ जिनका उपयोग किसी बाला को सुगृहिणी बनाने के लिए होता है, और काम कलाएँ जिनका उपयोग प्रेममय जीवन का भरपूर आनन्द लेने के लिए होता है। दोनों प्रकार की कलाओं की संख्या चौसठ है। वृहत् हिन्दी कोश में शास्त्रीय मान्यता की चौसठ कलाओं का उल्लेख किया गया है, जो यथावत् प्रस्तुत हैं–

काव्यशास्त्र के अनुसार चौंसठ कलाएँ मानी गई हैं। वे ये हैं–गीत, वाद्य, नृत्य, नाट्य, आलेख्य-(चित्रकारी), विशेष कच्छेद्य (ललाट पर तिलक बनाना), तंडुल कुसुमकलि विकार (चावल तथा फूलों का चौक बनाना), पुष्पातरण (फूलों की सेज बनाना), दश्नवसनांग राग (दाँतों, कपड़ों तथा अंगों को रँगना), मणिभूमिका कर्म (घर सजाना), शयनरचना, उद्यक वाद्य (जलतरंग बजाना), उदकघात-गुलाब जलादि छिड़कना, चित्रायोग-जवान को बूढ़ा, बूढ़ों को जवान बनाना, माल्य-ग्रन्थ-विकल्प (माला गूँथना), केश शेखरा पीड योजन (सिर पर फूल सजाना), नेपथ्य योग-वस्त्राभूषण आदि पहनाना, कर्णपथ भग (कर्ण फूलादि बनाना), गन्धयुक्ति-इत्र-फुलेल बनाना, भूषण योजन, इन्द्रजाल, कौचुमार योग (कुरूप को सुन्दर बनाने का उबटनादि तैयार करना), हस्तलाघव, चित्रशाकापूप- भक्ष्य-विकार-क्रिया (तरह-तरह के शाक, पूप, पकवानादि बनाना),

पानकरस-रागमय योजन (शर्वत आसवादि बनाना), सूचीकर्म–(सीने का काम), सूत्रकीड़ा (बेल बूटे काढ़ना), प्रहेलिका, प्रतिमाला–(अंत्याक्षरी), दुर्वाचक योग (कठिन पदों का अर्थ करना), पुस्तक वाचन, नाटिकाख्यायिका-दर्शन (नाटक देखना-दिखाना), काव्य समस्या पूरण (समस्यापूर्ति), पट्टिकावेत्र-वाण-विकल्प (नेवार, बाध इत्यादि से चारपाई बुनना), तर्कु कर्म, तक्षण, वास्तुविद्या, रूप्यय-रत्न परीक्षा, धातुवाद (कीमियागिरी), मणिराग ज्ञान (रत्नों के रंग जानना), आकार ज्ञान (खानों की विद्या), वृक्षायुर्वेद योग, मेष-कुक्कुट लावक युद्ध विधि, शुक-सारिका-प्रलापन, उत्सादन-उबटन लगाना, केशमार्जन-कौशल, अक्षर मुष्ठिका-कथन-उँगलियों के संकेत से बोलना, म्लेच्छितक विकल्प (विदेशी भाषाएँ जानना), देश-भाषा ज्ञान, पुष्प-शकटिका-निमित्त ज्ञान (दैवी लक्षण देखकर भविष्य कथन), यन्त्रमातृका-यन्त्र ज्ञान, धारणा-मातृका-स्मरण बढ़ाना, संपाठ्य (किसी के कुछ पढ़ने पर उसी प्रकार पढ़ देना), मानसी-काव्य क्रिया–(मन में काव्य कर सुनाते जाना), क्रिया-विकल्प (क्रिया का प्रभाव बदल देना), छलितक योग (ऐयारी करना), अभिधान कोपच्छन्दों-ज्ञान, वस्त्रगोपन (कपड़ों की रक्षा), द्यूतिविशेष, आकर्षण क्रीड़ा (पासा फेंकना), बालक्रीड़ा कर्म (बच्चों को खिलाना), वैनायिकी विद्या ज्ञान (विनय तथा शिष्टाचार), वैजयिकी विद्या ज्ञान तथा वैतालिकी विद्या ज्ञान-गाने बजाने आदि की विद्या।"[7] चौंसठ कलाओं में भी स्थापत्य, मूर्तिकला, चित्रकला, संगीत तथा रंगमंच को विशेष स्थान प्राप्त है। नाट्य को काव्य तथा कला दोनों में समान स्थान प्राप्त है। भरतमुनि नाट्य के लिए दृश्यकाव्य शब्द का प्रयोग करते हैं। सिनेमा वस्तुतः दृश्यकाव्य का ही विकास है। इस तरह भारतीय दृष्टि से भी सिनेमा के बारे में कला के अन्तर्गत विचार किया जा सकता है। किन्तु इस सन्दर्भ में विवेचन से पहले भारतीय कला के इतिहास पर संक्षिप्त दृष्टि डाल लेना परमावश्यक है। भगवतशरण उपाध्याय लिखते हैं :

"भारत की कला का विस्तार बड़ा है, प्रायः पाँच सहस्राब्दियों लम्बा और इस काल प्रसार में जितना और जैसा उसने सिरजा है, वह कला-समीक्षक या इतिहासकार के लिए समस्या प्रस्तुत कर देता है। सिन्धु सभ्यता के बाद, ईसा पूर्व दूसरी सहस्राब्दी के बाद तो निःसन्देह वैदिक उदासीनता के कारण स्थापत्य, भास्कर्य आदि की प्रगति टूट जाती है और उस सभ्यता तथा मौर्यकाल की कृतियों के बीच एक दीर्घ कालान्तर पड़ जाता है, प्रायः डेढ़ हजार साल का, पर मौर्य युग (लगभग ई.पू. 322–ई.पू. 190) से जिस कला साधना का प्रारम्भ होता है, वह अद्यावधि अटूट चली आती है, यद्यपि उसके रूप, प्रकारों और अभिप्रायों में आनेवाली अभारतीय जातियों के प्रभाव से अन्तर पड़ता जाता है।"[8]

सौन्दर्यानुभूति सम्बन्धी विचारों और प्रतीकों के क्रम विकास का अध्ययन करते हुए जयशंकर प्रसाद भी ऐसी ही कठिनाइयों से दो-चार होते हैं–"बीच-बीच में इतने अभाव या अन्धकार काल हैं कि उनमें कितनी ही विरुद्ध संस्कृतियाँ भारतीय रंगस्थल पर अवतीर्ण और लुप्त होती दिखाई देती हैं, जिन्होंने हमारी सौन्दर्यानुभूति के प्रतीकों को अनेक प्रकार से विकृत करने का ही उद्योग किया है।"[9] आनेवाली संस्कृतियों ने

जहाँ एक तरफ कला, साहित्य तथा सौन्दर्य सम्बन्धी सिद्धान्तों के अद्यावधि विकास को अवरुद्ध किया है, तो दूसरी तरफ कुछ जोड़ा भी है। भगवतशरण उपाध्याय कहते हैं– ''मौर्यकाल से कुछ पहले ही इस देश में कला के प्रति लोगों की निष्ठा सचेष्ट हुई थी, पर उस काल के ईरानी सम्पर्क से उसमें विशेष प्रगति हुई, और बड़ी तीव्रता से कलाकारों ने भारत का आँगन अनुपम कलादर्शों से भर दिया। शुंग और यवन, शक और पल्लव, तुखार और गुर्जर एक के पश्चात एक भारत की धरा पर कला की अभिराम कृतियाँ कोरते चले गए।''[10]

भारतीय कला की प्रगति में सिन्धु सभ्यताकाल, मौर्यकाल, यवन-शक-कुषाणकाल और गुप्तकाल क्रमशः प्रथम, द्वितीय, तृतीय तथा चतुर्थ युग प्रस्तुत करते हैं। भारतीय कला का इतिहास पूर्वकाल सिन्धु घाटी की सभ्यता का है, जो लगभग 2500 ई.पू. से 500 ई.पू. तक है। मौर्यकाल का विस्तार ई.पू. चौथी सदी से प्रायः ई.पू. दूसरी सदी तक है। शुंग काल का विस्तार दूसरी-पहली सदी ई. तक है। कुषाणकाल का विस्तार पहली से तीसरी सदी ई. तक है। गुप्तकाल का चौथी सदी ई. से छठी तक है। मध्यकाल 600 ई. से 1200 ई. तक माना जाता है। इसे पूर्व मध्यकाल (700 से 900) तक उत्तर मध्य काल (900 ई. से 1200 ई.) दो खंडों में बाँटा जाता है। आचार्य भगवतशरण उपाध्याय का कहना है–''यह कालमान केवल मूर्तिकला के सन्दर्भ में विशेष सार्थकता रखता है, क्योंकि स्थापत्य में मन्दिर निर्माण और उसकी कला का मध्याह्न तो वस्तुतः 1200 ई. के बाद ही आता है। चित्रकला भी अजन्ता और बाघ के पश्चात् फिर से तारुण्य उस काल के बाद ही धारण करती है। संगीत के पक्ष में तो यह और सही है। संगीत निःसन्देह भारत में अतिप्राचीन काल से प्रौढ़ रूप में चला आता है पर उसकी काया भी मध्ययुग में, यथार्थतः तो उसके भी पश्चात् सजती है। संगीत के अधिकतर ग्रन्थ मुस्लिम काल में लिखे गए।''[11] अवरोधों और अन्धकार काल के बावजूद उन्नीसवीं सदी के मध्य तक भारतीय कला के विकास को एक क्रम देने की कोशिश की गई। साथ ही इसके अपने मूल्यों-मापदंडों का उत्खनन शुरू हुआ।

निहार रंजन रे कहते हैं–''ऐतरेय ब्राह्मण (भाग 5, 1) में एक महत्त्वपूर्ण परिच्छेद आता है, जिसमें भारत में पहली बार किसी के द्वारा कला को परिभाषा में बाँधने की कोशिश की गई है। इसके अनुसार कोई भी कृति तभी कलात्मक हो सकती है, जब वह दो अनिवार्य शर्तें पूरी करती हो : (क) इसे विशेष कौशल द्वारा तैयार किया गया हो और (ख) उसे छन्दोबद्ध होना चाहिए। यानी उसमें लय, सन्तुलन, अनुपात, और सामंजस्य होना चाहिए।''[12] ऐतरेय ब्राह्मण, जातक, महाभारत आदि से यही सिद्ध होता है कि मनुष्यों द्वारा बनाई गई वस्तुएँ जिनके निर्माण में कुछ कौशल जरूरी था, शिल्प कहलाती थीं और निर्माण क्रिया को शिल्प-कर्म कहा जाता था। महाभारत और जातक कथाओं में भी 18 परम्परागत शिल्प कलाओं का जिक्र मिलता है।

भगवतशरण उपाध्याय, निहार रंजन रे जैसे कलाविद् तथा साहित्य के समालोचक विद्वानगण कला के पारम्परिक मूल्यों-मानदंडों का उत्खनन करते हुए, बीसवीं सदी में

अपने विकास की ओर अग्रसर नवीनतम रचनात्मक विधा सिनेमा को कला के अन्तर्गत स्थान देने के सन्दर्भ में विचार नहीं करते। यह परम्परा लगभग वर्तमान तक चली आ रही है। किन्तु सिनेमा के विषय में गम्भीरता से सोचने की एक अन्य परम्परा विकसित होती है, जो पश्चिम तथा पूर्व के मिले-जुले प्रयासों से सम्भव हुई है।

फिल्म शिक्षक श्री सतीश बहादुर लिखते हैं–"इस किस्म की बौद्धिक कवायद पहले 'फिल्म सराहना' (Film Apreciation) कही जाती थी। यह नाम चालीसवें दशक तक बल्कि पचासवें दशक के पूर्वार्ध तक समीचीन माना जा सकता है। जब सिनेमा अपने आपको 20वीं सदी की एक नई कला-विधा के रूप में प्रतिष्ठित करने के लिए संघर्ष करते हुए कला विधाओं की श्रेणी में प्रवेश के लिए प्रयासरत था। आज लगभग पूरे 100 वर्षों से फिल्म हमारे साथ है। इस दौरान निश्चित रूप से इसने अपने लिए एक शास्त्रीय कला-विधा के रूप में जगह बना ली है।"[13]

कला की पश्चिमी अवधारणा

बीसवीं सदी के मध्य तक विचार मन्थनों तथा संचार माध्यमों से एक-दूसरे के दृष्टिकोणों में श्रेष्ठतम को स्वीकारने की प्रवृत्ति पश्चिमी तथा पूर्वी देशों में बढ़ी। कला शब्द भारतीय आलोचनाशास्त्र में भी विस्तार पाता गया और साहित्य के साथ सिनेमा को भी उसने अपने कलेवर में समेट लिया। अब कैमरे से होनेवाली रचना को भी कला का दर्जा प्राप्त हो गया। इससे पहले कि सिनेमा का एक कला-विधा तथा नवीनतम भाषा के रूप में मूल्यांकन किया जाए, यह आवश्यक है कि कला के सन्दर्भ में पश्चिमी अवधारणा और इतिहास पर एक नजर डाल ली जाए। जयशंकर प्रसाद लिखते हैं–"कला की ऐतिहासिक और वैज्ञानिक विवेचन होने की सम्भावना जैसी पाश्चात्य साहित्य में है, वैसी भारतीय साहित्य में नहीं। उनके पास अरस्तू से लेकर वर्तमान काल तक की सौन्दर्यानुभूति सम्बन्धी विचारधारा का क्रम विकास और प्रतीकों के साथ-साथ उनका इतिहास तो है ही, सबसे अच्छा साधन उनकी अविच्छिन्न सांस्कृतिक एकता है।"[14] फिर भी पाश्चात्य वर्गीकरण में भी मतभेद दिखलाई पड़ते हैं। कला को मूर्त तथा अमूर्त में बाँटकर देखने की पद्धति से बार-बार इस शब्द की अर्थ सीमा का विस्तार और संकुचन हुआ है। ई.एम.एस. नम्बूदरीपाद के अनुसार, "सौन्दर्य का मूल्यांकन करने के लिए कोई शाश्वत अपरिवर्तनीय नियम नहीं होते। चेतना के अन्य रूपों की भाँति सौन्दर्यबोध ऐतिहासिक विकास की उपज है। एक ही देश में सौन्दर्यबोध पीढ़ी-दर-पीढ़ी बदलता रहता है।"[15]

प्लेटो कला को सत्य की अनुकृति की अनुकृति कहता है तथा कविता का संगीत के अन्तर्गत वर्णन करता है किन्तु बाद के विचारक कविता को अमूर्त संगीत-कला से ऊँचा दर्जा देते हैं। हेगेल कला को आधिभौतिक सत्ता को व्यक्त करने का माध्यम मानते हैं तथा उसके ऊपर धर्मशास्त्र और दर्शन को स्थान देते हैं। अरस्तू कला को अनुकरणीय

मानते हैं। वस्तुतः प्लेटो, अरस्तू, होरेस, लौंगिनुस, वर्ड्सवर्थ, कॉलरिज, मैथ्यू आर्नल्ड, क्रोचे, इलियट, रिचर्ड्स् तक कला, साहित्य सम्बन्धी विचारों की एक शृंखलाबद्ध परम्परा दिखती है। पश्चिम में प्राचीन काल में सात तरह की गतिविधियों को कला कहते थे– इतिहास, कविता, सुखान्तकी, दुखान्तकी, संगीत, नृत्य तथा खगोल विद्या। सभी अपनी प्रेरक शक्तियों (Muse) से संचालित होते थे तथा सबके अपने नियम और उद्देश्य थे। वे ब्रह्मांड और अपने स्थान की व्याख्या के अस्त्र (Tools) थे। वे अस्तित्व के रहस्यों को समझने की पद्धतियाँ थे। परिणामतः वे धार्मिक गतिविधियों के हिस्से थे। प्रस्तुति कलाएँ धार्मिक विधि-विधानों का आवश्यक अंग थीं। जेम्स मोनाको लिखते हैं–''कला शब्द का इतिहास पश्चिमी सभ्यता के सन्दर्भ में सूचनाओं से भरा-पूरा है। समय के साथ-साथ इस शब्द की सीमाएँ धीरे-धीरे किन्तु सार्थक स्वरूप में परिवर्तित हुई हैं। यह मानवीय प्रयत्न के एक विस्तृत क्षेत्र को आच्छादित करता है।''[16] पाश्चात्य सभ्यता, संस्कृति, साहित्य, दर्शन, कला, विज्ञान आदि के मूल स्रोत का सन्धान करनेवाले को अनिवार्यतः उस भूखंड में पहुँचना पड़ता है, जिसे ग्रीक या यूनान कहते हैं। इसी भूखंड में जन्मे मनीषियों के चिन्तन के परिणामस्वरूप कला शब्द का संकुचन या विस्तार ऐतिहासिक क्रम में मुख्यतया विकसित हुआ। बीसवीं सदी के प्रख्यात दार्शनिक बर्ट्रेंड रसेल ने कहा है कि ''सम्पूर्ण इतिहास में कुछ भी इतना आश्चर्यकर या अव्याख्येय नहीं है जितना यूनान में सभ्यता का आकस्मिक उदय। छठी शताब्दी ई.पू. में अकस्मात् एक ज्योति प्रज्वलित होती है, जिसके अलौकिक आलोक में एथेंस में ज्ञान-विज्ञान का प्रत्येक क्षेत्र उद्भासित हो उठता है।''[17]

तेरहवीं सदी से पहले पश्चिमी मनीषियों की दृष्टि में यदि इतिहास जातियों की कहानियों का दस्तावेज था तो खगोलशास्त्र स्वर्ग की तलाश का माध्यम। विज्ञान और समकालीन संस्कृति की जड़ें इन सभी सातों शास्त्रीय कलाओं के उत्खनन से ही मिल सकती हैं। उदाहरण के लिए इतिहास सिर्फ आधुनिक समाज विज्ञान का ही नेतृत्व नहीं करता वरन् गद्य साहित्य (उपन्यास, कथा आदि) का भी नेतृत्व करता है।

भारतीय इतिहास-लेखन की पद्धति पश्चिमी इतिहास-लेखन की पद्धति से बहुत भिन्न रही है। पश्चिमी इतिहास जहाँ तारीखों और दस्तावेजों में लिखा गया वहीं भारतीय इतिहास पुराणों, महाभारत आदि रचनात्मक कथात्मक कृतियों में सन्निहित है। दर्शनकोश में लिखा गया है–''यद्यपि कला के विकास की आम लाइन यथार्थ के कलात्मक प्रतिबिम्बन को अधिक गहन बनाने की लाइन है, फिर भी यह विकास असमतल है। मसलन प्राचीन जगत तक में कला उच्च स्तर पर पहुँच गई थी तथा कुछ अर्थों में तो वह प्रतिमान बन गई थी।''[18]

पश्चिम में तेरहवीं सदी में कला शब्द ज्यादा व्यावहारिक लक्ष्यार्थ में प्रयुक्त होने लगा। मध्यकालीन विश्वविद्यालयों ने पारम्परिक रूप से कला के सात प्रकारों को ही माना किन्तु परिभाषा की पद्धति में परिवर्तन हुआ। प्राचीन शास्त्रीय काल में इतिहास, कविता, कॉमेडी तथा ट्रेजडी साहित्य और दर्शन में सन्निहित हो गए। विश्लेषणात्मक

नियमों के आधार पर उन्हें पुनः व्याकरण, वर्णनात्मक साहित्य और तर्कशास्त्र (Grammer, Rhetoric and logic-Trivium) के रूप में सन्निहित किया गया। नृत्य को क्रम से निकाल दिया गया तथा ज्यामिति को शामिल किया गया। केवल संगीत तथा खगोल विद्या को नहीं बदला गया। सत्रहवीं सदी के उत्तरार्द्ध में शब्द की सीमा एक बार फिर संकीर्ण हुई। चित्रकला, मूर्तिकला, स्केच, स्थापत्य आदि फाइन आर्ट (Fine Art) कहे जाने लगे। जेम्स मोनाको का कहना है–"आधुनिक विज्ञान की धारणा के उत्थान के साथ ही खगोलशास्त्र और ज्यामिति भी ज्यादा दिन वही सम्मान नहीं पाते रहे, जो संगीत या कविता को उपलब्ध था।"[19]

प्राचीन समय के कला शब्द के आसपास का प्रभामंडल अठारहवीं सदी में पुनः प्रकट हुआ, उस समय कलाकार और शिल्पी में अन्तर निर्मित किया गया। उन्नीसवीं सदी में विज्ञान की अवधारणा विकसित हुई तथा कला की अवधारणा का संकीर्ण होना जारी रहा। अचानक प्राकृतिक दर्शन (Natural Philosophy) प्राकृतिक विज्ञान में बदल गया। कीमियागिरी (Art of Alchemy) रसायन विज्ञान में बदल गया। संक्षेप में नवीन विज्ञान बौद्धिक कार्यकलापों को दर्शाता है, जो यथातथ्यात्मक कार्यवाहियों पर निर्भर है। दर्शनकोश में लिखा गया है, "विज्ञान के आविर्भाव के पूर्वाधार मिस्र, बेबीलोन, हिन्दुस्तान, चीन जैसे प्रधान देशों में प्रगट हुए। यहाँ प्रकृति और समाज का इन्द्रियानुभविक ज्ञान संचित हुआ था। खगोलशास्त्र, गणित, नीतिशास्त्र और तर्कशास्त्र ने भ्रूण रूप में जन्म लिया था। प्राच्य सभ्यताओं की इस धरोहर को प्राचीन यूनान में आत्मसात किया गया, उसे सुसंगत सैद्धान्तिक प्रणाली का रूप दिया गया। प्राचीन यूनान में ऐसे चिन्तक थे, जो धार्मिक तथा मिथकीय परम्पराओं से नाता तोड़कर विशेष रूप से विज्ञान के कार्यक्षेत्र में जुट गए। तब से लेकर औद्योगिक क्रान्ति तक विज्ञान का मुख्य प्रकार्य स्पष्टीकरण करना बना रहा; उसका मुख्य कार्यभार ऐसा संज्ञान बना रहा, जिसका उद्‌देश्य जगत के, प्रकृति के (जिसका मुख्य अवयव स्वयं मनुष्य है) विषय में दृष्टि क्षितिज का विस्तार करना था।"[20] कला (जो विकास-क्रम में साबित हुआ कि विज्ञान से भिन्न है) की ज्यादा स्पष्ट व्याख्या उन्नीसवीं सदी में सुगठित स्वरूप पाने लगी।

उन्नीसवीं सदी के मध्य में कला शब्द ने लगभग वह लक्ष्यार्थ पा लिया, जो आज सर्वविदित है। दृश्यकला, साहित्य तथा संगीत को कला के अन्तर्गत स्थान दिया गया। प्रस्तुति कलाओं (Performing Arts) को कला के अन्तर्गत शामिल करने के लिए दबाव बने, तथा विस्तृत अर्थ में यह मध्यकालीन कार्यकुशलता को भी समाहित किए रहा। सामान्यतया यह बहुत ही सुरुचिपूर्ण प्रयत्नों के लिए प्रयुक्त होने लगा। कलाकार अपनी रूमानी अर्थवत्ता में सिर्फ शिल्पी से ही अलग नहीं इंगित किया जाता रहा, बल्कि नटों, गायकों से भी अलग माना गया जिनका सामाजिक और बौद्धिक स्तर निम्न था। उन्नीसवीं सदी के उत्तरार्द्ध में समाज विज्ञान की अवधारणा की स्थापना के साथ पश्चिम में कला की सीमा और संकीर्ण हुई, जो वर्तमान में भी मान्य है। वैज्ञानिक पद्धतियों

से अध्ययन की जानेवाली परिघटनाओं को विज्ञान के अन्तर्गत रखा गया। दूसरी तरफ जो प्रयोगशाला तकनीक और प्रयोग की पद्धति से भिन्न तर्कशास्त्र और चिन्तन तथा सरणी पर मुख्यतया आधृत थे, वे समाजविज्ञान के अन्तर्गत स्थापित हुए, यथा–अर्थशास्त्र, समाजशास्त्र, मनोविज्ञान तथा कभी-कभी दर्शन भी। जो बचा वह कला की सीमा-रेखा में आ गया। समाजविज्ञान के विषय के साथ कला की उपयोगी व्यावहारिक प्रासंगिकता सीमित हुई। क्रमशः इस प्रक्रिया से सौन्दर्यशास्त्र के सिद्धान्तों का अवतरण हुआ। डॉ. कुमार विकल का कहना है–''वस्तुतः सौन्दर्यशास्त्र के व्यपदेश और अर्थ को समझने में तभी भ्रान्ति होती है, जबकि सौन्दर्यशास्त्र को तत्त्वदर्शन और मनोविज्ञान के साथ मिला दिया जाता है। कारण सौन्दर्यशास्त्र का तत्त्वदर्शन से उतना ही सम्बन्ध है, जितना मानविकी के एतादृश अन्य विषयों का तत्त्वदर्शन के साथ है। इसी तरह सौन्दर्यशास्त्र को मनोविज्ञान से मिलाकर आच्छन्न कर देना एक भारी भूल है; क्योंकि सौन्दर्यशास्त्र मनोविज्ञान से उतना ही सम्बद्ध और भिन्न है, जितना कि मनोविज्ञान से काव्यशास्त्र।''[21]

रूमानी सिद्धान्तों के मूल में कलाकार भविष्यवक्ता या कला के पुरोहित के रूप में स्वीकृत था। विक्टोरियाकाल का 'कला कला के लिए' (आर्ट फार आर्ट सेक) आन्दोलन ने समूचे संसार पर परिवर्तनकारी प्रभाव डाला। दर्शनकोश में लिखा गया है कि ''सामाजिक जीवन से कला के पृथक्करण पर आधारित इस सिद्धान्त का सर्वाधिक प्रसार उन्नीसवीं और बीसवीं शताब्दियों में हुआ, जब यथार्थवाद के विरुद्ध संघर्ष में बुर्जुआ सौन्दर्यशास्त्रियों ने कला के आन्तरिक 'स्वध्येय', निरपेक्ष स्वरूप का प्रचार किया, जो मानो विशुद्ध सौन्दर्यात्मक सुख मात्र के लक्ष्य की पूर्ति करती है। कला के संज्ञानात्मक, विचारधारात्मक तथा शैक्षणिक महत्त्व और युग की व्यावहारिक अपेक्षाओं पर उसकी निर्भरता की अस्वीकृति अनिवार्यतः इस दावे को जन्म देती है कि कलाकार समाज से स्वतन्त्र है, जनता के प्रति उसका कोई दायित्व नहीं, दूसरे शब्दों में वह घोर व्यक्तिवाद और आत्मपरकता को जन्म देती है। शुद्ध कला और उसके अराजनीतिक स्वरूप विषयक घोषणाओं के जरिए समकालीन बुर्जुआ कला अपने मंडनात्मक सार को छुपाती हैं। समाज से कला के स्वतन्त्र होने के और 'कला कला के लिए' के सिद्धान्तों के पाखंडपूर्ण नारों के मुकाबले में मार्क्सवादी-लेनिनवादी सौन्दर्यशास्त्र जनता के हितों तथा कम्युनिज्म के ध्येयों के प्रति कलाकार की सचेत निष्ठा को प्रस्तुत करता है।[22]

इस समय-विशेष में कला संसार की विशद व्याख्या की पद्धतियों से विच्छिन्न थी और वह स्वयं में ही समाहित हो जाती थी। मार्क्स के शब्दों में–''कला तथा काव्य से वैर-भाव होता है, क्योंकि पूँजीवादी उत्पादन विधि उदात्त सामाजिक तथा आत्मिक आदर्शों के लिए पराई है। पूँजीवादी समाज में प्रगतिशील कला को या तो पूँजीवाद की उत्पत्ति की अवधि से, जब बुर्जुआ वर्ग प्रगतिशील था, अथवा उन कलाकारों के कार्य-कलाप से जोड़ा जाता है, जो इस प्रणाली के प्रति आलोचनात्मक रुख अपनाते हैं। उच्चतम सौन्दर्यात्मक आदर्श समाजवादी यथार्थवाद की कला के आधार में निहित है

और समाजवादी सम्बन्धों का मानवीय स्वरूप इसका सहायक होता है।"[23]

बीसवीं सदी के शुरुआती दो-तिहाई हिस्सों में अमूर्तन के प्रति आवेग उत्तरोत्तर बढ़ा। जेम्स मोनाको का कहना है–"उन्नीसवीं सदी में एवान्ट गार्डे (Avant Garde) आन्दोलन ने विकासमान तकनीक से विकास की अवधारणा ली और कुछ कलाओं को शेष से ज्यादा अद्यतन साबित करने का निर्णय लिया। एवान्ट गार्डे के सिद्धान्तों ने एक नियन्त्रणात्मक भूमिका निभाई।"[24] रूमानी काल तक अमूर्तन ने अपने सर्वोत्तम की अभिव्यक्ति की। विज्ञान तथा तकनीक के प्रभाव तथा अनुकरण से कला ने मूल तत्त्वों, भाषा तथा मात्रा की तलाश की। पेंटिंग, कविता तथा नाटक के सन्दर्भ में 'दादा आन्दोलन' तक इसका क्रमिक विकास हुआ।

सुपररियलिज्म या अतियथार्थवाद 'दादावाद' की उत्तर संज्ञा है। इसके अन्तर्गत साधारणतया परस्पर सम्बन्धित वस्तुओं को एकत्र कर उनसे प्रजनित शुद्ध यथार्थ से ऊपर एक नए अतियथार्थ का दर्शन किया जाता है। दादावाद का जन्म 1916 ई. में हुआ। इस उक्ति-सुपररियलिज्म-को गिलाउम अपोलिनेअर ने सन् 1918 में गढ़ा था। इसका आशय घनवाद (क्यूबिज्म) फ्यूचरिज्म और दादावाद को उभारना था। इन आन्दोलनों का उद्देश्य ऐसे यथार्थ को स्थापित करना था, जो तर्कशीलता के दायरे के बाहर हो। त्रिस्तानजारा, हेन्स आर्प, आन्द्रे बेतान आदि लेखकों के गुट ने ज्यूरिच में इसकी स्थापना की थी। दादा शब्द की उत्पत्ति एक शिशु के पैदा होने की आवाज से हुई है (फ्रांसीसी भाषा में जिसका अर्थ होता है झूला-घोड़ा)। त्रिस्तान जारा और आन्द्रे बेतान के बीच मतभेद के कारण 1924 में बेतान के नेतृत्व में 'अतियथार्थवाद' नाम से एक अलग आन्दोलन फ्रांस में शुरू हुआ था। यह पश्चिमी सभ्यता के सम्पूर्ण खोखलेपन को दर्शाने के लिए स्थापित हुआ था। उसके कवि-कलाकारों का विचार था कि सब कुछ नए सिरे से गढ़ा जाना चाहिए। चित्रकला में मेक्स अन्सर्ट उसके प्रवर्तक माने जाते हैं। दादावाद पूरी तरह से नकारात्मक माना गया था। अतियथार्थवाद के बारे में कहा जाता है कि उसमें 'एक अवसर और' का भाव था। उसने मनुष्य की शक्तियों को सभी ओर से समेटा था।[25]

ऐतिहासिक दृष्टि से कला में अमूर्तन का त्वरित होना बीसवीं सदी तक एक महत्त्वपूर्ण कारण रहा, किन्तु यह एकमात्र नहीं था। सौन्दर्यशास्त्र में हमारी विकासशील प्रवृत्ति महत्त्वपूर्ण थी, जो कला को राजनीतिक आयाम देती है। दूसरे शब्दों में जिसका सीधा सम्बन्ध समाज से और सामाजिक संरचना को वर्णित कर सकनेवाली शक्ति से है। पश्चिमी संस्कृति में कला की प्रासंगिकता की यह शक्ति निश्चय ही शासकीय नहीं थी, लेकिन इसका एक लम्बा सम्माननीय और समान्तर इतिहास अमूर्तन के आवेग के साथ था।

दर्शनकोश में लिखा गया है–"जब मन में किसी वस्तु के गुणों या उन गुणों के बीच सम्बन्धों को पृथक करके उसके किसी एक गुण या सम्बन्ध को उजागर किया जाता और अध्ययन का विषय बनाया जाता है; इस प्रक्रिया तथा इसके परिणाम, दोनों

को अमूर्तन (Abstraction) कहा जाता है। अमूर्तन की प्रक्रिया में मनुष्य की कतिपय आत्मगत सम्भावनाओं की उपेक्षा करनी पड़ती है। हर प्रकार का संज्ञान अमूर्तन की प्रक्रियाओं के साथ अनिवार्यतः जुड़ा होता है। उसके बिना किसी वस्तु के सारतत्त्व को उजागर करना अथवा उसकी गहराई तक पहुँचना असम्भव है। किसी वस्तु का विखंडन, उसके मूलभूत पहलुओं को अलग करना और शुद्ध रूप में उसका अध्ययन करना, ये सब अपकर्षण के मानसिक क्रियाकलाप के फल हैं। प्रत्ययवाद अमूर्त चिन्तन से जुड़ी कठिनाइयों से बहुधा लाभ उठाया करता है। इस सिलसिले में लेनिन ने पहले से ही सावधान किया था कि प्रत्ययवाद की सम्भावना सबसे सरल अमूर्तन तक में अन्तर्निहित है। संज्ञान के लिए अमूर्तन के महत्त्व के बारे में ब्लादीमीर इ. लेनिन ने लिखा था, "मूर्त से अमूर्त की ओर अग्रसर चिन्तन अगर वह सही हो–सच्चाई से नहीं कतरा सकता, अपितु उसके नजदीक पहुँचता है। भूत द्रव्य प्रकृति के किसी नियम का अपकर्षण, मूल्य का अपकर्षण आदि, संक्षेप में समस्त वैज्ञानिक (सही, गम्भीर, बकवासरहित) अपकर्षण प्रकृति को अधिक गहनतापूर्वक, अधिक सच्चाई के साथ, अधिक पूर्णता के साथ प्रतिबिम्बित करते हैं। द्वन्द्वात्मक भौतिकवाद अमूर्तन की प्रक्रिया और उसके परिणामों की विज्ञानसमस्त व्याख्या करता है।"[26]

लिपि, चित्रकला और चलचित्र

अमूर्तन और आख्यानवाद बीसवीं सदी तक धीरे-धीरे कम होते गए तथा राजनीतिक तत्त्वों की महत्ता बढ़ती गई। वास्तव में अगर हम अद्यतन इतिहास का परीक्षण करें तो पाएँगे कि लोकप्रिय कलाओं का सन्तुलन पहले से ही स्थानान्तरित हो गया है। सात हजार साल की कला का इतिहास प्रस्तुतिकरण माध्यम का इतिहास है, जो चित्रात्मक और साहित्यिक (Pictorial and literary) है। मूर्तिकला और चित्रकला का साहित्य से सम्बन्ध काफी निकट का रहा है। अधिकतर एक ही भाव, कथा या विचार दोनों में अभिव्यक्त हुए हैं। चित्र और साहित्य के सम्बन्ध को लिपि के आविष्कार के साथ जोड़कर देखा जा सकता है। कहना कठिन हो जाएगा कि अभिव्यक्ति के माध्यम के रूप में प्राथमिक कौन है। हालाँकि चित्र को ही यह श्रेय दिया जाना चाहिए, क्योंकि बच्चों में प्रथमतः चित्रात्मक प्रेरणाएँ ही जन्म लेती हैं। जयशंकर प्रसाद ने लिखा है– "वर्णमालाओं के सम्बन्ध में अनेक प्राचीन देशों की आरम्भिक लिपियों से यह प्रमाणित होता है कि यह वास्तव में चित्र-लिपि है। तब तो यह कहना भ्रम होगा कि चित्रकला और वाङ्मय भिन्न-भिन्न वर्ग की वस्तुएँ हैं।"[27]

प्रायः लोग प्राचीन काल में भी स्थान बदला करते थे और अपने कुछ सम्बन्धी पीछे छोड़कर आगे बढ़ते थे। आपस के सम्पर्क के लिए किसी-न-किसी प्रकार से संकेत लिपियों का प्रयोग आवश्यक हो गया होगा। तात्पर्य यह कि भाषा और लिपि का सम्बन्ध सनातन है। रेखालिपि का ही विकास चित्रलिपि में हुआ होगा। चित्रलिपि में

विचार के चित्र बना दिए जाते थे। उदाहरण के लिए सूर्य के लिए एक गोला बना दिया जाता था। मनुष्य के लिए उसके हाथ-पाँव और धड़ की रेखाएँ बना दी जाती थीं। प्रायः यह लिपि उस प्रकार होगी, जिस प्रकार बच्चे चित्र बनाया करते हैं। अमेरिका में कैलिफोर्निया और एरिजोना में ऐसी प्राचीन लिपि प्राप्त होती है, जिसमें मनुष्य, पशु, पक्षी आदि की शक्ल आसानी से पहचानी जा सकती है।

सिनेमा की विभिन्न उद्‌गम धाराओं में एक है चित्रकला। मनुष्य की सभ्यता के विकास में उसका एक खास स्थान है। विकसित होते हुए चित्रकला में एक ऐसा मुकाम भी आया जब लगभग 1834 में देगुएर ने एक लम्बे-चौड़े पारभासी पर एक चित्र इस तरह बनाया कि जब उस पर प्रकाश फेंका जाता, तो एक तरह का दृश्य दिखता और उसके पीछे से प्रकाश फेंका जाता, तो दूसरी तरह का। इस खोज का नाम पड़ा डाइरमा। देगुएर के एक डाइरमा का प्रतिबिम्बित दृश्य है, दिन का गाँव और पारभासित दृश्य है रात का गाँव। देगुएर ने आगे चलकर फोटोग्राफी की खोज की। फोटोग्राफी ने परम्परागत चित्रकला को जबर्दस्त प्रभावित किया। चित्रकला द्वारा प्रतिबिम्ब बनाने का समूचा स्थान फोटोग्राफी ने ले लिया। इस घटना का एक और प्रभाव पड़ा कि उसने कलाकार को माध्यम के प्रति जागृत कर दिया। फोटोग्राफी की खोज के बाद ही कलाकार यथार्थ की अनुकृति बनाने के बजाय पेंटिंग करने लगा।

रिकॉर्डिंग मीडिया का विकास, जो कि रिप्रेजेंटेटिव मीडिया (प्रस्तुतिकरण माध्यम) से प्रकार और स्तर में बिल्कुल भिन्न है, ऐतिहासिक रूप से उतना ही महत्त्वपूर्ण है, जितना कि हजारों साल पहले लिपि का आविष्कार। यद्यपि लिपि लिखित है, फिर भी भाषा की भाँति लिपि का प्राचीनतम स्वरूप और काल ज्ञात नहीं है। निश्चित रूप से नहीं कहा जा सकता कि कब मनुष्य ने लिपि के रूप में भाव प्रकाशन आरम्भ किया। अब तक प्राचीनतम प्राप्त लिपि ईसा से 4000 वर्ष पूर्व तक की उपलब्ध हुई है। इससे विद्वानों का अनुमान है कि लिपि का जन्म ईसा से लगभग 1000 वर्ष पूर्व हुआ होगा। संसार की प्राचीनतम लिपि का विकास जिस मूल रूप से हुआ, वह वास्तव में चित्रलिपि ही है। चित्रलिपि में वस्तुओं और विचारों के लिए पहले रेखाएँ खींची जाती थीं। इन्हीं का विकसित रूप उनका साक्षात चित्र है। स्थूल (कांक्रीट) से बढ़कर सूक्ष्म (एब्स्ट्रैक्ट) भावों के भी चित्र बनाए गए। जहाँ पहले सूर्य के लिए गोला बनाया जाता था, वहाँ उसमें किरणें दिखाई गईं। इस प्रकार सूर्य की शक्ति, प्रकाश और गर्मी का भी भाव भरा गया है। शोक दिखाने के लिए आदमी के चित्र में आँसू टपकाने और श्रवण क्रिया का बोध कराने के लिए एक दरवाजा बनाकर उसके समीप कान बनाया जाने लगा। इस प्रकार चित्र की ही भावमूलक लिपि बन गई होगी। भावमूलक लिपि के प्राचीनतम उदाहरण फन्नी लिपि, हीरोग्लाइफिक लिपि, सिन्धु घाटी की लिपि तथा चीनी लिपि आदि हैं।[28]

लिपि के विकास की अन्तिम अवस्था में ध्वनिमूलक लिपि का निर्माण हुआ। चित्र-लिपि में चिह्न का सम्बन्ध अर्थ से था, उसके नाम के लिए संकेत न थे, इसीलिए

चीनी जैसी लिपि में चिह्नों की संख्या बहुत अधिक है। इस अधिक संख्या को कम करने के प्रयत्न में ही ध्वनिमूलक लिपि का आविष्कार हुआ। चित्र-लिपि को भाव प्रकाशन के लिए अपूर्ण समझकर मानव ने वस्तु या भाव के चिह्नों के स्थान पर ध्वनि के चिह्न बनाए होंगे। ध्वनिमूलक लिपि के आविष्कार होने पर ही लिपि का वास्तविक निर्माण हुआ। वस्तुतः भाषा और लिपि में चोली-दामन का सम्बन्ध है। मुख से उच्चरित ध्वनि और लिखित वर्ण दोनों ही विचारों के संकेत हैं। आदिमानव के पास पहले भाषा का ही निर्माण हुआ होगा। फिर भी मौखिक भाषा के अपर्याप्त और तात्कालिक होने के चलते मनुष्य ने लिपि का आविष्कार किया होगा। ऐतिहासिक प्रमाणों की अपूर्णता के चलते इस विषय पर प्रामाणिक अनुसन्धान भी बहुत दूर तक सटीक नहीं है। फिर भी इतना तो सत्यापित है कि विचारों की अभिव्यक्ति और वस्तुओं की पहचान के लिए मनुष्य ने संकेतों का प्रयोग प्रारम्भ किया, जो चित्रलिपि से होते हुए ध्वनि-लिपि तक विकसित हुआ।

चलचित्र के जन्म की पूर्वपीठिका का बीजारोपण लिपि के आविष्कार के साथ ही मानव-मस्तिष्क में हो चुका था। यदि लिपि अभिव्यक्ति को स्थापित करने का आरम्भ है, तो रिकॉर्डिंग मीडिया उसका चरमोत्कर्ष है। अज्ञेय के शब्दों में–"मौलिकता शायद इस चिरन्तन आविष्कार का ही नाम है कि कला के क्षेत्र में कुछ भी नया नहीं होता। यहाँ तक कि जो नएपन का आभास देता है, वह नए के रूप में तब तक प्रतिष्ठित नहीं होता, जब तक कि हम उसमें अथवा उसके द्वारा, जो कुछ उससे पहले था, उसके नए के मूल्यांकन का आधार न पा लें और उससे एक अर्थवान सम्बन्ध न स्थापित कर लें–दूसरे शब्दों में जब तक कि हम उसमें वह न पहचान लें, जो नया नहीं है।"[29]

रिकॉर्डिंग मीडिया के जन्म के साथ चलचित्र, फोटोग्राफी और ध्वनिमुद्रण एक साथ अपने ऐतिहासिक सन्दर्भों में बदल गए। प्रस्तुतीकरण कलाओं की पुनःसर्जना सम्भव हुई, लेकिन वे अपने लिए एक नई जटिल भाषा और संकेत (code) की माँग करने लगे। प्रस्तुतीकरण कला की भाषा का विकास व्यक्तिगत धरातल पर शुरू हुआ, जिसमें चयन के तत्त्व उस समय भी और आज भी बहुत महत्त्वपूर्ण साबित हुए और हो रहे हैं। जेम्स मोनाको का कहना है, "रिकॉर्डिंग कला ने विषयवस्तु और भावक के बीच सीधा संवाद स्थापित किया। फिल्म और ध्वनिमुद्रण अन्ततः वास्तविक नहीं हैं, किन्तु लिखित और चित्रात्मक भाषा से इनकी भाषा ज्यादा आसान और कम अस्पष्ट है। साथ ही रिकार्डिंग कला का ऐतिहासिक विकास हू-ब-हू (Very similitude) के ज्यादा सन्निकट है। श्वेत-श्याम की तुलना में रंगीन फिल्में वास्तविक अनुभवों के ज्यादा करीब हैं। रिकॉर्डिंग मीडिया का उपयोग वैज्ञानिक उद्‌देश्यों में ज्यादा हुआ। उदाहरणार्थ–मानवशास्त्री फिल्म के लाभों के प्रति लिखित शब्दों की अपेक्षा ज्यादा जागरूक रहे। विषय और भावक के बाद तीसरे तत्त्व को फिल्म पूरी तरह अनुपस्थित नहीं करती बल्कि महत्त्वपूर्ण ढंग से एक कलाकार को परिचित कराती है।"[30]

इन्दुप्रकाश कानूनगो का कहना है–"लिखित कथा के चरित्र और फिल्मी चरित्र

में अन्तर है। लिखित चरित्र लेखक के उपादानों और पाठक की कल्पनाशक्ति का प्रतिफलित स्वप्न है। किन्तु फिल्म में वह प्रत्यक्ष अभिनेता है"[31] इस तरह हम आधारभूत कारण की ओर पहुँचते हैं, जो हमें कला के इतिहास के परिणाम अर्थात् तकनीकी कला के उदय से परिचित कराती है और अब हमारे सामने कला का वर्णक्रम स्पष्ट है–

1. नाट्य कला (Performance Art)–जो प्रत्यक्ष प्रस्तुत होती है।

2. निरूपण कला (Representational Art)–जो विषयवस्तु को भावक तक पहुँचाने के लिए पूर्वनिर्मित भाषा के संकेतों और आविष्कार पर निर्भर करती है, जो चित्रात्मक और साहित्यिक दोनों हैं।

3. चित्र-ध्वनि-अंकन कला (Recording Art)–यह विषय और भावक के बीच सीधा रास्ता बनाती है और निरूपण कला की तुलना में ज्यादा सम्प्रेषणीय और सरल है।[32]

रंगमंच और सिनेमा

सिनेमा की उम्र अभी जहाँ सौ साल भी नहीं हुई वहीं रंगमंच की उम्र हजारों साल है। भारत में नाट्य की परम्परा लगभग 3500 साल पुरानी है। भरत के नाट्यशास्त्र में 'अमृत मन्थन' और 'त्रिपुरदाह' नाम के नाटकों का उल्लेख मिलता है। भाष्यकार पतंजलि ने 'कंस-वध' और 'बालि-वध' नामक नाटकों का उल्लेख किया है। इन प्राचीन नाटकों की कोई प्रतिलिपि नहीं मिलती। जयशंकर प्रसाद ने लिखा है–"नाटकों के सम्बन्ध में लोगों का कहना है कि उनके बीज वैदिक संवादों में मिलते हैं। वैदिक काल में भी अभिनय सम्भवतः बड़े-बड़े यज्ञों के अवसर पर होते थे। भरत के नाट्यशास्त्र की रचना के पूर्व भारत में नाटक की परम्परा थी। जिन नाटककारों और नाट्यकृतियों की 'नाट्यशास्त्र' में चर्चा की गई है, उनमें से भास को छोड़ किसी की नाट्यकृति उपलब्ध नहीं।"[33]

डॉ. रघुवंश ने पूर्वी-पश्चिमी नाट्य परम्परा की तुलनात्मक विवेचना करते हुए लिखा है–"यूरोप में प्राचीन ग्रीक काल से ही उच्चकोटि के नाटक लेखन और अभिनय की परम्परा थी। वहाँ नाट्यशास्त्र की चर्चा भी हुई है, पर नाट्यकला के विषय में इतनी संश्लिष्ट और व्यापक दृष्टि वहाँ की विवेचनाओं में नहीं पाई जाती।"[34]

सिनेमा के जन्म के पहले भारतवर्ष में भी नाटक ने अनेक उत्थान-पतन देखे थे। जिस समय सिनेमा ने भारत में अपना स्वरूप धारण करना शुरू किया, उस समय मराठी तथा बंगला रंगमंच सुदृढ़ अवस्था में थे किन्तु हिन्दी रंगमंच अपने निर्माणकाल से गुजर रहा था।

हालाँकि बाहरी आक्रमणों के कारण मध्यकाल से ही भारतीय कला-संस्कृति छिन्न-भिन्न हो रही थी। मध्यकालीन भारत में जिस आतंक और अस्थिरता का साम्राज्य

था, उसने यहाँ की सर्वसाधारण प्राचीन रंगशालाओं को तोड़-फोड़ दिया। धर्मान्ध आक्रमणों ने जब भारतीय रंगमंच के शिल्प का विनाश कर दिया तो देवालयों से संलग्न मंडपों में छोटे-छोटे अभिनय सर्वसाधारण के लिए सुलभ रह गए। उत्तरी भारत में तो औरंगजेब के समय में ही साधारण संगीत का भी जनाजा निकाला जा चुका था; किन्तु रंगमंच से विहीन कुछ अभिनय बच गए थे, जिन्हें हम पारसी स्टेजों के आने से पहले भी देखते रहे। इनमें मुख्यतः नौटंकी (नाटकी ?) और भाँड़ ही थे। रामलीला और जात्राओं का भी नाम लिया जा सकता है। सार्वजनिक रंगमंच के विनष्ट हो जाने पर यह खुले मैदानों में तथा उत्सवों के अवसर पर खेले जाते थे। रामलीला और जात्रा तो देवता विषयक अभिनय थे; किन्तु नौटंकी या भाँड़ों में शुद्ध मानव सम्बन्धी अभिनय होते थे। पारसी व्यवसायियों ने पहले-पहल रंगमंच की आयोजना की। उनकी भाषा मिश्रित थी, इन्द्र-सभा, चित्रा बकावली, चन्द्रावली, हरिश्चन्द्र आदि के अभिनय होते थे, अनुकरण शेक्सपिरियन स्टेज का क्योंकि वहाँ भी विक्टोरियन युग की प्रेरणा ने रंगमंच में परिवर्तन ला दिया था।

हिन्दी नाटक के इतिहास पर विचार करते हुए भगवतशरण उपाध्याय ने लिखा है–"उन्नीसवीं सदी में हिन्दी का पहला खेलने योग्य नाटक 'भारत दुर्दशा' भारतेन्दु हरिश्चन्द्र ने लिखा। साहित्यिक स्तर तो उसका बहुत ऊँचा नहीं है, पर खेले जाने लायक वह नाटक बहुत सुन्दर है। विषय की दृष्टि से तो निःसन्देह उस काल की वह बड़ी प्रगतिशील कृति थी। उसके बाद भी यदि उसकी परम्परा बढ़ाई जाती तो हिन्दी नाटक और रंगमंच का विकास अनायास हो जाता।"[35]

प्रो. रामदरश मिश्र ने लिखा है–"भारतेन्दु जी ने पश्चिम की नाट्य-प्रणालियों का अध्ययन किया, नए युग की आवश्यकता का अनुभव किया और प्राचीन साहित्य के पौष्टिक और अपौष्टिक तत्त्वों का विश्लेषण किया। अतएव उन्होंने यह स्पष्ट घोषित किया कि प्राचीन रुचि और संस्कार आधुनिक नाटकों के लिए उपयुक्त नहीं ठहरते।"[36] भारतेन्दु ने संस्कृत से हिन्दी में नाट्यानुवाद भी किए। किन्तु यह एक परम्परा के रूप में विकसित नहीं हुई। बल्कि बाद में बँगला से द्विजेन्द्रलाल राय की कृतियाँ अनूदित होकर आईं।

जयशंकर प्रसाद ने गुप्तकालीन चरित्रों के ताने-बाने में ऐतिहासिक नाटक लिखे, जो मंच की दृष्टि से सामान्यतया असफल साबित हुए। जयशंकर प्रसाद जिस समय अपने ऐतिहासिक नाटक लिख रहे थे, पश्चिम में सिनेमा अपने विकास के कई आरम्भिक पड़ावों को पार कर चुका था। पश्चिम में प्रसिद्ध कृतियों का सिने-रूपान्तरण शुरू हो चुका था।[37]

नाटक और रंगमंच के विषय में प्रसाद की अवधारणा थी कि नाटक के अनुसार रंगमंच बनने चाहिए, न कि रंगमंच को ध्यान में रखकर नाटक लिखा जाए। फिर भी मुझे ऐसा लगता है कि प्रसाद के मन में अपने नाटकों के सिने-रूपान्तरण की कामना रही होगी और यदि हिन्दी सिनेमा के विकास में हिन्दी भाषा के जानकारों का विशेष

योगदान होता, तो ऐसा असम्भव भी नहीं था। सिनेमा ने विकासमान हिन्दी रंगमंच को सबसे ज्यादा प्रभावित किया। भगवतशरण उपाध्याय ने लिखा है–"अभी रंगमंच सँभला भी नहीं था, नाटकों की सही परिपाटी भी प्रस्तुत न हुई थी कि सिनेमा ने उस पर छापामार अधिकार कर लिया। सिनेमा ने संसार-भर के रंगमंच पर अपना विस्तृत प्रभाव डाला था, परन्तु और देशों ने अपने नाटकीय साहित्य की सजीवता, अभिनय की प्रवीणता आदि से अपने रंगमंच की रक्षा कर ली, पर हमारा उठता हुआ रंगमंच सहसा बैठ गया।"[38]

जयशंकर प्रसाद भी अत्यन्त पीड़ा के साथ सिनेमा के आगमन से प्रभावित रंगमंच की चर्चा करते हैं–"हिन्दी का कोई अपना रंगमंच नहीं है। जब उसके पनपने का अवसर था, तभी सस्ती भावुकता लेकर वर्तमान सिनेमा में बोलनेवाले चित्रपटों का अभ्युदय हो गया, फलतः अभिनयों का रंगमंच नहीं-सा हो गया।" वे आगे लिखते हैं कि "साहित्यिक सुरुचि पर सिनेमा ने ऐसा धावा बोल दिया है कि कुरुचि को नेतृत्व करने का सम्पूर्ण अवसर मिल गया है। उस पर भी पारसी स्टेज की गहरी छाप है। हाँ, पारसी स्टेज के आरम्भिक विनय-सूत्रों में एक यह भी था कि वे लोग प्राचीन इंग्लैंड के रंगमंचों की तरह स्त्रियों का सहयोग पसन्द नहीं करते थे। 18वीं शताब्दी में धीरे-धीरे स्त्रियाँ रंगमंच पर इंग्लैंड में आईं, किन्तु सिनेमा ने स्त्रियों को रंगमंच पर अबाध अधिकार दे दिया। बालकों को स्त्रीपन की अवांछनीय प्रणाली से छुटकारा मिला किन्तु रंगमंचों की असफलता का प्रधान कारण है, स्त्रियों का उनमें अभाव; विशेषतः हिन्दी रंगमंच के लिए।"[39]

सिनेमा से प्रभावित रंगमंच के विषय में जयशंकर प्रसाद की प्रतिक्रियाएँ मिली-जुली हैं। सिनेमा के आने से रंगमंच चाहे जितना प्रभावित हुआ हो, सिनेमा का विकास उन्हीं स्थानों पर हुआ, जहाँ रंगमंच सुदृढ़ स्थिति में था। यथा–भारतवर्ष में महाराष्ट्र तथा बंगाल में सिनेमा का सर्वाधिक विकास हुआ। जबकि हिन्दीभाषी क्षेत्रों में आज सौ साल पूरे होने के बावजूद फिल्म निर्माण की सुनियोजित नींव भी नहीं डाली गई। हिन्दी सिनेमा के वस्तु-विकास में पारसी थिएटर, पृथ्वी थिएटर और भाँड, जात्रा, लावनी, नौटंकी आदि पारम्परिक नाट्य-रूपों का विशेष योगदान रहा है। हैरानी की बात यह भी है कि महाराष्ट्र और बंगाल में रंगमंच आज भी अबाध गति से विकासमान है।

मुक्त छन्द के विषय में कहा जाता है कि जो छन्दाभ्यासी न हो, उसे छन्द तोड़कर मुक्त होने का अधिकार नहीं। उसी तरह कहा जा सकता है कि जो रंगमच से नहीं गुजरे, उन्हें सिनेमा में पाँव रखने का अधिकार नहीं होना चाहिए। रंगमंच से आए हुए कलाकर्मी ज्यादा प्रभावशाली, गम्भीर उद्देश्योन्मुख दिखाई देते हैं। रंगमंच यदि सीढ़ी भी है, तो उस सीढ़ी से वे सीधे सामाजिक का सामना करते हैं। वास्तव में सिनेमा की पढ़ाई में रंगमंच को भी आखिरी सत्र का ही सही, एक प्रायोगिक पत्र का दर्जा दिया जाना चाहिए। रंगमंच पर जहाँ सब कुछ सीधे सामाजिक के सामने प्रस्तुत करना होता है, वहीं सिनेमा में सिर्फ छवियाँ सम्मुख होती हैं। क्यों न रंगमंच को सिनेमा के समुद्र में कूदने का स्प्रिंग-बोर्ड बना दिया जाए ? रंगमंच का सिनेमा से भिन्न महत्त्व अधिक है, जिसका विश्लेषण यहाँ

प्रतिपाद्य नहीं। नाट्यशास्त्र में रंगमंच और अभिनय से सम्बन्धित हर पहलू पर गम्भीरता से विचार किया गया है। कथावस्तु, नायक और पात्र, रस तथा अभिनय, ये नाटक के प्रमुख तत्त्व हैं। इनके भी अनेक भेदोपभेद और सूक्ष्म विश्लेषण किए गए हैं।

सिनेमा की विधियों की खोज कलात्मक उद्देश्यों से न होकर, भिन्न ही कारणों से हुई। यह संयोग ही था कि सिनेमा एक कला माध्यम के रूप में प्रयुक्त होने लगा। आज यह सम्प्रेषण और प्रभाव की दृष्टि से सबसे ज्यादा शक्तिशाली माध्यम के रूप में स्थापित है।

दृश्यकाव्य और श्रव्यकाव्य

संस्कृत में नाटक को भी महाकाव्य का ही अंग माना गया है। काव्य के दो भेद हैं, श्रव्य और दृश्य। श्रव्य-काव्य केवल कर्ण-सुखद होता है, दृश्य-काव्य नाटक है, जिससे कानों और नेत्रों दोनों को सुख होता है। इसी से उसकी विशिष्टता भी घोषित की गई है : काव्येषु नाटकं रम्यम्। संगीत, नृत्य, गायन और वादन तीनों के समाहार का नाम है। पर संगीत के साथ अभिनय के सम्बन्ध ने, नाटक अथवा दृश्यकाव्य ने दर्शकों को मुग्ध कर लिया। इसकी सर्वग्राहिता को ही लक्ष्य कर भरतमुनि ने नाट्यशास्त्र में कहा है कि ऐसा कोई ज्ञान नहीं, शिल्प नहीं, विद्या, कला नहीं, योग और कर्म नहीं, जो नाटक में नहीं।

न तंज्ज्ञानं न तच्छिल्पं न सा विद्या न सा कला।
न सा योगो न तत्कर्म नाट्येऽस्मिनाय दृश्यते।

इसी तर्ज पर आज कहा जा सकता है कि सिनेमा एक ऐसी कला है, जिसमें ज्ञान-विज्ञान और कला, योग, अध्यात्म ऐसा कुछ भी नहीं है, जो उसमें नहीं हो तथा जो सभी को समान रूप से सुलभ न हो। श्रव्य-काव्य का आधुनिकतम विकसित रूप पाठ्य-काव्य है और दृश्य-काव्य का विकसित रूप सिनेमा है। डॉ. भगीरथ मिश्र ने लिखा है–"प्राचीन सभ्यता के देशों में दृश्य-काव्य का विकास बहुत प्राचीन काल में ही हो गया था। अभिनयशील या दृश्यकाव्य का संस्कृत में नाम रूपक और पाश्चात्य साहित्य में ड्रामा है। अरिस्टॉटल तथा अन्य पाश्चात्य आचार्यों के विचार से नाटक जीवन की अनुभूति है, (Tragedy is primarly imitation of action—Aristotle, Politics) भारतीय नाटक के क्षेत्र में भी यही धारणा स्वीकार की गई है। भरतमुनि ने नाट्यशास्त्र में लिखा है–

देवतानां मनुष्याणां राज्ञां लोक महात्मनाम्।
पूर्ववृत्तानुचरितं नाटकं नाम तद भवेत्।।

इसी प्रकार दशरूपककार धनंजय ने भी लिखा है–

अवस्थानुकृति नाट्यं रूपं दृश्यतं योच्यते
रूपकं तत्समारोपात्।।

किसी भी स्थिति-विशेष का अनुकरण नाट्य या अभिनय कहलाता है। रूपक, नाटक या दृश्य-काव्य में नाट्य या अभिनय का प्रधान स्थान होता है। अतः दृश्य-काव्य के भीतर कथावस्तु, चरित्र तथा दृश्यों का इसी प्रकार से संगठन होता है, जिन्हें रंगमंच पर दिखाया जा सके। इस दृष्टि से रूपक की रचना कठिन मानी जाती है।''[40]

साधारणतः उसे दो प्रधान भेदों में बाँटा जाता है–मुख्य रूपक और गौण (उपरूपक); और इसके भी भिन्न उपभेद हैं। साहित्य दर्पण में विश्वनाथ ने रूपक के दस और उपरूपक के अठारह भेद किए हैं–रूपक :–नाटक (जैसे–कालिदास का अभिज्ञान शाकुन्तलम्), प्रकरण (भवभूति का मालती माधव), भाण (वत्सराज का कर्पूरचरित्), व्यायोग (भास का मध्यम व्यायोग), समवकार (वत्सराज का समुद्रमन्थन), डिम (वत्सराज का त्रिपुर दाह), ईहामृग (वत्सराज का रुक्मिणी हरण), अंक अथवा उत्सृष्टिकाग्र (शर्मिष्ठा ययाति), वीथी (माविका) और प्रहसन (महेन्द्र विक्रम वर्मन का मत्तविलास)।

उपरूपक : –नाटिका (हर्ष की रत्नावली), त्रोटक (कालिदास की विक्रमोर्वशी), गोष्ठी (खैतमदनिका), सट्टक (राजशेखर की कर्पूर मंजरी), नाट्यरासक (बिलासवती), प्रस्थान (शृंगार तिलक), उल्लाप्य (देवी महादेव) काव्य, (यादवोदय), प्रेगण (बालिबध), रासक (मेनकाहित) संलापक (मायाकापालिका), श्रीगदित (क्रीड़ारसातल), शिल्पक (कनकावती माधव), विलासिका (उदाहरण अनुपलब्ध), दुर्मल्लिका (बिन्दुमती), प्रकरणिका (उदाहरण अनुपलब्ध), हल्लीश (केलिरैवतक) और भाणिका (कामदत्ता)। (जिन कृतियों के रचयिताओं के नाम कोष्ठक में दिए गए हैं, वे कृतियाँ प्रकाशित और उपलब्ध हैं, जिनके नाट्यकारों के नाम नहीं दिए गए हैं, वे कृतियाँ आज उपलब्ध नहीं। जिन उपरूपकों के उदाहरण नहीं दिए गए हैं, उनके उदाहरण विश्वनाथ ने भी नहीं दिए हैं)।[41] साहित्य दर्पण में लिखा गया है–''इन भेदों में रूपक के भेदों के ही प्रयोग अधिक दिखते हैं। रूपक के भेदों में नाटक सबसे प्रसिद्ध और महत्त्वपूर्ण भेद है। इसमें नाट्यशास्त्र अधिकांश अभिनय सम्बन्धी लक्षणों का समावेश हो जाता है।''[42]

प्लेटो के अनुसार काव्य वर्णनात्मक और अभिनयात्मक दोनों हैं। जहाँ कवि स्वयं अपने शब्दों में वर्णन करता है, वहाँ वर्णनात्मक और जहाँ कथोपकथन उपन्यस्त करता है, वहाँ अभिनयात्मक। ठीक इसी तरह का एक और पश्चिमी सिद्धान्त है, जो कहता है कि नाटक संगीतात्मक और महाकाव्य है। नाट्य के अतिरिक्त जो काव्य है, उसे रीतिग्रन्थों में श्रव्य कहते हैं, कारण कि प्राचीन काल में ये सब सुने या सुनाए जाते थे; इसलिए श्रुति, अनुश्रुति इत्यादि धर्म ग्रन्थों के लिए भी व्यवहृत थे। किन्तु आजकल तो छपाई की सुविधा के कारण वे काव्य जो अभिनय के योग्य नहीं पाठ्य ही हैं।

पाठ्य-काव्य और सिनेमा

पाठ्य-काव्य और सिनेमा दोनों बीसवीं सदी की उपज हैं। छपाई की मशीन आने से

श्रव्य-काव्य पाठ्य-काव्य में परिवर्तित हो गया और दृश्य-काव्य कैमरे के आ जाने से दृश्य माध्यम के एक प्रकार चलचित्र अर्थात सिनेमा में बदल गया। मशीनों के आविष्कार ने दोनों के स्वरूप और सम्प्रेषण की पद्धतियों को प्रभावित किया। श्रव्य-काव्य वाचिक परम्परा के माध्यम से सदियों से जीवित था। वाचक विविध शैलियों में पाठ या गायन और अपनी दृष्टि और समझ के अनुसार व्याख्या करते थे। अल्प विराम या पूर्णविराम या दो पंक्तियों और दो पद्यांशों के बीच मौन-अन्तराल आदि का निर्णय वाचक पर निर्भर करता था। तालपत्रों, धातु-पट्टियों आदि पर लिखित पांडुलिपियों की संख्या न्यून थी। प्रिंट मीडिया (छपाई) के आविष्कार ने पांडुलिपियों को मुद्रित कर असंख्य प्रतियों में बदल दिया। पुराण कथाओं और महाकाव्यात्मक, खंडकाव्यात्मक कलेवर के कथा-काव्यों, जातक आदि कथाओं का श्रोता शीघ्र ही उपन्यास, कहानी, लघु-कथा, निबन्ध आदि गद्य विधाओं के पाठक में बदल गया। श्रव्य-काव्य पाठ्य में बदला किन्तु पाठ्य के समानान्तर श्रव्य भी बना रहा। पारम्परिक रूप से श्रव्य-काव्य के अभ्यासी जातीय मन में श्रवण-सक्षम काव्य ही लोकप्रिय बना रहा। वस्तुतः मुद्रण के साथ ही भाषा में डैस (–) पूर्णविराम (।) अर्द्धविराम (,) हाइफन (-) तथा विस्मयादि बोधक चिह्न (!) आदि अपनी भूमिका में प्रकट हुए। कविता छन्दों के बँधे लय और वाचकों के निश्चित अर्थान्वयनों तथा सामूहिक आस्वाद्य से अलग हटकर एक आत्मश्रोता की चाक्षुस कला में बदल गई। श्रव्य-काव्य का अभ्यासी भावक शब्दों में अर्थ ढूँढ़ने का अभ्यासी था। एक चाक्षुस कविता सम्भवतः अपने शब्दों में न होकर एक डैस में मुखरित हो। सम्भव है, दो पद्यांशों के बीच के मौन-अन्तराल में हो। उसके आस्वाद की पद्धति अधुनातन है, जबकि इतिहास पुराना है।

दृश्यकाव्य के चरम विकास सिनेमा का जन्म, विकास, भाषा, सिद्धान्त तथा सौन्दर्यशास्त्रीय मूल्य-मानदंडों का निर्माण भी बीसवीं सदी में ही हुआ। मुक्त छन्द की कविता और सिनेमा दोनों औद्योगिक और तकनीकी युग की कला विधाएँ हैं। इन दोनों के ही आस्वाद का सार्वजनीन संस्कार ठीक-ठीक ढंग से सिखाया नहीं जा सका है। जहाँ अधिकांश पाठक वर्ग मुक्त छन्द की कविता में शब्दार्थ मात्र ढूँढ़ने की कोशिश में भटक जाता है, वहीं सिनेमा में कुछ कहानी, कुछ संवाद, कुछ तस्वीरें और कभी कुछ नृत्य-गीत से सन्तुष्ट होकर लौट आता है। चौबीस घंटे के जीवन में गीतमय और गद्यात्मक अनुभूतियों के बीच एक ऐसा अन्तराल आता है, जो इन दोनों से भिन्न होते हुए भी अपने में इन दोनों के गुणों को समाहित किए रहता है। ऐसी ही अनुभूतियों की अभिव्यक्ति का माध्यम है मुक्त छन्द। दूसरी तरफ सिनेमा शब्द गीत, संगीत, स्थापत्य आदि का सम्मिश्रण होते हुए भी इनसे भिन्न है। सिनेमा को यदि गणित के सूत्रों पर कसने की कोशिश की जाए तो उसका स्वरूप कुछ इस प्रकार होगा–

विज्ञान x कला = विज्ञानकला; सूत्र = $1 \times 1 = 1^2$

विज्ञानकला + व्यवसाय = चलचित्र कला

सूत्र = $1 + 1 = 11$

वस्तुतः सिनेमा एक और एक के जोड़ने से बना हुआ ग्यारह है न कि दो। सिनेमा में अनेक कलाओं का सम्मिश्रण है–चित्रकला, मूर्तिकला, नृत्यकला, संगीत, नाट्य, फोटोग्राफी, लेखन, निर्देशन, वेशभूषा तथा व्यवसाय आदि। विज्ञान वह पात्र है, जिसमें इनका सम्मिश्रण होता है। दूसरे शब्दों में विज्ञान को यदि आधार मान लिया जाए तो कला उसका लम्ब है और व्यवसाय कर्ण है। विज्ञान ही वह आधार है, जिसके चलते सिनेमा रंगमंच से भिन्न कला-विधा का स्वरूप धारण करता है। कला को सीधे सम्प्रेषित होना चाहिए। अतः वह लम्ब है और लागत के अनुपात में आमदनी अधिक होनी चाहिए। अतः व्यवसाय कर्ण है।

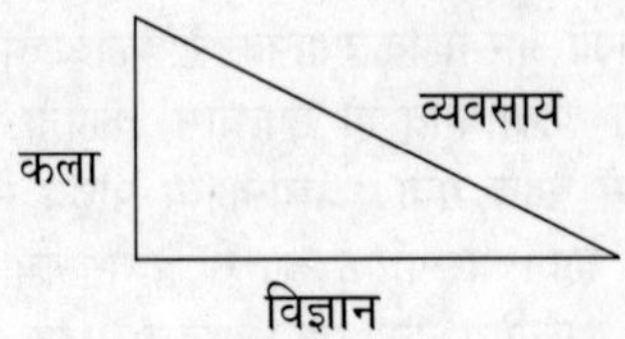

मुक्त छन्द की कविता और सिनेमा दोनों के समुचित भावक निर्मित करने का नियोजित उद्योग पूर्णतः प्रसारित नहीं हो पाया है। बीसवीं सदी के मध्य तक अपने स्वरूप को सुगठित कर सकनेवाली इन नवीनतम कला-विधाओं के लिए ऐतिहासिक परिप्रेक्ष्य में वर्तमान संस्कार निर्मित किए जाने की प्रबल आवश्यकता है। इस सन्दर्भ में हुए प्रयासों को एक आन्दोलन का, बल्कि जन-आन्दोलन का स्वरूप दिया जाना शेष है। इन दोनों कला विधाओं का आवश्यक शिक्षण सम्पन्न होते ही समूचा समाज अभूतपूर्व ढंग से बदलना शुरू हो जाएगा। आम जन तकनीकी युग में समाज की चिद्-वृत्तियों की सर्वोत्तम अभिव्यक्ति के उत्कृष्ट माध्यम सिनेमा और कविता को ग्रहण करने की सामान्य पद्धति से भी अनभिज्ञ है।

सिनेमा ज्ञान को स्थूल चाक्षुस बनाने का सर्वोत्तम और आधुनिक माध्यम है। अन्य कला विधाओं से बहुत कुछ अधिग्रहण करते हुए भी अपने निर्वहण और प्रस्तुति के तरीके के कारण यह एक भिन्न कला है। यह दृश्य माध्यम है। कला की भारतीय दृष्टि से इसे दृश्य काव्य का चरम विकास कहा जा सकता है।

सिनेमा ने पूर्ववर्ती सभी ललित कलाओं, उपयोगी कलाओं तथा कविता, नाटक, कहानी, उपन्यास आदि साहित्यिक विधाओं को अपने भीतर समाहित कर विज्ञान और व्यवसाय के समुचित सन्तुलन से अपना स्वरूप निर्मित किया। आरम्भ में ऐसा लगा कि पूर्ववर्ती बहुत-सी अभिव्यक्ति शैलियाँ स्थगित हो जाएँगी। किन्तु कोई भी कला-विधा किसी नई कला-विधा के आने से समाप्त नहीं हो जाती। बल्कि नवीन रूप धारण करती है। सिनेमा अन्य कला विधाओं के प्रचार-प्रसार का भी माध्यम बना। एक उपन्यास, कहानी या नाटक आदि को वह ज्यादा लोगों तक पहुँचाने में सक्षम साबित हुआ।

इन्दुप्रकाश कानूनगो का कहना है–''अन्य कलाओं से फिल्म कुछ खास तरह से

भिन्न है। चित्रकला को देर तक देखा जा सकता है। उपन्यास पढ़ते-पढ़ते पीछे पलटकर फिर से पढ़ा जा सकता है। फिल्म देखते हुए न धीमा हुआ जा सकता है न तेज। उसे देखते हुए मानसिक प्रक्रिया को पूरे समय संरेख रखना ही पड़ता है। फिल्म एक प्रत्यक्ष कला-घटना है। अतः फिल्म के मूल्य परफार्मिंग कलाओं (जैसे नाटक, संगीत) की तरह ही हैं।"[43]

अन्य कला विधाओं से फिल्म मूल्यों की तात्कालिकता के चलते भिन्न है। फिल्म में एक बिम्ब यदि छूटा तो पलटकर देखने की छूट नहीं। वस्तुतः प्रत्येक कला-विधा एक-दूसरे से कुछ-न-कुछ लेती है। किन्तु सिनेमा ने अपनी पूर्ववर्ती सभी कलाओं के कार्य व्यापार और उनकी पहचान को समूचा ही समाहित कर लिया।

सिनेमा, यथावत प्रस्तुति से कलात्मकता की ओर

1895-96 में लुमिएर और मेलिए ने सर्वप्रथम चलचित्रों के प्रदर्शन किए। लुमिएर ने वास्तविक घटनाओं का हू-ब-हू फिल्मांकन किया–दूध पीता हुआ शिशु, स्टेशन पर पहुँचती रेलगाड़ी, कारखाने से छूटते मजदूर, आदि। दूसरे छोर पर ज्याँ मेलिए थे जिन्होंने जादूगरी के प्रयोग के लिए सिने-माध्यम को चुना। उनकी फिल्में फन्तासियों से भरी हुई थीं–चेहरे फूलते हुए और फूटते हुए तथा वैज्ञानिक कथाएँ, करिश्में आदि। लूमिएर की फिल्में 2 से 3 मिनट की थीं। लुमिएर की फिल्में एक शॉट में समाप्त हो जाती थीं। उपस्थित जीवन की गति को कैमरे में कैद कर प्रस्तुत करने के प्रथम प्रयास के रूप में लुमिएर का काम ऐतिहासिक महत्त्व का है। लुमिएर प्रत्यक्ष जीवन का कैमरे द्वारा यथातथ्य फिल्मांकन से ज्यादा कैमरे की शक्ति के विषय में सोच भी नहीं पाए थे। मेलिए कैमरा द्वारा कल्पना को फिल्मांकित कर यथार्थ का भ्रम उत्पन्न कर सकने की शक्ति को पहचाननेवाला संसार का पहला व्यक्ति था। मेलिए की फिल्मों में कल्पना और चमत्कार का प्राधान्य था। उसकी पहली फिल्म 'बाजीगरी' में एक बाजीगर द्वारा दस सेकेंड में दस हैट बना देने का चमत्कार दिखाया गया था। दूसरी फिल्म में एक औरत के मंच पर अदृश्य होने, फिर पुरुष में बदल जाने आदि चमत्कार दिखाए गए थे।

मेलिए ने सिनेमाई सम्भावनाओं का खुलकर प्रयोग किया। उसने एक बिम्ब के ऊपर दूसरा बिम्ब आरोपित करके दोहरा बिम्ब बनाया। कैमरे को बीच में ही रोककर और दृश्य परिवर्तन द्वारा उसने लोगों के गायब हो जाने और बीच हवा में उपस्थित हो जाने की तरकीब खोज निकाली। उसने कैमरे में फिल्म को बहुत तेज चलाकर तथा बहुत धीमे चलाकर पड़नेवाले प्रभावों का उपयोग किया। मेलिए ही पहला आदमी था, जिसने साहित्यिक कृतियों पर आधारित फिल्में बनाने की शुरुआत की थी। सन् 1899 में उसने 'ड्रेफ्यूस अफेयर' पर फिल्म बनाई थी। इस कहानी में बारह दृश्य थे और साठ फुट लम्बी तेरह फिल्म पट्टियों का इस्तेमाल किया गया था। यह फिल्म पर्दे पर

पन्द्रह मिनट तक चलती थी। मेलिए ने गुलिवर की यात्राओं, रॉविंसन क्रूसो, फॉस्ट का पतन, और परी लोक की कहानी पर भी फिल्में बनाईं। सन् 1902 में मेलिए ने जुल्स वर्ने की विज्ञान कथा पर आधारित 'चन्द्रलोक की यात्रा' नामक फिल्म बनाई। यह उसकी सर्वोत्तम फिल्म मानी जाती है।

ज्याँ मेलिए अपने पूर्ववर्ती लुई-लुमिएर से केवल एक कदम आगे जा सका था। वह कदम था कि कैमरा यथार्थ की पुनर्प्रस्तुति करने के अलावा भी बहुत कुछ कर पाने में सक्षम है। मेलिए का कैमरा भी एक जगह खड़ा रहता था। सब कुछ मंच पर ही घटता था। मंच पर कई प्रकार के सेट बनाए जाते थे। इन्दु प्रकाश कानूनगो का कहना है कि–"यहीं से फिल्म के सौन्दर्यशास्त्र का स्वरूप और विभाजन एक तरह से तय हो जाता है। लुमिएर बन्धुओं की धारणा का सिनेमा यानी यथार्थवाद, प्रकृतिवाद और फिल्मकार का न्यूनतम दखल, दूसरी तरफ मेलिए की धारणा का सिनेमा यानी फन्तासी, अभिव्यंजनावाद और फिल्मकार का जबर्दस्त दखल, किन्तु इनके बीच कोई सीधी विभाजक लकीर नहीं थी।"[44]

दर्शक लुमिएर की फिल्म में रेलगाड़ी को अपने ऊपर आते देख भाग खड़े भी होते थे और मेलिए की चालाकियों पर बैठे-बैठे हँसते रहते थे। लुमिएर की राह के सिनेमा ने आगे चलकर अपनी ताकत इतनी बढ़ा ली कि उसने यथार्थवादी लेखन के लगभग समूचे परम्परागत रूप को लील लिया। कहानी-उपन्यास लेखन का वह स्वरूप पूरी तरह फिल्मांकित हो गया और उसने एक उत्कट कथाबयानी का रूप अख्तियार कर सामूहिक मनोरंजन को अपने काबू में कर लिया। इसका लगभग समूचा अधिकार क्षेत्र अमेरिकी सिनेमा ने पाया। इसके विपरीत मेलिए की धारा को योरोपीयन सिनेमा ने अंगीकार किया। अभिव्यंजनावाद और अतियथार्थवाद की तमाम प्रयोगवादिता के द्वारा उन्होंने बौद्धिक सिनेमा का विकास किया। इन दोनों धाराओं के बीच आज भी टकराव है–व्यापारी, निर्माता और वितरक कला के ऊपर नाक भौंह सिकोड़ते हैं और बौद्धिक, समीक्षक मनोरंजक फिल्मों पर कन्धे बिचकाते हैं।

सौन्दर्यशास्त्रीय दृष्टि से सिनेमा के मुख्यतः दो ही प्रकार हैं (किन्तु स्वरूप और विषय वस्तु की दृष्टि से अन्य अनेक प्रकार हैं)–कथात्मक सिनेमा और गैर कथात्मक सिनेमा।

कथात्मक सिनेमा के अन्तर्गत वे सभी फिल्में आ जाती हैं, जिनका मूल सूत्र कथा पर आधारित होता है, जिन्हें व्यावसायिक सिनेमा, कला सिनेमा और बीच का सिनेमा के अन्तर्गत विभाजित किया जाता है। दूसरे प्रकार में तथ्यात्मक सिनेमा, वृत्तचित्र, विज्ञापन आदि आते हैं।

सिनेमा एक भाषा या शिल्प

सिनेमा विज्ञान है कि कला या व्यवसाय या तीनों का संयोजित प्रतिफलन है ? क्या

सिनेमा एक सम्प्रेषण माध्यम मात्र है ? किन्तु एक बात पूर्णतः स्पष्ट है कि सिनेमा एक अलग भाषा है, जिसकी व्याख्या के लिए उसके अंकन माध्यम को ध्यान में रखना पड़ेगा। सत्यजित रे की दृष्टि में सिनेमा एक ऐसी जटिल भाषा है, जिसके बारे में शब्दों में बतलाना निराशाजनक काम है। उनका कहना है कि "जो चित्रकला के विषय में बोलते हैं, वे आमतौर पर स्लाइडों और प्रोजेक्टर से लैस होकर आते हैं। इस तरह जो आँखों द्वारा देख लिया जाए, उसे शब्दों में बतलाने की जहमत से छुट्टी मिल जाती है। संगीत पर बोलनेवालों को सिलिकॉन क्रान्ति (मुख्यतः जापान में विकसित छोटे से सिलिकॉन के टुकड़े में पूरे विद्युत सर्किट को बना लेने की प्रचलित तकनीक) का कृतज्ञ होना चाहिए कि अब वे अपने सारे उदाहरण एक कैसेट में भरकर जेब में ले आ सकते हैं। लेकिन सिनेमा पर व्याख्यान देने की ऐसी कोई सुविधा कम-से-कम देश के वर्तमान तकनीकी विकास की अवस्था में नहीं है। अगर कोई उदाहरण देना चाहें तो किसी तरह शब्दों का ब्यौरा देने से ज्यादा और कुछ नहीं कर सकता।"[45]

पी मित्री ने लिखा है–Verbal language is capable of expression of ideas is also capable of expression emotion-in poetry and literature, which are its artistic forms. On the other hand, film basically a means of expression, and potentially an art, is also capable of expression ideas and there is also a language. In art you accede to an idea, however, vague and imprecise, through the emotion conveyed by the means if expression, but in verbal language you accede to the emotion through idea.

शब्द भी सिनेमा के अनेक तत्त्वों में से एक है। अतः उसकी व्याख्या करने की दृष्टि से शब्द अपर्याप्त माध्यम है। सत्यजीत रे के ही शब्दों में, "फिल्म छवि है, फिल्म शब्द है, फिल्म गति है, फिल्म नाटक है, फिल्म कहानी है, फिल्म संगीत है–फिल्म में मुश्किल से एक मिनट का टुकड़ा भी इन सब बातों को एक साथ दिखा सकता है।"[47] सिनेमा एक ऐसा कला माध्यम है, जिसने पूर्ववर्ती सभी कलाओं को अपने भीतर समाहित कर लिया। सिनेमा पर वक्तत्व देते हुए जो कठिनाई सत्यजित रे को होती है, उसका जन्म भी फिल्म के जन्म के साथ ही जुड़ा हुआ है।

व्यावसायिक दबाव ज्ञान-विज्ञान के किसी भी नवीन अनुसन्धान को प्रभावित करता है। ज्योतिष, जो कि दुनिया का पहला ही विज्ञान माना जाता है, तुरत-फुरत के व्यावसायिक प्रयोग के चलते आज तक, जबकि अन्य विज्ञान विकास की चरम ऊँचाइयों को छू रहे हैं, लगभग अर्द्धविकसित रह गया है। व्यावसायिक इस्तेमाल किसी भी आविष्कार में अग्रगामी अनुसन्धान को प्रभावित करता है।

फिल्म बिम्बों की शृंखला है। फिल्म देखते समय बिम्ब पर्दे पर लगातार हमारी आँखों के सामने से गुजरते रहते हैं, और हमें लगता है कि फिल्म एक निरन्तर चलती हुई पट्टी की तरह है। वास्तव में फिल्म रुक-रुक कर चलती है। फिल्मांकन एवं फिल्म-प्रक्षेपण के समय प्रत्येक फ्रेम का आगे बढ़ने से पहले पूरी तरह ठहर जाना

आवश्यक है, तभी कैमरे द्वारा फिल्मांकन सम्भव हो पाता है, और इसी प्रक्रिया द्वारा हम पर्दे पर प्रक्षेपित बिम्ब को आत्मसात कर पाते हैं। इसे सविराम-गति-प्रक्रिया (इंटरमिटैंट- मोशन-मैकेनिज्म) कहा जाता है। सविराम-गति-प्रक्रिया की खोज फ्रांस में लुई और आगस्ट लुमिएर तथा अमेरिका में टाम्स आरमैट द्वारा सन् 1894 में की गई। सन् 1893 में एडिसन और डिक्सन ने काइनेटोस्कोप का एक ऐसा मॉडल तैयार करने में सफलता प्राप्त कर ली थी, जिसे व्यावसायिक प्रदर्शन हेतु रखा जा सकता था। उपरोक्त खोज के परिणामों से परिचित होने के बाद एडिसन ने अपने उपकरण में कई सुधार किए। उसने लैथम-लूप की सहायता से बहुत लम्बी फिल्म पट्टी को लपेट सकने और सविराम-गति-प्रक्रिया द्वारा स्पष्ट चित्र दिखा पाने की पद्धति में सफलता प्राप्त की। एडिसन का कैमरा एक सेकेंड में चालीस फ्रेम फिल्मांकित करता था।

लुमिएर बन्धुओं द्वारा अपने सिनेमैटोग्राफ का तुरन्त उत्पादन आरम्भ कर देने और प्रक्षेपण की विधि से एक साथ कई लोगों को समूह में फिल्म दिखा देने के निर्णय ने फिल्म कला के अगले अस्सी वर्षों का भविष्य निर्धारित कर दिया। यदि लुमिएर बन्धुओं के इस प्रक्षेपण यन्त्र के साथ-साथ ही एडिसन का काइनेटोस्कोप भी प्रचलित हो पाता तो सिनेमा समूह द्वारा केवल संवेगात्मक आनन्द प्राप्ति हेतु देखी जानेवाली कला के साथ-साथ व्यक्तियों द्वारा एकान्त में बैठकर अध्ययन, मनन और चिन्तन कर सकनेवाली कला के रूप में भी विकसित होता। एडिसन के काइनेटोस्कोप में यह सम्भावना छुपी थी कि फिल्म कला समूह के मनोवैज्ञानिक दबाव से बच पाती और फिल्म पट्टी को आगे-पीछे चलाकर एक पुस्तक की तरह, एक समय में एक व्यक्ति द्वारा पढ़े जाने की सम्भावनाएँ बढ़ जाती। यानी काइनेटोस्कोप के प्रसार से फिल्में बनाने और देखने के तौर-तरीके पूरी तरह बदल जाते। सिने-इतिहास लेखक मनमोहन चड्ढा ने लिखा है कि "केवल व्यावसायिक दबाव के चलते एडिसन का काइनेटोस्कोप बाजार से बाहर हो गया।"[48] सिनेमा के जन्म की आधी सदी के बाद सिने भाषा में फिल्म बनाने और अपनी अलग भाषा गढ़नेवाले विश्व सिनेमा के महत्त्वपूर्ण फिल्मकार सत्यजीत रे को भी सम्भवतः उद्धरण प्रस्तुत न कर पाने की लाचारी से दो-चार नहीं होना पड़ता यदि काइनेटोस्कोप को विकास का अवसर मिला होता।

ऋत्विक घटक सिनेमा के सन्दर्भ में अपने विचारों को शब्दबद्ध करने की कोशिश करते हैं। उनका कहना है कि "सिनेमा, वस्तुतः व्यक्तिगत अभिव्यक्ति का विषय है। (Film is basically, a matter of personal statement)" ।[49] उनके विचार से सभी कलाएँ अपने चरम विश्लेषण में व्यक्तिगत अभिव्यक्तियाँ ही हैं। सिनेमा एक सामूहिक कला है। यह विभिन्न प्रकार की प्रतिभाओं की जरूरत महसूस करती है। लेकिन इसका अर्थ यह नहीं कि सिनेमा व्यक्तिगत कला नहीं है। सामूहिक व्यक्तित्व के बावजूद एक व्यक्ति विशेष की अनुभूतियाँ शेष सभी की रचनात्मक गतिविधियों पर हावी हो सकती हैं। कोई भी कार्य, जो शैली और केन्द्र बिन्दु खो देता है, वह निश्चित रूप से व्यक्तित्व खो देता है, और कला के स्तर से गिर जाता है। घटक के ही शब्दों में, "फिल्म कोई

फॉर्म नहीं है, बल्कि इसके भीतर कई फॉर्म होते हैं (Film is not a form, it has forms.)''[50]

वे आगे कहते हैं, ''कोई भी सिनेमा में कैमरे के विशिष्ट महत्त्व से इनकार नहीं कर सकता। किन्तु कोई भी कैमरे को ही महत्त्व नहीं दे सकता है, वस्तुतः उस दृष्टिकोण को ध्यान में रखकर ही मूल्यांकन किया जा सकता है, जिससे भावना और बुद्धि अपने अन्तरिम परिणाम में प्रभावित होते हैं, क्योंकि अन्ततः सिनेमा लोगों के लिए बनाया जाता है।''[51] ऋत्विक घटक एक प्रतिबद्ध सिनेमा में आस्था रखते हैं (I belive in commited cinema.)। वे प्रतिबद्धता को एक विस्तृत आयाम में लेते हैं। प्रतिबद्ध फिल्मकार और फिल्म के उदाहरण के रूप में वे सत्यजीत रे और उनकी फिल्म 'पथेर पाँचाली' का उदाहरण प्रस्तुत करते हैं। उनका कहना है कि केवल सत्यजीत रे ही सत्य के प्रति प्राणों से समर्पित हैं, और वह एक व्यक्ति का निजी सत्य है। वे कहते हैं कि ''मैं मनोरंजन में विश्वास नहीं करता बल्कि ब्रह्मांड के विषय में गम्भीरता से सोचने में, विस्तृत संसार में, अन्तर्राष्ट्रीय स्थितियों, अपने देश और अन्ततः अपने लोगों में विश्वास करता हूँ, और उन्हीं के लिए फिल्में बनाता हूँ। ऐसा इसलिए क्योंकि जनता ही न्यायिक भूमिका निभाती है। प्रत्येक कला दो भागों में विभाजित होती है। एक प्रदाता होता है और दूसरा लेनेवाला या ग्राहक होता है। सिनेमा के सन्दर्भ में दर्शक जब फिल्म देखना शुरू करता है, तो वह फिल्म बना भी रहा होता है। एक फिल्मकार अपने विचारों को दर्शकों की ओर सम्प्रेषित करता है, और दर्शक उसे सम्पूर्ण बनाता है।''[52]

ऋत्विक घटक के लिए फिल्म देखने जाना किसी रस्मो-रिवाज से कम नहीं है। जब रोशनियाँ बुझ जाती हैं और फिल्म शुरू हो जाती है, तब दर्शक स्वाभाविक रूप से एक हो जाता है। यह एक की समूह संवेदना है, कोई इसकी तुलना चर्च, मस्जिद या मन्दिर जाने से कर सकता है। मन्दिर, मस्जिद या चर्च तर्क-वितर्क विहीन समर्पण और आस्था तथा ध्यान की माँग करते हैं। वहाँ जाने की अपनी शर्तें हैं और समूह का ध्यान-केन्द्र एक ओर सुनिश्चित होता है। सिनेमा दर्शक का समूचा ध्यान अपनी ओर खींच लेता है। सिनेमा की रचनागत ऊँचाई के मान स्थापित करने के लिए घटक को देवालय से ज्यादा पवित्र उदाहरण नहीं मिला। पारम्परिक रूप में रंग-मंडप को भी किसी देवालय के समान ही पवित्र माना जाता था। नाट्यशास्त्र में विधि-विधान पूर्वक देवताओं की स्थापना के बाद ही रंगमंच को सम्पूर्ण बनाने का उल्लेख है।

सत्यजित रे ने लिखा है, ''चलचित्र शिल्प है कि नहीं, इस पर आज भी बहस-मुबाहसे चलते हैं। जो लोग इसे यह मर्यादा देने के लिए तैयार नहीं हैं, उनका कहना है कि चलचित्र की कोई निजी सत्ता नहीं है, कि यह पाँच तरह के शिल्प साहित्य से मिश्रित एक पंचमेल बेढब वस्तु है। दरअसल इस शिल्प शब्द से ही गड़बड़ी पैदा होती है। शिल्प के बजाय यदि इसे भाषा कहा जाए तो चलचित्र का स्वरूप और भी ज्यादा स्पष्ट हो जाए और तर्क की कोई गुंजाइश न रहे।''[53]

फिल्म को अलग भाषा का स्वरूप ग्रहण करने में काफी वक्त लगा। अपने जन्म

काल में वह एक चमत्कार के रूप में ही प्रसिद्ध हुआ। आधुनिक कलाओं की जननी फ्रांस ने ही फिल्म कला को जन्म दिया। लुमिएर बन्धु (आगस्ट और लुई) तथा जार्ज मेलिए तीनों ही फ्रांस के नागरिक थे। लुमिएर बन्धु पिछले कई वर्षों से छायांकन के क्षेत्र में अभिनव प्रयोगों में जुटे थे।

अपने प्रारम्भिक प्रयोगों में सफलता पाने के बाद उन्हें चलचित्रों का माध्यम यथार्थ को प्रस्तुत करने के लिए सर्वश्रेष्ठ लगा। 28 दिसम्बर, 1895 को पेरिस में पहली बार जब उन्होंने स्टेशन पर आ रही रेलगाड़ी, फैक्टरी से छूटने के बाद घर जाने के लिए बाहर आते मजदूरों तथा बगीचे में पानी देते माली के चलचित्र प्रदर्शित किए गए तो इन फिल्मों में स्थान, समय तथा परिवेश का प्रामाणिक प्रस्तुतिकरण, पूर्ण यथार्थ को जी लेने का अहसास कराता था। मानवता के इतिहास में यह चमत्कार पहली बार घटित हुआ था कि लोग जिस घटना का हिस्सा थे, उसी घटना के बाहर रहकर उसी घटना को पर्दे पर हू-ब-हू देख रहे थे। भारतीय दर्शकों ने इसके करीब छः महीने बाद यानी 2 जुलाई, 1896 को बम्बई के वाटसन होटल में इन फिल्मों को देखा। ये सब एक शॉट की फिल्में थीं यानी कैमरे का शटर एक बार खुलने और फिर उसके बन्द होने तक फिल्म पर जो कुछ अंकित हुआ उतना ही।

सत्यजित रे ने लिखा है–''यह घटना यदि चलचित्र के बजाय स्थिर चित्र में दिखाई जाती तो भी कथ्य को समझने में कठिनाई नहीं होती, लेकिन इसमें एक अन्तर यह है कि चलचित्र की वह घटना एक निश्चित समय की सीमा-रेखा के बीच (यानी फिल्म जब तक पर्दे पर रहती है, तब तक) विन्यस्त है। इस उपलब्धि के साथ ही हमारी समझ में यह बात भी आती है कि चलचित्र और संगीत परस्पर एक ही रिश्ते से जुड़े हैं, और चित्र होने के बावजूद सिनेमा चित्रकला या फोटोग्राफी से एक अलग विधा है।''[54]

एक भाषा के रूप में सिनेमा के मूल्यांकन के लिए जरूरी है कि उसकी कलम यानी फोटोग्राफी के जन्म के विषय में थोड़ी बात कर लें। सन् 1827 में चित्र को स्थायी रूप से कागज पर अंकित कर लेने की विधि खोज ली गई थी, और 1839 में फ्रांस में हेनरी फाक्स टेलबोट ने नेगेटिव बनाने की विधि विकसित कर ली। फोटोग्राफी और कैमरे के आविष्कार के बाद यह उत्सुकता हुई कि क्या कोई ऐसी विधि खोजी जा सकती है, जिससे कैमरा एक चित्र नहीं, बल्कि एक के बाद एक लगातार कई चित्र ले सके। कैलिफोर्निया के गर्वनर ली लैंड स्टैनफोर्ड ने 1872 में यह जानने की कोशिश की कि क्या किसी एक समय में तेजी से दौड़ते समय घोड़े के चारों पैर जमीन से ऊपर हवा में उठे होते हैं ? गर्वनर ने सैन फ्रांसिस्कों के एक फोटोग्रोफर एडवर्ड मेब्रिज को काम पर लगाया। मेब्रिज ने शुरू में, जो चित्र तैयार किए वे धुँधले थे। बाद में एक युवा इंजीनियर के सहयोग से उसने एक कतार में चौबीस कैमरे लगा दिए, और उन्हें धागों से इस तरह जोड़ा कि घोड़े के दौड़ने से एक के बाद एक धागे टूटे और कैमरों के शटर उसी क्रम से खुले और बन्द हुए। इस प्रकार कैमरों के द्वारा गति को अंकित करने का पहला प्रयोग सम्पन्न हुआ।

1882 में मेब्रिज ने अपने आविष्कार 'गतिशील वस्तुओं को छायांकित करने और दर्शाने की पद्धति' को पंजीकृत कराया। उसी वर्ष एमिली रिकॉर्ड ने अपने उपकरण 'प्रेक्सिनोस्कोप' के जरिए पेरिस में अपने चित्रों का प्रदर्शन किया। इसी बीच एडिसन ने अपने काइनेटोस्कोप का पंजीकरण कराया, जिसका आविष्कार वास्तव में एक युवा इंजीनियर विलियम डिक्सन ने किया था। इसी बीच फ्रांस में लुमिएर बन्धु और अमेरिका में टामस आरमैट ने अपने प्रयोगों से यह सिद्ध कर दिया था कि किसी चीज के आँखों के सामने से हटने के बाद भी उसका चित्र कुछ देर के लिए आँखों में बना रहता है। इसलिए अगर किसी एक क्रिया के चित्रों को लगातार एक के बाद एक आँखों के सामने चलाया जाए, तो आँख उन्हें अलग-अलग चित्रों के बजाए चलते हुए चित्रों के रूप में देखेगी। इसे 'इंटरमिटेंट मोशन मैकेनिज्म' कहा गया। इसी के आधार पर लुमिएर बन्धुओं ने अपने सिनेमैटोग्राफ का पंजीकरण करवाया। जैसाकि स्पष्ट है, बिम्ब को कागज पर स्थिर कर लेने की तकनीक से चित्रों को गतिशील रूप में अंकित करने तक का आविष्कार मात्र वैज्ञानिक जिज्ञासा का परिणाम है।

सत्यजित रे के शब्दों में, "लुमिएर द्वारा ट्रेन की ली गई तस्वीर नाटक या कहानी वर्जित एक साधारण दैनन्दिन घटना में शामिल थी।" लुमिएर का सिने-पथ अतिसाधारण और यथार्थवादी था उसमें प्रयोग की कोई कोशिश न थी। 'बाग में पानी डालते माली' फिल्म में संयोगवश मनोरंजन तत्त्व जुड़ा, जो वैज्ञानिक चमत्कार से कलात्मक सर्जना की ओर संकेतित होता दिखता है। 'बाग में पानी डालते माली' फिल्म में एक लड़का पाइप को पाँवों तले दबा देता है। माली समझ नहीं पाता कि पानी आना बन्द कैसे हो गया। वह हैरानी से पाइप में तकता है। तब तक लड़का पाइप पर से अपना पाँव हटा लेता है और माली पानी से सराबोर हो जाता है। इस दृश्य ने दर्शकों को खूब हँसाया और सिनेमा में मनोरंजन के अन्य आयामों की सम्भावनाएँ दिखनी शुरू हुईं।

आरम्भ में सिनेमा को एक व्यवसाय के रूप में अपनानेवाले अधिकांश व्यक्ति फोटोग्राफर थे, जिनका ललित कलाओं और साहित्य से कोई रिश्ता नहीं दिखता था। भारत के दो महान छायाकार प्रदर्शक हरिश्चन्द्र सखाराम भातवडेकर (जिन्होंने सन् 1880 में अपना छायांकन स्टुडियो बना लिया था) और हीरालाल सेन (जो 1898 तक छायाचित्र, स्थिर छायांकन की विभिन्न अखिल भारतीय प्रतियोगिताओं तथा प्रदर्शनियों में पुरस्कृत एवं सम्मानित हो चुके थे) लुमिएर द्वारा दिखाए गए रास्ते पर ही चले। दोनों ही यथार्थ घटनाओं को अपने कैमरे में कैद कर लेने की कला में निपुण थे। कैमरे के रचनात्मक इस्तेमाल द्वारा एक मौलिक कहानी भी कही जा सकती है, इस तथ्य से उनका साक्षात्कार नहीं हो पाया था।

लुमिएर पद्धति की यथार्थवादी अंकन पद्धति से भिन्न एक रचनात्मक सिनेमा का रास्ता भी खुल रहा था, जिसके लिए एक छायाकार होना ही पर्याप्त नहीं था। सिनेमा की उस सम्भावना का द्वार एक जादूगर ने खोला। सन् 1896 में मेलिए ने जादू और बाजीगरी के अभिनव प्रयोग के लिए कैमरे का इस्तेमाल शुरू किया। उसने 1898 में

एक फिल्म बनाई 'कई सिरवाला आदमी' और एक अन्य फिल्म में एक ही आदमी पूरा आर्केस्ट्रा बजाता है। दो अलग-अलग फिल्मों के टुकड़ों को जोड़कर जादुई चमत्कार दिखाने का पहला काम मेलिए ने ही किया। अतः सम्पादन-कला के जन्म का श्रेय उसे ही जाता है। मेलिए ही पहला आदमी था, जिसने साहित्यिक कृतियों पर आधारित फिल्में बनाने की शुरुआत की। सन् 1902 में मेलिए ने जुल्स वर्ने की विज्ञान कथा पर आधारित 'चन्द्रलोक की यात्रा' नामक फिल्म बनाई। इसमें तीस दृश्य थे। चाँद की यात्रा पर जा रहा अन्तरिक्ष यान चाँद पर बनी एक आँख में से गुजरकर चाँद की धरती पर उतरता है। चाँद के मूल निवासी खतरा देखते ही धुआँ हो जाते हैं। मेलिए ने ही ट्रिक फोटोग्रॉफी की खोज की। वह पहला आदमी था, जो कैमरे की कलात्मक सम्भावनाओं के प्रति जागरूक हुआ।

मनमोहन चड्ढा का कहना है—"मेलिए की फिल्म कला को प्लास्टर, पुलीज (गरारियों) और पेंट की कला कहा जाता है। उसने सिनेमाई समय के प्रयोगों का पता लगा लिया था, लेकिन वह सिनेमाई स्थान को तोड़ने और जोड़ने की कला से अपरिचित ही था। सन् 1902 में जब फ्रांस में मेलिए सिनेमा को एक नए ढंग की कला में ढालने की शुरुआत कर चुका था, अमेरिका में भी फिल्म की सम्भावनाओं की खोज जारी थी। अमेरिकी फिल्मकार पोर्टर को व्यवसायी एडिसन और कलाकार ग्रिफिथ के बीच की कड़ी माना जाता है।"[55] सन् 1908 में पोर्टर ने 'लाइफ ऑफ ऐन अमेरिकन फायर मैन' और 'द ग्रेट ट्रेन रॉबरी' नामक फिल्में बनाईं। इन दोनों फिल्मों में एक शॉट से दूसरे शॉट को जोड़कर चलचित्रों के माध्यम से एक कहानी कही गई। जिसे बाद में 'फिल्म सम्पादन की तकनीक' का नाम दिया गया। सन् 1903 में गतिशील बिम्बों के माध्यम से कथा कहने का यह प्रयास अपनी पहचान बनाता है। कथातत्व के जुड़ने के साथ ही चलचित्र एक कला माध्यम का रूप ग्रहण करने लगा।

मनमोहन चड्ढा ने लिखा है—"चलचित्र में कहानी कहने की विधा की शुरुआत से ही सिनेमा की भाषा के निर्माण कार्य में, जो व्यक्ति अग्रणी था, वह है अनन्य प्रतिभाशाली अमेरिकी निर्देशक डी.डब्ल्यू. ग्रिफिथ। कैमरा और एडिटिंग के खास-खास प्रयोगों पर सिनेमा के व्याकरण की जो बुनियाद खड़ी है, उनमें से प्रायः सबका आविष्कार ग्रिफिथ ने ही किया था।" वे आगे लिखते हैं—"ग्रिफिथ ने सबसे पहले पहचाना कि सिनेमा की मूलभूत इकाई, रंगमंच की तरह दृश्य नहीं शॉट है। इसीलिए उन्होंने एक दृश्य को कई शॉटों में विभाजित करना शुरू किया और फिर इन शॉटों को जोड़कर एक दृश्य का निर्माण किया।"[56]

इसी बात को सत्यजीत रे थोड़ा विश्लेषित करते हुए स्पष्ट करते हैं—"ग्रिफिथ की समझ में यह बात पहले ही आ गई थी कि एक ही साँस में जैसे मुँह से कहानी नहीं कही जाती या कथा-साहित्य में भी जिस प्रकार वाक्य पर वाक्य सजाए जाते हैं, सिनेमा की कहानी को भी खंड-खंड दृश्यों और शॉटों में विभाजित कर कहना पड़ता है। प्रत्येक शॉट एक वाक्य या एक शब्द हुआ करता है। शब्दों की तरह शॉटों

की भाषा हुआ करती है, और वह भाषा फिल्म की एकान्तिक भाषा है, दृश्य-वस्तु की भाषा है। कथा-साहित्य में जिस प्रकार अनुच्छेदों-परिच्छेदों में विभाजित करने की आवश्यकता पड़ती है, सिनेमा की कहानी को भी उसी प्रकार 'मिक्स' या 'फेड' जातीय विशेष यान्त्रिक एवं रासायनिक उपायों के सहारे खंड-खंड में विभाजित किया जा सकता है।''[57]

पोर्टर की समझ में यह सूक्ष्मता तो नहीं आई थी, लेकिन उसने एडिटिंग के कुछ अभिनव प्रयोग किए। उसकी फिल्म 'अमेरिकन फायर मैन' में अग्निशामक दल द्वारा आग लगने की खबर पाकर फायर ब्रिगेड के रवाना होने से आग में फँसे लोगों को बचाने की कथा है। इसमें कुछ शॉट वास्तव में घटी घटना के हैं, और कुछ बाद में अभिनीत करवा कर शूट कर लिए गए। दोनों प्रकार के शॉटों को कुशलता से जोड़ दिया गया। इन दोनों दृश्यों के शॉट 'पैरेलल कटिंग' के रूप में जोड़े गए हैं। दर्शक बारी-बारी से आग में फँसे लोगों और बचाव करनेवालों के काम देखते हैं। उसकी दूसरी महत्त्वपूर्ण फिल्म 'ग्रेट ट्रेन रॉबरी' में भी कैमरा प्रत्येक शॉट में स्थिर रहता है। आज अगर उस फिल्म के पहले तथा अन्तिम दृश्य को छोड़कर बीच के शॉटों के क्रम परिवर्तित कर दिए जाए तो कहानी में कोई अन्तर नहीं पड़ता। 'ग्रेट ट्रेन रॉबरी' में ट्रेन डकैती है। इसमें एक दृश्य करते हुए गलती से कैमरा घूम जाता है, और संयोग से वह कैमरा एक भागते हुए आदमी के साथ घूमता है। इस तरह 'पैनोरमा शॉट' की खोज का सेहरा पोर्टर के सिर जाता है।[58]

पोर्टर पहला आदमी था जिसने सुनियोजित ढंग से सिनेमा में अभिनय का प्रवेश कराया। दूसरे शब्दों में उसकी व्यवसायी बुद्धि ने एडिसन के गोदाम में पड़े यथार्थ अंकित दृश्य में अभिनीत दृश्य जोड़कर बाजार में खपा देने की सूझ ने चलचित्र में अभिनय के द्वार खोल दिए।

पोर्टर के सामने कैमरे की क्षमताओं के द्वार नहीं खुले। वे द्वार तो किसी अनुसन्धानी असन्तुष्ट मस्तिष्क में ही खुल सकते थे, जिसे लेकर ग्रिफिथ आए। ग्रिफिथ लेखक और नाटककार बनने की विफल आकांक्षा लेकर बेमन से चलचित्र की ओर आए। सन् 1907 में वे एडिसन की कम्पनी में पोर्टर को अपनी लिखी कहानी बेचने आए थे। अभिनेता का काम उन्होंने मजबूरी में स्वीकार किया। वह समय साहित्य और रंगमंच की दीर्घकालीन स्थापना का था। रंगमंच दृश्य और श्रव्य दोनों था। एक सफल नाट्य-लेखक और रंगमंच अभिनेता बनने की महत्त्वाकांक्षा रखनेवाले युवक के लिए फिल्मों में काम करना असफल होने जैसा था। सिनेमा सिर्फ दृश्य था, जो कालान्तर में सिनेमा की भाषा के मूल स्वरूप की पीठिका के रूप में स्वीकृत हुआ, किन्तु तब रंगमंच और अन्य कला, साहित्य की विधाओं की तुलना में हेय और अपूर्ण लक्षित किया गया।

सिगफ्रीड क्राकोअर ने लिखा है–''यद्यपि सैद्धान्तिक और व्यावहारिक स्तर पर फिल्म और नाटक में बहुत अन्तर है। फिर भी फिल्म ने नाटक से बहुत कुछ लिया और

एक ऐसी दृश्य विधा को जन्म दिया, जो नाटककारों के लिए कल्पना का विषय थी। 19वीं सदी के अनेक कवियों शेली, कीट्स, कॉलरिज आदि ने नाटक लिखे। इन नाटकों का ग्रिफिथ के माध्यम से फिल्मों पर प्रभाव पड़ा। सच तो यह है कि फिल्मों का जितना प्रभाव इन पाठ्य नाटकों का पड़ा उतना रंगमंचीय नाटकों का नहीं। पाठ्य नाटक रंगमंच की सीमा से मुक्त थे।''[59]

ग्रिफिथ साहित्य और रंगमंच का अनुभव और विश्लेषण बुद्धि लेकर आए थे। उन्होंने कैमरे की शक्तियों का अनुसन्धान किया और क्लोज शॉट, मिट शॉड, लांग शॉट, टॉप शॉट इत्यादि का कथा के अनुसार उद्भव और प्रयोग उन्होंने ही किया। फिल्म आलोचक लुइस जेकब के शब्दों में, ''सन् 1908 में बनी 'आफ्टर मेनी इयर्स' फिल्म में ग्रिफिथ ने पहली बार क्लोज-अप का प्रयोग किया। इस दृश्य में नायिका अपने पति के बारे में सोच रही थी। इस सोच में डूबी पत्नी के विचारों में पैठने के लिए ग्रिफिथ उसके चेहरे का बड़ा क्लोज-अप पर्दे पर दिखाते हैं। अगले दृश्य में हम देखते हैं कि उसका पति दूर रेगिस्तान में किस स्थिति में है। ग्रिफिथ छायांकन के माध्यम से नायिका को नजदीक लाते गए और फिर सम्पादन के जरिए उसकी भीतरी सोच तक ले गए।

सत्यजित रे ने लिखा है, ''चरित्र के मनोभावों, उसकी आकृति या अंग-भंगिकाओं को डिटेल की सहायता से व्यक्त करने के लिए क्लोज-अप का जन्म हुआ। क्लोज-अप को यदि प्रयोग में न लाया जाए, तो आज भी फिल्म बनाना असम्भव है। क्लोज-अप के आने के बाद सिनेमा में नाटकीय उपादान रहने के बावजूद नाटक और सिनेमा में एक अलगाव स्पष्टतया स्थापित हो गया, क्योंकि नाटक के दर्शकों के लिए अभिनेताओं के अत्यन्त निकट पहुँचना सम्भव नहीं है; यहाँ दर्शक प्रेक्षागृह की दीर्घा में अपने-अपने स्थान पर अचल बैठे रहते हैं।''[60]

'द एडवेंचर्स ऑफ डाली' में ग्रिफिथ ने पहली बार अभिनेताओं को लिया और बाकायदा रिहर्सल करवाया। 'एनक आर्डन' में भी उन्होंने क्लोज-अप के खूबसूरत प्रयोग किए तथा 'रामोना' में पैनोरमा शॉट लिया। 'द लोनडील ऑपरेटर' में पहली बार कैमरे को गति दी गई और कटिंग का बहुत अच्छा इस्तेमाल किया गया। ये सभी एक रील की फिल्में थीं। पहली बार उसने दो रील की फिल्म बनाई 'बर्थ ऑफ ए नेशन' जो सिनेमा के क्षेत्र में एक क्रान्ति साबित हुई। यह तेरह रील की पूरी लम्बाई की पहली फिल्म थी। तकनीकी दृष्टि से भी कोई ऐसा पहलू नहीं था जिसका ग्रिफिथ ने इस फिल्म में प्रयोग नहीं किया हो।

कैमरे के साथ किए गए ग्रिफिथ के कलात्मक प्रयोगों से सिनेमा को अन्य पारम्परिक कला-विधाओं के समानान्तर अपनी भाषा के व्याकरणिक अवयव प्राप्त हुए। ग्रिफिथ ने यह सब कुछ एक सोच के तहत किया। वे समझ गए थे कि नाटक की तुलना में सिनेमा में दर्शकों का अभिनेताओं से सीधा सम्पर्क नहीं होता। इस सम्पर्क की स्थापना कैमरे से होती है। सत्यजीत रे के शब्दों में, ''घटना चाहे जो हो, उसे सरल बनाकर प्रस्तुत करने का दायित्व चलचित्र-निर्माता के आज्ञाधीन कैमरे पर ही निर्भर

करता है। यही कारण है कि सिनेमा की भाषा मूलतः कैमरे की भाषा हुआ करती है, यह बात ग्रिफिथ के काल में जितनी सत्य थी, आज भी उतनी ही सत्य है।"[61]

ग्रिफिथ के बाद सिने-भाषा के विकास में महत्त्वपूर्ण योग देनेवाले फिल्मकारों में चार्ली चैपलिन, बस्टर कीटन, दोवचेंको, पुदोक्विन आदि आते हैं। आइजेंस्ताइन ने ग्रिफिथ के एडिटिंग के सूत्र में मोंताज को जोड़ा। उन्होंने कहा–"जैसे विज्ञान को 'आयोन', इलेक्ट्रोन आदि से जाना जाता है, वैसे ही कला को मापने की इकाई आकर्षण है।"

उन्होंने फिल्मों के टुकड़ों को जोड़कर समागम झटकों की एक शृंखला को एक खास तरतीब में पिरोकर दर्शकों के सामने प्रस्तुत किया। जिससे प्रभावी छायांकनों के टुकड़े संयोजित होकर एक बन गए। वे चाहते थे कि सारा जोड़ उन सिद्धान्तों के अनुरूप संयोजित हो, जो सही अनुपात में अपेक्षित प्रभाव उत्पन्न कर सके। यही 'मोंताज' है। उन्होंने सम्पादन के ये खास प्रयोग सन् 1923 में किए। उन्होंने अपनी खोज के विषय में कहा कि मोंताज दो टुकड़ों को जोड़कर शृंखला नहीं बनाता है, वह दो टुकड़ों के टकराव से उत्पन्न विस्फोट है, जहाँ से विचार उपजता है। यहीं पर आइजेंस्ताइन के मोंताज की वास्तविक बुनियाद मार्क्स की द्वन्द्वात्मक धारणा पर आधारित लगती है। किन्तु इस पर मतभेद है। उन्होंने एक मॉडेल बनाया जिसमें मोंताज के पाँच भेद थे–छन्दात्मक, लयात्मक, टोनल, ओवरटोनल और बौद्धिक। इसमें से पहले चार तो पूरी तरह दैहिकीय है, अन्तिम भावद्रेक के साथ समूची विचार-प्रक्रिया को उत्तेजित करनेवाला बताया जाता है।[62]

सन् 1928 में अमेरिका में पहली सवाक् फिल्म बनी। फिल्मों में ध्वनि के जुड़ने के साथ ही साहित्य तथा नाटक का प्रभाव बढ़ गया, क्योंकि निर्वाक् फिल्म में शब्द योजना रहने पर भी शब्द कभी फिल्म पर हावी नहीं हो पाया था। सत्यजीत रे के शब्दों में–"यदि चित्र की अपेक्षा केवल ध्वनि को महत्त्व दिया जाए तो सिनेमा की भाषा अपनी शक्ति खो बैठेगी। हाँ, ध्वनि के संयोग के फलस्वरूप चलचित्र में भाव प्रकाशन का कार्य बहुत कुछ सरल हो गया, इसमें कोई सन्देह नहीं। इससे स्वभावतः ध्वनियुक्त चित्र यथार्थ के एक पग और निकट चला गया और इसके फलस्वरूप फिल्म की विषयवस्तु की परिधि भी बहुत विस्तृत हुई।"[63]

फिल्म के प्रारम्भिक दिनों में सिनेमा को कला के रूप में स्वीकार नहीं किया गया। सिनेमैटिक फोटोग्राफी को भौतिक जगत के यथार्थ अंकन से ज्यादा महत्त्व नहीं दिया गया। यह स्वाभाविक ही था, क्योंकि शुरुआती फिल्म निर्माता व्यवसायी और वैज्ञानिक थे, कलाकार नहीं। ये तो कलाकार और व्यवसायी थे, जिनको फिल्म में एक श्रेष्ठ कला होने की अपार सम्भावनाएँ दिखीं। उन्होंने भी यह नहीं सोचा होगा कि यह प्राचीन कलाओं से भिन्न एक विलक्षण कला होगी।

जेराल्ट मस्ट और मार्शलकोहेन ने लिखा है–"भले ही फिल्म जगत की सत्य प्रतिलिपि प्रस्तुत कर दे, फिर भी हम यह अच्छी तरह जानते हैं कि पर्दे का जगत उस जगत से सर्वथा भिन्न है, जिसमें हम रहते हैं। पर्दे पर फ्रेम की सीमा में बद्ध, गहराई

के आयाम से रहित जिस चपटे जगत को हम देखते हैं, वह वास्तविकता का भ्रम मात्र होता है, यथार्थ नहीं। सिनेमा के दृश्य और वास्तविक दृश्य में एक बड़ा अन्तर है, जो भौतिक न होकर मनोवैज्ञानिक है। प्राकृतिक दृश्य संवेगात्मक और नाटकीय स्तर पर दर्शक से तटस्थ रहते हैं, इसके विपरीत फिल्म के दृश्य दर्शक में उत्तेजना जगाते हैं। उसके संवेगों को एक निश्चित दिशा की ओर उन्मुख करते हैं। ऐसा इसलिए होता है, क्योंकि दर्शक फिल्मकार की कैमरा दृष्टि से दृश्यों को देखता है। यहीं पर सिनेकार एक कलाकार है और फिल्म एक कला।"[64]

रूडोल्फ अर्नहेम ने लिखा है कि "यदि सिनेमा वास्तविक जीवन का मात्र यान्त्रिक प्रस्तुतीकरण होता तो हम उसे कभी कला नहीं कहते। व्यक्ति में भौतिक पदार्थों को अपनी शक्ति द्वारा परिवर्तित करने या नया रूप देने की मूल इच्छा होती है। परन्तु यह मूल प्रवृत्ति कलाकार की प्रेरणा से भिन्न होती है। कलाकार की प्रेरणा केवल अनुकरण तक ही सीमित नहीं है; वह सृजन करती है; व्याख्या करती है और भिन्न स्वरूप प्रदान करती है। फिल्म कलाकार को फोटोग्राफी कला का यथार्थ प्रस्तुत करने की क्षमता का पूर्ण उपयोग फिल्म कला के लिए करना चाहिए।"[65]

फिल्म एक ऐसा कला माध्यम है, जिसके निर्माण में वैज्ञानिक, व्यवसायी तथा कलाकार तीनों की महत्त्वपूर्ण भूमिका है। विज्ञान के नवीनतम अनुसन्धान आज भी सिनेमा को अत्यधिक सम्प्रेषणीय बनाने में लगे हैं। दूसरी तरफ कलाकारों ने इसकी भाषा की खोज के साथ इसे समाज-मन के निर्माण के निमित्त एक पवित्र माध्यम के रूप में प्रयोग किए जाने पर बल दिया। किन्तु व्यवसायी के लिए यह सिर्फ एक व्यावसायिक माध्यम है। व्यावसायिक दबाव से सिनेमा के चरित्र में दो फाँक हो गए और पूरी दुनिया में उसे दो भागों में विभाजित कर मूल्यांकन किया जाता है (विशेषकर कथा सिनेमा को जो कि सिनेमा की मुख्य धारा है) एक व्यावसायिक सिनेमा और दूसरा कला सिनेमा। वैसे तो यथार्थ अंकन की दृष्टि से सिनेमा की मूल धारा वृत्तचित्र है, किन्तु मेरा प्रतिपाद्य विषय कला सिनेमा है, जो कथात्मक सिनेमा का एक प्रकार है।

सिनेमा तथा अन्य कला विधाओं में जो सर्वाधिक साम्य है, वह बिम्ब के कारण है। केवल प्रस्तुतीकरण के तरीके से अन्तर पड़ता है। बिम्ब और कहानी साहित्य तथा अन्य कला-विधाओं में भी महत्त्वपूर्ण हैं, किन्तु सिनेमा में इनका भाषिक स्वरूप बदल जाता है।

चलचित्र निर्माण कार्य मोटे तौर पर तीन पर्यायों में विभक्त होता है, पहला चलचित्र नाट्य रचना, दूसरा पटकथा के अनुसार सिनेरियों का चुनाव तथा सेट्स का निर्माण और तीसरा खंड-खंड लिए गए चित्रों को एक क्रम में सहेजना अर्थात् एडिटिंग। इसमें कैमरे के माध्यम से कहानी को बिम्बित किया जाता है, और यहीं पर निर्देशक की दृष्टि महत्त्वपूर्ण है। बावजूद इसके कि फिल्म में बहुतेरे कलाकारों की आवश्यकता होती है, और सबकी कलाओं का अलग-अलग मूल्यांकन भी होता है, किन्तु निर्देशक सर्वोपरि है, क्योंकि एक खराब कहानी को भी निर्देशक अपनी विशेष दृष्टि से आकर्षक और अर्थपूर्ण बना सकता है। सिनेमा अन्य पूर्ववर्ती कला विधाओं की तरह एक व्यक्ति

विशेष की कलात्मक सर्जना है। चलचित्र निर्माण में जो पर्दे पर दिखते हैं, वे अभिनेता तथा पर्दे के पीछे के कैमरा मैन, कला-निर्देशक, संगीत निर्देशक, सम्पादक आदि सब निर्देशक के दृष्टि-पथ पर चलते हुए सिनेमा को आकार देते हैं।

पटकथा के अलावा सिनेमा का समूचा कार्य यन्त्र-निर्भर है। यह पूर्णतः यन्त्र युग की भाषा है। यह बात कहने में कोई संकोच नहीं कि यदि कैमरा नामक यन्त्र का आविष्कार नहीं हुआ होता तो इस भाषा का सृजन असम्भव था। रिकॉर्डिंग मशीन के आविष्कार के साथ इसमें चित्र के साथ शब्द भी जुड़ गया। बाद में रंगीन सिनेमा के आने से यह यथार्थ के और निकट पहुँच गया, किन्तु इससे दर्शकों की कल्पनात्मक भागीदारी कम हो गई।

फ्रैन्कई त्रुफो के अनुसार निर्देशक सिनेमा का ऑटर (Auteur) है। फ्रांसीसी के ऑटर का अर्थ होता है, स्रष्टा, ईश्वर आदि। फ्रेंच न्यूवेव के फिल्मकारों और सिने-सैद्धान्तिकों ने व्यवसायी, निर्माता या पटकथा लेखक की जगह निर्देशक की फिल्म रचना में केन्द्रीय भूमिका स्थापित करने के लिए ऑटर शब्द का प्रयोग किया। भारतीय काव्यशास्त्रों में कवियों के लिए मनीषी और ब्रह्म विशेषणों का प्रयोग किया गया है–'कर्विमनिषी परिभूः स्वयंभू'।

फ्रैन्कई त्रुफो के अनुसार, "निर्देशक पूर्ण फिल्म स्रष्टा या फिल्मकार है। वह एक ऐसा फिल्मकार है, जिसका अपनी निर्माणाधीन फिल्म के सभी पहलुओं पर अधिकार होता है।"[66]

फिल्म सौन्दर्यशास्त्र पर विचार करनेवाले अनेक विचारकों ने फिल्म और साहित्य की अनेक दृष्टियों से तुलना की है, उदाहरणार्थ अनुक्रम की तुलना परिच्छेद से, शॉट की वाक्य से, कट की अर्द्धविराम से और फेड आउट की तुलना पूर्णविराम से की है। कैमरे की तुलना लेखनी से की गई है, जिसे 'कैमरा स्टाइलो' की संज्ञा से अभिहित किया गया है। सिनेमा लिखित या उच्चारित भाषा से सर्वथा भिन्न है, क्योंकि सिनेमा यथार्थ बिम्बों के माध्यम से अभिव्यक्ति करता है, जबकि भाषा अमूर्त रूपों का प्रयोग करती है।

सिनेमा तथा अन्य कलाओं के अन्तर्सम्बन्ध पर ज्याँ लुक गोदार की टिप्पणी अत्यन्त महत्त्वपूर्ण है। गोदार सिनेमा को कलाओं का आखिरी उत्कर्ष नहीं मानते–"जब मैं आलोचक था, तब भी स्वयं को फिल्मकार मानता रहा। आज मैं स्वयं को आलोचक मानता हूँ और एक प्रकार से हूँ भी बल्कि पहले से कहीं अधिक मुखर हूँ। अब मैं समीक्षा लिखने की बजाय फिल्म बनाता हूँ, आलोचनात्मकता इसमें समा गई है। मैं खुद को एक ऐसा निबन्धकार मानता हूँ, जो उपन्यास शैली में निबन्ध लिखता है और निबन्ध शैली में उपन्यास। लिखने की बजाय मैं उन्हें फिल्मा देता हूँ। यदि कभी सिनेमा न रहा तो मैं इस नियति को सहजता से स्वीकार कर लूँगा और टेलीविजन की तरफ मुड़ जाऊँगा, यदि टेलीविजन न रहा तो मैं कागज और कलम थाम लूँगा। अभिव्यक्ति के सब रूपों में स्पष्ट निरन्तरता है, वे एक ही हैं।" वे आगे लिखते हैं–"मैं बेसब्री से सिनेमा के अन्त की प्रतीक्षा कर रहा हूँ।"[67]

एक बात का उल्लेख किए बिना यह अध्याय अपूर्ण रह जाएगा कि सिनेमा पश्चिम के लिए जहाँ सातवीं कला है, वहीं भारतीय दृष्टि से यह पैंसठवीं कला है। भरतमुनि ने नाट्य प्रयोजन के विषय में कहा है कि–''दृश्यकाव्य सर्वसाधारण के मनोरंजन और शिक्षण के लिए है।'' सिनेमा उस प्रयोजन पूर्ति में सर्वथा समर्थ माध्यम है।

सन्दर्भ-सूची (प्रथम अध्याय)

1. उपाध्याय, भगवतशरण, 'भारतीय कला की भूमिका', पृ. 1
2. प्रसाद, जयशंकर, 'काव्य और कला तथा अन्य निबन्ध', पृ. 56
3. विष्णु स्वरूप, 'कवि समय मीमांसा', पृ. 9
4. प्रसाद, जयशंकर, 'काव्य और कला तथा अन्य निबन्ध', पृ. 59
5. प्रसाद, जयशंकर, 'काव्य और कला तथा अन्य निबन्ध', पृ. 65-66
6. श्री कल्याणमल्ल, 'अनंगरंग', पृ. 227
7. वृहत हिन्दी कोश, पृ. 227
8. उपाध्याय, भगवत शरण, 'भारतीय कला की भूमिका', पृ. 1
9. प्रसाद, जयशंकर, 'काव्य और कला तथा अन्य निबन्ध', पृ. 60
10. उपाध्याय, भगवत शरण, 'भारतीय कला की भूमिका', पृ. 2
11. उपाध्याय, भगवत शरण, 'भारतीय कला की भूमिका', पृ. 2
12. रे, निहार रंजन, 'भारतीय कला के आयाम, पृ. 28
13. बहादुर, सतीश, 'फिल्म सराहना अर्थात् फिल्म समारोह के बारे में' (निबन्ध)
14. प्रसाद, जयशंकर, 'काव्य और कला तथा अन्य निबन्ध', पृ. 60
15. नम्बूदिरिपाद, ई.एम.एस. 'कला साहित्य और संस्कृति', पृ. 68
16. मोनाको, जेम्स, 'हाउ टू रीड ए फिल्म', पृ. 1
17. रसेल, बी. 'ए हिस्ट्री ऑफ वेस्टर्न फिलॉसफी', पृ. 21
18. दर्शन कोश, पृ. 141
19. मोनाको, जेम्स, 'हाउ टू रीड ए फिल्म', पृ. 1-2
20. दर्शन कोश, पृ. 141
21. डॉ. कुमार विकल, 'सौन्दर्यशास्त्र के तत्त्व', पृ. 31
22. दर्शन कोश, पृ. 141-142
23. दर्शन कोश, पृ. 141
24. मोनाको, जेम्स, 'हाउ टू रीड ए फिल्म', पृ. 5
25. कानुनगो, इन्दुप्रकाश, 'सिनेमा की कला यात्रा', पृ. 61
26. दर्शन कोश पृ. 34-35
27. प्रसाद, जयशंकर, 'काव्य और कला तथा अन्य निबन्ध', पृ. 61
28. गौतम, डॉ. मनमोहन, 'सरल भाषा विज्ञान', पृ. 300-301
29. अज्ञेय, सच्चिदानन्द हीरानन्द वात्स्यायन, 'आलवाल', पृ. 9
30. मोनाको, जेम्स, 'हाउ टू रीड ए फिल्म', पृ. 6

31. कानूनगो, इन्दुप्रकाश, 'सिनेमा की कला यात्रा', पृ. 18
32. मोनाको, जेम्स, 'हाउ टू रीड ए फिल्म', (द्रष्टव्य)
33. प्रसाद, जयशंकर, 'काव्य और कला तथा अन्य निबन्ध', पृ. 100
34. डॉ. रघुवंश, 'नाट्यशास्त्र की दृष्टिसम्पूर्णता', 'नाट्यवार्ता' में प्रकाशित, पृ. 26
35. उपाध्याय, भगवतशरण, 'भारतीय कला की भूमिका', पृ. 101
36. मिश्र, प्रो. रामदरश, 'हिन्दी आलोचना का इतिहास', पृ. 20
37. प्रसाद, जयशंकर, 'काव्य और कला तथा अन्य निबन्ध', पृ. 112
38. उपाध्याय, भगवतशरण, 'भारतीय कला की भूमिका', पृ. 102
39. प्रसाद, जयशंकर, 'काव्य और कला तथा अन्य निबन्ध', पृ. 111-112
40. मिश्र, डॉ. भगीरथ, 'काव्यशास्त्र', पृ. 92
41. उपाध्याय, भगवत शरण, 'भरतीय कला की भूमिका', द्रष्टव्य-रूपकों और उपरूपकों के लक्षण के विश्लेषण हेतु
42. साहित्य दर्पण, श्लोक संख्या-307 से 319
43. कानुनगो, इन्दुप्रकाश, 'सिनेमा की कला यात्रा', पृ. 12
44. कानुनगो, इन्दुकाश, 'सिनेमा की कला यात्रा', द्रष्टव्य
45. रे, सत्यजित, 'पटकथा' (पत्रिका) अंक-1, पृ. 7
46. पी. मित्री, 'एस्थेटिक्स', पृ. 478
47. रे, सत्यजित, 'पटकथा' (पत्रिका) अंक-1, पृ. 7
48. चड्ढा, मनमोहन, 'हिन्दी सिनेमा का इतिहास', पृ. 38
49. घटक, ऋत्विक, 'सिनेमा एंड आई', पृ. 13
50. घटक, ऋत्विक, 'सिनेमा एंड आई', पृ. 13-14
51. घटक, ऋत्विक, 'सिनेमा एंड आई', पृ. 15
52. घटक, ऋत्विक, 'सिनेमा एंड आई', पृ. 20
53. रे, सत्यजित, 'चलचित्र कल और आज', पृ. 55
54. रे, सत्यजित, 'चलचित्र कल और आज', पृ. 10
55. चड्ढा, मनमोहन, 'हिन्दी सिनेमा का इतिहास', पृ. 49-50
56. चड्ढा, मनमोहन, 'हिन्दी सिनेमा का इतिहास', पृ. 52
57. रे, सत्यजित, 'चलचित्र कल और आज', पृ. 11
58. उनियाल, सुरेश, 'घोड़ों से डायनासोरों तक' (निबन्ध), विज्ञान प्रगति पृ. 11
59. क्राकोअर, सिगफ्रिड, 'थियरी ऑफ फिल्म', पृ. 46
60. रे, सत्यजित, 'चलचित्र कल और आज', पृ. 11
61. रे, सत्यजित, 'चलचित्र कल और आज', पृ. 12
62. कानुनगो, इन्दुप्रकाश, 'सिनेमा की कला यात्रा', पृ. 11-12
63. रे, सत्यजित, 'चलचित्र कल और आज', पृ. 16
64. मस्ट, जेराल्ड व कोहेन, मार्शल, 'फिल्म थियरी एंड क्रिटिसिज्म', पृ. 4
65. टेलर, जॉन रसेल, 'सिनेमा आई सिनेमा इयर' पृ. 11 (मिश्र, डॉ. विश्वनाथ 'हिन्दी चलचित्रों में साहित्यिक उपादान' में उद्धृत)
66. स्टीफेन, आर. और डेब्रिक्स, जे.आर., 'द सिनेमा इज आर्ट', पृ. 16
67. चड्ढा, मनमोहन, 'हिन्दी सिनेमा का इतिहास', पृ. 16 पर उद्धृत

द्वितीय अध्याय

सिनेमा, कला-सिनेमा : भेद-परक मूल्यांकन

सौ साल के छोटे इतिहास में सिनेमा ने विभिन्न पड़ाव तय किए। गैस्टन रोबर्ज ने पश्चिमी सिनेमा का काल-विभाजन किया है। 1900 से 1940 तक लेखकों, निर्देशकों का मुख्य उद्देश्य सिनेमा को एक कला साबित करने की कोशिश है। उसे वे पूर्व शास्त्रीय काल (Pre Classical Period) कहते हैं। लगभग 1940 से 1960 तक के समय को वे शास्त्रीय काल (Classical) कहते हैं। लगभग 1960 से आज तक के समय को वे उत्तरशास्त्रीय काल (Post Classical) कहते हैं। उनका कहना है कि पूर्वशास्त्रीय तथा शास्त्रीय काल तो आसानी से समझ में आ जाता है, लेकिन शास्त्रीय काल के बाद उत्तरशास्त्रीय काल का क्या कारण हो सकता है ?

साठ के मध्य में बौद्धिक समाज में एक वैचारिक आन्दोलन का जन्म हुआ। 1968 में फ्रांसीसी छात्रों का आन्दोलन इसका एक हिस्सा था। जैसे-जैसे बौद्धिक प्रतिभाएँ सिनेमा में रुचि लेने लगीं, फिल्म अपने आदर्शवादी स्वरूप को छोड़कर यथार्थवादी दृष्टिकोण की ओर उन्मुख हुई। गैस्टन रोबर्ज ने इस कालखंड को रेखांकित करते हुए लिखा है–"It consisted, as far as intellectuals interested in film were concerned, in an attempt at detaching themselves from their 'idealism' and at creating 'materialist' aproach to film."[1]

ठीक इसी क्रम में हिन्दी सिनेमा का काल-विभाजन यदि कर दिया जाए तो कुछ हाथ न लगेगा, क्योंकि पश्चिम में सिनेमा के प्रति जैसी बौद्धिक जागरूकता शुरू से ही दिखाई देती है, वैसी भारतीय सिनेमा में काफी देर से देखने को मिली। सत्यजित रे के आगमन से पूर्व तक स्थिति यह थी कि सिनेमा की भाषा और अभिव्यक्ति के ढंग से भारतीय फिल्मकार अपरिचित थे। विदेशों में होनेवाले तकनीकी प्रयोगों, नई उपलब्धियों, फिल्म थियरियों आदि से वे कुछ ग्रहण नहीं कर पाए थे। तकनीकी दृष्टि से आज भी भारतीय सिनेमा विश्व सिनेमा से पन्द्रह वर्ष पीछे चल रहा है। सत्यजित रे की 'पथेर पांचाली' के साथ सिनेमा की जो नई लहर फूटी, वही आगे चलकर हिन्दी में नया सिनेमा, कला सिनेमा या समान्तर सिनेमा के नाम से प्रस्फुटित हुई। फिल्मकारों की एक नई पीढ़ी आई, जो पश्चिम के सिने-सैद्धान्तिकों को पढ़कर और नाटक तथा पारसी

थिएटर के स्थानापन्न सिनेमा के भाववादी, आदर्शवादी स्वरूप से अलग हटकर एक यथार्थवादी स्वरूप की ओर आकर्षित हुई। हिन्दी में कला-सिनेमा की शुरुआत 'भुवनशोम' से मान्य है।

हिन्दी कला-सिनेमा से पहले

सिनेमा का इतिहास संगीत, चित्रकला, साहित्य की तुलना में बहुत ही छोटा है। भारत में सिनेमा का प्रवेश 7 जुलाई, सन् 1896 को लुमिएर के काफिले के साथ हुआ। बम्बई के वॉट्सन होटल में फिल्म दिखाने के बाद जनता की माँग पर 'नावेल्टी थिएटर' में उसका प्रदर्शन 27 जुलाई को रखा गया। 'टाइम्स ऑफ इंडिया' में इस प्रदर्शन का एक समाचार भी प्रकाशित हुआ–"जनता की माँग पर सिनेमेटोग्राफ के पेटेंट अधिकारियों ने प्रदर्शन दिखाने के लिए 'नॉवेल्टी थिएटर' को लीज पर लिया और मौसम की खराबी के बावजूद हजारों की तादाद में जनता सिनेमैटोग्राफ का प्रदर्शन देखने के लिए टूट पड़ी।" इस तरह भारत में 'बाइस्कोप' पहली बार बम्बई में पहुँचा और धीरे-धीरे बम्बई सिनेमा-व्यवसाय का एक प्रमुख केन्द्र बनता गया।[2] बम्बई में लुमिएर के प्रदर्शनों को नियमित देखनेवालों में गोरे साहबों, मेम साहबों के अतिरिक्त अति विशिष्ट काले लोग भी शामिल थे। छोटी-छोटी छः फिल्में दिखाई गईं–'एंट्री ऑफ सिनेमैटोग्राफ', 'सी बाथ', 'डिमॉलिश ऑफ अ वाल', 'बेबीज ब्रेकफास्ट', 'वर्कर्स लिविंग द फैक्टरी' और 'लेडीज एंड सोल्जर्स ऑन व्हील्स' आदि।

नियमित दर्शकों में हरिश्चन्द्र सखाराम भातवडेकर भी थे जिन्हें सावे दादा के नाम से जाना जाता है। वे विश्व के इस नवीनतम आश्चर्य से कुछ ऐसे मन्त्रमुग्ध हुए कि उससे प्रेरित होकर दो महीने के भीतर स्वयं उन्होंने फिल्मों के प्रदर्शन की व्यवस्था कर ली। वे हिन्दुस्तान में सिनेमा के पहले प्रदर्शक बने। उन्होंने 1897 में इक्कीस गिन्नी मूल्य का एक कैमरा लन्दन से आयात किया। इस कैमरे से उन्होंने जो पहली घटनाएँ छायांकित कीं, वे थीं–'एक कुश्ती मैच' और घुमन्तू मदारियों द्वारा बन्दरों को प्रशिक्षण देने के मजाकिया दृश्य। इन फिल्मों को उन्होंने प्रोसेसिंग के लिए लन्दन भेजा और 1898 में बम्बई के एक खुले थिएटर में प्रदर्शित किया। 1901 में कैम्ब्रिज विश्वविद्यालय के एक भारतीय विद्यार्थी रैंगलर र.पु. परांजपे ने गणित में सर्वाधिक अंक प्राप्त किए। सावे दादा ने उनके बम्बई पहुँचने पर उनके स्वागत का फिल्मांकन किया। 1901 में बनी इस फिल्म को भारत का पहला वृत्तचित्र भी माना जाता है।[3]

ढुंढिराज गोविन्द फाल्के भारत के पहले 'फीचर फिल्म' निर्माता माने जाते हैं। उन्हें आदर से दादा साहब फाल्के कहा जाता है तथा भारतीय सिनेमा का जनक माना जाता है। दादा साहब ने पहली मूक फीचर फिल्म 'हरिश्चन्द्र' बनाई। 1913 में उनके 'हरिश्चन्द्र' बनाने से पहले 'पुण्डलिक' नाम से एक फिल्म श्री एन.जी. चित्रे बना चुके थे। लेकिन वह आधी अंग्रेजों द्वारा बनाई गई थी। अतः उसे प्रथम कथा-फिल्म होने

का गौरव नहीं प्राप्त हो सका। महत्त्वपूर्ण तथ्य यह है कि इस फिल्म की एक भी प्रति उपलब्ध नहीं हुई। उसके विषय में 'टाइम्स ऑफ इंडिया' में प्रकाशित एक समाचार के सिवा कोई साक्ष्य नहीं है। मूक फिल्मों का युग 1931 में आर्देशर ईरानी के 'आलमआरा' बनाने के साथ समाप्त होना शुरू होता है। इसी वर्ष तेलुगु में 'भक्त प्रहलाद' और तमिल में 'कालिदास' नाम से बोलती फिल्में प्रस्तुत की गईं।

भारतीय सिनेमा को कालखंडों में बाँटा जाए तो 1898 से 1930 तक के काल को मूक युग कहा जा सकता है। 1930 से 1940 के बीच के कालखंड में फिल्में सामाजिक विषयों पर केन्द्रित थीं। वी. शान्ताराम की 'दुनिया न माने', पी.सी. बरुआ की 'देवदास' देवकी बोस की 'विद्यापति', फ्रान्ज ऑस्टेन की 'अछूत कन्या', महबूब की 'औरत' आदि इस काल की महत्त्वपूर्ण फिल्में हैं। आर्देशर ईरानी ने 1937 में एक रंगीन चित्र 'किसान कन्या' बनाया, लेकिन विश्वयुद्ध ने 'रंगीन सिनेमा' के आर्थिक पक्ष को प्रभावित किया।

1949 में सोहराब मोदी ने ऐतिहासिक फिल्म 'पुकार' बनाकर अपनी विशेष पहचान बनाई। विजय भट्ट ने पौराणिक मिथकों पर आधारित 'भरत मिलाप' और 'राम राज्य' जैसी फिल्में बनाईं। पचास के दशक में 'नवयथार्थवादी' प्रभाव सिनेमा पर दिखने लगा। विमल राय की 'दो बीघा जमीन', महबूब की 'आन', के.ए. अब्बास की 'राही', राजकपूर की 'आवारा' और 'जागते रहो', वी. शान्ताराम की 'दो आँखें बारह हाथ', गुरुदत्त की 'प्यासा' आदि महत्त्वपूर्ण फिल्में इसी दौर में बनीं।

रंग के सिनेमा से जुड़ने के साथ बड़ा बजट और ग्लैमर दोनों ही सिनेमा से आ जुड़े। साठ के दशक में 'मुगले-आजम' एक विस्फोटक प्रदर्शन साबित हुई। के. आसिफ को इस फिल्म ने हिन्दी सिनेमा के इतिहास में अमर कर दिया। यह दशक हिट फिल्मों का दशक है–राजकपूर की 'संगम', रामानन्द सागर की 'आरजू', गुरुदत्त की 'साहब बीवी और गुलाम' जैसी फिल्मों ने गम्भीर दर्शकों को अपनी ओर आकर्षित किया। 'रिफ्लेक्शन ऑन इंडियन सिनेमा' में लिखा गया है–"In seventies Bombay films become more diverse and many excelled at the box office, creating new classics, like Sholay (1975), Deewar (1975) Amar, Akbar, Anthony (1977)."[4]

सत्तर से ही सिनेमा का मूल्यांकन उसे दो प्रकारों में बाँटकर होने लगा। कला सिनेमा (Art Movie) और लोकप्रिय सिनेमा (Popular Cinema)। पॉपुलर सिनेमा ने एक विशेष वस्तु को केन्द्र में स्थापित किया। कुछ उसी प्रकार जैसे सिनेमा के शुरुआती समय में भारतीय फिल्में मिथकीय कथानकों के आसपास घूमती रहीं। "The Popular cinema in Bombay had evolve in such a way that a single film included many kinds film geners unlike the early days of Indian Cinema when the mythiological film was central to film production."[5]

लोकप्रिय सिनेमा और कला-सिनेमा

लोकप्रिय सिनेमा की प्रतिक्रिया में साठ के दशक में ही फिल्मकारों का अलग वर्ग उभरना शुरू हुआ, जिसे 'समान्तर सिनेमा', 'कला सिनेमा' और 'नया सिनेमा' (New Wave Cinema) आदि नामों से पुकारा जाता है। इस तरह की फिल्मों की विशेषताओं में 'छोटा बजट', यथार्थ पर केन्द्रित विषय-वस्तु और भारतीय दृश्य महत्त्वपूर्ण हैं। फ्रांसीसी नया सिनेमा (Nouvelle vogue) की तरह ये फिल्मकार किसी एक आदर्श को केन्द्र में रखकर नहीं खड़े हुए। यहाँ तक कि 'कला सिनेमा' के फिल्मकार एक भाषी तक नहीं हैं। सिर्फ एक भाषा उन लोगों की समान है, वह है सिनेमा की दृश्य-भाषा, जिसके माध्यम से वे भारत के जीवन-यथार्थ को पर्दे पर लाते हैं। कला-सिनेमा ने अभी एक दशक भी नहीं पूरा किया था कि उसके कलाकार, निर्माता, निर्देशकों में से अनेक फिल्म उद्योग की हस्तियों में बदलने लगे। जबकि कला-सिनेमा का एक उद्देश्य सितारा-प्रणाली (Star System) को समाप्त करना रहा है।

विजय अग्रवाल लिखते हैं–"कलात्मक फिल्मों का जन्म अपने समय की आर्थिक, सामाजिक और राजनीतिक स्थितियों के गर्भ से हुआ है। इसीलिए इसकी प्रसव-पीड़ा की अलग कहानी है। व्यावसायिक फिल्मों की चकाचौंध के बीच परिष्कृत रुचियोंवाली फिल्में बनाने का साहस करना कम जोखिम भरा काम नहीं था।"[6]

देश में फिल्म वितरण की अव्यवस्था के बावजूद कला-फिल्मकार सार्थक फिल्में बनाते रहे हैं। रफीक बगदादी ने लिखा है–"Despite accute problem of destribution within India the 'New Cinema' filmmakers continue in their determination to evolve another kind of film. The importance of the movement lies in the explosion of themes new in the cinematic context of India."[7]

1950 से जापान फिल्म प्रोडक्शन के मामले में एक कदम पीछे है यानी दूसरे नम्बर पर है, और हॉलीवुड तीसरे नम्बर पर किन्तु जापान के 'कुरोसावा' की 'राशोमन' बनाने के पहले तक एशियन सिनेमा, विश्व सिनेमा का ध्यानाकर्षण करने में सफल नहीं था। सत्यजित रे की 'पथेर पांचाली' ने इसी का अनुसरण किया। जैक.सी. एलिस का कहना है–"In 1956 at Cannes, Pather Panchali was voted the 'best human document'. 'हिस्ट्री ऑफ फिल्म' के तथा सिनेमा समीक्षा, आलोचना से सम्बन्धित अनेकशः पुस्तकों, आलेखों आदि के महत्त्वपूर्ण पश्चिमी लेखक जैक.सी. एलिस 'पथेर पाँचाली' पर टिप्पणी करते हुए लिखते हैं–"It was the first of a unknown young director named 'Satyajit Ray'. Appropriately its screening followed right after a Kurosawa film 'I live in fear'. Unlike Kurosawa's works, however, Ray's film was created compeletely apart from the Indian Industry and not was representative of it. Where as 'Pather Panchali' made one think of the Italian neo-realist films, in its-deep social concern as well as its use of nonactors and location shooting turned out the most resolutely escapist intertainment in the world.[8]

भारत में कला सिनेमा की आन्तरिक प्रेरणा के स्रोत सत्यजित रे माने जाते हैं, जिन्होंने 1955 में 'पथेर पांचाली' बनाकर विश्व सिनेमा में भारतीय सिनेमा को जगह दिलाई। यह फिल्म 'फिल्म फाइनेंस कॉरपोरेशन' से ऋण लेकर पूरी की गई थी, जो 1960 में 'राष्ट्रीय फिल्म विकास वित्त निगम' में बदल गई। बाद में एन.एफ.डी.सी. ने अन्य बहुत से फिल्मकारों को विकसित किया।

हिन्दुस्तान एक मात्र ऐसा देश माना जाता है, जहाँ किसी भी फिल्मकार के लिए अपनी पहली फिल्म बना लेना सरकारी सहयोग के चलते आसान है। मृणाल सेन ने 'भुवनशोम' भी इसी संस्था के सहयोग से बनाई, जो सिने समीक्षकों द्वारा सराहे जाने के साथ व्यावसायिक धरातल पर भी सफल हुई। उसके बाद उन्होंने एन.एफ.डी.सी. के सहयोग से ही 'एक दिन प्रतिदिन', 'मृगया', 'अकालेर सन्धाने' आदि फिल्में बनाईं। इसके बाद क्षेत्रीय भाषाओं में फिल्में बनना आरम्भ हो गईं।

1974 में श्याम बेनेगल ने 'अंकुर' फिल्म से एक रिकॉर्ड दर्ज कराया। उसके बाद उन्होंने 'निशान्त', 'मन्थन' आदि महत्त्वपूर्ण फिल्में बनाईं। ये तीनों फिल्में ग्रामीण जीवन के संघर्षों पर केन्द्रित हैं। श्याम बेनेगल की फिल्मों की सफलता इसलिए महत्त्वपूर्ण है क्योंकि उन्होंने इन तीनों फिल्मों का निर्माण व्यक्तिगत फाइनेंसरों की मदद से किया, जिसने अन्य निर्माताओं को 'समान्तर सिनेमा' में पैसा लगाने के लिए उत्साहित किया।

इस दौर ने सिनेमा को बहुत सी महत्त्वपूर्ण फिल्में और अदाकार दिए। बासु चटर्जी (सारा आकाश, रजनीगन्धा), बासु भट्टाचार्य (अनुभव, आविष्कार), शिवेन्द्र सिन्हा (फिर भी), एम.एस. सथ्यू (गर्म हवा), अवतार कौल (27 डाउन), मणि कौल (आषाढ़ का एक दिन, उसकी रोटी, दुविधा), कुमार साहनी (मायादर्पण) आदि फिल्म निर्देशक प्रमुखता से उभरे।

कला फिल्मों में नगरों-गाँवों की तात्कालिक समस्याओं को उठाया गया, जिनसे फिल्मकार बेहतर परिचित थे। कथावस्तु पुलिस भ्रष्टाचार (अर्द्धसत्य-गोविन्द निहलानी द्वारा निर्देशित) से न्यायायिक ढाँचे के वैचित्र्य की ओर (मोहन जोशी हाजिर हो-सईद मिर्जा) उन्मुख हुई। उधर केतन मेहता ने विद्यार्थियों पर केन्द्रित फिल्म 'होली' बनाई तो अडूर गोपालकृष्णन् ने बहुत ही सधे शिल्प में एक मार्क्सवादी नेता की कथा केन्द्र में रखकर एक व्यक्ति के मनोवैज्ञानिक विद्रोह को 'मुखामुखम' में चित्रित किया। ये फिल्में विषय-वस्तु की विविधता के साथ अपनी गहरी अभिव्यक्ति के लिए भी सराही जाती हैं।

जिस तेजी से कला-सिनेमा उभरा वह रफ्तार बाद में जारी नहीं रह सकी। हालाँकि उन्नीस सौ सत्तर से शुरू होकर हिन्दी में समान्तर फिल्में आज तक बन रही हैं। किन्तु मुख्यधारा के सिनेमा के समानान्तर वे अपनी मजबूत धारा नहीं निर्मित कर पाई हैं। फिर भी लोकप्रिय सिनेमा से अलग 'कला सिनेमा' ने एक अलग पहचान बनाई है तथा

अब सिनेमा को मुख्यतः दो ही भागों में बाँटकर देखने की परम्परा स्थापित हो गई है–व्यावसायिक सिनेमा और कला सिनेमा। व्यावसायिक सिनेमा मुख्यतः अर्थ केन्द्रित होता है, उसका उद्देश्य किसी भी तरह लागत से अधिक धन प्राप्त करना होता है। जबकि समान्तर सिनेमा का प्राथमिक उद्देश्य व्यवसाय न होकर सर्जनात्मक अभिव्यक्ति है। सिनेमा की एक अन्य धारा जो इन दोनों से समझौता कर बीचो-बीच बह चली, उसे 'बीच का सिनेमा' कहा जाता है।

प्रयाग शुक्ल ने लिखा है–''सत्यजित रे और ऋत्विक घटक जैसे फिल्मकारों के क्षितिज पर उभरने के बाद, यह बात गम्भीरता से पहचानी जाने लगी कि देश और समाज की स्थितियों की अभिव्यक्ति अत्यन्त गहराई और सूक्ष्मता से की जा सकती है। इस बात की तरफ भी ध्यान गया कि फिल्म तकनीक और भाषा का प्रयोग यदि जिम्मेदारी, रचनात्मकता, कुशलता आदि के साथ करें तो फिल्मों का असर ज्यादा गहरा, स्थायी, दूरगामी और प्राणवान हो सकता है।''[9] दोनों निर्देशकों के कारण लोगों में फिल्मों के बारे में एक नई प्रकार की सजगता का उभार हुआ। इन फिल्मकारों ने विदेशों के दरवाजे भारतीय सिनेमा के लिए खोल दिए। इसका प्रभाव यह हुआ कि प्रायः हर प्रदेश में, हर भाषा में ऐसी फिल्में बनने लगीं, जो लोकप्रिय या व्यावसायिक सिनेमा की धारा से अलग थीं।

बच्चन श्रीवास्तव ने लिखा है–''अन्य देशों के समान आरम्भ से भारत में भी दो तरह की फिल्में बनती रही हैं–कुछ अच्छी, कुछ बुरी। आरम्भ के लगभग साठ वर्षों में फिल्मों की चर्चा में कई नाम और लेबल सुनाई देने लगे। व्यावसायिक परिवेश में बनी वे फिल्में, जिनके निर्माण में किसी सरकारी एजेंसी का योगदान नहीं था, जिनमें नाच-गाने होते थे, जिनमें जाने-पहचाने कलाकार थे, चमक-दमक थी, उन्हें कमर्शियल फिल्म कहा जाने लगा।''[10]

गैस्टन रोबर्ज का कहना है कि कुलीन वर्ग के लिए सिनेमा सिर्फ एक उत्पाद है जिस पर वस्तु-व्यापार के नियम लागू होते हैं (In capitalist societies, a film is a COMMODITY produced by an industry and circulated among consumers by a trade which itself enjoyes the support of a complex publicity bussiness)[11]

सिने-कला, व्यवसाय, विज्ञान और फॉर्मूला

अपनी कलात्मक अभिव्यक्ति का माध्यम बनानेवालों के लिए फिल्म एक भाषा है, अभिव्यक्ति की एक कलात्मक शैली है। फिल्म कला है, परन्तु उद्योग भी है। फिल्म की समस्त कलात्मक सम्भावनाओं के मूल में प्रमुख रूप से उसकी व्यावसायिकता ही रही है। सिनेमा एक मात्र ऐसा कला-उत्पाद है, जिसका व्यवसाय और विज्ञान से उतना ही गहरा ताल्लुक है, जितना किसी अन्य ठोस उपभोग्य उत्पाद का। व्यवसायी ने सिनेमा

के कलात्मक विकास में महत्त्वपूर्ण भूमिका निभाई है। व्यवसायी ने शो का समय बढ़ाने के लिए सिनेमा में कथा तत्त्व का प्रवेश कराया और फिल्म 16 एम.एम. से थ्री डायमेंशन की ओर, अनेक नए शिल्पों और युक्तियों की ओर अग्रसर हुई। फिल्म हजारों व्यक्तियों के सहयोग से बनती है, जो आर्थिक कारणों से एक बैनर के नीचे काम करते हैं। फिल्म की अफसलता पूरी यूनिट को संकट में डाल सकती है। अनुभवों से निर्माताओं ने ऐसे सूत्र ढूँढ डाले, जिनके आधार पर सफल फिल्में बनाई जा सकें। आरम्भिक दिनों में सिनेमा में आर्थिक लाभ से प्रभावित होकर बहुत सारी फिल्म कम्पनियाँ खुलीं, किन्तु उनमें से अधिकांश आर्थिक घाटे की वजह से बन्द हो गईं। फिल्म उद्योग की आर्थिक अस्थिरता ने उन घटकों की खोज की ओर प्रेरित किया, जो फिल्म की सफलता की आश्वस्ति दे सकें। इन घटकों को फॉर्मूला और इनके आधार पर निर्मित फिल्मों को फॉर्मूला सिनेमा कहा जाता है। ये फॉर्मूले ही इनकी सफलता के कारण और आलोचना के मुख्य मुद्दे माने जाते हैं।

फॉर्मूलों की तुलना विषय और छन्द पर आधारित साहित्य रूपों से की जा सकती है, जैसे कि अपने आरम्भिक चरण में गजल सिर्फ इश्क-हकीकी और इश्क-मजाजी के लिए लिखी जाती थी। बाद में यह छन्द अन्यान्य विषयों के लिए भी प्रयुक्त होने लगा। किन्तु मात्राओं और रदीफ-काफिए से सम्बन्धित छन्दगत रूढ़ियाँ बरकरार रहीं। सिनेमा में भारी मात्रा में पूँजी लगानेवाले व्यवसायी के लिए प्रयोगात्मकता के जोखिम मोल लेना सहज नहीं। किसी के द्वारा जोखिम उठाने के अनुभव यदि कामयाब हो गए तो वे भी फॉमूलों में दर्ज हो जाते हैं।

राजाराम ने लिखा है–"सिनेमा के साथ पहली बार कला पूरी तरह एक माल का स्वरूप ग्रहण करती है, जिसमें फैक्ट्री द्वारा तैयार किए जा रहे माल की तरह एक नीरस एकरूपता भी है, परन्तु साथ ही व्यक्तिगत भिन्नताएँ भी हैं, और उसी हद तक जीवन भी है जिस हद तक कलाकारों में अभी जीवन बाकी है, और वे पूरी तरह कलाहीन होकर एक साँचे में ढल नहीं गए हैं। दरअसल कला पूरी तरह से जीवनरहित हो भी नहीं सकती।"[12]

लुमिएर आदि दुनिया-भर में घूमकर सिनेमा शो किसी कलात्मक उद्देश्य से न करके व्यवसायिक उद्देश्य से ही कर रहे थे। "सिने-कला का विकास बाजार अर्थव्यवस्था के अनुकूल ही हुआ है। पूँजीवादी शासक वर्ग भी इसी अर्थव्यवस्था की देन है। यह पूँजीपति वर्ग का नुमाइन्दा है, अतः फिल्में सरकारी संस्थाओं की हों या निजी निर्माताओं की, पूँजी के हित से ही संचालित होती हैं। विशाल पूँजी की आवश्यकता और बाजार के जोखिम ने फिल्म निर्माता को एक बनिया बना दिया है, जो हमेशा बॉक्स ऑफिस की चिन्ता से ग्रस्त रहता है। निर्देशक और कलाकार जिनमें शुरू में कुछ रचने की तड़प होती है, बाजार के निर्मम नियमों से टकराकर शीघ्र ही व्यवसायी, दलाल या मजदूर बन जाते हैं। इनका अपने उत्पाद से पूरी तरह विच्छेद हो जाता है। कलाकार अब दावा नहीं कर सकता कि उसके द्वारा निर्मित फिल्म वैसी ही है, जैसी उसने पूर्व में कल्पना

की थी। सिनेमा कलाकारों के शोषण का माध्यम बन जाता है, जो उन्हें उनके कला जीवन से काटकर एक मुर्दा औजार बना देती है।[13]

व्यावसायिक फिल्म का निर्माता स्पष्ट रूप से घोषित करता है कि उसकी फिल्म का उद्देश्य मात्र मनोरंजन करना है, लेकिन साहित्य समालोचक, सिने-समीक्षक, समाजशास्त्री और समान्तर सिनेमा के पैरोकार अपनी-अपनी दृष्टि से उसकी आलोचना-प्रत्यालोचना करते हैं।

सत्यजित रे का कहना है कि, "यन्त्र युग का अवदान यह यान्त्रिक शिल्प सिनेमा व्यवसाय एक ऐसी स्थिति में आकर खड़ा हो गया है कि प्रचुर धनराशि खर्च किए बिना फिल्म बनाना बिल्कुल असम्भव है–तस्वीर बनाने के आरम्भिक उपकरण, कैमरा और फिल्म–इन दो वस्तुओं की बहुत अधिक कीमत चुकानी पड़ती है। यूनिट के सभी लोगों और स्टूडियो का किराया चुकाने के बाद भी विज्ञापन आदि के खर्चे बचे रहते हैं। कुल मिलाकर एक सरल आडम्बरहीन तस्वीर के खर्च की संख्या लाख की सीमा लाँघ जाती है और अगर तड़क-भड़कदार तस्वीर हो तो क्या कहना। इस व्यय-सापेक्ष सिनेमा-व्यवसाय को बाध्य होकर व्यवसायियों से हाथ मिलाना पड़ा।"[14]

प्रसिद्ध रंगकर्मी, सिने-कर्मी उत्पल दत्त इस कोटि के व्यवसायियों पर अपना गुस्सा इन शब्दों में प्रकट करते हैं–"इस देश में कुछ अनैतिक और पूरी तरह से सनकी पूँजीपति सारे स्रोतों, उत्पादनों, विवरण-व्यवस्था तथा मुनाफे को नियन्त्रित करते हैं। उनका दावा है कि वे जनता का मनोरंजन करते हैं, और इसके लिए क्या साधन इस्तेमाल करते हैं, इसमें नैतिकता का प्रश्न उनके लिए कोई मायने नहीं रखता। अगर उन्हें अफीम से ज्यादा मुनाफा मिले तो उसी का व्यापार करेंगे। ये पूँजीपति भारत के उसी बड़े पूँजीपति वर्ग का अंग हैं, जो धन कमाने की एकमात्र लगन के कारण टैक्सों की चोरी करते हैं, कर्मचारियों पर गोली चलवाते हैं, नौकरशाहों को घूस देते हैं, और भारत का संविधान तक आड़े आता है, तो उसे कागज के टुकड़ों की तरह तोड़ते-मरोड़ते रहते हैं।" उत्पल दत्त जोर देकर कहते हैं कि "आज सिनेमा के सामने सबसे बड़ी समस्या देश और सिनेमा पर राज करनेवाली बूर्जुआजी (पूँजीपति वर्ग) है।"[15]

कला, साहित्य या किसी भी समाज-सापेक्ष सर्जनात्मक विधा को पूँजीपति जब सहयोग या संरक्षण देता है, तो स्वाभाविक प्रकृति से संचालित वह उसका इस्तेमाल अपने पक्ष में करना चाहता है।

दरबारों ने जब कवियों को संरक्षण दिया था तो कविताएँ भी राजाओं, सामन्तों की प्रशस्ति में लिखी गईं। संरक्षण से प्राप्त रचनात्मक पराधीनता से मुक्त होने की कोशिश में ही भक्ति साहित्य की प्रबल धारा फूट पड़ी, जो राजा के विरुद्ध जन और नियन्ता के प्रति समर्पित हो गई। पूँजीपति के लिए कलाकार, साहित्यकार या दार्शनिक सभी एक ही वर्ग में आते हैं। सभी समाज को प्रभावित कर सकते हैं, और वह उनके प्रभाव का अपने पक्ष में उपयोग करना चाहता है।

सुप्रसिद्ध दार्शनिक विवेकानन्द किसी राजदरबार में अतिथि थे। राजा ने जनता के

समक्ष उनके वक्तव्य की व्यवस्था की थी। अपने भाषण में विवेकानन्द ने राजशाही की घोर आलोचना की, जाहिर है कि राजा साहब भी लपेट में आ गए। बाद में उन्होंने विवेकानन्द पर अपनी नाराजगी प्रकट की, उनका कहना था कि विवेकानन्द जी को उनके क्षेत्र में, उनके पक्ष में बोलना चाहिए था। विवेकानन्द ने बहुत ही कठोर उत्तर दिया। उन्होंने कहा–"कल जब आप मर जाएँगे तो मैं आपकी आलोचना नहीं करूँगा। आपकी सन्तति के सामने आपकी प्रशंसा ही करूँगा। जब तक आप जिन्दा हैं, तभी तक किसी परिवर्तन की सम्भावना है।" उन्होंने अपने विषय में कहा–"मैं संन्यासी हूँ। किसी भी प्रलोभन या दबाव से संन्यासी को झूठ नहीं बोलना चाहिए।"[16] विवेकानन्द के इस कथन में सर्जनात्मकता के नैतिक मूल्य अन्तर्गुम्फित दिखाई देते हैं। सर्जना की ईमानदारी और साधना के सुख के लिए ही कबीर, तुलसी, दादू, रसखान, मीरा और रैदास जैसे कवि दरबारी संस्कृति से अलग-थलग क्रियाशील रहे।

पूँजी और सर्जना के इसी द्वन्द्व ने पौराणिक काल में सरस्वती और लक्ष्मी के विरोधी मिथकों को जन्म दिया होगा। यह द्वन्द्व आज तक जारी है, किन्तु किसी भी अन्य कला-विधा से ज्यादा विकट रूप इसका सिनेमा में है, क्योंकि बाकी कलाएँ फिल्म की तुलना में अत्यल्प अर्थाश्रित हैं। फिल्म अनिवार्यतः अर्थ-निर्भर कला है।

कलाकार और सिने व्यवसायी के सम्बन्ध पर टिप्पणी करते हुए सत्यजित रे का कहना है–"शिल्पी जानता है कि अपनी कल्पना को मूर्त करने के लिए उसे अर्थ की आवश्यकता है, और व्यवसायी जानता है कि फिल्म बनाना उसके वश की बात नहीं है–यह काम शिल्पी का है। इस पारस्परिक निर्भरता को दोनों ने स्वीकार कर लिया है।"[17]

व्यवसायी यानी फिल्म-निर्माता अर्थ की व्यवस्था करता है, और शिल्पी यानी निर्देशक उस अर्थ की सहायता से फिल्म बनाकर प्रस्तुत करता है। जिस देश में शिक्षा का प्रचार-प्रसार इतना सीमित है, उसमें शिल्प को समझनेवालों की संख्या भी कम होगी ही, लेकिन निर्माता की दृष्टि में फिल्म की सार्थकता उसकी आर्थिक सफलता है।

सत्यजित रे आगे कहते हैं कि, "अपनी मनोभावना और प्रसन्नता को व्यक्त करने के निमित्त कला-सृजन करने का सुयोग केवल कवि, संगीतकार या यन्त्रशिल्पी को है, चलचित्र के निर्देशक को नहीं। उसे जिस प्रकार कला के पहलू का खयाल रखना पड़ता है, उसी प्रकार व्यवसाय के प्रयोजन और जन साधारण की माँग का भी ध्यान रखना पड़ता है। इस माँग की पूर्ति के निमित्त यदि कला का विर्सजन करना पड़े तो निश्चय ही दोषारोपण का प्रश्न खड़ा होता है।"[18]

फिल्म में पैसा लगानेवाला व्यवसायी यदि पैसे की आँख रखता हो, यानी जैसाकि एक आदर्श कला व्यवसायी को होना चाहिए; यदि उसके पास कला-दृष्टि न हो, वह जिस काम में पैसा लगा रहा है, उसके महत्त्व और स्वरूप से संवेदना के धरातल पर परिचित नहीं हो, तो वह समूचे उत्पादन को प्रभावित कर सकता है।

उत्पल दत्त का कहना है कि "बम्बई में फिल्में वैसे ही बनती है जैसे किसी जूते

की फैक्टरी में जूते। वह लोग कहते हैं कि लोग ऐसी ही फिल्में चाहते हैं। जबकि लोगों को सांस्कृतिक पराभव के लिए परिचालित किया जाता है।"[19]

कला-समीक्षक, साहित्यकार, समाजशास्त्री सभी सिनेमा द्वारा जनभावना और अर्थ-शोषण की गुहार लगाते हैं। यदि ध्यान से देखा जाए तो भारतीय रजतपट की शुरुआती फिल्मों से ही यह काम शुरू हो गया। पौराणिक फिल्मों से ही दर्शकों की भावनाओं को उभारकर धन-मन कमाने की निर्माता-निर्देशकों की नीयत के संकेत मिलते हैं। जिन दैवी शक्तियों के क्रिया-कलापों और सम्बन्धित कहानियों को आम आदमी सदियों से सुनता आया था, सिर्फ सिनेमा ही उसे प्रत्यक्ष प्रस्तुत कर सकता था। फाल्के की सबसे बड़ी विशेषता जहाँ एक ओर सिने-माध्यम की शक्ति की पहचान है, वहीं दूसरी ओर सामान्य जन की भावनाओं, रुचियों और विचारों की पकड़ भी है। इसीलिए फाल्के ने अपनी फिल्मों में पुराण के उसी पक्ष को लिया है, जिसमें कहानी है, चमत्कार है, भावनात्मक स्थितियाँ हैं, जिन्हें सामान्य व्यक्ति सरलता से हृदयंगम कर सकता है। उनके पीछे आनेवालों ने इसे सफल फॉर्मूले के रूप में प्रयोग किया। तब से आज तक धर्म का असंख्य रूपों में इस्तेमाल होता आ रहा है, और सामाजिक विषयों पर फिल्म बनाने के समकालीन युग में भी यह सिलसिला जारी है।

'सिनेमा के सामाजिक सरोकार' नामक निबन्ध में फिरोज रंगूनवाला ने मूक युग पर टिप्पणी करते हुए लिखा है—"जाहिर है कि सिनेमा के उस सरल जीवन के युग में फिल्में ईमानदारी, बलिदान, वीरता तथा इसी तरह के अन्य सद्गुणों से प्रभावित थीं, जबकि रक्षक के रूप में उभरने के चमत्कार दर्शकों के सपनों को साकार करनेवालों के रूप में काम करते थे। आम लोगों की पसन्द को ध्यान में रखकर बननेवाली बॉक्स ऑफिस या व्यावसायिक फिल्मों में लोगों को बदलती हुई सामाजिक परिस्थितियों, लोकाचार तथा तौर-तरीकों से पैदा हुई आशाओं और आकांक्षाओं को भुनाने का क्रम आज तक जारी है।"[20]

प्रारम्भिक फॉर्मूला फिल्मों के घटक उस युग की अन्य फिल्मों द्वारा अपनाए गए पैटर्न पर आधारित थे। रूपवान अभिनेता, युद्ध के दृश्य, नयनाभिराम प्राकृतिक दृश्य, भाग-दौड़ के दृश्य, भड़कीले सेट, अतिरेक पूर्ण चित्रण, हास्य, चमत्कार और करिश्में उस युग के फॉमूलों के घटक थे। बाबूराव पेंटर ने मूक युग में ही पौराणिक फिल्मों से अलग सामाजिक सन्दर्भों से जुड़ी फिल्मों की एक धारा बहायी। बाद में उसमें से भी फॉर्मूले निकाले गए।

फॉमूला फिल्में अपने दूसरे चरण में मूक युग के खत्म होने के बाद पहुँचती है। इसके अन्तर्गत संवाद, गीत, संगीत और नृत्य महत्त्वपूर्ण फॉर्मूलों में दर्ज हो गए। यहाँ तक कि कमर्शियल सिनेमा के अन्तर्गत बिना इनके किसी फिल्म की कल्पना सम्भव नहीं रह गई।

विजय अग्रवाल ने लिखा है—"व्यावसायिक फिल्में सूत्रबद्ध होती हैं। उनका एक बना बनाया फॉर्मूला होता है, जिसमें नायक-नायिका और खलनायक का त्रिकोण होता

है। ऐसी फिल्मों और उपन्यासों को आम लोग 'बम्बइया फिल्म' कहते हैं। यह व्यंग्यात्मक संज्ञा है। इन फिल्मों के कथानक मुख्यतः शृंगार प्रधान या प्रकारान्तर से करुण-भाव प्रधान होते हैं। इन फिल्मों ने जब कथानक के लिए भारतीय इतिहास के पन्ने पलटे तो वहाँ भी उन्हें शासकों के प्रेम-प्रसंगों के अतिरिक्त कुछ नहीं मिला। आरम्भिक फिल्मों के प्रेम-कथानकों में फिर भी एक गम्भीरता और उदात्तता थी। बाद में 'बॉबी' फिल्म से एक नए प्रेम की शुरुआत हुई, 'टीन एज लव' की। किशोर प्रेम पर आधारित इन फिल्मों का सामाजिक प्रभाव यह पड़ा कि प्रेम की समझ की उम्र तक पहुँचते-पहुँचते 'टीन एज लव' के फैशनपरस्त प्रेमी थक से चुके थे।''[21]

सवाक् युग के प्रथम चरण में 'लैला-मजनू', 'शीरी-फरहाद', 'बुलबुले-परिस्तान' जैसी अरबी-फारसी ढंग की प्रेम कहानियों की बाढ़ आ गई। प्रेम ही को जीवन का सबसे बड़ा सत्य और प्रेम के लिए मर मिट जाने के फॉर्मूले का जन्म यहीं से होता है। प्रेम नामक विषय के महत्त्वपूर्ण होते ही नारी के शारीरिक सौन्दर्य की प्रस्तुति के रास्ते खुल गए, जो निर्माताओं का एक प्रिय फॉर्मूला साबित हुआ। नारी के शारीरिक सौन्दर्य के प्रदर्शन के लिए स्नान-दृश्य, शरीर को अनावृत रखनेवाली वेश-भूषा और बलात्कार तथा रोमांस के दृश्य हर फॉर्मूला फिल्म के जरूरी घटक हो गए।

जहाँ 'बाम्बे टॉकीज' की फिल्मों में सामाजिक समस्या और प्रेम, मिलन-विरह आदि को केन्द्र में रखा जाता था, वहीं न्यू थिएटर्स में मेलोड्रामा की प्रमुखता थी। मद्रास की फिल्मों ने विशाल सेट, नयनाभिराम दृश्य, बड़े पैमाने पर समूह-नृत्य तथा संयुक्त परिवार की समस्या को अपनी फिल्मों का मुख्य आधार बनाया। दक्षिण से कुछ पशु-प्रधान फिल्में आईं (हाथी मेरे साथी, गाय और गौरी) जो काफी सफल हुईं। व्यावसायिक फिल्मों में बड़े-बड़े नगरों का चित्रण आम बात है। कथा-चित्र में स्थान-काल और पात्र में किसी तारतम्य की आवश्यकता नहीं महसूस की जाती। बाग-बगीचे, समुद्र तट, भव्य और सजावटी मकान आदि आकर्षक घटक माने जाते हैं। उच्चवर्गीय रहन-सहन को मध्यवर्गीय कथानक में पिरोकर फिल्में आम जन की आकांक्षाओं को तुष्ट करती हैं। साथ ही फिल्में उन उपभोक्ता सामग्रियों का विज्ञापन भी करती ही हैं, जो आम दर्शक वर्ग की पहुँच के बाहर हैं। सेक्स-उत्तेजना भड़काना व्यावसायिक सिनेमा का सबसे सफल फॉर्मूला है। राजकपूर की 'बॉबी' की सफलता का मूल्यांकन करने के लिए चन्दूलाला शाह की मूक फिल्म 'गुण सुन्दरी' में उस युग की चर्चित अभिनेत्री जौहर के नग्न दृश्य को भी याद करना पड़ सकता है। अदालत का दृश्य भी व्यावसायिक फिल्मों का एक मनोरंजक घटक है। भाई-भाई का बिछुड़ना, पिता-पुत्र का बिछुड़ना या विरोध, प्रेम में किसी प्रतिनायक या पिता-माता का विरोध, दो शक्तियों का युद्ध, थिएटर शैली में संवाद अदायगी, कैबरे या कैबरेनुमा नृत्य, हास्य कलाकार, मन्दिर आदि व्यावसायिक सिनेमा के महत्त्वपूर्ण घटक हैं। इसके अलावा दौड़ना-भागना, छुपना-मिलना, आदि तो है ही।

विजय अग्रवाल ने लिखा है–'' 'लैला-मजनू', 'हीर-राँझा' जैसी फिल्मों में भी

किशोर प्रेम को प्रस्तुत किया गया था। लेकिन वह युवा प्रेम के अंकुरित रूप में था, जो पूर्ण प्रेम में विकसित होता था। इसी तरह पारिवारिक फिल्मों और सामाजिक फिल्मों में करुणा को इस रूप में उभारा जाता है कि दर्शक अपने पड़ोसी के सिसकने की आवाज न चाहते हुए भी सुन सकता है। इस प्रकार शृंगार और करुणा (दोनों एक-दूसरे के सहायक भी हैं) के वृत्त से घिरे दर्शक की निगाह अपने निजी स्तर से ऊपर उठ ही नहीं पाती और वह अपने वास्तविक जीवन की कठोर कड़ुवाहट को इस चाशनी मिले कथानक से मीठा करके भ्रम में जीने लगता है और उसे इसके लिए बाध्य किया जाता है।''[22]

फॉर्मूला और कथा-पटकथा

कुल मिलाकर फॉर्मूलों को चार भागों में बाँटा जा सकता है—पौराणिक, सामाजिक, पारिवारिक और प्रेम प्रधान। व्यावसायिक फिल्मों के बारे में एक आम मुहावरा प्रचलित है कि ये फिल्में फुटेज के हिसाब से बनाई जाती हैं। फिल्म की लम्बाई भी एक आवश्यक फॉर्मूला है। आमतौर से फिल्में 16-17 रील की होती हैं। उनकी निर्माण-प्रक्रिया अत्यन्त ही यान्त्रिक है। कहा जाता है कि कुछ फुट नृत्य, कुछ फुट गीत, कुछ फुट भाग-दौड़, कुछ फुट घोड़े या कार की दौड़, कुछ फुट स्नान-दृश्य, कुछ फुट मन्दिर-मस्जिद आदि के दृश्यों को एक कथा-क्रम में जोड़कर एक फिल्म खड़ी कर ली जाती है। इन हालात में सबसे ज्यादा उपेक्षित घटक पटकथा हो जाता है।

व्यावसायिक फिल्मों के सबसे उपेक्षित घटक कहानी और पटकथा ही हैं। व्यावसायिक फिल्मों के निर्माण से जुड़े हर व्यक्ति के पास एक कहानी होती है, कहानीकार को छोड़कर। इसका कारण यह है कि व्यावसायिक फिल्मों की कहानियों में इतनी एकरूपता होती है कि मामूली से हेर-फेर से एक नई कहानी बन जाती है। इन फिल्मों में कहानी का स्वरूप पटकथा-संरचना के मानदंडों पर आधारित नहीं होता, जिसमें फिल्मांकन के लिए कहानी को अनुक्रमों में और अनुक्रमों को शॉट्स में विभाजित किया जाता है। फिल्मी दुनिया में लेखक के रूप में संघर्ष करके विफल लौटे प्रसिद्ध साहित्यकार भगवतीचरण वर्मा लिखते हैं—''फिल्मी दुनिया में कहानी को बहुत नीचा स्थान दिया जाता है, और मैंने इसी बात को लेकर बम्बई से लौटते समय कह दिया था कि फिल्म व्यवसाय की मृत्यु अवश्यम्भावी है, अगर लगातार फिल्मों में कहानी की अवज्ञा की गई।''[23]

फिल्म संस्थान, पुणे में फिल्म प्रोडक्शन तृतीय वर्ष (1997) के विद्यार्थी श्री विक्रान्त राय को अन्तिम वर्ष के प्रैक्टिकल के लिए कुछ फिल्म निर्माताओं के साथ काम करने का मौका मिला। उस समय के अनुभवों के विषय में बताते हुए उन्होंने बताया कि आजकल सामान्यतया व्यावसायिक सिनेमा में कथा का तो अस्तित्व ही नहीं होता। लेकिन पटकथाएँ भी आमतौर से शूटिंग प्लेस पर ही लिखी जाती हैं, और कभी-कभी

तो सिर्फ संवाद ही लिखे जाते हैं। एक 'पटकथा-लेखन' की घटना का आँखों देखा हाल वे बड़े विनोदपूर्वक वर्णित करते हैं–पटकथा-लेखक ने लिखा था–चाँद अँगड़ाइयाँ ले रहा था। पीपल के पत्ते, बादलों की ओट, पर्वत की छाया, जुगनू की झिलमिल, पलकों का घेरा...। पटकथा के अंश पढ़कर लेखक के साथी ने सुझाव दिया–"इसमें उर्दू डाल, उर्दू डाल, तब तो 'झाँस' आएगी'।[24]

1952 में भगवतीचरण वर्मा ने लिखा–"मैंने फिल्मी दुनिया में छः वर्ष बिताए हैं। संवाद लेखक से बढ़कर मैं सिनेरियो-लेखक बना और उसके बाद मेरे निर्माता बनने का अवसर था। 'बॉम्बे टॉकीज' में डाइरेक्टर का स्थान बहुत छोटा हुआ करता था। प्रोड्यूसर अथवा निर्माता ही सब कुछ हुआ करता था और उस निर्माता को पहले सिनेरियो-लेखक होना पड़ता था। निर्देशन का अधिकांश भाग सिनेरियो अथवा चित्रालेख-लेखक को करना पड़ता था। मैंने बॉम्बे टॉकीज भी इसीलिए छोड़ी कि वहाँ वाले कहानी को कोई महत्त्व देने को तैयार न थे। मेरी एक कहानी को स्वीकार करके लोगों ने उसे मुझसे इतना बदलवाया कि अन्त में मैं यह कह ही न सकता था कि वह मेरी कहानी है। उस कहानी के लेखक के रूप में मेरा ही नाम आया था और वह चित्र असफल रहा था।"[25]

व्यावसायिक फिल्मों में कहानी की उपेक्षित स्थिति के कारण फॉर्मूलों के अन्य घटकों के प्रति आग्रह का होना था। कथा-संरचना की दृष्टि से व्यावसायिक फिल्म का स्वरूप रंगमंचीय होता है। फिल्म का प्रारम्भ, विकास, द्वन्द्व, चरमसीमा और अन्त नाटक के ढंग का होता है। व्यावसायिक फिल्में मुख्यतः सुखान्त होती हैं। दुःखान्त कथानकों को भी अगले जन्म का दृश्य दिखाकर, अतिरिक्त चरित्र डालकर, अतिनाटकीय मोड़ देकर सुखान्त बना लिया जाता है। अनारकली की ज्ञात कथा दुःखान्त है, परन्तु 'मुगले-आजम' में उसकी मृत्यु न दिखाकर उसे पिछले दरवाजे से बाहर कर दिया जाता है। इसी प्रकार 'मधुमती' में दूसरे जन्म का वृत्तान्त जोड़कर फिल्म को दुःखान्त होने से बचा लिया जाता है। 'शहीद' में भगतसिंह की फाँसी के बाद स्वतन्त्रता प्राप्ति के उल्लासपूर्ण दृश्यों द्वारा फिल्म का दुःखान्त स्वरूप बदल दिया जाता है।

उन्नत देशों में पटकथा-लेखन सम्मानित और साहित्यिक विधा मान ली गई है। हमारे यहाँ ऐसा नहीं हो पाया। इसके कारणों की तलाश करते हुए राजेन्द्र पांडेय अपने आलेख 'पटकथा लेखन साहित्यिक विधा की ओर' में कहते हैं कि "प्रमुख कारण तो यह है कि अब तक हमारे देश में सिनेमा का ही साम्राज्य रहा। ऐसे सिनेमा का जिसका आधार ऊलजलूलता है। अतः समझदार तबका सिनेमा माध्यम से दूर रहा। हिन्दी सिनेमा के सौम्य-शालीन युग में भी मुंशी प्रेमचन्द जैसे साहित्यकार कतराते रहे, तो बाद के और आज के अन्धाधुन्ध सिनेमा युग से कौन समझदार साहित्यकार अपने आपको जोड़ने की कोशिश करे ! जो वैज्ञानिक लेखन करता है, वह लेखक कहलाता है, लेकिन अगर हिन्दी की अधिकांश पटकथाएँ लेखक ने नहीं लिखी हैं, तो वह वैज्ञानिक कैसे हुआ ? चूँकि पटकथा लेखन से लेखकों को दूर रखा गया। इसलिए लाजिमी है कि हमारे

यहाँ न अच्छी पटकथाएँ लिखी गईं, न अच्छे पटकथाकार पैदा हुए।"[26]

के.बी. जॉन का कहना है–"व्यावसायिक फिल्मों में पटकथाकार बनने के लिए किसी अकादमिक या अनौपचारिक शिक्षा की जरूरत नहीं पड़ती। आजकल अधिकांश मीडियाकर अपने मातहत लेखकों से (इंडस्ट्री की भाषा में 'घोस्ट राइटर'–प्रेत-लेखक) लिखवाकर पटकथाकार बने रहते हैं।"[27]

प्रेमचन्द, अमृतलाल नागर, मंटो, रेणु, अश्क से लेकर राजेन्द्र सिंह बेदी, कमलेश्वर या भगवतीचरण वर्मा तक हिन्दी के अधिकांश लेखक सिनेमा में पैसे कमाने के लिए गए। उनका उद्देश्य व्यावसायिक था, लेकिन सिनेमा की व्यावसायिक शर्तों से वे समझौता नहीं कर पाए, साथ ही कला के धरातल पर समझौते करना भी उन्हें मंजूर नहीं हुआ, क्योंकि फॉर्मूलों के साँचे में ढाले जाकर उनकी मौलिक रचनाएँ कुछ से कुछ हो गईं। परिणामस्वरूप शुरू से ही साहित्यकारों ने सिनेमा के प्रति एक उपेक्षा भाव बना लिया। यहाँ तक कि गम्भीर, जागरूक साहित्यकर्मियों ने इस यान्त्रिक कला को कथाभिव्यक्ति के माध्यम से ज्यादा कुछ समझने का प्रयास भी नहीं किया और बहुधा उसके प्रभावों को लेकर चिन्तित रहे।

व्यावसायिक फिल्मों में चरित्रों के प्रकार और रूप भी लगभग निश्चित रहते हैं। सिनेमा को आज भी 'खेल' और थिएटर को 'खेलाघर' कहा जाता है। लगभग निश्चित कथानक की निश्चित परिणति के निश्चित उतार-चढ़ाव आदि होते हैं। दर्शक इस पेंग या पेंच में फॉर्मूला-ज्ञान के आधार पर भागीदारी करता है। सामान्यतया नायक सर्वगुणसम्पन्न होता है। नायिका तो हर हाल में रूपवती होती है। इनके अलावा खलनायक, सहनायक, सहनायिका, वृद्ध माता-पिता या सास-ससुर, विदूषक आदि होते हैं। चरित्र-चित्रण का आधार लोकप्रचलित नायकों, राम-रावण, कृष्ण-कंस, कृष्ण-राधा, राम-लक्ष्मण, शीरी-फरहाद आदि के आलोक में होता है। व्यावसायिक फिल्मों का हास्य अभिनेता संस्कृत नाटकों के विदूषक और पारसी थिएटर के कॉमेडियन का मिला-जुला रूप है। अन्य चरित्रों तथा अभिनय के स्वरूप पर रंगमंचीय प्रभाव काफी होता है। संवाद जो कि नाटक का प्रमुख अवयव है, ऐसी फिल्मों में कथानक की अभिव्यक्ति का प्रमुख माध्यम बना रहता है। प्रायः पात्र अतिरंजित अभिनय करते हैं और नाटकीय ढंग से संवाद बोलते हैं। सिने-शिल्प की दृष्टि से व्यावसायिक फिल्में काफी पुराने 'फोटो प्ले' के ढंग पर चल रही हैं। अभी उनमें सिनेमाई भाषिक गुणों का समुचित समावेश नहीं हुआ है। नाटक मूलतः प्रतीकात्मक होता है, जिसमें साज-सज्जा, कार्य-व्यापार, नाटकीय संवाद, सीमित स्थान आदि कुछ भी वास्तविक नहीं होता, जबकि फिल्म मौलिक यथार्थ के सादृश्य होती है। फिल्म और नाटक अभिव्यक्ति के भिन्न माध्यम ही नहीं हैं, उनके ऊर्जा स्रोत भी भिन्न हैं। सिनेमा में नाटकीय युक्तियों का प्रयोग करने से वे कृत्रिम प्रयुक्त होती हैं। सिनेमा जैसा शक्तिशाली माध्यम, जो कल्पना को मूर्त रूप देने में सक्षम है, उसका उपयोग व्यावसायिक फिल्मों में ऊटपटाँग कथानक प्रस्तुत करने के लिए होता है।

'एक श्रीमान् एक श्रीमती' फिल्म में शिकार के लिए जंगल गए एक दल को बनवासी पकड़ लेते हैं। दल में एक डॉक्टर भी है, जो बीमार बनवासी राजा का इलाज करके उसे खुश कर लेता है और सबको इनाम में आजादी और बोनस में खातिरदारी प्राप्त होती है। नृत्य-गीत का आयोजन होता है। बनवासी राजा की बेटी 'राजा तोहे नैनों से मदिरा पिलाऊँगी' गीत गाकर अतिथियों का मनोरंजन करती है। गीत की धुन और प्रस्तुति ग्रामीण अंचलों में नौटंकी की प्रस्तुति शैली की याद दिलाती है। यहाँ एक संस्कृति को दूसरी संस्कृति पर आरोपित किया गया है। नौटंकी जहाँ बिहार, उत्तर प्रदेश की लोक संस्कृति का एक रूप है, वहीं आदिवासी संस्कृति उससे सर्वथा भिन्न है। फिल्म में स्थान और काल का भी कुछ पता नहीं चलता। यह संकेत नहीं मिलता कि ये किस क्षेत्र-विशेष के बनवासी हैं, जो शुद्ध हिन्दी में बात करते हैं, और भोजपुरी शैली में गीत गाते हैं। वस्तुतः व्यावसायिक सिनेमा का यथार्थ से व्यवसाय तक का ही नाता होता है। उसमें चरित्रों के सरनेम तक नहीं होते। एक ऐसे सार्वभौमिक वातावरण में कथानक घटित होता है, जिसका किसी स्थान विशेष पर अस्तित्व नहीं होता।

विजय अग्रवाल ने 'फिल्म और समाज का सच' शीर्षक निबन्ध में लिखा है– "फिल्म संसार ने भले ही आज अपनी एक दुनिया रच ली है, लेकिन इस बात को स्वीकार करना जरा मुश्किल होगा कि अपनी बसाई इस दुनिया के कारण वह शेष दुनिया से कट गया है। दरअसल फिल्मकार यह मानकर चलते हैं कि हिन्दी का दर्शक सुखान्त की परम्परा का कट्टर अनुयायी है, और फिल्म देखने के दौरान दर्शक की चेतना सुप्त रहती है, और भावना प्रबल। यह मान लेने के बाद कथानक में इतने जोड़-तोड़ करने पड़ते हैं कि यथार्थ न जाने कहाँ छूट जाता है। इसलिए भी वह उस यथार्थ की रक्षा की परवाह नहीं करता, वरन् उन सभी साधनों का भरपूर सहारा लेता है, जो भावनाओं में उफान ला सकें। फिल्म-निर्माण में कथानक, संगीत, ध्वनि, गीत तथा दृश्य आदि का उपयोग उनकी क्षमता की चरम-सीमा तक किया जाता है। फलस्वरूप समाज की तिल-सी हिंसा फिल्मों में पहुँचकर ताड़ बन जाती है, और पिद्दी से पिद्दी नायक महानायक बन जाता है। इस प्रकार फिल्मों में सब कुछ होता है, सिवाय समाज के।"[28]

सन् 1970 के बाद से हिन्दी कमर्शियल सिनेमा में हिंसा और सेक्स सबसे सफलतम फॉर्मूलों में दर्ज हो गए। आज फिल्म-निर्माण व्यवसाय से आगे बढ़कर जुआ हो गया है। अर्थात् एक लगाओ, बीस पाओ। विजय अग्रवाल ने 'सिनेमा और समाज' में लिखा है–"यथार्थ और सामाजिक जीवन से कटाव की यह स्थिति बहुत खतरनाक है, क्योंकि जीवन और समाज यूटोपिया नहीं है। कलात्मक फिल्मों ने इस जमीन को तोड़ने की कोशिश की है। यह दावा करना तो मुश्किल है कि इसने व्यावसायिक फिल्मों के तथ्यों को पूरी तरह से नकार दिया है। शायद फिल्मों के फ्लॉप होने के डर से ऐसा करना फिलहाल ठीक नहीं समझा गया होगा, क्योंकि रुचि की धारा को अचानक नहीं मोड़ा जा सकता। इसीलिए ये भी प्रेम-प्रसंगों और शारीरिक प्रदर्शन जैसे मौकों की तलाश कर

लेते हैं, लेकिन ये भावनात्मकता के कुहरे या मांसलता की तीक्ष्ण गन्ध में अपने सामाजिक सरोकार को खोने नहीं देते। इनमें कविता की लयात्मकता के बजाय छन्दविहीन कविता की अस्त-व्यस्तता-सी है।''[29]

एक तरफ जहाँ व्यावसायिक सिनेमा में जमीनी यथार्थ की गन्ध तक नहीं आती। दूसरी तरफ कला-सिनेमा क्षेत्रीय और जातीय अनुभवों तथा ठोस रचनात्मक साहित्य का पश्चगामी साबित हुआ।

व्यावसायिक सिनेमा के बारे में तीखी टिप्पणी करते हुए उत्पल दत्त कहते हैं–''उन फिल्मों, जिनके लिए मुँह से गाली निकलती है, को देखने पर ही विश्वास होता है कि ऐसा भी हो सकता है। रँगे नकली बालोंवाला 'बांड स्ट्रीट के लेटेस्ट' कपड़ों में हीरो अभी कल ही न्यूयार्क में शॉपिंग से लौटी सजी-धजी हीरोइन से प्यार करता है–यही है उनकी भारतीयता की धारणा। किसी भी ब्रिटिश या अमेरिकी फिल्म से वह कुछ भी उड़ा लेते हैं।''[30]

कथानकों के स्थान-कालहीनता पर टिप्पणी करते हुए उत्पल दत्त आगे कहते हैं– ''फिल्म निर्माताओं को यह बताना-समझाना असम्भव है कि पूरी तरह और घनीभूत रूप में क्षेत्रीय होने पर ही सही भारतीय हुआ जा सकता है। उनसे द्वन्द्वात्मकता की बात करना किसी बन्दर को 'रिलेटिविटी' समझाने जैसा होगा।''[31]

हिन्दी कला-सिनेमा के सैद्धान्तिक आधार और प्रयोग

कला फिल्मों का स्वरूप कमर्शियल सिनेमा से भिन्न मूल्यों पर आधारित है। कला फिल्मों में क्षेत्रीय समस्याओं और विषयों को सर्जनात्मक स्वरूप में प्रस्तुत किया गया। कला फिल्मकारों की तुलना हम रीतिकाल के छन्दशास्त्र और निश्चित विषयवस्तु तथा लक्ष्यार्थ की रूढ़ि से हटकर अपने हृदय के भावों की अभिव्यक्ति के लिए रीतिमुक्त धारा का प्रवाह बहानेवाले घनानन्द, बोधा, आलम आदि कवियों से कर सकते हैं, क्योंकि एक सच्चे कलाकार के लिए शब्द, रंग या इस सदी में सेल्यूलाइड वस्तुतः ये सभी उसकी भावाभिव्यक्ति के माध्यम मात्र ही हैं।

गैस्टन रोबर्ज के शब्दों में–"Film is at times used by artists seeking to express themselves. As a means of expression or language the film medium is often a art."[32]

व्यक्तिगत अभिव्यक्ति के एक माध्यम के रूप में प्रयुक्त होने के चलते ही सिनेमा एक भाषा और कला है। व्यावसायिक सिनेमा के समानान्तर 'कला-सिनेमा' के स्वरूप पर विचार करते हुए गैस्टन रोबर्ज का कहना है–''कला फिल्मों और व्यावसायिक फिल्मों के रूप में अन्तर करना उचित नहीं।'' इतना कहने के बाद वे स्वयं ही रूप-विभेद करने से अपने आपको बचा नहीं पाते। उनका कहना है–''वास्तव में कला फिल्में अन्तर्दृष्टि पूर्ण स्थानापन्न अनुभव (Insight Vicarious Experience) प्रदान करती है,

और व्यावसायिक फिल्में आनन्दपूर्ण स्थानापन्न अनुभव (Delightful Vicarious Experience) प्रदान करती है। अन्तर अन्तर्दृष्टि (Insight) और आनन्द (Delight) के बीच है। कला और व्यवसाय नहीं, कला और मनोरंजन के बीच है।"[33] वे अपनी बात को पुष्ट करने के लिए बर्टोल्ट ब्रेख्त का उद्धरण प्रस्तुत करते हैं–ब्रेख्त ने बहुत पहले कहा था कि सिनेमा के बदलने से लोग नहीं बदलेंगे, बल्कि लोगों का जीवन बदल जाए तो सिनेमा बदल जाएगा। इसलिए आज की अर्थव्यवस्था में मनोरंजन फिल्मों की जगह कला फिल्में बनाने का परिणाम निकलेगा, रद्दी कला और बुरा व्यवसाय।[34]

गैस्टन रोबर्ज सन् 1984 में सिनेमा के विषय में ये टिप्पणी कर रहे हैं, तब तक कला सिनेमा आन्दोलन भी अपने पहले महत्त्वपूर्ण दशक को पार कर संघर्षों से घिर चुका होता है। किन्तु 'कला-सिनेमा' के कुछ मूलभूत सैद्धान्तिक आधार थे। यह अलग बात है कि कला-सिनेमा के सभी फिल्मकार कभी किसी एक झंडे या बैनर के तले नहीं खड़े हुए। किन्तु समग्र स्वरूप को मिला-जुलाकर कुछ सैद्धान्तिक आधार सामने आते हैं, जो व्यावसायिक सिनेमा से अलग कला-सिनेमा के स्वरूप का आकलन करने के लिए विवश करते हैं।

'कला-सिनेमा' का पहला सैद्धान्तिक आधार है सिनेमा की पूर्ववर्ती स्थापनाओं और व्यवस्था के प्रति विद्रोह। वे बड़ी फिल्म कम्पनियों, बड़े स्टूडियो, बड़े सितारों और बड़े निर्माण के प्रति विद्रोह का रुख अख्तियार करते हैं। उनका मानना है कि पूर्ववर्ती सिनेमा मात्र यान्त्रिक उत्पादन रह गया है। समूह और समाज सापेक्ष होने के नाम पर व्यक्ति से कटकर सिनेमा कला के उच्च स्तर से हट गया है। नया सिनेमा की फिल्मों में फिल्मकार के व्यक्तित्व की भरपूर छाप और शैली दिखती है। नव-सिनेमावादी फ्रेंच समीक्षक फिल्म निर्देशक के लिए ऑटर (Auteur) शब्द का प्रयोग करते हैं जिसका अर्थ होता है–स्रष्टा, और सिनेमा के अर्थ में निर्देशक सिनेमा का स्रष्टा होता है। इस अवधारणा को स्वीकारते हुए भारतीय कला-सिनेमाकार सिनेमा के सामाजिक पक्ष की उपेक्षा नहीं करते दिखते। फ्रेंच न्यू वेव आन्दोलन की भाँति 1962 में जर्मनी के छब्बीस युवा फिल्मकारों ने 'यंग जर्मन सिनेमा' की घोषणा की और एक संयुक्त वक्तव्य पर हस्ताक्षर किए। 'आबरहाउसेन मैनिफेस्टो' (Oberhausen Manifesto) के नाम से प्रसिद्ध इस वक्तव्य में नए जर्मन सिनेमा को कमर्शियल फिल्मों की प्रभाव, निर्माण पद्धति और व्यक्तिगत लाभ के यान्त्रिक उत्पादन प्रणाली से मुक्ति दिलाने की घोषणा के साथ स्वतन्त्र निर्माण के संकल्प की घोषणा की गई।

'फ्रेंच न्यू वेव' और जर्मन सिनेमा ने हिन्दी नया सिनेमा की पृष्ठभूमि तैयार की। जनवरी, सन् 1908 में मृणाल सेन और अरुण कौल ने एक घोषणा पत्र प्रकाशित किया, जिसमें हिन्दी फिल्मों पर व्यावसायिकता का एकाधिकार, फिल्म निर्माण की फॉर्मूलाबद्धता, कलात्मक सौन्दर्य दृष्टि का अभाव, दर्शकों के बौद्धिक और मानसिक विकास के बदले निम्नस्तरीय, कुत्सित और कुरुचिपूर्ण फिल्म-दृश्यों के प्रति नशीला आकर्षण उत्पन्न करने का फिल्म निर्माता का प्रयत्न, वितरण और प्रदर्शन के क्षेत्र में अच्छी फिल्मों को

प्रवेश न करने देने के षड्यन्त्र, सामाजिक और मानवीय समस्याओं की उपेक्षा, कुरुचिपूर्ण और थोड़े मनोरंजन द्वारा मात्र धन कमाने की लिप्सा आदि की चर्चा करते हुए विकल्प के रूप में नए सिनेमा की आवश्यकता, उपयोगिता और उसके उद्देश्यों पर प्रकाश डाला गया है। वक्तव्य की महत्त्वपूर्ण पंक्ति है–"व्यावसायिक सिनेमा की कुत्सित रुचि के विरुद्ध नया सिनेमा एक बेहतर सिनेमा के लिए अनवरत और चेतनायुक्त आन्दोलन है। अनेक देशों में इसी प्रकार के आन्दोलन सामने आए हैं। हमारा विश्वास है कि इस आन्दोलन को पनपने के लिए सही जलवायु यहाँ मौजूद हैं।"

वैसे उस घोषणा-पत्र में नए सिनेमा की कोई सन्तोषप्रद परिभाषा नहीं गढ़ी गई है, जो कि तब सम्भव भी नहीं था, क्योंकि परिभाषाएँ या आलोचना सर्जना के पश्चात् ही सम्भव हो पाती हैं। वक्तव्य में कहा गया है कि "नया सिनेमा की कोई एक पूर्णतः सन्तोषप्रद परिभाषा कर पाना सम्भव नहीं। 'नया सिनेमा' सम्पूर्ण कृति और उसके प्रभाव तक ही सीमित नहीं है। इसमें फिल्म निर्माण की व्यवस्था और तरीके, सर्जनात्मक कलाकार और उसके और दर्शकों के बीच आपसी सम्बन्ध, बदलते हुए फिल्मी व्याकरण की समझ, फिल्म विधा की विस्तारशील सामर्थ्य और उन्नत महत्त्वाकांक्षाएँ भी सम्मिलित हैं। सबसे बड़ी बात तो यह है कि नया सिनेमा फिल्म में रचनाकार के अपनी कल्पना-दृष्टि को सही रूप में दृश्यांकित करने के मार्ग में से सर्जनात्मक और सौन्दर्यात्मक निमित्तों के अलावे कुछ भी आड़े आने देने के पक्ष में नहीं है। नया सिनेमा उन स्थितियों को प्राप्त करने की आकांक्षा करता है, जिनके अन्तर्गत फिल्म कल्पनाशील कलाकार की अपनी विशेष छाप बन सके, किसी फिल्म कम्पनी या फॉर्मूले की मोहर नहीं।

नया सिनेमा ऐसी फिल्मों का समर्थक है, जो रचनाकार की व्यक्तिगत विशिष्टता को उजागर करता हो। नया सिनेमा मानता है कि रचनाकार का एक अलग सत्य है और नया सिनेमा उस सत्य की अनवरत खोज है। नया सिनेमा सही प्रश्नों को महत्त्व देता है और उनके उत्तरों की परवाह नहीं करता। नया सिनेमा हर चीज को, पुरातन मूल्यों को, नई दृष्टि से देखने का नाम है, और वह हर चीज को, मानव के मन और स्थिति को गहरे पैठकर परखता है।

नया सिनेमा मानवता की गुत्थियों को, व्यक्तियों को उनके निजी सम्बन्धों और उनके निजी संसारों में समझने की कोशिश करता है। नया सिनेमा तत्काल संशोधन-क्षमता, सहजता और युवा उत्साह को प्रोत्साहित करता है। नया सिनेमा अपने दर्शकों से वैसी ही भागीदारी और अन्तरंगता की माँग करता है, जैसी आधुनिक कला अपने ऑडिएंस से करती है। नया सिनेमा आन्दोलन के दो प्रमुख तत्त्व है–प्रबुद्ध फिल्म रचनाकार और प्रबुद्ध दर्शक वर्ग। जहाँ तक दर्शकों का प्रश्न है, इस दिशा में फिल्म सोसाइटियों ने काफी काम किया है, परन्तु उसके लिए अभी काफी काम करना बाकी है। आन्दोलन को सक्रिय रखने के लिए यह आवश्यक है कि फिल्में अपनी लागत वापस ला सकें। इसलिए यह स्पष्ट है कि नया सिनेमा आन्दोलन की फिल्में कम-से-कम खर्च में पूरी होनी चाहिए। यूरोप और अमेरिका में युवा विद्रोहियों ने यही किया और हमें भी अपने

आपको उसी प्रकार तैयार करना चाहिए।

उपर्युक्त घोषणा सुनियोजित ढंग से सिनेमा पर सोचनेवाली एक समूची पीढ़ी की सोच का विकास है। सन् साठ से ही फिल्म विकास निगम सार्थक फिल्मों के लिए कर्ज दे रहा था। सत्यजित रे और ऋत्विक घटक एक लकीर बना चुके थे। जिस समय 'भुवनशोम' प्रदर्शित हुई, उसी समय अनेक कलाधर्मी फिल्में निर्माणाधीन थीं और सभी लगभग उद्घोषित मूल्यों के आसपास ही निर्मित की जा रही थीं।

'नया सिनेमा' ने सबसे पहले बजट को प्रभावित किया। उसने महँगे सितारों और सेट की जगह नए चेहरों और यथार्थ दृश्यों को फिल्माना शुरू किया। स्टूडियो के कृत्रिम वातावरण से बाहर निकलने से लेकर कैमरे से वास्तविक सौन्दर्य को फिल्माने तक कई आयाम ढूँढे गए। नया सिनेमा-कर्मियों ने एक तरफ नए कहानीकारों की कहानियों का सिने-रूपान्तरण किया तो दूसरी तरफ निर्देशकों की ऐसी पीढ़ी आई, जो स्वयं पटकथा या कथा-लेखन में सक्षम थी। नया सिनेमा आन्दोलन के दौर में बहुत से ऐसे लोग फिल्म संस्थान में विद्यार्थी होकर आए, जो कला और साहित्य के क्षेत्रों से या तो निष्फल होकर आए थे या असन्तुष्ट होकर। उन लोगों ने चित्रकला, संगीत या लेखन के पूर्वाभ्यास से सिनेमा-माध्यम को सँवारा और सशक्तता से प्रयोग किया। नए फिल्मकार कहानी के बँधे-बँधाए रूप से भिन्न रूपों की तलाश करते हैं। वे एक फॉर्मूला फिल्म से ज्यादा बेहतर एक नवीन शैली की अपूर्ण कहानी को मानते हैं, जो दर्शकों की मानसिक और बौद्धिक भूख को शान्त करने में सक्षम हो। नए फिल्मकारों में एक ऐसा भी वर्ग उभरा जिसने कैमरे से सीधे फिल्म लिखने में अपनी आस्था प्रकट की। इन लोगों ने शूटिंग स्क्रिप्ट को कलात्मक निर्माण में बाधक माना। अतः कैमरे को स्वच्छन्दता देते हुए शूटिंग के दौरान मनःस्थिति के अनुसार फिल्मांकन को इन लोगों ने महत्त्व दिया।

कला-सिनेमा में अभिनय का नया रुख

कला फिल्मकारों ने अभिनेता को ज्यादा-से-ज्यादा छूट दी और भाव को समझने-समझाने में मित्रतापूर्ण व्यवहार को प्रश्रय दिया। नसीरुद्दीन शाह को एक्टिंग के लिए ब्रेख्त ज्यादा प्रासंगिक लगते हैं। जिनके अनुसार—"आप किसी घटना को 'रि-लीव' नहीं करते, बल्कि दर्शकों में उसका विश्लेषण भी करते हैं। आप 'टेन कमांडेट' से लेकर 'शोले' तक देख लीजिए। खलनायक-चरित्र हमेशा रोचक होता है। क्या हिन्दी फिल्मों में यह गुंजाइश होती है कि वह निगेटिव चरित्र को दर्शक में विश्लेषित करे, उस तरह उन चरित्रों को महिमामंडित न करे, जैसे हिन्दी की मुख्यधारा का सिनेमा करता है। चार्ली चैपलिन ने 'ग्रेट डिक्टेटर' में हिटलर को महिमा-मंडित तो नहीं किया। 'मौसिए वर्डिक्स' जैसी फिल्म में भी जिसे 'ब्लैक कॉमेडी' कहा गया, इस दुनिया की ऐसी ताकतों का विश्लेषण था, जिनके लिए विश्वयुद्ध एक 'प्रोफेशन' है। चुनौती की बात करें तो चुनौती हिटलर जैसे निगेटिव चरित्रों को उस तरह प्रस्तुत करने में है, जैसे चार्ली चैप्लिन ने

किया। उस तरह प्रस्तुत करने में नहीं, जिस तरह 'बाजीगर, 'डर' या 'अंजाम' में नेगेटिव चरित्रों को प्रस्तुत किया गया।"[35]

पारम्परिक अभिनय से भिन्न अभिनय का रास्ता अपनाते हुए इन फिल्मों ने नायक-नायिका के प्रचलित मानदंडों से अलग निहायत ही घरेलू और सामान्य चेहरे पर्दे पर प्रस्तुत किए। अभिनय की स्वाभाविकता बनाए रखने के लिए फिल्मकारों ने अपरिचित या रंगमंच के कलाकारों को अपनी फिल्मों में लिया। इमेज से ग्रस्त सितारे हमेशा अभिनय में बाधक साबित होते हैं। वे अपनी इमेज तोड़ने की जगह फिल्म की समूची संरचना ही तोड़ डालने में विश्वास रखते हैं। उनकी इमेज तोड़कर पात्र की इमेज स्थापित करना सधे हुए निर्देशकों के लिए भी काफी कठिन काम है। नए कलाकारों को लेने से बजट में भी कमी आती है तथा 'डेट्स' की मुसीबत से भी छुटकारा मिल जाता है, जिससे फिल्में कम समय में पूरी हो जाती हैं।

बासु भट्टाचार्य के प्रोडक्शन कंट्रोलर ने एक संस्मरण सुनाया–"बासु दा दिल्ली में किसी फिल्म की शूटिंग के सिलसिले में गए थे। वहाँ किसी अन्य फिल्म की शूटिंग के लिए अमिताभ बच्चन भी आए थे। उन्होंने बड़े ही आदर और लगाव से बासु दा के सामने एक प्रस्ताव रखा–'बासु दा ! मैं आपकी एक फिल्म में काम करना चाहता हूँ।' बासु दा ने तुरत जवाब दिया–'मैं तुम्हें अपनी फिल्म में नहीं ले सकता।' अमिताभ के चेहरे का रंग उड़ गया। बम्बई लौटने के रास्ते में बासु दा से जब पूछा गया कि आपने इतनी कठोरता से क्यों व्यवहार किया तो वे बोले–'क्योंकि मैं उसे अपनी फिल्म में नहीं ले सकता।' जब यह पूछा गया कि क्यों ? तब उन्होंने बताया कि मैं उसे उतना पैसा नहीं दे सकता। उनसे ये कहने पर कि 'वह आपसे पैसा तो लेता ही नहीं।' बासु दा ने उत्तर दिया–'मैं उसका घाटा भी नहीं करवा सकता।' "[36]

कम बजट में सार्थक फिल्में बनानेवाले फिल्मकारों ने स्टारों की उपेक्षा की जबकि अपनी कलात्मक भूख शान्त करने के लिए स्टार कला-फिल्मकारों की ओर आकर्षित होते रहे। कला-सिनेमाकारों ने शुरू में कम-से-कम बजट का ध्यान रखते हुए श्वेत-श्याम फिल्में ही बनाना पसन्द किया, लेकिन यथार्थ अंकन में सक्षमता को ध्यान में रखते हुए रंगीन फिल्में भी बनीं।

कला-सिनेमा के सहयोगी संस्थान और व्यक्ति

कला-सिनेमा के सूत्रपात का श्रेय फिल्म सोसाइटी आन्दोलन को है, जिसमें बम्बई फिल्म सोसाइटी के मृणाल सेन और अरुण कौल की भूमिका महत्त्वपूर्ण है। मृणाल सेन ने जहाँ पहली नई फिल्म का निर्माण किया वहीं अरुण कौल ने इसकी भूमिका तैयार की।

हिन्दी साहित्य की श्रेष्ठ कृतियों को रूपान्तरण के लिए आरक्षित करवाने से लेकर कला-सिनेमावादियों को एक मंच पर इकट्ठा करने का विकट कार्य श्री कौल ने ही किया। फिल्म सोसाइटी के गम्भीर रुचिवाले सदस्य तथा पूना फिल्म संस्थान से प्रशिक्षण

प्राप्त सिने-कर्मियों के अलावा फिल्म वित्त-निगम के तत्कालीन अध्यक्ष बी.के. करंजिया का योगदान अत्यन्त महत्त्वपूर्ण था। उन्होंने अनेक प्रकार की आलोचनाएँ सहते हुए नए फिल्मकारों की मदद की।

'माधुरी' पत्रिका के सम्पादक अरविन्द कुमार, 'सारिका' के सम्पादक कमलेश्वर और 'धर्मयुग' के प्रेम कपूर ने साहित्यिक कृतियों की तरफ फिल्मकारों का ध्यान आकृष्ट किया। आधुनिक हिन्दी साहित्य के प्रमुख कथाकारों मोहन राकेश, राजेन्द्र यादव, निर्मल वर्मा, मन्नू भंडारी, रमेश बक्षी, कमलेश्वर आदि की रचनाओं पर फिल्में बनीं। प्रचार फ्रेंच न्यू वेव का महत्त्वपूर्ण अंग था। अरविन्द कुमार ने नया सिनेमा को समानान्तर सिनेमा की संज्ञा दी और 'माधुरी' के माध्यम से उसके स्वरूप, आदर्श और सिद्धान्त, कार्य-विधि आदि का विवरण और विवेचन कर जन-मानस को आकृष्ट किया। नया सिनेमा की स्थापनाओं और सिद्धान्तों की व्याख्या करने के लिए 'फिल्म फोरम' की पत्रिका 'क्लोज अप' का महत्त्वपूर्ण योगदान रहा। 'क्लोज अप' ने नया सिनेमा के मुखपत्र का काम किया।

कला-सिनेमावादियों को बौद्धिक और सामाजिक धरातल पर व्यापक सहयोग मिला, पृष्ठभूमि में सरकारी सहयोग था ही। इनका स्वर व्यावसायिक सिनेमा के प्रति विद्रोही नहीं था। व्यावसायिक फिल्मकारों ने इन्हें अपना प्रतिद्वन्द्वी समझा। जबकि ये अपनी राह चलने में आस्था रखते थे।

कला-सिनेमा में प्रयोग के आर्थिक कारण

नए फिल्मकार सिनेमा को एक अलग कला-भाषा मानते हुए बहुधा पेंटिंग और स्टिल फोटोग्राफी से तुलनीय रूप में प्रस्तुत करने में विश्वास प्रकट करते रहे। कला फिल्मकार सिनेमा के बिम्बों को पेंटिंग के समानान्तर कला मानते हैं।

कला फिल्मकारों ने सिनेमा की मूल प्रकृति 'गति' के विपरीत चित्र की स्थिरता को अपनाना चाहा जबकि वे चित्रकला से डिटेल्स और गति की शिक्षा भी ले सकते थे, जैसाकि सत्यजित रे कहते हैं–"चलचित्र नितान्त बीसवीं सदी की शिल्पकला कही जाती है, फिर भी उसकी रचना-रीति आंशिक रूप में प्राचीन शिल्प साहित्य में अन्तर्निहित है, इसमें कोई सन्देह नहीं।"[37] वे आगे प्राचीन चित्रकला से 'डिटेल्स्' के उदाहरण प्रस्तुत करते हैं–"भारतीय चित्रकला में भी डिटेल्स् का ऐतिह्य (ऐतिहासिक प्रमाण) अनेक दिनों तक अक्षुण्ण था। अजन्ता की गुफा का शेर इसका नमूना है। मुगल राजपूत मिनिएचर चित्रों में डिटेल्स हैं। नेचुरलिज्म के पथ पर अग्रसर न होकर भी किस तरह से मनुष्य और प्रकृति का भाव केवल डिटेल्स् की सहायता से उभारा जा सकता है, इसका चामत्कारिक दृष्टान्त इन चित्रों में है। आकाश पर मात्र छः-सात समानान्तर बूँदों की रेखा खींचकर 'मिनिएचर' शिल्पियों ने वर्षा का भाव समझाया है। नायिका के उत्तरीय की उत्ताल भंगिमा द्वारा आँधी का बोध कराया है; प्रेम, विरह, आनन्द, विषाद, क्रोध,

लज्जा इत्यादि सूक्ष्मातिसूक्ष्म मनोभावों को मात्र देह की भंगिमा के द्वारा विस्तार के साथ समझा दिया है। इन प्राचीन चित्रों से चलचित्र निर्देशक बहुत कुछ सीख सकते हैं।''[38]

सत्यजित रे की इस बात को नए फिल्मकारों ने चाहे जिस मात्रा में समझा और स्वीकारा हो, किन्तु गतिशीलता को जो 'मूवी' का धर्म है, इन फिल्मकारों ने नकारना शुरू किया। इनका मानना था कि ठहरे हुए चित्र उनकी फिल्मों के मुख्य आकर्षण हैं। तेजी से गुजरते चित्रों में सौन्दर्य का अल्पांश ही भावक ग्रहण कर पाता है। परन्तु ठहरे हुए चित्र को व्यक्ति उनके (डिटेल्स्) विवरण के साथ देखता है। ये अपनी फिल्मों को अत्याधुनिक चित्रकला के सौन्दर्यशास्त्रीय मानदंडों पर कसना चाहते हैं।

जहाँ कला-फिल्मकार सिने-भाषा और कला के स्तर की दुहाई देते रहे, वहीं आर्थिक पहलू से प्रभावित समझौते भी करते रहे। एक व्यावसायिक फिल्मकार यदि गीत-नृत्य या 'चेज सीन' से सिनेमा का समय बढ़ाता है, तो कला-फिल्मकार चित्रों की स्थिरता से समय पूरा करते हैं। व्यावसायिक फिल्मकार जहाँ बेमतलब के दृश्यों को बनाने में इफरात धन खर्च करता है, तो कला फिल्मकार दृश्यों को बेमतलब बनाकर सरकारी पैसा बचाते हैं। वस्तुतः कला के मानदंड के रूप में प्रचारित किए गए बहुत सारे मूल्यों का जन्म अर्थगत समझौते के कारण हुआ है।

फिर भी नए फिल्मकारों ने नाटकीय संवादों और अनावश्यक गीतों की जगह अत्यन्त जरूरी स्थितियों में ही गीतों का तथा स्वाभाविक संवादों का प्रयोग किया। नया सिनेमा आन्दोलन पारसी थिएटर और नौटंकी के पारम्परिक दर्शकों के सामने सिनेमा को कलात्मक मानदंडों पर प्रस्तुत करने का नवीन पथ दिखाता है।

आचार्य भगवतीचरण वर्मा एक ऐसी फिल्म की कामना व्यक्त करते हैं जिसमें गीत नहीं हों। कम-से-कम 1952 तक ऐसी एक भी फिल्म नहीं बनी थी। वर्मा जी लिखते हैं कि ''मैंने आज तक कोई ऐसी फिल्म नहीं देखी, जिसमें गाने न हों। फिल्मी दुनियावाले किसी ऐसी फिल्म की कल्पना भी नहीं कर सकते जिसमें गाना न दिया जाय–उनके मत में ऐसा चित्र चल ही नहीं सकता।''[39]

नए फिल्मकारों ने इस तरह के अन्धविश्वासों को झुठला दिया। बहुतेरी ऐसी फिल्में बनीं जिनमें गीत नहीं थे। 'पार', 'पार्टी', 'न्यू देल्ही टाइम्स' आदि इसके महत्त्वपूर्ण उदाहरण हैं। कला-सिनेमा आन्दोलन ने एक विशेष प्रकार की फिल्में ही नहीं दीं, बल्कि नए ढंग की निर्माण व्यवस्था और नई सौन्दर्यशास्त्रीय और कलात्मक दृष्टि भी दी। कला फिल्मों में सिने-भाषा को अत्यधिक महत्त्व देनेवाली फिल्मों ने दर्शकों का वर्ग विभाजन कर अल्पसंख्यक बौद्धिक दर्शक वर्ग की कला के रूप में फिल्म को प्रतिष्ठित किया, जो इनकी महत्त्वपूर्ण उपलब्धि है। ऐसी कला फिल्मों पर अलोकप्रिय होने का आरोप लगाया जाता है।

विजय अग्रवाल ने लिखा है–''कलात्मक फिल्मों में समाज के बाह्य संघर्ष के बजाय आन्तरिक संघर्ष की प्रधानता होती है। इन पर लगाए जानेवाले बौद्धिकता के आरोप का मुख्य कारण यही है। यह सही है कि अब तक की ऐसी फिल्में एक विशेष दर्शक-वर्ग

की माँग करती हैं, लेकिन इनकी सार्थकता तभी है, जब ये आम दर्शकों तक पहुँचें। निर्देशकों को चाहिए कि वे सामाजिक सम्बन्धों की जटिलताओं और अन्तर्मन के संघर्षों को अधिक-से-अधिक सरल और सुलझे रूप में प्रस्तुत करने का प्रयास करें।"[40]

हिन्दी कला-सिनेमा के दर्शक

हिन्दी को छोड़कर बाकी भाषाओं में कला-फिल्मों ने अपने स्थायी दर्शक बना लिए तथा उनकी निर्माण गति तुलनात्मक रूप से ज्यादा है। अलोकप्रियता का कारण यह बताया जाता है कि कला-फिल्में सम्प्रेषणीय नहीं हैं। कुछ फिल्में अपनी कलात्मक उच्चता के चलते ऐसी हो सकती हैं तथा कुछ फिल्में कला के नाम पर कलात्मक छद्म का उदाहरण होने के चलते भी ऐसी हो सकती हैं। किन्तु अधिकांश फिल्मों को राजनीतिक, व्यावसायिक कारणों ने प्रभावित किया। एम.एस. सथ्यू की फिल्म 'गर्म हवा' को तत्कालीन प्रधानमन्त्री इन्दिरा गाँधी ने उत्तर भारत में प्रदर्शित ही नहीं होने दिया, जबकि वह उत्तर भारत के दर्शकों को ध्यान में रखकर बनाई गई थी।

शुरुआती लहरों के उठान के साथ एक दर्शक-वर्ग सामने आया था, जिसने कला-फिल्मों को सराहा और प्रोत्साहित किया। यह दर्शक वर्ग अन्य कला-विधाओं में श्रेष्ठतम का आनन्द लेने का अभ्यासी था। 'सारिका', 'दिनमान' आदि साहित्यिक, राजनीतिक पत्रिकाओं के गम्भीर पाठक कला-फिल्मों के दर्शकों में बदल गए। साथ ही दर्शकों का एक ऐसा वर्ग भी उभरने लगा था, जो कला-फिल्मों को समझने के प्रति जिज्ञासु और आग्रही था या बतौर फैशन ही उनका दर्शक होता था। लेकिन व्यावसायिक सिनेमा के माफियाओं ने फिल्मों के प्रदर्शन और वितरण को बुरी तरह से प्रभावित किया।

उत्पल दत्त के शब्दों में—"ये लोग सत्यजित रे की किसी फिल्म को अनिश्चित काल तक रोके रख सकते हैं, मृणाल सेन को बँगला से खदेड़कर तेलुगु में फिल्म बनाने पर मजबूर कर सकते हैं। सथ्यू 'गर्म हवा' के धमाके के बाद कोई दूसरी हिन्दी फिल्म नहीं बना सके।"[41]

मुझे प्रसिद्ध कवि दुष्यन्त कुमार की गजल का एक शेर यहाँ प्रासंगिक लग रहा है—

> इस अँगीठी तक गली से कुछ हवा आने तो दो,
> जब तलक जलते नहीं, ये कोयले देंगे धुआँ।

कला-सिनेमा की अँगीठी तक हवाएँ भी आईं, कोयले भी दहके और पका भी। किन्तु परोसने नहीं दिया गया। कह सकते हैं कि 'खाना खराब' कर दिया गया। व्यावसायिक फिल्मकारों के लिए हिन्दी सिनेमा के दर्शक उनके उपभोक्ता (Consumer) हैं और हिन्दी भाषी क्षेत्र उनके बाजार हैं। अपने बाजार को प्रभावित करनेवाले

कला-फिल्मकारों को सहना उनके लिए सहज नहीं था। यदि विदेशों में कला-फिल्मों की बिक्री का रास्ता नहीं खुला होता तो, जो धारा अब तक जीवित है, वो कब की मर चुकी होती। पूना 'फिल्म आर्काइव्स्' के वर्तमान अध्यक्ष श्री सुरेश छाबड़िया ने चुटकी लेते हुए बताया कि मणि कौल का कहना है कि पहले फिल्में दर्शकों और समीक्षकों से गुजरकर 'फिल्म आर्काइव्स्' में जमा होने के लिए चयनित होती थी। मेरी फिल्में सीधे आर्काइव्स् जाती हैं, तो मैं क्यों दर्शकों की फिक्र करूँ।''[42] इस प्रकार का आत्मोपहास सम्प्रेषणीयता के संकट के कारण ही उत्पन्न होता है।

कला, भाषा और लोकप्रियता

सिनेमा के अलावा जितनी कला-विधाएँ हैं, वे प्रदर्शन के बाद ही प्रतिबन्धित या पुनर्सम्पादित होती हैं। किन्तु सिनेमा को प्रदर्शन से पहले ही सेंसर से गुजरना पड़ता है। सेंसर सबसे महत्त्वपूर्ण फ्रेम या प्रारूप है, जो सिनेमा की कलात्मक स्वतन्त्रता को प्रभावित करता है। इसके बावजूद अधिकांश श्रेष्ठ फिल्में अपना दर्शक नहीं बना पाईं, आखिर क्यों ? क्या एक अच्छी फिल्म का जनता के लिए दुरूह होना और न समझ में आना जरूरी है ? क्या लोकप्रिय होना कला के स्तर से गिर जाना है ?

कला-सिनेकार, जो अपने आपको भाषाग्रही कहने में गर्व महसूस करते हैं, उनके विषय में कुछ कहने से पहले रसूल हम्जातोव की भाषा के सन्दर्भ में एक टिप्पणी जरूरी है। रसूल ने लिखा है–''कुछ लोग इसलिए नहीं बोलते हैं कि उनके दिमाग में महत्त्वपूर्ण विचारों का जमघट होता है, बल्कि इसलिए कि उनकी जुबान खुजलाती रहती है। कुछ लोग इसलिए काव्य-रचना नहीं करते हैं कि उनके हृदयों में प्रबल भावनाएँ उमड़ती-घुमड़ती रहती हैं, बल्कि इसलिए कि वास्तव में यह कहना भी मुश्किल है कि क्यों वे अचानक कविता रचने लगते हैं। पूछा जा सकता है कि क्या उस शब्द को दुनिया में भेजना ठीक होगा, जो दिल से होकर नहीं आया हो ?''[43]

दिल से निकली हुई कला-रचना देर-सवेर दुनिया के दिलों में अपना स्थान बना ही लेती है। इसलिए तुरत-फुरत की लोकप्रियता को भी कला का मानदंड नहीं माना जा सकता है। सिनेमा यदि जनजीवन के पक्ष में निर्मित हो रहा है, समाज-निर्माण के हित में प्रयुक्त हो रहा है, साथ ही वह कलात्मक मानदंडों पर भी खरा उतर रहा है, फिर भी यदि वह जन-समाज की समझ में आनेवाली भाषा में भी प्रस्तुत किया गया हो, तो सोने पर सुहागा की स्थिति कही जा सकती है।

उत्पल दत्त का कहना है–''माना कि इस देश की जनता पिछड़ी, अनजान, बीमार और भी बहुत कुछ वह है, जिसके बारे में टूरिस्ट्स लिखते हैं, पर क्या उसी से इस देश में बननेवाली फिल्मों का रूप निर्धारित होना चाहिए ? मैं नहीं जानता कि कौन कलाकारों को वह हक नहीं देता कि वे एक उत्थानकारी शक्ति बन सकें, दार्शनिकों के हिरावल बन सकें। लेकिन चूँकि फिल्मकार ने सिनेमा जैसा मास मीडिया चुना है,

वह अपने दर्शकों से पहले ही जुड़ जाता है। इसलिए हमेशा उसे दर्शकों के साथ ही आगे बढ़ना है, उस दर्शन की ओर जिसे उसे प्रचारित करना है। लोकप्रियकरण और लोकोत्थान में द्वन्द्वात्मक सम्बन्ध होता है, पर हम क्या आज विश्व सिनेमा में बौद्धिक को जनता से दूर होते नहीं देख रहे हैं।''[44]

हालाँकि लोकप्रियता ही कला की श्रेष्ठता का मानदंड नहीं, न ही अलोकप्रिय या दुरूह होना ही कला का मानदंड है। हर कला-विधा में कुछ ऐसे रचनाधर्मी होते हैं, जो सहज सम्प्रेषणीय नहीं होते। उन्हें कलाकारों का कलाकार, कवियों का कवि आदि विशेषणों से अभिहित किया जाता है। हर विषय अपने साथ भाषा की एक नई भंगिमा लेकर आता है। सब कुछ सर्वसाधारण के लिए सम्प्रेषणीय बनाने के प्रयास में अति साधारणता के शिकार हो जाने की भी सम्भावनाएँ रहती हैं। सिर्फ सम्प्रेषण को ही मुद्दा बनाकर जनता के साहित्य या सिनेमा का निर्णय नहीं लिया जा सकता। जनता का सिनेमा वही नहीं है, जिस पर वह तालियाँ पीटे। अपनी नासमझी और अशिक्षा के चलते जनता सामान्यतया अपने साहित्य या सिनेमा को परखने में अक्षम साबित होती है।

''जनता का साहित्य किसे कहते हैं ?'' (निबन्ध) में मुक्तिबोध का कहना है– ''जनता का साहित्य का अर्थ जनता को तुरन्त ही समझ में आनेवाले साहित्य से हरगिज नहीं है। अगर ऐसा होता तो किस्सा तोता-मैना और नौटंकी ही साहित्य के प्रधान रूप होते। साहित्य के अन्दर सांस्कृतिक भाव होते हैं। सांस्कृतिक भावों को ग्रहण करने के लिए बुलन्दी, बारीकी और खूबसूरती को पहचानने के लिए, उस असलियत को पाने के लिए, जिसका नक्शा साहित्य में रहता है, सुनने या पढ़नेवालों की कुछ स्थिति अपेक्षित होती है। यह स्थिति है उसकी शिक्षा, उसके मन का सांस्कृतिक परिष्कार। साहित्य का उद्देश्य सांस्कृतिक परिष्कार है, मानसिक परिष्कार है। किन्तु यह परिष्कार साहित्य के माध्यम द्वारा तभी सम्भव है, जब स्वयं सुननेवाले पढ़नेवाले की अवस्था शिक्षित (की) हो। 'जनता का साहित्य' का अर्थ 'जनता के लिए साहित्य' से है, और वह जनता ऐसी हो जो शिक्षा और संस्कृति द्वारा कुछ स्टैंडर्ड प्राप्त कर चुकी हो।''[45]

ऐसी फिल्में जो व्यापक जन समाज के हित में बनीं, किन्तु अपने रचनात्मक गढ़ाव की जटिलता (जो विषय-वस्तु की अभिव्यक्ति की जरूरत भी हो सकती है, क्योंकि एक ही भाषा के भीतर प्रत्येक विषय-वस्तु का निजी प्रकाश, निजी भाषा होती है) के चलते दुरूह और असम्प्रेषणीय साबित हुई, बेशक वे कला के मानदंडों पर आधारित श्रेष्ठ फिल्में हैं, जो भावक से अपनी ओर चलकर आने के श्रम की माँग करती हैं।

दार्शनिक रजनीश का कहना है–''पुराने जमानों में मन्दिर बस्तियों से दूर बनाए जाते थे। साधक, चिन्तक, मनीषी भी दुर्गम दूरियों पर रहते थे। लेकिन आज हम मन्दिर को बाजार और फिर घर के भीतर ही उठा लाए। सुविधा की दृष्टि से तो यह ठीक है, किन्तु कठिनाइयाँ झेलकर वहाँ पहुँचने पर व्यक्ति मन्दिर की मूल्यवत्ता समझ पाता था। ठीक वही स्थिति श्रेष्ठ कला की है।''[46]

श्रेष्ठ कला में अवगाहन के लिए श्रम की आवश्यकता होती है। मुक्तिबोध की

कविताओं का आनन्द वही ले सकते हैं, जो बार-बार श्रम करके उनकी गुत्थियों को खोल लें। यही स्थिति श्रेष्ठ सिनेमा के साथ है। फेलीनी, गोदार, तारकोवस्की, बुनुएल आदि की फिल्में या कुमार साहनी, मणि कौल की फिल्मों को एक बार देखकर कोई भी व्यक्ति समझ लेने का दावा नहीं कर सकता है। किन्तु पहली बार ही यदि उसके हाथों में एक सूत्र भी आ जाए तो वह दुबारा-तिबारा और अनेक बार उसे देखना चाहेगा। श्रेष्ठ कला में जितनी बार अवगाहन किया जाए, कुछ न कुछ मिलता ही है।

मैंने बहुतों को शिकायत करते सुना है कि फलाँ की फिल्म में दुरूह बिम्ब हैं या किसी की कविता में कठिन शब्द हैं। क्या इस कठिनता की कोई सीमा निर्धारित की जा सकती है ? हो सकता है कि बहुत सामान्य शब्दों का ज्ञान नहीं होने के चलते ही वह कविता कठिन लगे।

किसी भी कला के अपने नियम होते हैं, जैसे कि खेलों के। क्या शतरंज के नियमों को समझे बिना कोई शतरंज देखने का आनन्द ले सकता है ? तो आखिर कलाओं के साथ क्यों लोग ऐसी उम्मीद करते हैं कि बिना बौद्धिक श्रम के मात्र कुछ रुपए खर्चने के एवज में उन्हें हासिल हो जाए ? शब्द कठिन है, तो शब्दकोश किसलिए बने हैं ? बिम्ब कठिन हैं, तो सिने-समीक्षाएँ या आलोचनाएँ किसके लिए लिखी जाती हैं ?

आम जन कविता को शब्दों में और सिनेमा को रंगों-बिम्बों में ढूँढ़ने की कोशिश करते हैं। वे अपने भीतर उसकी योग्यता की माँग नहीं करते। यह साहनी या मणि कौल में होना चाहिए कि लाख कचरा भावक के मनो-मस्तिष्क में अवरोधक बना पड़ा हो— वे उनके दिलों तक पहुँच जाएँ। अपने भीतर रोशनी के लिए रास्ते बनाने की जगह, ऐसी ही उम्मीदें की जाती हैं। मुक्तिबोध के अनुसार—"जनता को सुशिक्षित और सुसंस्कृत करना है। वे फिलहाल अन्धकार में हैं। शिक्षित करने के लिए जैसे ग्रन्थों की आवश्यकता होगी, वैसे ग्रन्थ निकाले जाएँगे और निकाले जाने चाहिए। लेकिन इसका मतलब यह नहीं कि उनको प्रारम्भिक शिक्षा देनेवाले ग्रन्थ श्रेष्ठ हैं और सर्वोच्च शिक्षा देनेवाले ग्रन्थ श्रेष्ठ नहीं हैं।"[47]

वे आगे लिखते हैं—"जनता के जीवनादर्शों और मूल्यों को ध्यान में रख जो साहित्य निर्माण होता है, यद्यपि वह व्यक्ति-व्यक्ति की लेखनी द्वारा उत्पन्न होता है, किन्तु उसका उत्तरदायित्व मात्र व्यक्तिगत नहीं, सामूहिक उत्तरदायित्व है। उदाहरणार्थ साहित्यशास्त्र के ग्रन्थ साधारण जनता की समझ में भले न आएँ, किन्तु वे लेखकों और आलोचकों के लिए जरूरी हैं—जो जनता के जीवनादर्शों और जीवन-मूल्यों को अपने सामने रखते हैं। यह बात ऐसे साहित्य के लिए भी सच है, जिसमें मनोभावों के चित्रण में बारीकी से काम लिया गया है और अत्याधुनिक विचार-धाराओं के अद्यतन रूप का अंकन किया गया है।"[48]

जिन फिल्मों में अभिव्यक्ति की बारीकी से काम लिया गया है, वे भी सहज सम्प्रेषणीय नहीं हैं, किन्तु भावक को बार-बार अपनी तरफ आकर्षित करती हैं। एक किताब सदियों तक अपना पाठक बना सकती है। लेकिन सिनेमा के साथ ऐसा नहीं

हो सकता। सिनेमा में लगनेवाली पूँजी का तत्काल वापस आना भी जरूरी होता है।

फ्रांसुआ त्रुफो जो फ्रांस में 'न्यू वेव सिनेमा' के समर्थकों में से एक थे, का कहना है–"सिनेमा चाहे व्यावसायिक हो या न हो, पर उसका प्रदर्शन आवश्यक है, और इसीलिए फिल्मों को भी और वस्तुओं की तरह बेची और खरीदी जा सकने योग्य होना चाहिए। फिल्म के उपदेश और उपलब्धि में एक लम्बा अन्तराल होता है। यदि समीक्षक सिर्फ उसके उपदेशों पर ध्यान दे, तो वह उसकी प्रशंसा के पुल बाँध सकता है, पर यदि वह उसके रूप और निर्वाह की कठिनाइयों पर बहस कर उसकी उपलब्धि का आकलन करे तो यहाँ कई गलतियाँ नजर आ सकती हैं।"

फिल्म समीक्षा के इन दो ध्रुवों को ध्यान में रखकर उन्होंने महत्त्वपूर्ण निर्देशकों जैसे ज्याँ रेनुआ, लुई बुनुएल, ईंगमार बर्गमैन, ब्रेसाँ, आल रेने और न्यू वेव के निर्देशकों पर गम्भीर आलेख लिखे हैं। वे लिखते हैं–"जब मैं आलोचक था तो सोचता था कि एक अच्छी फिल्म के लिए जरूरी है कि वह विश्व की अवधारणा और सिनेमा की अवधारणा को समुचित रूप से व्यक्त करे। लेकिन अब जब मैं निर्देशक हूँ तो सोचता हूँ कि वह सिनेमा बनाने का आनन्द दे या सिनेमा निर्माण की पीड़ा। उनकी दृष्टि में अच्छा सिनेमा हमें उद्वेलित करता है, वह हमें रुचिकर और लुभावना लगता है। यह कोई जरूरी नहीं कि वह तभी पैदा हो, जब इसमें भावनाएँ हिचकॉक, ब्रेसाँ की तरह वैज्ञानिक अनुशासन से रची जाएँ या इनमें भावनाएँ कलाकार की स्वयं की सामर्थ्य से उत्पन्न हो जाएँ। जैसा कि रोजेलिनी या गोदार के भावनात्मक संवाद पैदा करनेवाले सिनेमा में होता है।"[49]

बौद्धिक और लोकप्रिय बौद्धिक तथा कला का छल

जहाँ तक कला-फिल्मकारों के एक वर्ग द्वारा सिनेमा को व्यक्तिगत अभिव्यक्ति का 'स्वान्तः सुखाय' कला-कर्म कहने का सवाल है, तो यह भी एक तरह का बौद्धिक छल ही लगता है। कला-फिल्मों की रचनात्मक जटिलता से उत्पन्न सम्प्रेषणीयता की समस्या की आलोचना करते हुए उत्पल दत्त कहते हैं–"फिल्मकारों की व्यक्तिगत प्रतीकों में बात करने की उत्कट इच्छा; मानो अपने रहस्यों को मजदूरों, ट्रक ड्राइवरों, मछुआरों आदि के साथ बाँटने से ईर्ष्यापूर्वक इन्कार हो। नतीजा ये है कि जनता को व्यवसायी धन्ना सेठों, गन्दगी के व्यापारियों के हाथ छोड़ दिया जाता है। विकासशील दुनिया को एक फोर्ड या चैपलिन की प्रतिभा चाहिए, बर्गमैन की नहीं (बर्गमैन स्वीडन के पूँजीवादी समाज के कुशल चितेरे हैं)।"[50]

उत्पल दत्त का कहना है–"बौद्धिक और लोकप्रिय एक साथ होना सम्भव है। हमारी जनता गरीब हो सकती है, पर बुद्धिमान और गम्भीर भी है, अपनी तरह। उसने भारी-भरकम महाकाव्यों, मिथकों तथा लोककथाओं की जटिल तथा सूक्ष्म बातों को समझ रखा है। अगुआ फिल्मकारों के लिए इसकी उपेक्षा निश्चित ही आत्मघाती है,

क्योंकि जड़विहीन होने पर वह रूपवादी हथकंडों में फँसकर निर्जीव और निरर्थक होता जाएगा।"[51]

बौद्धिक और लोकप्रिय एक साथ होना सम्भव है, जबकि शास्त्र और लोक दोनों का समुचित ज्ञान हो। आमतौर से कला-फिल्मकार पश्चिमी सिने-शास्त्र पर आधारित फिल्में बनाकर भारतीय दर्शकों के लिए प्रस्तुत करते रहे, जबकि सिनेमा को एक कला के रूप में बरतनेवाली प्राथमिक त्रयी ऋत्विक घटक, सत्यजित रे और मृणाल सेन में से सत्यजित रे इस दूसरे प्रकार के श्रेष्ठतम उदाहरण हैं और ऋत्विक घटक 'कलाकारों के कलाकार' वाली पहली श्रेणी के।

जहाँ घटक की फिल्में व्यावसायिक धरातल पर निष्फल होती रहीं वहीं सत्यजित रे कला और व्यवसाय दोनों ही धरातलों पर सफल रहे। वे विदेशों से होनेवाली आय पर निर्भर रहना पसन्द नहीं करते थे। उनका कहना है कि अपनी फिल्मों का आर्थिक लाभ तो उन्हें बंगाल से ही मिल जाता है, विदेशों से जो मिलता है, वह बोनस है।

हिन्दी के प्रसिद्ध आलोचक प्रो. मैनेजर पांडेय का कहना है–"ऊपरी तौर पर कलात्मक साहित्य और लोकप्रिय साहित्य पूर्णतः परस्पर विरोधी लगते हैं। आम धारणा यही है कि वे दोनों साहित्य के दो छोर हैं। लेकिन साहित्य के इतिहास की छानबीन की जाए तो ऐसी स्थितियाँ भी मिलती हैं, जहाँ कलात्मक साहित्य और लोकप्रिय साहित्य के बीच एकता भी दिखाई देती है। दूसरे देशों के महान लेखकों ने अपनी प्रसिद्ध रचनाओं के निर्माण में लोकप्रिय साहित्य के कुछ तत्त्वों की मदद ली है। अनेक आलोचकों ने लिखा है कि दॉस्तोवस्की ने अपने उपन्यासों की रचना में रूसी और फ्रांसीसी कथा-साहित्य की लोकप्रिय अपराध कथाओं, साहसिक कथाओं और जासूसी कथाओं से अनेक तत्त्वों का उपयोग किया। बाल्जाक और विक्टर ह्यूगो के यहाँ भी ऐसे प्रयोग मिलते हैं।"[52]

लोकप्रिय शैली में श्रेष्ठ साहित्य के भारतीय उदाहरण के लिए डॉ. मैनेजर पांडेय सत्यजित रे की चर्चा करते हैं–"विश्व साहित्य में ऐसे भी उदाहरण मिलते हैं, जहाँ लोकप्रिय साहित्य के किसी रूप का रचनात्मक उपयोग करते हुए महत्त्वपूर्ण साहित्य लिखा गया है। भारत के ऐसे लेखकों में एक हैं, बँगला के प्रसिद्ध फिल्म निर्माता सत्यजित रे, जिनकी लम्बी जासूसी कहानियों का एक संग्रह बँगला में छपा है। उसका अंग्रेजी अनुवाद भी हुआ है, 'फेलुदा के साहसिक अभियान'। कथा की संरचना में ऐसी विश्वसनीयता है, जो उसे यथार्थ के निकट लाती है। स्थानों और स्थितियों का वर्णन यथार्थपरक है और ऐतिहासिक तथ्य इतिहाससम्मत है। ऐसे उदाहरणों से साबित होता है कि लोकप्रिय साहित्य कलात्मक साहित्य के निर्माण में सहायक ही नहीं होता, वह स्वयं कलात्मक भी हो सकता है।"[53]

जासूसी उपन्यास के कलेवर में तथ्यात्मक, यथार्थपरक उपन्यास लिखनेवाले सत्यजित रे की फिल्में लोकप्रिय होने के साथ कलात्मक धरातल पर भी श्रेष्ठ साबित हुईं। यही बात मृणाल सेन पर भी लागू होती है, जबकि कला-फिल्म की आम धारा लोकप्रियता

नहीं हासिल कर पाई या फिल्मकार पलटकर सीधे व्यावसायिक फॉर्मूले की फिल्में बनाने लगे। दरअसल देश और काल की सांस्कृतिक बुनावट को ठीक से आत्मसात नहीं करने पर मध्यमार्ग का मिलना असम्भव है। शायद इसीलिए अधिकतर कला-सिनेमा के पैरोकार अभिनेता (नसीर, ओमपुरी आदि), निर्देशक (महेश भट्ट, प्रकाश झा, आदि) सीधे व्यावसायिक फॉर्मूलों से समझौता कर बैठे।

नसीर से जब व्यावसायिक फिल्मों में काम करने का कारण पूछा गया तो वे भभक पड़े—"मेरी सबसे बड़ी नाराजगी इस बात को लेकर है कि समान्तर सिनेमा इतनी लज्जाजनक मौत मरा है। इसके तथाकथित कर्णधारों की लुंज-पुंज प्रतिबद्धता मुझे और भी विचलित करती है। आखिर सार्थक सिनेमा को अपने जीवन का एक मात्र ध्येय बतानेवाले अक्सर आसानी से मौका मिलते ही अन्य लुभावने मगर अर्थहीन विकल्पों की ओर आकर्षित क्यों हो जाते हैं ?"[54]

विनोद भारद्वाज का कहना है कि "हिन्दी में तथाकथित नई धारा का सिनेमा दर्शकों से कटा रहा। समस्या सिर्फ यह नहीं थी कि देश में सिनेमाघर नहीं थे या फिल्में रिलीज नहीं हो पाईं। समस्या यह भी थी कि ये फिल्में अन्तरराष्ट्रीय महोत्सवों को ही ध्यान में रखकर बनाई गईं।" वे आगे कहते हैं—"दुर्भाग्यवश हिन्दी फिल्मों के इस रंगीन दौर में या तो मसाला फिल्में हैं या फिर तथाकथित कला फिल्में। अच्छी फिल्में नहीं हैं। 'दामुल' के निर्देशक प्रकाश झा की इस बात में दम है कि मैं फोकट में फिल्में देखनेवाले दर्शकों के लिए कब तक फिल्में बनाऊँ। प्रकाश झा का इशारा उन बुद्धिजीवियों और जागरूक दर्शकों की ओर था, जो महोत्सवों और विशेष कार्यक्रमों में अच्छी फिल्में मुफ्त में देख लेते हैं। इस अत्यधिक अल्पसंख्यक दर्शक समूह के सहारे किसी देश में फिल्म आन्दोलन मजबूत नहीं हो सकता।"[55]

अन्तर्राष्ट्रीय महोत्सवों को ध्यान में रखकर फिल्में बनाने के चलते फिल्मकारों ने सिनेमा की भाषा और व्याकरण को ही विशेष महत्त्व दिया। उनके लिए भारतीय दर्शकों को व्याख्यायित कर समझना और उनके लिए फिल्म बनाना महत्त्वपूर्ण नहीं रहा। हालाँकि विषय के रूप में वे भारतीय परिवेश और कथानक ही चुनते रहे। दिलचस्प बात यह है कि सिनेमा एकमात्र ऐसा कला रूप है, जिसने पूर्ववर्ती सभी लोकप्रिय कलाओं को आत्मसात कर लिया।

फिल्म और लोकप्रिय संस्कृति के बारे में डॉ. मैनेजर पांडेय का कहना है कि "लोकप्रिय संस्कृति का क्षेत्र बहुत व्यापक है। इसकी अभिव्यक्ति के रूप भी अनेक हैं। सच तो यह है कि लोकप्रिय संस्कृति के अन्तर्गत कला और साहित्य के सभी रूपों का उपयोग होता है। संगीत, नृत्य, चित्र आदि अधिकांश ललित कलाओं के क्षेत्र में लोकप्रिय संस्कृति का प्रसार और प्रभाव देखा जा सकता है। आजकल लोकप्रिय कलाओं में सबसे अधिक प्रभावशाली है, फिल्म की कला। फिल्म के निर्माण में किसी भी दूसरी कला से बहुत अधिक पूँजी की जरूरत होती है, इसलिए उस पर पूँजीवाद की व्यावसायिकता का असर सबसे अधिक पड़ता है। फिल्म कला की दुनिया में व्यावसायिकता

और कला के द्वन्द्व का उग्र रूप दिखाई देता है।"[56]

सोचनीय यह है कि छन्द, पिंगल और व्याकरण पर आधारित कोई रचना मात्र रूप-सौष्ठव के कारण श्रेष्ठ या सार्थक मानी जा सकती है ? दोहा-चौपाई, ग़ज़ल या हायकू के छन्द में किसी भी प्रकार के शब्द भरे जा सकते हैं। वे बहुत आकर्षक और कलात्मक भी हो सकते हैं। यहाँ तक कि इन काव्य छन्दों में गद्य भी लिखा जा सकता है। एक गोष्ठी में कवि त्रिलोचन शास्त्री ने चौपाई छन्द की मात्राओं में गद्य लिखकर दिखाया और समझाया था कि छन्दमात्र को काव्य नहीं कहा जा सकता है। उसी तरह सिर्फ सिनेमाई भाषा में प्रस्तुति होने के चलते किसी दृश्यांकन को सार्थक सिनेमा का दर्जा नहीं प्राप्त हो सकता है। यदि सृजन का उद्देश्य व्यापक नहीं है, तो वह चाहे लाख छन्द, भाषा और व्याकरण पर आधारित हो, उसे कला का दर्जा नहीं दिया जा सकता है।

किन्तु क्या सिर्फ कुछ समाजोन्मुख मनुष्यता और विश्व के कल्याण हेतु लिखे गए वाक्यों या दृश्यांकित किए गए बिम्बों के कारण ही किसी को श्रेष्ठ कलाकार माना जा सकता है ? इस सन्दर्भ में मुक्तिबोध की एक कविता का अंश द्रष्टव्य है–

"दुनिया न कचरे का ढेर कि जिस पर
दानों को चुगने चढ़ा हुआ कोई भी कुक्कुट
कोई भी मुरगा
यदि बाँग दे उठे जोरदार
बन जाए मसीहा"
वे कह रहे हैं–
"मिट्टी के लोंदे में किरणीले कण-कण
गुण हैं, जनता के गुणों से ही सम्भव
भावी का उद्भव..."[57]

मुक्तिबोध के ही शब्दों में–"महत्त्वपूर्ण यह नहीं है कि कोई क्या बोल रहा है, महत्त्वपूर्ण यह है कि वह किस ऊँचाई से बोल रहा है।" एक अन्य प्रसंग में वे लिखते हैं कि काव्य और व्यक्तित्व का सम्बन्ध आपको कहीं-न-कहीं जोड़ना होगा। यह नहीं हो सकता कि एक ओर आप सामान्य मानवीयता का भी त्याग करते चलें और दूसरी ओर काव्य में मानवीय बने रहें। यदि साहित्य जीवन का प्रतिबिम्ब है, तो उसमें यह भी जोड़ना पड़ेगा कि कभी-कभी साहित्य जीवन के स्वांग का प्रतिबिम्ब होता है। वे आगे कहते हैं–"जितनी इंटेंसिटी कविताओं में प्रकट की जाती है, उसका शतांश भी जब जीवन में नहीं होता तब उसे क्या कहा जाए ? यही कहा जा सकता है कि वह सूक्ष्म शैली का 'एटिट्यूडिनाइजिंग' है, अथवा स्थूल शैली का नाट्य।"[58]

भाषा और तकनीक से परिपूर्ण अधिकतर कला-फिल्मकार अपने हृदय में सच्चे कलाकार की पीड़ा को प्रश्रय नहीं देते, जो रचना के लोकप्रिय मुहावरे के अनुसन्धान के लिए दर्शकों के मन की सांस्कृतिक बुनावट को समझने के लिए जमीन पर उतरने

को प्रेरित करे। कला-फिल्मकार भी भारतीय परिवेश को अपनी फिल्मों में 'कच्चे माल' की तरह प्रयुक्त करते हैं। यह कला-सिनेमा का व्यावसायिक पक्ष है, जिसका परिणाम विनोद भारद्वाज के शब्दों में कुछ इस प्रकार है–"इन दिनों अच्छी फिल्मों का अर्थशास्त्र कुछ इस प्रकार है। आमतौर पर राष्ट्रीय फिल्म विकास निगम और दूरदर्शन मिलकर फिल्में बना रहे हैं। दूरदर्शन से इन फिल्मों को प्रसारण शुल्क की गारंटी-सी रहती है। अगर ये फिल्में छोटे पर्दे पर दिखाए जाने से पहले सिनेमाघरों में रिलीज हो सकें, तो एक माहौल बन सकता है। एक कम बजट की अच्छी फिल्म पर भी आज 25-35 लाख रुपयों का खर्च आता है। इस निर्माण-व्यय की वापसी के लिए हर सम्भव रास्ते को खोजना चाहिए। साथ ही फिल्मकार को यह भी कोशिश करनी होगी कि अपने सीमित दर्शक वर्ग में वह और अधिक अलगाव न पैदा करे।"[59]

यह ठीक है कि फिल्म एकमात्र ऐसी कला है, जो अर्थाधारित है, लेकिन सिर्फ पैसों से ही उसका निर्माण हो–ऐसा नहीं है, ना ही यह कि कम पैसों में निर्माण सम्भव ही न हो। नए फिल्मकारों में कइयों ने इस तथ्य को साबित किया कि कम-से-कम पैसों में श्रेष्ठ सिनेमा का सृजन हो सकता है। मुक्तिबोध की कुछ पंक्तियाँ सीमित साधनों से रचना कर्म करनेवालों के सन्दर्भ में प्रसिद्ध हैं–

"तस्वीरें बनाने की
इच्छा अभी बाकी है। जिन्दगी भूरी ही नहीं, वह खाकी है।
जमाने ने नगर के कन्धे पर हाथ रख
कह दिया साफ-साफ
पैरों के नखों से या डंडे की नोक से
धरती की धूल में भी रेखाएँ खींचकर
तस्वीरें बनाती है। बशर्ते कि जिन्दगी को चित्र-सी बनाने का चाव हो
श्रद्धा हो, भाव हो।"[60]

इस श्रद्धा, भाव और चाव के बिना जो निर्मित होगा, वह व्यावसायिक चालाकियों के उत्पादन से ज्यादा कुछ नहीं होगा। यदि सिर्फ श्रद्धा और भाव का परिणाम हो तो वह भक्ति में बदल जाएगा, जिसका क्षुद्रतम रूप चाटुकारिता है। यदि सिर्फ चाव हो तो वह एक जिज्ञासु या व्यवसायी की अनगढ़ प्रस्तुति से ज्यादा कुछ नहीं हो सकता। यदि सिर्फ भाव हो तो वह गलदश्रु भावुकता के खरीदारों के बीच बेभाव बिकेगा। यदि सिर्फ शास्त्रीय निर्वहण और भाषिक सौन्दर्य हो तो मुट्ठी-भर बौद्धिकों की सराहना से ज्यादा की उम्मीद व्यर्थ है।

उत्पल दत्त का कहना है–"मैं अक्सर महसूस करता हूँ कि हमारी जनता एक ओर से व्यावसायिक विकृतियों की शिकार है, तो दूसरी ओर से उन विशिष्टतावादी फिल्मकारों की जिनके शब्दों का उस पर कोई असर नहीं होता और जो उसे और उलझा देते हैं। मैं सोचता था कि हमारे भी गम्भीर फिल्मकार इस महान देश के मिथकों और लोक परम्परा को उसी तरह आत्मसात कर सकेंगे, जैसे अकीरा कुरोसावा ने जापान की

क्लासिकी परम्परा को किया है, और फिर एक नया लोकप्रिय फॉर्म विकसित हो सकेगा। उल्टे हम पाते हैं कि पश्चिम के विख्यात फिल्मकारों में ही उलझे हैं हमारे लोग और कभी-कभी उनकी नाज़ायज़ नकल भी करते हैं, और जब इस प्रकार की बौद्धिक धोखेबाजी टिकट खिड़की के सामने लुढ़क जाती है, तो लोगों पर नासमझी और पूँजीवाद पर असमान प्रतियोगिता का आरोप लगाते हैं। यह तो युद्ध शुरू होने से पहले ही हार मानने जैसा है। हमें पहले ही नहीं सोच लेना चाहिए कि जनता प्रयोग और नवीकरण के मामले में तटस्थ है।

सत्यजित रे ने बार-बार दिखाया है कि बंगाल की ग्रामीण गहराइयों से चुने मुहावरे और बिम्ब बुद्धिजीवियों को ही नहीं, सामान्य जनता को भी प्रफुल्लित कर देते हैं। मृणाल सेन ने ऐसा बार-बार किया है, श्याम बेनेगल और सथ्यू ने भी। उदाहरणार्थ गिरीश कर्नाड ने जनता के गौरवशाली अतीत में डूबकर अपने को जन से आत्मीयता के साथ जोड़ लिया है। इसलिए हमें सुरक्षावादी नहीं होना चाहिए और तथाकथित जानकारों को ही नहीं लक्षित करना चाहिए—वैसे भी वे बाँझ और दिवालिया होते हैं।''[61]

इतिहास बताता है कि भाषा और छन्द के आग्रहों से ग्रस्त कई बार श्रेष्ठ कोटि के मनीषियों से भी मूल्यांकन में भूलें हुई हैं। ऐसा भी होता है कि रचनाधर्मी का जीवनोद्‌देश्य भाषा और छन्द की सीमा को लाँघ जाता है, और उसकी अभिव्यक्ति उद्‌देश्य की शुचिता से आलोकित हो जाती है। ऐसी स्थिति में शब्द हो या बिम्ब, कूची-छेनी हो या कैमरा, अभिव्यक्ति के माध्यम से ज्यादा कुछ नहीं रह जाते, क्योंकि जो अभिव्यक्ति होती है, उसका प्रकाश मूल्यांकन के योग्य होता है, न कि व्याकरण के नियम।

व्याकरण के नियम को लेकर एक पोलिश विद्वान से अवार भाषा में हुई बातचीत का संस्मरण रसूल हम्जातोव इस प्रकार लिखते हैं—''वे विद्वानों की, शुद्ध, बहुत सही, बहुत ही ज्यादा सही, यहाँ तक कि बेजान भाषा बोलते थे। वे भाषा की रंगीनी और हर शब्द की धड़कन की तुलना में व्याकरण, शब्दक्रम और वाक्य रचना की तरफ ज्यादा ध्यान देते थे।'' वे आगे लिखते हैं—''मैं ऐसी पुस्तक लिखना चाहता हूँ जिसमें भाषा व्याकरण के अधीन न होकर, व्याकरण भाषा के अधीन हो।''[62]

भाषा और व्याकरण के नियमों को नहीं जाननेवाले व्यक्ति की यदि अभिव्यक्ति अनगढ़ है तो वह क्षम्य है, लेकिन इनको जाननेवाले व्यक्ति की अभिव्यक्ति नीरस और अनुपयोगी है, तो वह तुलनात्मक रूप से अधिक दोषभागी है। व्याकरण के विषय में रसूल का कहना है—''मैं व्याकरण की तुलना पैदल जानेवाले से और साहित्य की खच्चर पर सवार मुसाफिर से उपमा दूँगा। पैदल चलनेवाले ने खच्चर पर सवार मुसाफिर से अनुरोध किया कि वह उसे खच्चर पर बैठा ले। उसने उसे अपने पीछे जीन पर बैठा लिया। पैदल मुसाफिर से धीरे-धीरे हिम्मत बढ़ी, उसने खच्चर सवार को जीन से नीचे धकेल दिया और फिर वह चिल्लाते हुए उसे दुत्कारने लगा—यह खच्चर और जीन के साथ बँधा हुआ सारा माल-मत्ता भी मेरा है।''[63]

संस्कृत के महान काव्यशास्त्री राजशेखर व्याकरण के सन्दर्भ में एक अतिशयोक्ति का वर्णन करते हैं। आपः पवित्रं प्रथमं पृथिव्या-/मपां पवित्रं परमं च मन्त्राः।/तेषां च सामर्ग्य-जुषां पवित्रं/महर्षयो व्याकरणं निराहुः।" पृथिवी पर सबसे पवित्र वस्तु जल है, जल से अधिक पवित्र मन्त्र है, उन मन्त्रों में भी श्रृक्, यजुष और साम के मन्त्र पवित्रतम हैं किन्तु महर्षिगण व्याकरण शास्त्र को इन वेदत्रयी के मन्त्रों से भी अधिक पवित्र मानते हैं।[64] यहाँ व्याकरणशास्त्र को वेदों से भी अधिक पवित्र मानने का प्रयोजन उसकी आवश्यकता का प्रदर्शन मात्र है।

व्याकरण ही किसी बिखरी बोली को सहेजकर भाषा का दर्जा और किसी कला इकाई को अपनी विशेष जुबान का महत्त्व दिलाते हैं। अतः एक तरफ जहाँ कला-सिनेमा का व्याकरणसम्मत होना आवश्यक है, वहीं दूसरी तरफ लोकप्रिय सिनेमा के अव्याकरणिक ढाँचे में भी उद्देश्य की शुचिता से आलोकित श्रेष्ठ सर्जनाएँ हुई हैं, उनकी पहचान और परख भी जरूरी है, जिससे सार्थक सिनेमा की धारा को मजबूती दी जा सके क्योंकि फॉर्मूला या कला सिनेमा के रूढ़ मानदंडों पर खरे नहीं उतरनेवाले ऋषिकेश मुखर्जी या गुलजार जैसे फिल्मकारों को आखिर हम कहाँ रखेंगे ?

दरअसल उद्देश्य की शुचिता और कृतित्व तथा व्यक्तित्व को साक्षी रखकर मूल्यांकन किया जाए तो हिन्दी सिनेमा के इतिहास में सार्थक फिल्मों की एक क्षीण किन्तु विद्युत शक्ति समेटकर चलती हुई धारा दिख सकती है। दादा साहब फाल्के स्वयं हर तरह की शुचिता और उद्देश्य की पवित्रता की माँग करते हैं। वे फिल्मों में भले घर की महिलाओं को अभिनय करने के लिए आगे आने का आह्वान करते हैं। सन् 1927-28 की 'दी सिनेमेटोग्राफ इंक्वायरी कमेटी' के समक्ष फाल्के की गवाही में कही गई बातों से सहज ही यह समझा जा सकता है कि व्यवसाय और कला को लेकर चिन्ताएँ उसी समय से उभरने लगी थीं। 'अतः भुवनशोम' से पहले के समूचे सिनेमा को व्यावसायिक सिनेमा कहकर नहीं टाला जा सकता। फाल्के से जब पूछा गया कि "आप किन विषयों पर फिल्में बनाना चाहते हैं ?" उन्होंने जवाब दिया–"सभी विषयों पर लेकिन विशेषकर प्राचीन संस्कृत नाटकों और नए मराठी नाटकों पर, फिर भारतवर्ष के विभिन्न क्षेत्रों के आचार-व्यवहारों पर, देश की सच्ची हास्य-प्रधान बातों पर, यहाँ के पवित्र स्थानों और तीर्थस्थलों पर, सामाजिक कृत्यों पर और वैज्ञानिक और शैक्षणिक विषयों पर भी मैं फिल्में बनाऊँगा। चलचित्र मनोरंजन का उत्तम माध्यम है; लेकिन यह ज्ञानवर्द्धन के लिए भी अत्यन्त बेहतरीन माध्यम है।"[65] वे ऐसे व्यवसायियों के प्रति चिन्ता व्यक्त करते हैं, जो विषय-वस्तु का अध्ययन नहीं करना चाहते, साथ ही कलात्मक और तकनीकी दृष्टि से सिनेमा के विकास पर ध्यान नहीं देते।

हिन्दी सिनेमा और हिन्दी क्षेत्र

फिल्म-निर्माण के आरम्भिक चरण में बम्बई, कलकत्ता तथा मद्रास के अलावा लाहौर भी

एक फिल्म-निर्माण केन्द्र के रूप में विकसित हुआ था। लाहौर एक प्रकार से हिन्दी क्षेत्र में पड़ता है। लाहौर का बँटवारे में पाकिस्तान का हिस्सा बन जाने के बाद कहीं भी हिन्दी क्षेत्र में कोई फिल्म-निर्माण केन्द्र नहीं विकसित हो सका। (हालाँकि, हाल-फिलहाल नोएडा को फिल्म-निर्माण केन्द्र के रूप में विकसित करने की कोशिशें चल रही हैं।) बँगला, तेलुगु, तमिल में कला-सिनेमा की जहाँ एक मजबूत धारा बन चुकी है, वहीं हिन्दी में ऐसा नहीं हो सका। इसका महत्त्वपूर्ण कारण यह है कि हिन्दी-सिनेमा से (चाहे वह कला-सिनेमा हो या व्यावसायिक) हिन्दी क्षेत्र के (गम्भीर) कलाकर्मी बहुत कम ही जुड़ पाए। अधिकांश कला-फिल्मकारों ने संवादों, गीतों की भाषा के रूप में हिन्दी का प्रयोग किया है, किन्तु उनकी विषय-वस्तु और कथानक गैर-हिन्दीभाषी प्रदेशों से उठाए गए हैं।

जब नसीरुद्दीन शाह से पूछा गया कि क्या देश में कोई ऐसा फिल्मकार है, जो आपके अनुसार सिनेमा की भाषा सही ढंग से सम्प्रेषित करने की क्षमता रखता हो ? तो उन्होंने जवाब दिया–"अरविन्दन और अडूर गोपालकृष्णन् ऐसे फिल्मकार हैं, जिन्होंने कोई समझौता नहीं किया। उन्होंने महज फिल्मोत्सवों में शामिल होने के लिए फिल्में नहीं बनाईं। केरल में अपना दर्शक वर्ग उन्होंने खुद तैयार किया है। क्या किसी हिन्दी फिल्मकार में इतनी क्षमता है ? बहानेबाजी से काम नहीं चलेगा, इस दिशा में प्रयत्न करने होंगे।"[66]

न सिर्फ व्यावसायिक फिल्मकार बल्कि कला-सिनेमाकर्मी भी हिन्दी में फिल्में बनाने के लिए हिन्दी क्लासिक्स और लोक का अध्ययन करना जरूरी नहीं समझते। हिन्दी में अनुवाद करनेवाले एक अनुवादक से उनका हिन्दी ज्ञान सम्पन्न हो जाता है। लेकिन रोना ये कि हिन्दी क्षेत्र के दर्शकों का मानसिक स्तर निम्न है। व्यावसायिक हिन्दी सिनेमा के अनेक फॉर्मूलों के जन्मदाता और सिने-इतिहास में एक महत्त्वपूर्ण स्थान बनानेवाले पटकथा लेखक (और अब गीत लेखक भी) श्री जावेद अख्तर का कहना है–"I have never lived in a village and in fact I have never studied Hindi. I can not write it."[67]

मैंने कई कला-फिल्मों की पटकथाएँ देखीं। वे भी कमर्शियल फिल्मों की तरह ही रोमन लिपि में लिखीं गई थीं। हिन्दी दोनों के लिए मुख्यतः बाजार की भाषा है। मुश्किल यह है कि उत्तर भारत में आज तक रंगमंच या सिनेमा के लिए सहायक माहौल नहीं बन सका। विनोद भारद्वाज के शब्दों में–"उत्तर भारत या हिन्दीभाषी प्रदेशों में यदि आप सिनेमा को गम्भीरता से लेते हैं, उसे अपनी कलात्मक अभिव्यक्ति का माध्यम बनाना चाहते हैं, तो आपको कोई माहौल नहीं मिलेगा। नतीजा यह होता है कि अनेक रचनाकारों के मन में कई फिल्में, पटकथाएँ या विचार होते हैं, पर सचमुच वे कुछ कर नहीं पाते। बिहार से आए फिल्मकार प्रकाश झा की फिल्म 'दामुल' को यदि प्रशंसा मिली तो इसलिए कि सिनेमा के पर्दे पर सम्भवतः पहली बार बिहार की जिन्दगी के प्रामाणिक रूप मिलते हैं।"[68]

विनोद भारद्वाज आगे लिखते हैं—"आज हिन्दी प्रदेश में कितने ऐसे लोग हैं, जो प्रकाश झा की तरह भाग्यशाली हैं ? हो सकता है कि बिहार, मध्य प्रदेश, राजस्थान, उत्तर प्रदेश के लोग निकट भविष्य में अपने यहाँ के यथार्थ को पर्दे पर ईमानदारी से पेश करने की कोशिशें करें। अभी तक हिन्दी सिनेमा के नाम पर, जो फिल्में बनी हैं वो कहने को ही हिन्दी हैं। श्याम बेनेगल की फिल्मों में चित्रित परिवेश आमतौर से गुजरात, महराष्ट्र या आन्ध्र प्रदेश का है। कुमार साहनी या मणि कौल ने जो फिल्में बनाई हैं, उनका सम्बन्ध एक दूसरी तरह के परिवेश से है। यथार्थ को वे दूसरी तरह से परिभाषित करते रहे हैं। मृणाल सेन की हिन्दी फिल्मों में उत्तर भारत का परिवेश आपको नहीं मिलेगा। सईद मिर्जा जैसे फिल्मकार अपनी फिल्मों में बम्बई की जिन्दगी को आधार बना रहे हैं, क्योंकि उसी जीवन को वे जानते हैं। स्पष्ट है कि इन सब फिल्मकारों ने अपेक्षाकृत बड़ा दर्शक वर्ग प्राप्त करने के लिए ही हिन्दी या हिन्दुस्तानी का इस्तेमाल किया है। पीलीभीत या राजनाँदगाँव का यथार्थ जब किसी फिल्मकार ने देखा ही नहीं है, तो सिनेमा में वह यथार्थ हमें दिखेगा कैसे ?"[69]

सीधे यथार्थ से परिचित हुए बिना भी परिवेश को समझा और फिल्माया जा सकता है। किन्तु किसी भी एक भाषा की ध्वनियों और वातावरण को आत्मसात किए बिना उस भाषा के साथ ईमानदारी नहीं बरती जा सकती है। मराठीभाषी मुक्तिबोध हिन्दी के महत्त्वपूर्ण कवि साबित हुए तो इसलिए क्योंकि किसी हिन्दीभाषी प्रदेश में जन्म लेनेवाले व्यक्ति से अधिक आत्मीयता से उन्होंने भाषा और संस्कृति को परखा और आत्मसात किया।

सिर्फ फॉर्मूलों पर आधारित होने के चलते सिनेमा को व्यावसायिक या सिने-भाषा को ध्यान में रखकर बनाए जाने के चलते कला का दर्जा दिया जाना ठीक नहीं जान पड़ता। शुरू से ही व्यावसायिक उद्देश्यों के समानान्तर व्यापक जन-समाज के हित के उद्देश्य से फिल्में बनती रही हैं। कहा जा सकता है कि बनिऔटी के समानान्तर एक सार्थक धारा शुरू से ही रही, जिसको अगर ठीक से परखा, पहचाना और रेखांकित किया जाए, तो सिनेमा और समाज के हित में अत्यन्त महत्त्वपूर्ण होगा। यह ठीक है कि कला सिनेमा ने सिनेमा को दो भागों में बाँटकर देखने की दृष्टि को प्रसारित किया, किन्तु उस विभाजित बिन्दु पर लकीर खींचने की कोशिश काफी पहले से चल रही थी।

अभी दशक भी नहीं बीता था कि कला-सिनेमा की मृत्यु की खबरें छपने लगीं। हालाँकि हिन्दी में भी आज तक कला-सिनेमा किसी-न-किसी रूप में जीवित है, जिसकी जाँच-परख भी आवश्यक है।

'भक्तिकाल' की प्रशंसा करते हुए आचार्य द्विवेदी कहते हैं—"इस काल का हिन्दी साहित्य ऊर्ध्वबाहु होकर घोषणा करता है कि लक्ष्य बड़ा होने से ही साहित्य बड़ा होता है। जिस दिन हिन्दी साहित्य इस तथ्य को भूल गया और सूक्तियों को लेकर खिलवाड़ करने के चक्कर में पड़ गया, उसी दिन से साहित्य का अधःपतन शुरू हुआ।"[70]

यदि आखिरी पंक्ति रीतिकाल के विषय में सच है, तो क्या कला के व्यावसायिक फॉर्मूलों से निबद्ध सिनेमा के बारे में भी ऐसा ही नहीं कहा जा सकता है ?

सन्दर्भ-सूची

1. रोबर्ज, गैस्टन, द वेज ऑफ फिल्म स्टडी, पृ. 22
2. सारिका, जून-86, बाइस्कोप का आगमन (बॉक्स न्यूज), पृ. 13
3. धर्मयुग, जुलाई-85, पृ. 10, शुरुआत से पहले, सुदर्शन द्विवेदी
4. रिफ्लेक्शन ऑन इंडियन सिनेमा; पृ. 301
5. रिफ्लेक्शन ऑन इंडियन सिनेमा; पृ. 301
6. अग्रवाल, विजय, सिनेमा और समाज, पृ. 33-34
7. बगदादी, रफीक, लैंडमार्क्स, पृ. 301, इंडियन हॉरिजन्स, सं. अरूणा वासुदेव
8. एलिस, जैक सी. हिस्टरी ऑफ ए फिल्म, पृ. 270-271
9. शुक्ल, प्रयाग, सत्यजित रे के बाद का सिनेमा, पहल अंक-50, पृष्ठ 79
10. श्रीवास्तव, बच्चन, व्यावसायिक सिनेमा ने सार्थकता को भी अपनाया है, पहल : अंक-50, पृ. 85
11. रोबर्ज, गैस्टन, द वेज ऑफ फिल्म स्टडी, पृ. 8
12. राजाराम, निबन्ध : समाज और सिनेमा, इतिहासबोध : सिनेमा-अंक, अंक-19 जन.-जून-95, पृ. 56
13. राजाराम, निबन्ध : समाज और सिनेमा, इतिहासबोध : सिनेमा-अंक, अंक-19 जन.-जून-95, पृ. 57
14. रे, सत्यजित, चलचित्र कल और आज, पृ. 50
15. दत्त, उत्पल, निबन्ध : 'भारतीय सिनेमा : गुस्सा करने का समय', इतिहास बोध, सिनेमा अंक, अंक-19, जनवरी-जून-95 पृ. 8
16. मजूमदार, एस., विवेकानन्द की जीवनी,
17. रे, सत्यजित, चलचित्र कल और आज, पृ. 51
18. रे, सत्यजित, चलचित्र कल और आज, पृ. 51
19. दत्त, उत्पल, निबन्ध : भारतीय सिनेमा : गुस्सा करने का समय', इतिहास बोध, सिनेमा, अंक-19, जनवरी-जून-95, पृ. 8
20. रंगूनवाला, फीरोज, योजना : फिल्म विशेषांक (वार्षिकी)-1995, अगस्त, पृ. 4 सिनेमा के सामाजिक सरोकार,।
21. अग्रवाल, विजय, सिनेमा और समाज, पृ. 32 33
22. अग्रवाल, विजय, सिनेमा और समाज, पृ. 33
23. वर्मा, भगवती चरण; वासवदत्ता का चित्रालेख, 1952, पृ. 8
24. जून-1997, पूना फिल्म संस्थान में विद्यार्थियों से बातें करते हुए।
25. वर्मा, भगवती चरण; वासवदत्ता का चित्रालेख, 1952, पृ. 18
26. पांडेय, राजेन्द्र, आलेख : पटकथा लेखन साहित्यिक विधा की ओर, पहल, अंक-52, 1996, पृ. 184
27. पूना फिल्म संस्थान में तृतीय वर्ष के छात्र के.बी. जॉन की टिप्पणी, जून-1997
28. अग्रवाल, विजय, लेख : फिल्म और समाज का सच, राष्ट्रीय सहारा (दैनिक) में प्रकाशित, दिनांक 9.10.1994
29. अग्रवाल, विजय, सिनेमा और समाज, पृ. 33

30. दत्त, उत्पल, लेख : भारतीय सिनेमा, गुस्सा करने का समय', इतिहास बोध, सिनेमा, अंक-19, पृ. 9
31. दत्त, उत्पल, लेख : भारतीय सिनेमा, गुस्सा करने का समय', इतिहास बोध, सिनेमा, अंक-19, पृ. 9
32. रोबर्ज, गैस्टन, द वेज ऑफ फिल्म स्टडी, पृ. 8
33. रोबर्ज, गैस्टन, अनदर सिनेमा फॉर अनदर सोसायटी, (पुस्तक समीक्षा) इतिहास बोध, अंक-19, पृ. 62
34. रोबर्ज, गैस्टन, अनदर सिनेमा फॉर अनदर सोसायटी, (पुस्तक समीक्षा) इतिहास बोध, अंक-19, पृ. 62
35. मदान, ब्रजेश्वर, लेख : ध्वस्त होते मूल्यों की चुनौती, राष्ट्रीय सहारा, दैनिक, 9.10.1994
36. वासु भट्टाचार्य से 'आस्था' के निर्माण काल में हुई मुलाकात की बातचीत से, जून-1995
37. रे, सत्यजित, चलचित्र कल और आज, पृ. 67
38. रे, सत्यजित, चलचित्र कल और आज, पृ. 69
39. वर्मा, भगवती चरण, वासवदत्ता का चित्रलेख, पृ. 53
40. अग्रवाल, विजय, सिनेमा और समाज, पृ. 35
41. दत्त, उत्पल, लेख : भारतीय सिनेमा, गुस्सा करने का समय', इतिहास बोध, सिनेमा, अंक-19, पृ. 8
42. जून-1997, 'फिल्म रसास्वाद पाठ्यक्रम' की कक्षा में।
43. हमजातोव, रसूल, मेरा दागिस्तान, पृ. 67
44. दत्त, उत्पल, लेख : 'भारतीय सिनेमा, गुस्सा करने का समय', इतिहास बोध, सिनेमा अंक, अंक-19, पृ. 9
45. मुक्तिबोध, गजानन माधव मुक्तिबोध रचनावली, भाग-5, पृ. 15
46. द्रष्टव्य-आचार्य रजनीश, नए भारत की खोज
47. मुक्तिबोध, गजानन माधव, मुक्तिबोध रचनावली, भाग-5, पृ. 75-76
48. मुक्तिबोध, गजानन माधव, मुक्तिबोध रचनावली, भाग-5, पृ. 77
49. त्रुफो, फ्रान्सुआ, फिल्मों के बहाने (लेख), पहल अंक-50-51, पृ. 26-27
50. दत्त, उत्पल, लेख : 'भारतीय सिनेमा, गुस्सा करने का समय', इतिहास बोध, सिनेमा अंक-19, पृ. 10
51. दत्त, उत्पल, लेख : 'भारतीय सिनेमा, गुस्सा करने का समय', (लेख) इतिहास बोध, अंक-19, पृ. 10
52. पांडेय, डॉ. मैनेजर, साहित्य के समाजशास्त्र की भूमिका, पृ. 306
53. पांडेय, डॉ. मैनेजर, साहित्य के समाजशास्त्र की भूमिका, पृ. 307
54. गौरी रामनारायण (साक्षात्कती), पटकथा-भारतीय फिल्म वार्षिकी-1993, पृ. 163
55. भारद्वाज, विनोद, लेख : अच्छी फिल्मों की खोज, आजकल, जनवरी-94, पृ. 24
56. पांडेय, डॉ. मैनेजर, साहित्य के समाजशास्त्र की भूमिका, पृ. 313
57. मुक्तिबोध, गजानन माधव, 'चाँद का मुँह टेढ़ा है'—कविता : अँधेरे में, पृ. 280
58. मुक्तिबोध, गजानन माधव, एक साहित्यिक की डायरी, पृ. 20
59. भारद्वाज, विनोद, लेख : अच्छी फिल्मों की खोज, आजकल, जनवरी-20, पृ. 24
60. मुक्तिबोध, गजानन माधव, 'चाँद का मुँह टेढ़ा है'—कविता : अँधेरे में, पृ. 66
61. दत्त, उत्पल, लेख : भारतीय सिनेमा, गुस्सा करने का समय, (लेख) इतिहास बोध, अंक-19, पृ. 10

62. हम्जातोव, रसूल, मेरा दागिस्तान, पृ. 81
63. हम्जातोव, रसूल, मेरा दागिस्तान, पृ. 85
64. राजशेखर, काव्य मीमांसा, पृ. 65
65. दादा साहब फाल्के की गवाही सन् 1927-28 में द सिनेमेटोग्राफी एन्क्वयारी कमेटी के समक्ष, पटकथा : अंक-4, पृ. 24
66. गौरी रामनारायण (साक्षात्कर्ता) 'पटकथा' : भारतीय फिल्म वार्षिकी, 1993, पृ. 165
67. इन्दुमिरानी, जावेद ए सॉफ्ट् टच, 'द पॉयनियर' (दैनिक) में प्रकाशित, दिनांक-13.12.97, शनिवार, पृ. 16
68. भारद्वाज, विनोद, नया सिनेमा, पृ. 12
69. भारद्वाज, विनोद, नया सिनेमा, पृ. 13
70. द्विवेदी, श्री हजारी प्रसाद, हिन्दी साहित्य : उद्भव और विकास, पृ. 75

तृतीय अध्याय

कला-सिनेमा की विकास-यात्रा

कला-सिनेमा की विकास-यात्रा

डी. सिका की 'बायसिकल थीव्स' देखकर सिनेमा हाल से बाहर निकलते हुए सत्यजित रे ने दृढ़ निश्चय कर लिया था कि उन्हें फिल्में ही बनाना है—"मैं सिनेमाघर के बाहर पक्का निश्चय करके निकला, मुझे फिल्मकार ही बनना होगा। एक पक्की नौकरी छोड़ने की चिन्ता अब मुझे नहीं रही। मैं अपनी फिल्म वैसे ही बनाऊँगा, जैसे डी. सिका ने बनाई थी। गैर पेशेवर अभिनेताओं से काम लूँगा, कम साधनों से काम चलाऊँगा, और लोकेशन पर ही फिल्म बनाऊँगा। जैसे डी. सिका ने रोम के आस-पास के इलाके का इस्तेमाल किया है, मैं विभूतिभूषण द्वारा चित्रित एक गाँव का इस्तेमाल करूँगा।"[1]

डी. सिका की फिल्म देखकर रे का दृढ़ निश्चय करना, दादा साहब फाल्के का पर्दे पर ईसा मसीह की छवि देखकर फिल्म बनाने के निर्णय से कम महत्त्वपूर्ण नहीं है। अपने समय, समाज और आस्थाओं ने उन्हें फिल्म की विशेष संकल्पना से प्रभावित होने की स्थितियाँ उपजाईं। जहाँ फाल्के ने राम-कृष्ण को पर्दे पर चित्रित करने की हृदयाकांक्षा से सिनेमा माध्यम पर अधिकार प्राप्त किया और अपने प्रयोजन में सफल हुए, वहीं सत्यजित रे ने सिनेमा के पूँजीवादी अकलात्मक स्वरूप के समानान्तर एक समाजोन्मुख सिनेमा का सपना पर्दे पर मूर्त रूप में देखकर इस माध्यम को अपनाने का दृढ़ निश्चय किया। भारत में कथा-फिल्म की शुरुआत का श्रेय यदि फाल्के को दिया जाता है, तो दूसरी तरफ कथात्मक सिनेमा को कलात्मक स्तर प्रदान करने के श्रेय का भागीदार सत्यजित रे हैं। वैसे सत्यजित रे से पहले भारतीय सिनेमा में कलात्मक कोशिशें होती रही हैं।

मृणाल सेन के 'भुवनशोम' से हिन्दी में सुनियोजित ढंग से कला-सिनेमा आन्दोलन की शुरुआत के पीछे सत्यजित रे, ऋत्विक घटक तथा तत्कालीन गम्भीर साहित्यकर्मियों, पत्रकारों के अलावा समूचे सिनेमा में यथार्थपरक फिल्मों की एक क्षीण धारा का भी महत्त्वपूर्ण सहयोग है। कला-फिल्मकारों की शुरुआती पीढ़ी अपने पूर्ववर्ती फिल्मकारों से किसी-न-किसी प्रकार जुड़ी हुई थी, अतः हिन्दी कला सिनेमा की स्वरूप-संरचना में

उस पिछली पीढ़ी का भी महत्त्वपूर्ण स्थान है, जो सिनेमा के चालू मुहावरे से अलग हटकर कुछ करने की कोशिश कर रही थी। बहुत प्रारम्भ से ही सिनेमा दो धाराओं में बँटने लगा था।

हिन्दी सिनेमा में सार्थक कथ्य की परम्परा

सन् 1913 में भारतीय कथा-चित्र के पितामह दादा साहब फाल्के द्वारा राजा हरिश्चन्द्र बनाने के बाद सन् 1922 तक धार्मिक पौराणिक फिल्मों का ही साम्राज्य रहा। हालाँकि दादा साहब फाल्के स्वयं विविध विषयों पर फिल्में बनाना चाहते थे, किन्तु एक लोक प्रचलित विषय की आरम्भिक सफलता ने उन्हें निर्माण-पथ बदलने नहीं दिया।

गौतम कौल ने लिखा है–''सन् 1921 में धीरेन्द्र नाथ गांगुली के निर्देशन में पहली कथित कॉमेडी फिल्म 'इंग्लैंड रिटर्न' बनी। इसने पौराणिक गाथाओं पर आधारित सिनेमा के रूढ़िबद्ध रूप को तोड़ा। इस फिल्म की सफलता का राज इसका हास्यप्रद होना ही नहीं था, बल्कि सिनेमा के माध्यम से समाज की स्थिति को दिखाया गया था, जिसमें भारतीय विदेशी शासकों की नकल कर रहे थे, और अपने समाज के लिए नई-नई समस्याएँ पैदा कर रहे थे। यहीं से फिल्म निर्माण की दो धाराएँ बन गईं। एक ओर पौराणिक विषयों पर फिल्में बनाई जा रही थीं, तो दूसरी ओर फिल्मों के जरिए समाज की विषमताओं और राजनीतिक स्थिति पर व्यंग्य किए जा रहे थे। इस समय की फिल्मों के नाम ऐसे थे, जो आज कभी-कभार सुने जाते हैं। जैसे–स्टेप मदर (1923), चन्द्रनाथ (1924), काला नाग (1924), म्युनिसिपल इलेक्शन (1924), शैतान पुजारी (1924), चालू जमाना (1925), कुलीन कान्ता (1925) आदि। मूक फिल्मों की परम्परा में बाबू राव पेंटर द्वारा बनाई गई फिल्म 'सावकारी पाश' काफी सराही गई।''[2]

समूचे साहित्य में तीन प्रकार का लेखन होता है–एक फूहड़ लोकप्रिय सस्ता साहित्य (जासूसी, पारिवारिक उपन्यासों, थ्रिलरों, सत्यकथाओं के रूप में), दूसरा लोकप्रिय स्वरूप में कलात्मक साहित्य तथा तीसरा जनपक्षधर शास्त्रीय साहित्य। एक चौथा प्रकार भी गुप्त अश्लील साहित्य का है, जो सबसे ज्यादा लोकप्रिय है। सिनेमा में भी यही स्थिति है। समूचे सिनेमा में एक जनपक्षधर प्रयोगधर्मी सिनेमा की भी परम्परा रही है। कला सिनेमा आन्दोलन से पहले की ऐसी फिल्मों को कलात्मक सिनेमा कहा जा सकता है। हालाँकि यह पद थोड़ा भ्रामक है–क्योंकि प्रश्न उठ सकता है कि क्या शेष सिनेमा अकलात्मक है ? लोकप्रिय कलात्मक सिनेमा जो कमोबेश फॉर्मूलाधारित होता है, से अलग जिस सिनेमा की यात्रा हुई है, वह प्रयोगधर्मी सिनेमा का पथ है, वह आवश्यक रूप से पुराने से हटकर है, अतः कलात्मक शास्त्रीय होने के बावजूद जरूरी नहीं कि वह लोकप्रिय भी हुआ हो। शेष जो विशुद्ध फॉर्मूला सिनेमा है, वह सतही साहित्य से ज्यादा मूल्यवान नहीं। कला-सिनेमा की विकास-यात्रा को रेखांकित करने के लिए कलात्मक शास्त्रीय सिनेमा की विकास-यात्रा का किंचित मूल्यांकन आवश्यक है।

मनमोहन चड्ढा ने लिखा है–"हिन्दी सिनेमा के पूरी तरह से हॉलीवुड की फिल्मों की नकल बन जाने की प्रवृत्ति पर 'भुवनशोम' के आगमन ने रोक लगा दी। सन् 1968 में 'भुवनशोम' बनाकर मृणाल सेन ने भारतीय सिनेमा में एक नए आन्दोलन का शुभारम्भ किया। इसके पूर्व वणकुन्द्रे शान्ताराम, राजकपूर, विमल राय, गुरुदत्त और ऋषिकेश मुखर्जी व्यावसायिक सिनेमा के ढाँचे में रहकर ही अच्छी फिल्में बनाने की सम्भावनाएँ तलाशते थे।"[3]

हिन्दी में कला-सिनेमा एक आन्दोलन के रूप में सन् 70 में प्रस्फुटित होता है, आजादी के 23 साल बाद। उसके पहले कला-सिनेमा और व्यावसायिक सिनेमा जैसा कोई वर्गीकरण नहीं था। फिल्मों का मूल्यांकन अच्छे और बुरे के रूप में किया जाता था। वर्गीकरण का आधार मुख्यतः मनोरंजन हुआ करता था। इसका अर्थ यह नहीं कि सन् 1970 से पहले सिर्फ मनोरंजन को ही मुख्य ध्येय बनाकर फिल्में बनती थीं, बल्कि उसके पहले भी सिने-पट का उपयोग रचनात्मक सरोकारों के सन्दर्भ में हुआ।

कला सिनेमा के नाम से अभिहित की जानेवाली फिल्में एक विशेष सुनियोजित संरचना और आन्दोलन की उपज थीं। पहली बार सुरुचिसम्पन्न फिल्मकारों, लेखकों और समीक्षकों के साथ फिल्म विकास वित्त निगम और फिल्म संस्थान के रूप में सरकारी और अकादमिक सामूहिक सहयोग से सिनेमा के चालू मुहावरे से अलग एक रचनात्मक सार्थक सिनेमा को विकसित करने का श्रम किया गया। इस समान्तर धारा को कला सिनेमा, सार्थक सिनेमा, प्रायोगिक सिनेमा, ऑफ बीट सिनेमा आदि अनेक नाम दिए गए। किन्तु सर्वाधिक स्वीकृत और प्रचलित नाम कला-सिनेमा ही है। अतः इस तरह के प्रश्न खड़े करके (कि क्या उसके पहले की फिल्मों में कला नहीं थी ?) 'भुवनशोम' के पहले की सार्थक फिल्मों को कला-सिनेमा संज्ञा देना इस आन्दोलन के महत्त्व को कम करने की कोशिश ही कही जाएगी।

इस आन्दोलन से जुड़े हुए फिल्मकार सिनेमा की भाषा और तकनीक से अकादमिक और अनौपचारिक धरातल पर गम्भीरता से जुड़े हुए लोग रहे हैं। जिन्होंने सितारा-प्रणाली तथा सिनेमा के व्यवसायी ढाँचे के विरुद्ध कम बजट, अप्रशिक्षित कलाकारों या रंगकर्मियों और विषय-वस्तु तथा निर्वहण के धरातल पर चालू मुहावरों से अलग सिनेमा के निजी कलात्मक मुहावरों को अपनाया। इस आन्दोलन को विकसित करने में फिल्मकारों, रंगकर्मियों, लेखकों, पत्रकारों और विश्व-सिनेमा की हलचलों के साथ भारत में सरकारी सहयोग और फिल्म फेस्टिवलों की भूमिका रही है।

बच्चन श्रीवास्तव ने लिखा है–"सार्थक फिल्मों की रचना केवल समान्तर सिनेमा के रचनाकार करते हैं, यह दावा भ्रामक है। यदि सार्थक सिनेमा के अन्तर्गत केवल उन्हीं फिल्मों को मानना है, जो सीमित बजट में बनें, जिनमें नृत्य, गीत न हो, जिनमें लोकप्रिय अभिनेता, अभिनेत्री न हों, जिनको देखनेवाले इतने कम हों कि लागत भी न निकले, तब तो और बात है, क्योंकि तब तो व्यावसायिक परिवेश में बननेवाली कोई भी फिल्म सार्थक नहीं मानी जा सकती।"[4]

उपरोक्त वक्तव्य में सिने समीक्षक तथा हिन्दी सिनेमा के इतिहास-लेखक श्री बच्चन श्रीवास्तव ने नया सिनेमा के लिए प्रयुक्त होनेवाले अनेक विशेषणों में से 'सार्थक-सिनेमा' को चुना है तथा अपनी आलोचना-दृष्टि का आधार बनाया है। यदि विषय-वस्तु और उद्देश्य की सार्थकता की दृष्टि से मूल्यांकन किया जाए तो कला सिनेमा आन्दोलन से पीछे की फिल्मों में से ऐसी फिल्मों की एक शृंखला भी खड़ी हो जाएगी, जो फॉर्मूलों और व्यावसायिकता के साँचे को कहीं तोड़ती, कहीं स्वीकारती सिनेमा को कलात्मक अभिव्यक्ति का माध्यम बना रही थी। यदि सार्थकता को व्यापक अर्थ में लें, उसे बजट, संगीत और सितारों से पृथक रखकर, विषय, प्रस्तुतिकरण से जोड़ें, लेखक की सामर्थ्य, निर्देशक की प्रतिभा, कलाकारों के अभिनय-कौशल और तकनीकी निखार के आधार पर उनका मूल्यांकन करें, तब हमें व्यावसायिक परिवेश में बनी कितनी ऐसी फिल्में मिल जाएँगी, जिन्हें सगौरव सार्थक फिल्मों के वर्ग में रखा जा सकता है। इस परिभाषा पर खरी उतरनेवाली कितनी ही फिल्में, कितने ही रचनाकार व्यावसायिक सिनेमा में भी मिल जाएँगे, जिन्होंने सार्थक सिनेमा को सशक्त किया है। क्योंकि ऐसी फिल्मों में वे सब गुण रहे हैं, जो एक सशक्त सार्थक फिल्म में अपेक्षित है। हिन्दी सिनेमा को बिना वर्गों में विभाजित किए श्रेष्ठता के आधार पर उसका अवलोकन करें तो हम स्वीकार करेंगे कि व्यावसायिक सिनेमा के परिवेश में बराबर सार्थक रचनाएँ बनती रही हैं, और इस वर्ग में बनी अधिकतर सार्थक फिल्मों को दर्शकों का समर्थन भी मिलता रहा है।"[5]

किसी भी कला-विधा के उत्पाद्य का गहराई से आस्वाद लेने के लिए रचना-प्रक्रिया से अवगत होना आवश्यक है। 'वॉटर कलर' के गुणों और क्षमताओं से अपरिचित व्यक्ति के लिए एक ही विषय के छायाचित्र और वॉटरकलर या ऑयल पेंटिंग में कुछ खास अन्तर न होगा। जो व्यक्ति भारतीय शास्त्रीय संगीत के ताल-छन्द से परिचित होते हैं, उनकी तुलना में अपरिचित कम आस्वाद ले पाते हैं, बल्कि बहुधा तो उन्हें अनावश्यक ध्वनि उत्पादन से ज्यादा कुछ न लगेगा।

एक दूसरे प्रकार की पद्धति भी है—जो बिना शास्त्रीय संरचनात्मक ज्ञान के सहजबोध से किसी कला के सूक्ष्म भावों तक अन्तरण की प्रक्रिया है। प्रख्यात दार्शनिक श्रीअरविन्द इसी प्रक्रिया का अनुभव चित्रकला के मानक के रूप में करते हैं। उन्हीं के शब्दों में—"मूर्तिकला का तो मुझे ज्ञान था, पर चित्रकला के प्रति मैं अन्धा ही था। एक दिन जब अलीपुर जेल में मैं ध्यान कर रहा था, तो मुझे एकाएक कोठरी की दीवार पर कुछ चित्र दिखाई दिए और फिर क्या था। तो ! मेरे अन्दर की कला-दृष्टि खुल गई और उसकी कार्य-प्रणाली आदि ऊपरी चीजों को छोड़कर मैं चित्रकला के विषय में सब कुछ जान गया। यद्यपि अपने ज्ञान को प्रकट करने का ढंग मुझे सदा विदित नहीं होता, क्योंकि मुझे ठीक ढंग से व्यक्त करने का ज्ञान नहीं है, पर इससे कला के सूक्ष्म एवं ज्ञानपूर्ण मूल्यांकन में कोई बाधा नहीं पड़ती।"[6] वे आगे कहते हैं—"तुम्हें छन्दशास्त्र का अध्ययन अपनी अन्तःप्रेरणा पर लादने की जरूरत नहीं है। तुम्हें जितने छन्दशास्त्र की

जरूरत है, वह तुम्हारे भीतर ही है। स्वयं मैंने कम-से-कम अंग्रेजी का पिंगल तो कभी नहीं पढ़ा। जो कुछ मैं जानता हूँ, वह मैं लिख-पढ़कर और अपने कान का अनुसरण तथा बुद्धि का उपयोग करके ही जान पाया हूँ। यदि किसी को अध्ययन के लिए ही पिंगल के शास्त्रीय अध्ययन का चाव हो तो वह दूसरी बात है–परन्तु वह बिल्कुल ही अनिवार्य नहीं है।"[7]

वैसे भी सामान्यजन किसी कला-विधा का आस्वाद लेने के लिए पिंगल या छन्दशास्त्र पढ़ने की जरूरत नहीं समझते और सहज ध्यान की स्वाभाविक प्रक्रिया से ही कला का आस्वाद लेते हैं। फिर भी साहित्य का अध्ययन करने के लिए अक्षरों और शब्दों का और चित्रकला का आनन्द लेने के लिए रंगों के विभेद का प्रारम्भिक ज्ञान चाहे वह शास्त्र पढ़कर ही नहीं प्राप्त किया गया हो, आवश्यक तो है ही। दूसरी तरफ जो किसी कला-विधा को अभिव्यक्ति का माध्यम बनाना चाहें, उनके लिए तो छन्दशास्त्र या रचना प्रक्रिया का ज्ञान अनिवार्य हो जाता है।

आशीष राज्याध्यक्ष ने लिखा है–"फाल्के से पहले, भारत में फिल्म का उपयोग केवल रिकॉर्डिंग के लिए किया जाता था। उदाहरण के लिए कलकत्ता में मंचित नाटकों का हीरालाल सेन के द्वारा छायांकन, एच भाटवड़ेकर तथा अन्य। किन्तु फाल्के ने प्रथम बार चलचित्रों को भाषा प्रदान करने की आकांक्षा की पूर्ति की।"[8]

फाल्के ने फिल्म-निर्माण का आरम्भ एक निश्चित सकारात्मक उद्‌देश्य से किया। एक तरफ वे भारतीय पौराणिक छवियों को पर्दे पर ला रहे थे तो दूसरी तरफ तत्कालीन स्वदेशी आन्दोलन की तर्ज पर फिल्म उद्योग को भी आत्मनिर्भर और देशी बनाने के पक्षधर थे। आशीष राज्याध्यक्ष लिखते हैं–"फाल्के के लिए भारतीयता का पक्ष दो भागों में विभाजित था। वे फिल्म उद्योग को स्थापित कर उसे आत्मनिर्भर बनाने के लिए संघर्ष से पूरी तरह जुड़े हुए थे, किन्तु दूसरी ओर वे रवि वर्मा की कल्पना के अनुकूल भारतीय छवियों की अभिव्यक्ति में लगे थे।"[9] वे आगे कहते हैं कि–"चित्रकार राजा रवि वर्मा अनेक अर्थों में फाल्के की पूर्ववर्ती संस्कृति के प्रत्यक्ष प्रतिनिधि थे। संस्कृति के बारे में रवि वर्मा की विषयवस्तु, उनके द्वारा कल्पित छवियों और विचारधारा ने फाल्के पर जबर्दस्त प्रभाव डाला।"[10]

फाल्के का जन्म नासिक के निकट त्रयंबकेश्वर में 1870 में एक मराठी ब्राह्मण परिवार में हुआ। उन्होंने बुनियादी कलाओं जैसे चित्रकला, पेंटिंग, वास्तुकला, फोटोग्राफी, रंगमंच तथा जादू आदि का ज्ञान प्राप्त किया था। उन्होंने जर्मनी और ब्रिटेन से कलर प्रिंटिंग में विशेषज्ञता हासिल की थी। वे भारतीय पुरातत्व सर्वेक्षण विभाग में बतौर ड्राफ्टमैन फोटोग्राफर काम कर चुके थे। उनके पिता बहुत बड़े विद्वान थे। सभी अच्छे शास्त्री और पंडितों की तरह उनका भी संस्कृत तथा मराठी साहित्य पर अच्छा अधिकार था।

1910 में, बम्बई में अमेरिका-इंडिया पिक्चर पैलेस में प्रदर्शित 'द लाइफ ऑफ क्राइस्ट' फिल्म ने उनके जीवन में महत्त्वपूर्ण भूमिका निभाई। वे लिखते हैं–"ईसा मसीह

के जीवन की महान घटनाओं को देखते हुए, जब मैं सुध-बुध खोया हुआ ताली बजा रहा था, तब मुझे विचित्र अवर्णनीय भाव की अनुभूति हुई। जब ईसा मसीह का जीवन मेरे दृश्यपटल पर तेजी से घुमड़ रहा था, उसी वक्त मैं श्रीकृष्ण भगवान और श्री रामचन्द्र भगवान को और गोकुल एवं अयोध्या को मनःपटल पर याद कर रहा था। मैं विचित्र लहर की गिरफ्त में था। मैंने दूसरा टिकट खरीदा और फिल्म को पुनः देखा। इस बार मैंने महसूस किया कि मेरी कल्पना पर्दे पर रूप ग्रहण कर रही है। क्या ऐसा वास्तव में हो सकता है ? क्या हम भारत-पुत्र, पर्दे पर भारतीय बिम्बों को कभी देख पाएँगे ?''[11]

1917 में फाल्के ने मराठी पत्रिका 'नवयुग' के अनुरोध पर सिनेमा को लोकप्रिय बनाने के लिए एक लेख लिखा था, जिसका अनुवाद 'पटकथा' अंक-4 में प्रकाशित हुआ है। वह समय स्वदेशी आन्दोलन का था, और फाल्के ने स्वयं आन्दोलन की लहर में नौकरी छोड़ दी थी। पर्दे पर भारतीय राजनीतिक छवियों को देख सकने की इच्छा की प्रेरणा तत्कालीन भारतीय राजनीतिक परिवेश के अनुकूल ही थी। वे लिखते हैं–''यह स्वदेशी आन्दोलन का वक्त था, और इस विषय की बाबत ढेर सारी बातें और भाषण होते रहते थे। मेरे लिए, व्यक्तिगत तौर पर, मेरी सुविधाजनक शासकीय नौकरी से इस्तीफा देने का भी यही सबब था, और इसी कारण मैंने स्वतन्त्र व्यवसाय पसन्द किया।''[12]

उन्होंने स्वदेशी आन्दोलन के अपने मित्रों से भी सहयोग माँगा, किन्तु स्वदेशी उत्पादन के पक्षधर उनके मित्रों में से सिर्फ एक व्यक्ति सिने-व्यवसाय के स्वदेशीकरण की उनकी दूरदृष्टि में सहभागी हुआ, जिसने उनके लिए 25000 रु. का इन्तजाम किया। अपनी पहली फिल्म बनाने के लिए उन्हें अपनी पत्नी के गहने तक गिरवी रखने पड़े थे। 1912 में फाल्के ने इंग्लैंड की यात्रा की और सिने-निर्माण का प्रत्यक्ष अनुभव प्राप्त किया।

1913 में वे अपनी पहली फिल्म 'हरिश्चन्द्र' बनाने में सफल हो गए। इस फिल्म में हिन्दी और अंग्रेजी सब-टाइटल्स थे। पौराणिक विषयों में से हरिश्चन्द्र के कथानक को ही प्राथमिक फिल्मांकन के लिए उन्होंने क्यों चुना ? कथानक के लोक-प्रचलित या लोक-विश्रुत होने की जहाँ तक बात है, तो राम और कृष्ण की तुलना में हरिश्चन्द्र तब भी, और अब भी कम लोकप्रिय हैं। स्वयं उन्होंने भी ईसा मसीह को देखते हुए राम और कृष्ण को ही फिल्मांकित करने की अन्तःप्रेरणा महसूस की थी। ऐसा लगता है कि सत्यवादी हरिश्चन्द्र की कथा एकमात्र ऐसी कथा थी, जो तत्कालीन वर्तमान को अतीत का सहारा लेते हुए, भविष्य की ओर प्रेरित कर सकती थी। राजा हमारी लोक-संस्कृति और लोकमानस का आवश्यक अंग है। वह लोककथाओं का शाश्वत नायक है। वह सामन्तशाही का प्रतीक ही नहीं, और भी बहुत कुछ है, उसका आर्थिक और सैन्य-शक्ति सम्पन्न होना ही पर्याप्त नहीं, वह चरित्र और आदर्शों से भी सम्पन्न होता है, और अपने उच्चादर्शों, सत्य तथा न्याय की रक्षा के लिए, राज्य तथा ऐश्वर्य का त्याग भी कर सकता

है। दर-दर की ठोकरें खा सकता है। किन्तु अडिग है, अपने सत्यपथ पर; और अन्ततः परीक्षा लेनेवाले लोकोत्तर प्राणी देवता, ऋषि आदि फूल बरसाकर उसकी विजय को स्वीकार करते हैं। यह देवताओं पर मनुष्य की विजय की कहानी है।

अंग्रेजी शासन के तत्कालीन पराधीन भारत में हरिश्चन्द्र के कथानक से ज्यादा उपयुक्त कथानक मिलना कठिन था। शायद इसीलिए मात्र 38 साल पहले संस्कृत, अंग्रेजी तथा बँगला से अनेक नाटकों का अनुवाद और मौलिक लेखन करनेवाले, हिन्दी में सुव्यवस्थित ढंग से नाटक की पारसी थिएटर के समानान्तर शुरुआत करनेवाले राष्ट्रप्रेमी भारतेन्दु हरिश्चन्द्र भी सन् 1875 में 'सत्य हरिश्चन्द्र' नाटक में इसी कथानक को उठाते हैं। दोनों महान हस्तियों के उद्‌देश्यों में एकसूत्रता दिखाई देती है।

डॉ. नगेन्द्र ने लिखा है–"वस्तुतः भारतेन्दु काल में नाटकों की रचना का मूल उद्‌देश्य मनोरंजन के साथ ही जनमानस को जाग्रत करना और उसमें आत्मविश्वास उत्पन्न करना था। फलस्वरूप इनमें सत्य, न्याय, त्याग, उदारता आदि मानवीय मूल्यों के प्रति आस्था उत्पन्न करने, प्राचीन संस्कृति के प्रति प्रेम जगाने, अनुकरणीय पौराणिक एवं ऐतिहासिक चरित्रों के प्रति समाज को आकृष्ट करने और नवीनता की आँधी से समाज को सुरक्षित रखते हुए, उसका सुधार एवं परिष्कार करने पर अधिक बल दिया गया है। शास्त्रीय दृष्टि से भारतेन्दुकालीन नाटक संस्कृत नाट्यशास्त्र की मर्यादा की रक्षा करते हुए, युग और परिस्थिति के अनुसार उसमें थोड़ी छूट लेकर लिखे गए हैं। इस समय तक पारसी थिएट्रिकल कम्पनियाँ स्थापित हो चुकी थीं। इनका उद्‌देश्य व्यावसायिक था, फलस्वरूप इनमें अत्यन्त हीन रुचि के दृश्यों तथा नाच-गानों की योजना की जाती थी। भारतेन्दु ने इनका प्रबल विरोध किया और सांस्कृतिक, साहित्यिक एवं उद्‌देश्यपूर्ण नाटकों को महत्त्व दिया।"[13]

हिन्दी में सत्य हरिश्चन्द्र की कथा पारसी थिएटर की शैली में काफी समय से लोकप्रिय थी। हरिश्चन्द्र का पौराणिक कथानक उन विशेष कथानकों में से है, जिन्हें किसी भी कला स्वरूप में प्रस्तुत किया जाए, वे अपना मूल सम्प्रेषण करने में सफल हो जाते हैं। यह सत्य और न्याय के लिए दृढ़ रहनेवाली एक मौलिक संस्कृतिधारा की शक्ति का प्रतिमान है। भारतेन्दु इस विषय को मिथकीय भ्रम जाल पैदा करने की छिछोरी नाट्य संरचनाओं से बाहर निकालने की कोशिश करते हैं और दादा साहब फाल्के सत्य हरिश्चन्द्र के चित्र-लयात्मक कथानक को समुचित कला-भाषा, सिनेमा के बिम्बों में ढाल देते हैं।

करुणा शंकर का कहना है–"दादा साहब फाल्के को सच्ची लगन थी। सत्य उनके जीवन का मूल सिद्धान्त था (आजकल के निर्माताओं में प्रायः इस सिद्धान्त का अभाव है) और उन्होंने इसी सिद्धान्त की आधारशिला पर भारतीय चित्र निर्माण करने के संकल्प को प्रतिष्ठित किया। इसी खोज में उनकी दृष्टि सतयुग की ओर दौड़ी और उन्हें सत्यवादी हरिश्चन्द्र की कथा, सर्वप्रथम भारतीय चलचित्र के लिए, एकमात्र उपयुक्त लगी।"[14]

फाल्के को फिल्म उद्योग खड़ा करने में अनेक कठिनाइयों का सामना करना पड़ा। वे लिखते हैं–"भारतवर्ष के कई उद्योगों का डूबना इतना महत्त्वपूर्ण नहीं था। लेकिन यदि मेरा फिल्म उद्योग डूब जाता, तो भारतीय स्वदेशी आन्दोलन की बाबत लन्दन में बुरी राय बनती। लेकिन पता नहीं क्या था, मेरे शरीर में घुला सच्चा भोजन था, या कि मेरा अथक परिश्रम था, या कि भारतवर्ष का सौभाग्य ऐसा था (ऐसा देश, जो स्वराज्य का दावा करता था) कि मेरे स्टाफ (जोकि सबकी नजरों में गिर चुके थे और जात बाहर उद्यमी हैं) ने खुद-ब-खुद कमर कसी और वे बिना वेतन, जनवरी, 1917 से, मेरे साथ काम करने पर राजी हुए।"[15]

1913 में हरिश्चन्द्र बनाने के बाद 1917 तक उन्हें अनेकानेक कठिनाइयों का सामना करना पड़ा। फिर भी वे पर्दे पर भारतीय छवियों को बिम्बित करने के अपने उद्देश्य में लगे रहे। उन पर धन लोभी और सिर्फ लाभ में हिस्सेदार फाइनेंसरों द्वारा अनेक किस्म के इल्जाम लगाए गए। वे लिखते हैं–"मुझ जैसे कर्मयोगी भारतीय पर ऐसे इल्जाम लगते ! फाल्के ने अपने फाइनेंसर को धोखा दिया, या सभी कलाकार बदमाश होते हैं, या भारत में स्वदेशी प्रगति सम्भव नहीं।"

आर्थिक सहयोग के लिए उन्होंने अखबारों में विज्ञापन दिए, नवयुग में एक लेखमाला लिखी। किन्तु कुछ खास नतीजा नहीं निकला। वे लिखते हैं–"इस व्यवसाय के प्रति मेरा इतना पागलपन था, और आदर्श था, और उम्मीद थी, और देश प्रेम भी था कि पूँजी एकत्र करने के सारे स्रोत टटोलने के बाद खाली हाथ होकर भी मैं अपने कर्जे पर चक्रवृद्धि ब्याज भर रहा था। सबसे बड़ी उत्सुकता की बात तो यह थी कि मेरे स्टाफ के लोग भी मेरे साथ तकलीफ उठाने को राजी थे। बहरहाल, स्वदेशी आन्दोलन के जाँबाज लोग मुझ पर दया करने को जरा भी तैयार नहीं हुए। दीवानगी के इस बुखार में मैंने एक विज्ञप्ति प्रकाशित की, जिसका संक्षेप कुछ ऐसा है : इसे चाहे सामूहिक कम्पनी या सिंडिकेट बना लो, चाहे पार्टनरशिप में चला लो, चाहे कुछ करो, लेकिन इस संस्था को मरने मत दो। यदि धनी लोग अपनी सम्पत्ति का छोटा-सा भी हिस्सा देने को इसलिए भी राजी हो सकें कि वह धन, वे अपने किसी सम्बन्धी की याद में चैरिटेबल काम में दे रहे हैं, तो मेरी संस्था से जो भी आमदनी होगी, वह भी मैं उस चैरिटेबिल काम में दे दूँगा, और उसके लिए भरसक प्रयास करूँगा। इस स्टूडियो का सारा लाभ 'पैसा फंड' जैसी चेरिटेबल संस्थाओं और सेवासदनों को देने के लिए, जो भी चाहे ले सकते हैं। मैं तो यही चाहूँगा कि इस उद्योग को बचाया जाए। जहाँ तक मेरी व्यक्तिगत आवश्यकताओं का सवाल था, वे कल्पना से परे के स्तर पर कम-से-कम थीं। ईश्वर मेरे बच्चों की पढ़ाई की व्यवस्था करेगा। लेकिन यह संस्था, जो कि मेरे सहयोगी नागरिकों के समर्थन की आशाओं पर खड़ी हुई, वह यदि उनके झूठे आश्वासनों की वजह से डूब रही है, और यदि सिर्फ वित्तीय प्रबन्ध की खामी के कारण यह मनोरंजन व्यवसाय ठप्प होता है, तब हमें दुःख के साथ स्वीकार करना होगा कि भारतवर्ष होम रूल के लिए योग्य नहीं है।"[16]

तमाम संघर्षों और आर्थिक विपदाओं के बावजूद अपने पाँच सहयोगियों के साथ हिन्दुस्तान फिल्म कम्पनी संचालित करते हुए सफलता की स्थितियों में फाल्के ने घोषित किया–"मेरी फिल्में स्वदेशी हैं, क्योंकि पूँजी, मिल्कियत, कर्मचारी और कहानियाँ स्वदेशी हैं। फिल्म की फैक्ट्री (स्टूडियो) के लिए साजो-सामान और उपकरण तो विदेशी हैं, वे भारतवर्ष में किसी भी कीमत पर उपलब्ध नहीं हैं।"[17]

फाल्के ने जब अपनी फिल्मों का लन्दन में प्रदर्शन किया तो उन्हें काफी प्रशंसा मिली। हाथ से चलाए जानेवाले यन्त्रों की मदद से हरिश्चन्द्र के सफल फिल्मांकन की। विदेशी फिल्मकारों ने भूरि-भूरि प्रशंसा की। द बॉयस्कोप पत्रिका ने लिखा–"मि. चेज अर्बन द्वारा भारतीय जीवन के भव्य रूप से हमारा परिचय करानेवाले प्रदर्शनों को यदि छोड़ दें तो इस देश में (इंग्लैंड में) भारतीय प्रेम और पुराकथाओं से सम्बन्धित विषयों पर कोई प्रदर्शन पर्दे पर नहीं उभरा है। कोई दो वर्ष पूर्व मि. डी.जी. फाल्के नामक विख्यात कलाकार बम्बई से हमारे देश में आया और उसने चलचित्र उद्योग का उसके हर चरण पर अध्ययन किया, उन्होंने इस बाबत वाल्टन में उन्हें निमन्त्रित कर महत्त्वपूर्ण सलाह और जानकारी देनेवाले मि. सिलिस हैपवर्थ के साथ-साथ कुछ और सज्जनों का भी आभार माना है।"[18] पुनर्जागरण के उस दौर में जबकि भारतीय संस्कृति, इतिहास और पौराणिक चरित्रों के विषय में बहुत कम प्रामाणिक तथ्य प्रकाश में आए थे, फाल्के पौराणिक कथाओं के माध्यम से देशवासियों में ऐतिहासिक स्मृति जगाने का महान कर्म कर रहे थे।

4 जून, 1914 के 'द बायस्कोप' (लन्दन) ने लिखा–"डी.जी. फाल्के की आरम्भिक भारतीय फिल्मों की उत्सुकता से प्रतीक्षा की जाती है। अपनी अद्‌भुत, सुन्दर और विलक्षण गुणवत्ता के बावजूद भारतीय पुराकथाएँ इस देश में (इंग्लैंड में) कुल मिलाकर अज्ञात ही हैं; केवल उन कुछेक कथाओं को छोड़कर जोकि हम तक कदाचित आधे-अधूरे अनुवादों के जरिए पहुँचती हैं, इसलिए यह उल्लेखनीय है कि मि. फाल्के अपनी क्षमताओं को भारतीय पौराणिक नाटकों को प्रस्तुत करने का, दक्षता के साथ, लाभदायक निर्देशन कर रहे हैं। किसी कथा के फिल्मी संस्करण में, जहाँ तक उनकी गतिविधि और चरित्र चित्रांकन का सवाल है, मूल का समूचा सौन्दर्य तो बरकरार रखा ही जा सकता है, साथ-ही-साथ, स्थानीय रंग और दृश्यों के विवरण को ऐसे ढंग से उभारा जा सकता है, जोकि शुद्ध साहित्यिक रूप में अथवा अत्यन्त विस्तृत नाट्य-प्रदर्शन में भी सम्भव नहीं है। संक्षेप में, इस तरह की कथाओं की प्रस्तुति के लिए सिनेमेटोग्राफ आदर्श माध्यम है।"[19]

फाल्के ने इस माध्यम की शक्ति को खूब पहचाना था तथा सही परिप्रेक्ष्य में उसका प्रयोग किया था। सिनेमा के सौन्दर्यशास्त्र के विषय में भी उनका निजी दृष्टिकोण था। उनका मानना था कि सिनेमा या रंगमंच महज मनोरंजन का माध्यम नहीं है। सिनेमा के सौन्दर्यशास्त्र और रचना-प्रक्रिया पर भी उन्होंने 'नवयुग' में निबन्ध लिखे। वे नाट्यशास्त्र को आधार बनाकर एक सिने सौन्दर्यशास्त्र की भी रचना करना चाहते थे,

जो सम्भव नहीं हुआ। उन्होंने 'भस्मासुर मोहिनी', 'नल-दमयन्ती', 'लंका दहन', 'श्रीकृष्ण-जन्म' आदि 125 फिल्में बनाईं। इन सबके विषय पौराणिक, ऐतिहासिक ही थे। फाल्के के पीछे व्यवसायिकों की बाढ़-सी आई, जिन्होंने इस माध्यम में पैसा लगाना शुरू किया। उनके लिए फिल्म-निर्माण व्यवसाय से ज्यादा कुछ नहीं था।

1927-28 की 'दि सिनेमेटोग्राफ इंक्वायरी कमेटी' के सामने दिए गए अपने बयान में भी उन्होंने ऐसे तत्त्वों के विषय में चिन्ताएँ व्यक्त की हैं। फाल्के जिस शुचिता और नैतिकता की माँग फिल्म-निर्माण के सन्दर्भ में कर रहे थे, उसका व्यवसायी निर्माताओं ने खुलकर उल्लंघन किया।

उस समय फिल्म के लिए नारी पात्र की समस्या सबसे बड़ी समस्याओं की कतार में थी। उन्होंने 'हरिश्चन्द्र' में सलूके नामक एक व्यक्ति से तारामती का अभिनय करवाया था। 'कालिया मर्दन' तथा 'श्रीकृष्ण जन्म' में उन्होंने अपनी पाँच वर्षीय पुत्री और परिवार के अन्य सदस्यों से अभिनय करवाया था। वे लिखते हैं–"भाइयों सीता और द्रौपदी की भूमिका यदि भद्‌दे इशारों, मचलती आँखों, अर्धनग्न वक्षों और झूलते कूल्हों से अभिनय द्वारा की जाए, तो आपको कैसा लगेगा ? क्या आपको गुस्सा नहीं आएगा ? मैं चाहता हूँ कि हमारे स्टूडियोज में से इस तरह की महिलाएँ हट जाएँ। ईश्वर की कृपा से, इन वेश्याओं को हटाकर भली महिलाओं के फिल्म में अभिनय करने से स्टूडियोज में बहुत बड़ा परिवर्तन होगा–क्योंकि तभी स्टूडियो की तुलना वेश्यालय से नहीं की जा सकेगी।" वे आगे लिखते हैं–"अपनी फिल्म 'सेतुबन्ध' में एक अभिनेत्री को सीता का अभिनय करना था। कई एक्ट्रेस रिहर्सल में आईं। उनमें से एक को चुनकर मैंने एक घंटे तक भूमिका समझाई। अन्त में उसने कहा–'आप फिक्र न करें, मैं बढ़िया रोल करूँगी। हाँ, मुझे जरी की साड़ी ला देना।' अब मैंने अपना सिर पकड़ा, जंगल में घूमती सीता-राम की जोड़ी की कौन-सी मूर्ति उसके दिमाग में बसी है ? फिर वह बोली–'मेरी एक बहन है। आप चाहें तो उसे हनुमान की पत्नी बना दो। वह घुड़सवारी कर सकती है, तैरना भी जानती है।' अब मैं उसे क्या बताता कि हनुमान तो ब्रह्मचारी थे। एक अन्य औरत को मुझे पल्ला लेना और भद्रता से बैठना सिखाने के लिए स्वयं कसरत करनी पड़ी, लेकिन उसे जरा भी समझ नहीं आई कि विरह में और दुःख में नारी की अवस्था कैसी होती है। ऐसी भद्‌दी मॉडलों को परखकर मैंने निश्चय किया कि सीता की तरह की महान नारी की भूमिका के लिए भद्र घर की महिला का आगे आना जरूरी है।"[20]

ठीक ऐसी ही समस्या गुरुदत्त अपनी फिल्म 'कागज के फूल' में उठाते हैं। फिल्म के एक शॉट में अभिनेत्री को 'पारो' की सादगी के विषय में समझाने की कठिनाइयों से एक फिल्म निर्देशक गुजरता है। कला-दृष्टि हीन व्यवसायियों के चमत्कार से आम जन को आगाह करने और सिनेमा की रचना प्रक्रिया की कठिनाइयों को बताने के लिए फाल्के ने 1917 में एक छोटी-सी फिल्म 'हाउ फिल्मस् आर प्रिपेयर्ड' (955 फुट) बनाई।

मनमोहन चड्ढा ने लिखा है–"फाल्के की रुचि सिनेमा के रचनात्मक पक्ष में थी।

वे कथा फिल्मों के साथ-साथ लघुचित्र भी बनाया करते थे। सन् 1918 में उन्होंने 'फिल्म कैसे बनाएँ' जैसी शिक्षाप्रद फिल्म बना डाली थी, जिसका कोई व्यावसायिक महत्त्व नहीं था। ऐसे व्यवसाय में जहाँ गोपनीयता को बहुत अधिक महत्त्व दिया जाता था, फिल्म बनाने की विद्या कभी कैमरामैन अपने शिष्यों को भी नहीं बताता था। 'फिल्म कैसे बनाएँ' जैसी फिल्म उनके निर्माताओं को अच्छी नहीं लग सकती थी। इस अव्यावहारिक और घाटा उठानेवाली फिल्म को बनाने का परिणाम यह हुआ कि फाल्के की हिन्दुस्तान फिल्म कम्पनी के साझीदारों से अनबन हो गई। सन् 1919 में वे नासिक से बनारस चले गए।"[21]

ढाई वर्ष उन्होंने अपनी पहली फिल्म के नायक हरिश्चन्द्र के नगर वाराणसी में बिताया तथा 'रंगभूमि' नामक महत्त्वपूर्ण नाटक लिखा, जिसमें तत्कालीन रंगकर्मियों द्वारा समाज-सुधार पर जोर देने की फाल्के की प्रवृत्ति की आलोचना की गई। उस समय के आलोचक कृष्ण कुमार ने 'नवयुग' में लिखा–"फाल्के अपने नाटक में समाज-सुधार पर जोर देते हैं। जबकि हमारे नाटकों में तो सिर्फ इस बात का ध्यान रखा जाता है कि लोग नाटक देखते समय अपने आपको भूल सकें। अगर इस नाटक में कही बातों को, लेखों के माध्यम से कहा जाता, तो ये विचार कुछ ही लोगों तक पहुँच पाते। रंगमंच के माध्यम से विचार बहुत अधिक लोगों तक पहुँच सके।"[22]

फाल्के ने पौराणिक चरित्रों का फिल्मांकन प्रतीकात्मक अर्थ में किया। पर्दे पर कृष्ण द्वारा गोकुलवासियों की रक्षा या कंस-वध को लोग अंग्रेजों की पराधीनता से मुक्ति से जोड़कर देख रहे थे। 1919 में बाबू राव पेंटर ने महाभारत के 'कीचक वध' की कथा को आधार बनाकर 'सैरन्ध्री' नामक कथा-फिल्म बनाई। यह खाडिलकर के नाटक का सिने-रूपान्तरण था। लेखक ने कीचक को लार्ड कर्जन का प्रतीक बना दिया था। द्रौपदी भारतमाता का प्रतीक मान ली गई थी। नाटक अंग्रेजों द्वारा प्रतिबन्धित कर दिया गया था। यह फिल्म भी तत्कालीन समाज को प्रतीकात्मक ढंग से बिम्बित करने के लिए दर्शकों द्वारा सराही गई।

पहली बार 'भक्त विदुर' (1921) में किसी पौराणिक चरित्र को तत्कालीन सन्दर्भों और चरित्रों से सीधे-सीधे जोड़कर प्रस्तुत किया गया। इस फिल्म का निर्देशन कांजी भाई राठौर ने किया था तथा फिल्मांकन 'कोहिनूर फिल्मस्' में हुआ था। 'इनसाइक्लोपीडिया ऑफ इंडियन सिनेमा' में 'भक्त विदुर' पर टिप्पणी करते हुए लिखा गया है–"One of the most famous silent mythologicals proposing a politically subversive allegory, causing a major censorship row."[23]

सन् 1921 में 'भक्त विदुर' बनाकर सिनेमा-जगत ने राष्ट्रीय आन्दोलन को सांस्कृतिक सहयोग दिया था। फिल्म में खादी कुर्ता-धोती और टोपी पहने विदुर को देखकर दर्शकों के मन में महात्मा गाँधी की छवि मूर्तिमान हो उठती थी। फिल्म के आरम्भिक दृश्य में देश के मानचित्र के अन्दर विषण्ण मुद्रा में बैठी भारतमाता को दिखाया गया था। आन्दोलनकारी नेताओं के विरुद्ध अंग्रेजों का साथ देनेवाले देशी

राजाओं, नवाबों और जमींदारों को दी जानेवाली राय बहादुर और खान बहादुर की उपाधियों पर इसमें करारा व्यंग्य किया गया था। अन्धे राजा धृतराष्ट्र के दरबारियों को डंकी बहादुर की उपाधि देते दिखाया गया था। इस फिल्म में स्टूडियो के मालिक द्वारकादास सम्पत ने विदुर की, मानिकलाल पटेल ने कृष्ण की तथा होमी मास्टर ने दुर्योधन की भूमिका निभाई थी। "It was made partially in the wake of the only Rowlatt act (1919) agitation and continued the studio's political documentries representing sampat's Gandhian nationalist adherences."[24] इस मूक फिल्म के साथ एक राष्ट्रीय गीत भी गाया जाता था, जो चरखा और स्वदेशीकरण के सम्बन्ध में था। यह फिल्म अंग्रेजों द्वारा प्रतिबन्धित कर दी गई। 1923 में आवश्यक काट-छाँट के बाद यह 'धर्म विजय' के नाम से प्रदर्शित हुई।

मनमोहन चड्ढा लिखते हैं–"भारत में अपनी कलात्मक परम्परा का पालन करते हुए फिल्म को शुद्ध व्यवसाय माननेवाले तथा सिनेमा को आत्माभिव्यक्ति की कला माननेवाले दोनों ही प्रकार के फिल्मकर्मियों ने अपनी यात्रा जारी रखी। ऐसा कभी नहीं हुआ कि व्यवसायी फिल्मकारों के समक्ष अच्छे फिल्मकारों ने घुटने टेक दिए हों।"[25]

वे आगे लिखते हैं–"लुमिएर की फिल्मों के अनुकरण द्वारा यथार्थ घटनाओं को ज्यों का त्यों फिल्मांकित कर देने का काम भारतीय सिनेमा का पहला दौर था। दूसरे चरण में दादा साहब फाल्के ने रामायण और महाभारत में वर्णित कहानियों को आधार बनाकर फिल्में बनाने और सिनेमा की भाषा की खोज का महत्त्वपूर्ण काम शुरू किया था। तीसरे चरण में धीरेन गांगुली ने सीधे-सीधे तत्कालीन सामाजिक, राजनीतिक समस्याओं के समाधान में फिल्म की भूमिका खोजने का प्रयत्न किया था और इस प्रकार अभिव्यक्ति की इस नई विधा को नूतन आयाम देने का प्रयत्न किया था।'[26] फिर भी अभी एक विशुद्ध भारतीय फिल्म का जन्म होना बाकी था, जिसके लिए सिने-पट को और चार वर्ष इन्तजार करना पड़ा।

सन् 1925 में बाबू राव पेंटर ने 'सावकारी पाश' फिल्म बनाई। जिसमें पहली बार समसामयिक किसान जीवन को पर्दे पर चित्रित किया गया। अग्रदूत की हैसियत से दादा साहब फाल्के के योगदान को जरा भी कम न आँकते हुए कहना होगा कि उनके शिष्य बाबू राव पेंटर कई मामलों में अपने गुरु से आगे निकल गये। कोल्हापुर की महाराष्ट्र फिल्म कम्पनी में उन्होंने फाल्के से इस धन्धे के जो भी गुर सीखे थे, उन्होंने कभी छुपाया नहीं। उनके ही तीन शिष्यों वी. शान्ताराम, दामले तथा फत्तेलाल ने आगे चलकर पुणे में प्रभात स्टूडियो की स्थापना की। सन् 1924 में पेंटर ने शिवाजी के जीवन की एक घटना पर आधारित 'कल्याण खजीना' नामक फिल्म बनाई थी। उसमें शिवाजी के सैनिकों द्वारा पकड़कर लाई गई एक मुस्लिम युवती को ससम्मान मुक्त किया जाता है। बाद में इसी विषय को उन्होंने बोलती (सवाक्) फिल्म के द्वारा भी प्रस्तुत कर उसमें हिन्दू-मुस्लिम एकता की भावना को रेखांकित किया। लेकिन बाबूराम पेंटर अपने चरमोत्कर्ष पर पहुँचे सन् 1925 में बनी 'साहूकारी पाश' के द्वारा। 'इनसाइक्लोपीडिया

ऑफ इंडियन सिनेमा' में इस पर एक सटीक टिप्पणी की गई है–"The Marathi cinema's first explicit social written by one of Maharastra's most popular novelist in this genre (Narayan Hari Apte). A peasant (Shantaram) loses his land to a greedy moneylender and moves to the city where he becomes a mill worker. Taking its cue from the realist tradition, the film counterposes an idyllic rural life (destroyed by the greedy moneylender who used forged papers to steal the peasant's land) with the harsh city life."[27]

बाबू राव पेंटर ने 'सावकारी पाश' में एक भारतीय किसान की ऋणग्रस्तता और रक्तशोषक साहूकार का अत्यन्त ही जीवन्त चित्रण किया। भोले-भाले किसान साहूकारों के जाल में फँसकर अपनी जमीन से उखड़ रहे थे। किसानों के आर्थिक मजबूरी में शहर की तरफ पलायन और मजदूर बनने की त्रासदी को पर्दे पर बहुत ही मार्मिक ढंग से उकेरा गया। भारत मूलतः किसानों का देश है, अतः किसान जीवन को पहली बार पर्दे पर चित्रित करनेवाली 'सावकारी पाश' को पहली भारतीय फिल्म कहना अतिशयोक्ति नहीं होगी।

किसानों के जीवन को अपनी कहानियों तथा उपन्यासों का केन्द्रीय विषय बनानेवाले हिन्दी के सुविख्यात साहित्यकार प्रेमचन्द के आखिरी उपन्यास गोदान (1935) में किसान-जीवन की वैसी ही त्रासदी का चित्रण किया गया है। सन् 1922 (प्रेमाश्रम) से ही प्रेमचन्द किसान जीवन को अपने कथा-साहित्य में मार्मिकता से चित्रित कर रहे थे। 'गोदान' का नायक 'होरी' जमींदार और साहूकार के दोहरे शोषण का शिकार होता है, और उसका जवान बेटा 'गोबर' गाँव छोड़कर शहर में मजदूर बनने के लिए विवश हो जाता है। किसान-जीवन की यह एक ऐसी सच्चाई थी, जिसे कोई भी सजग कलाकार नजर-अन्दाज नहीं कर सकता था। जमींदार अंग्रेजों के शोषण के शिकार थे। उनका दबाव किसानों पर बढ़ता जा रहा था।

फकीर मोहन सेनापति को किसान-जीवन की महागाथा को अपनी रचना का विषय बनानेवाला पहला भारतीय उपन्यासकार घोषित करते हुए मैनेजर पांडेय ने लिखा है– "भारतीय उपन्यास को किसान जीवन की महागाथा बनाने की परम्परा का आरम्भ उड़िया के कथाकार फकीर मोहन सेनापति के उपन्यास 'छमाड़ आठ गुंठ' (1897) से होता है। उड़िया के समालोचक मायाधर मान सिंह ने यह सवाल ठीक ही पूछा है कि फकीर मोहन से पहले किस भारतीय लेखक ने गाँव के फटेहाल और मूर्ख लोगों को अपनी रचनाओं का नायक बनाया है। 'छमाड़ आठ गुंठ' में गरीबों और शोषितों से गहरी सहानुभूति है, जमींदार तथा नए धनिकों से तीखी घृणा है। शोषकों पर जगह-जगह आक्रमण भी है। उपन्यास में उस प्रक्रिया की ओर भी संकेत हैं जिसमें गरीबी आम आदमी को अमानवीय और क्रूर बना देती है। 'छमाड़ आठ गुंठ' में जहाँ-तहाँ भाग्यवाद की भी झलक है, जिसकी कुछ लोगों ने आलोचना की है, लेकिन यह भारतीय किसान की ऐसी विशेषता है, जिसकी उपेक्षा प्रेमचन्द भी नहीं कर पाए।"[28]

बाबू राव पेंटर ने 'सावकारी पाश' को सवाक् युग में दुबारा 1936 में बनाया, प्रेमचन्द के 'गोदान' लिखने के एक वर्ष बाद। 1935 तक प्रेमचन्द फिल्म-उद्योग में भाग्य आजमाकर लौट चुके थे। मजदूरों के संघर्ष पर लिखी गई उनकी कहानी पर 'मिल' फिल्म बनी, जो बाद में 'गरीब मजदूर' के नाम से प्रदर्शित होकर असफल हो चुकी थी तथा उनके उपन्यास 'बाजारे-हुस्न' (सेवासदन) का भी व्यवसायी निर्माताओं द्वारा घटिया फिल्मांकन किया गया था।

बाबू राव पेंटर ने यथार्थवादी विषयवस्तु का मूक युग में सूत्रपात किया, साथ ही शिष्यों की एक ऐसी पीढ़ी तैयार की, जो उनके बताए रास्ते पर आगे बढ़े। वे निर्देशकों के निर्देशक हैं। शान्ताराम, मास्टर विनायक, दामले, फत्तेलाल आदि बाद के महत्त्वपूर्ण फिल्मकार उन्हीं के स्नेह-शिक्षण में विकसित हुए। पेंटर ने इन्हें फिल्म-कला की बारीकियों से परिचित कराया। फाल्के 'हाउ फिल्मस् आर प्रिपेयर्ड' बनाकर जिस कार्य का सूत्रपात्र कर चुके थे, पेंटर ने उसको ठोस रूप दिया और फिल्मकारों के अच्छे शिक्षक साबित हुए। दिलचस्प यह है कि शान्ताराम आदि के द्वारा पूना में स्थापित प्रभात स्टूडियो न सिर्फ बेहतरीन फिल्में बनाने के लिए इतिहास में अमर हैं, बल्कि फिल्म शिक्षण केन्द्र भी उसी स्टूडियो में (1960 में) स्थापित हुआ, जिसका सपना फाल्के ने देखा था। सन् 1927-28 की 'रंगाचारियार कमेटी' के सामने दिए गए फाल्के के बयान इसके साक्षी हैं, जिनमें उन्होंने एक फिल्म प्रशिक्षण केन्द्र की जरूरत की बाबत चिन्ताएँ व्यक्त की थीं।[29]

किसी भी गुलाम राष्ट्र के रचनाधर्मियों से कलात्मक कौशल से पहले राष्ट्रप्रेम और सामाजिक जागरूकता की अपेक्षा की जाती है। मूक युग में अनेकानेक फिल्मकारों ने राष्ट्रप्रेम से ओतप्रोत फिल्में बनाईं–'वन्देमातरम', 'आश्रम', 'बलिदान', 'स्वराज्य तोरण' आदि फिल्में सेंसरशिप का शिकार होने के बावजूद जनता में स्वाधीनता आन्दोलन सम्बन्धी विचारों के सम्प्रेषण में बहुत हद तक सफल रहीं। मनमोहन चड्ढा ने लिखा है–"राजनीतिक सेंसरशिप का शिकार हुई अन्तिम भारतीय मूक फिल्म 'स्वराज्यतोरण' थी। इस फिल्म में शिवाजी के सैनिक दुश्मनों से अपने किले को आजाद करा लेते हैं, और स्वतन्त्रता-ध्वज फहरा देते हैं। सेंसर ने इस फिल्म में से ध्वज फहराने के पूरे प्रसंग को ही काट देने का आदेश दिया था। सन् 1929 में वी. शान्ताराम ने सोचा था कि वे इस फिल्म को सँभालकर रख लेंगे और स्वतन्त्रता प्राप्ति के बाद बिना काट-छाँट के प्रदर्शित करेंगे। लेकिन बाद में व्यावसायिक कारणों से इस फिल्म को 'उदयकाल' के नाम से प्रदर्शित किया गया। सेंसर द्वारा कई प्रसंगों को काट दिए जाने के बावजूद फिल्म का लोगों ने हृदय से स्वागत किया। मूक युग में छायांकन-कला की दृष्टि से भी अनेक उत्कृष्ट उदाहरण भरे पड़े हैं। फाल्के ने 'लंका दहन' में लंका में लगी आग और हनुमान के उत्तरोत्तर आकाश की ओर उठने के दृश्य को अत्यन्त प्रभावशाली ढंग से फिल्माया था। सत्यजित रे ने 'प्रपंच पाश' देखकर अपनी प्रतिक्रिया दी थी–'प्रपंच पाश' को उसके निर्माण के पचास वर्ष बाद देख पाना एक अद्‌भुत अनुभव है। छायांकन में इतना

ताजापन है, जैसे यह फिल्म सबसे बढ़िया कच्ची फिल्म पर कल ही फिल्मांकित की गई हो।"[30]

सत्यजित रे ने अपनी पुस्तक 'आवर फिल्मस् देयर फिल्मस्' में कहा है—"शुरू के वर्षों में फिल्म-निर्माण एक व्यक्तिगत और अन्तरंग किस्म का काम था। कलाकार प्रेमपूर्वक और सावधानी से काम करते थे। अक्सर लाभ और ख्याति की इच्छा न रखकर वे विनम्रतापूर्वक काम में जुटे रहते थे। शायद इसी कारण उनका काम नष्ट हो गया और वे विस्मृति के गर्त में खो गए।"[31]

मूक युग की एक हजार तीन सौ भारतीय फिल्मों में से मात्र तेरह राष्ट्रीय फिल्म संग्रहालय (N.F.A.I.) द्वारा बचाई जा सकी हैं। प्रेम संन्यास (1926), शिराज, प्रपंच पाश, दिलेर जिगर (1931), गुलामी का पतन (1931), पितृ प्रेम (1929) की केवल एक रील (एक हजार तीन सौ फुट) मार्तंड वर्मा, तथा कालिया मर्दन पूरी तरह बचाई जा सकी है। किन्तु राजा हरिश्चन्द्र (डेढ़ हजार फुट), श्रीकृष्ण जन्म (साढ़े पाँच हजार फुट में से केवल चार सौ छिहत्तर फुट), सन्त तुकाराम (छः हजार फुट में से लगभग पाँच सौ एक फुट), भक्त प्रह्लाद (लगभग साढ़े सात हजार फुट में से केवल पाँच सौ उन्नीस फुट) को ही बचाया जा सका है।

मूक युग में बनी 'रजिया बेगम' (1924) भी कई दृष्टियों से उल्लेखनीय है। धीरेन्द्र गांगुली निजाम हैदराबाद के संरक्षण में फिल्म-निर्माण कर रहे थे। रजिया बेगम बनाने के बाद उन्हें निजाम का कोपभाजन बनना पड़ा। फिल्म के प्रदर्शन के बाद 24 घंटे के अन्दर गांगुली को अपने साथियों के साथ निजाम की रियासत छोड़ने का आदेश मिला। यह घटना सैकड़ों साल पहले रजिया को सल्तनत से हटाने की ऐतिहासिक घटना से कम महत्त्वपूर्ण नहीं है।

1926 में फ्रांज आस्टिन और हिमांशु राय ने ई. आर्नोल्ड की कविता के आधार पर 'द लाइट ऑफ एशिया' (प्रेम संन्यास) बुद्ध के जीवन पर फिल्म बनाई। जर्मन मूल के फ्रांज आस्टिन एक छायाकार फ्रांज जेवर आस्टमायर के पुत्र थे। इन्हें भारत ले आने का श्रेय हिमांशु राय को है। निर्देशक फ्रांज आस्टिन अपनी पहली कथा-फिल्म को फिल्माते हुए प्रामाणिकता बनाए रखना चाहते थे। आस्टिन के अनुसार, "यह एक ऐसी फिल्म थी, जिसमें किसी भी दृश्य का चित्रांकन स्टूडियो में नहीं किया गया। हमने एक महल में कृत्रिम प्रकाश की सहायता से पूरी शूटिंग की। फिल्म के किसी भी पात्र ने मेकअप का इस्तेमाल नहीं किया था।"

सन् 1926 में प्रदर्शित हुई 'प्रेम संन्यास' (लाइट ऑफ एशिया) एक भव्य फिल्म है। 'टाइम्स ऑफ इंडिया' ने 3 अप्रैल, 1926 के अपने संस्करण में इस फिल्म की प्रशंसा की थी। जर्मन भाषा के समाचार पत्रों में छपी समीक्षा में वहाँ के राजनीतिक भविष्य का संकेत भी मिलता है—"एक शुद्ध रक्त भारतीय हिमांशु राय ने गौतम बुद्ध की भूमिका निभाई है। उसने बहुत धैर्य, संयम तथा नियन्त्रित ढंग से भगवान के समकक्ष चरित्र को जिया है। पन्द्रह वर्षीय सीतादेवी भारतीय सौन्दर्य के मानदंडों के अनुसार ही

नहीं, बल्कि हमारे मानदंडों के अनुसार भी सुन्दर, उदात्त और लावण्यमयी हैं।"[32]

प्रारम्भ से लेकर वर्ष 1933 तक, जो कुल मूक फिल्में बनीं, उनका गहराई से अध्ययन करने पर यह दावा किया जा सकता है कि उन लोगों ने लोगों के मन में धर्मकथाओं, इतिहास, साहित्य तथा सामाजिक समस्याओं के प्रति दिलचस्पी जगाने में उत्प्रेरक का काम किया। इतना ही नहीं, स्वतन्त्रता संग्राम के दौरान जनता का मनोबल बनाए रखने में भी उन्होंने अपना योगदान दिया और सामाजिक फिल्मों के माध्यम से तो प्रगतिशील और क्रान्तिकारी विचारों को भी बढ़ावा दिया गया। मनोरंजन का पलड़ा भारी होने के बावजूद उन फिल्मों में सामाजिक या शैक्षिक सरोकारों को भी पूरी तरह नजरअन्दाज नहीं किया जाता था। इस मामले में मूक युग मनोरंजन और समाज-शिक्षण के बीच आज की व्यावसायिक फिल्मों की अपेक्षा कहीं बेहतर सन्तुलन स्थापित कर सका था।

मूक युग की फिल्में मूलतः फिल्मकारों की फिल्में थीं। उनके श्रम और कौशल की प्रशंसा करते हुए सत्यजित रे कहते हैं–"It is a fact that filmmakers say the silent days worked much harder and much longer on their films than their modern counterparts. There were several reasons for this. First, the apparatus. Compared with modern ones, the old tools were cumbersome, but this does not mean that they were inefficient or imperfect. It is a demonstrable fact that the ancient handcranked cameras produced sharper images than the modern portable Arriflexes and Comioflexes, this is because being at least four times heavier, they were at least four times less prone to vibration than the modern ones."[33]

पहली बार भारतीय सवाक् फिल्म 'आलमआरा' के बनने के बाद भी आगे के तीन वर्षों तक मूक फिल्में बनती रहीं। मूक फिल्में सिनेमा की मौलिक 'दृश्य-भाषा' के ज्यादा निकट थीं। हालाँकि उनके प्रदर्शन के साथ भी एक अनुवादक या उद्घोषक रहा करता था, जो दर्शकों को अबूझ दृश्यों के अर्थ समझाया करता था। खासतौर से विदेशी फिल्मों या दूसरी भाषा की फिल्मों पर लिखी वाक्यावलियों को समझाने के लिए।

'आलमआरा' में मास्टर निसार और जहाँआरा की आवाज में 17 गीत थे। आर्देशर ईरानी द्वारा निर्मित यह फिल्म 15 हफ्तों तक हाउसफुल चली। यहीं से सिनेमा में गीत और संवाद का प्रवेश होता है। संगीत मंडलियाँ तो मूक फिल्मों के साथ भी चलती थीं। पार्श्व-संगीत और दृश्य का लयात्मक तालमेल तो बहुत आरम्भ से ही सिनेमा के साथ जुड़ा हुआ था। संवादों के प्रवेश से चलचित्र एक बार फिर नाटकीयता की तरफ अग्रसर हुआ। मूक युग के सक्षम कलाकार इस नवीनता से हतप्रभ रह गए। हालाँकि उसके बाद भी कई महत्त्वपूर्ण फिल्मकार मूक फिल्में बनाते रहे, किन्तु श्रव्य गुण के जुड़ने से सिनेमा की मनोरंजन क्षमता बढ़ गई।

पहली ध्वनि फिल्म 'द जाज सिंगर' सन् 1927 में बनी और प्रदर्शित हुई थी। वी. शान्ताराम ने ध्वनि के आगमन को सिनेमा की कला-भाषा के सन्दर्भ में सकारात्मक नहीं

माना। उन्होंने अपनी आत्मकथा में लिखा है–"यह फिल्म एक अमरीकी नाटक से ली गई थी। इसलिए उसे देखते हुए यही लगता था कि हम नाटक देख रहे हैं। जब एक समाचार पत्र में मेरा साक्षात्कार छपा तो मैंने दृढ़तापूर्वक कहा–एकदम नई चीज होने के कारण ही दर्शक बोलती फिल्में देखने के लिए उत्सुक हैं, नयापन समाप्त होते ही लोगों का बोलती फिल्मों के प्रति आकर्षण कम हो जाएगा। मूक फिल्मों ने अपनी कलात्मकता द्वारा सिनेमा की दुनिया में एक निश्चित स्थान बना लिया है और वह ऐसा ही बना रहेगा, इसमें मुझे कत्तई शंका नहीं।"[34]

सन् 1930 में वी. शान्ताराम द्वारा बोले गए वाक्य उस युग के लगभग सभी फिल्म-कर्मियों के विचारों को प्रतिध्वनित करते हैं। शान्ताराम ने अपनी आत्मकथा में लिखा है–"ध्वनि फिल्मों को टक्कर देने के लिए हमने एक अति भव्य मूक फिल्म बनाने का निर्णय लिया। बम्बई के एक सिनेमाघर में मैंने 'वैराइटी' नाम की फिल्म देखी थी। इसमें कैमरे को ट्राली पर रखकर कुछ शॉट लिये गए थे। फत्तेलाल ने मेरी आवश्यकतानुसार ट्राली तैयार कर दी और शॉट लेते समय उसका कुशल संचालन किया। 'चन्द्रसेना' फिल्म अत्यधिक लोकप्रिय हुई। ट्राली पर घूमते हुए कैमरे का प्रयोग दर्शकों को तो क्या, फिल्मकारों को भी चमत्कारी लगा। 'चन्द्रसेना' फिल्म भारत में ही नहीं, बर्मा में भी खूब चली।

शान्ताराम की यह प्रसन्नता क्षणभंगुर थी। 'प्रभात' के प्रहरी उगते सूरज को देखने से ही इन्कार कर रहे थे। शान्ताराम आगे लिखते हैं–"हम इस सफलता पर खुश ही हो रहे थे कि बम्बई से एक हृदय-विदारक समाचार मिला। बम्बई की इम्पीरियल कम्पनी ने आर्देशर ईरानी के निर्देशन में 'आलमआरा' फिल्म बनाई है। बोलती फिल्म का आविष्कार सिनेमा के विकास की दृष्टि से अच्छा है या बुरा, यह सोचने का समय निकल चुका था। अब पीछे रह जाने या जिद करने का समय ही नहीं बचा था।"[35]

मूक युग में धीरेन गांगुली, चन्दू लाल शाह (गुण सुन्दरी), सेठ द्वारकादास, अमित बोस, पी.एन. गांगुली, देवकी बोस, नितिन बोस, जे.वी.एच. वाडिया, वी. शान्ताराम, बी एन. सरकार, बाबूराव पेंटर तथा डी.जी. फाल्के अनेक फिल्मकारों ने महत्त्वपूर्ण फिल्मों का निर्माण किया। अवधेश प्रसाद सिंह ने लिखा है–"चूँकि उस समय देश में स्वतन्त्रता प्राप्ति के लिए विभिन्न स्तरों पर आन्दोलन चल रहे थे और अराजकता, दमन, शोषण, अत्याचार और त्रास के प्रति व्यापक विद्रोह जहाँ-तहाँ उठ रहे थे, अतः कहा जा सकता है कि अनेक प्रबुद्ध एवं दायित्वपूर्ण फिल्मकार तत्कालीन साहित्यकारों की राह का अनुसरण करते हुए अपनी फिल्मों का निर्माण उस युग की ज्वलन्त समस्याओं को अभिव्यक्त करने के लिए कर रहे थे।"[36]

'आलमआरा' फिल्म का ऐतिहासिक महत्त्व उसके प्रथम सवाक् होने के कारण है। विषयवस्तु की दृष्टि से वह फिल्म तत्कालीन नवजागरण से प्रेरित फिल्मों की तुलना में नगण्य है।

सवाक् युग में मूक युग के अनेक फिल्मकार सक्रिय रहे। संगीत और संवाद के

समुचित प्रयोग से वे सिनेमा को सँवारते रहे, जबकि दूसरी तरफ गीत-केन्द्रित फिल्मों की एक नौटंकीनुमा धारा भी प्रबल वेग से बह चली। सिनेमा एक दृश्य माध्यम है, किन्तु मूक युग में भी वह श्रव्यता से वंचित नहीं था। गुलजार का कहना है–"मूक युग की फिल्में वस्तुतः मूक नहीं हुआ करती थीं। कुछ निरर्थक ध्वनि और पान-बीड़ी सिगरेट तथा सोडावाटर बेचनेवालों की आवाजों के अतिरिक्त सिनेमा हॉल के एक कोने में, जिसे मंचीय भाषा में पिट कहा जाता है, रखे वाद्ययन्त्र की सांगीतिक ध्वनियाँ भी होती थीं। इनमें हारमोनियम और तबला के अलावा कई बार सारंगी भी होता था। इनका उपयोग, पर्दे पर दिख रहे दृश्यों में नाटकीयता और प्रभाव पैदा करने के लिए किया जाता था। कई नफासतवाले सिनेमाहालों में, जहाँ मुख्य रूप से अंग्रेजी फिल्में दिखाई जाती थीं, पियानों का इस्तेमाल किया जाता था। इन सिनेमाहॉलों के दर्शक मुख्य रूप से सैनिक हुआ करते थे। ये दर्शक इन सिनेमा हॉल के मालिकों से कई बार अंग्रेजी के ऐसे लोकप्रिय संगीत के लिए अनुरोध करते थे, जिनका फिल्म से कोई प्रत्यक्ष सम्बन्ध नहीं होता था। हिन्दी सिनेमा हॉलों की स्थिति कुछ बेहतर थी। अक्सर गीतों का सिनेमा के दृश्यों से कोई सीधा सम्बन्ध तो नहीं होता था, परन्तु भारतीय शास्त्रीय राग और वाद्य यन्त्र तथा संगीतकारों द्वारा स्वयं गाए जाने की वजह से संगीत और गीत की भावदशा नितान्त प्रासंगिक हुआ करती थी।"[37]

रवीन्द्रनाथ ठाकुर ने सन् 1929 में रंगमंच से जुड़े मुरारी भादुड़ी को लिखा था–"सिनेमा अनुभूतियों की शृंखला है। इस गतिमय दृश्य माध्यम की सुन्दरता और भव्यता इस बात पर निर्भर करती है कि बिना बोली हुई भाषा में ही वह सम्पूर्ण अभिव्यक्ति में सक्षम हो।"[38] रंगमंच से स्वरूपगत संस्कार ग्रहण करने के बावजूद सिनेमा अपनी दृश्य गतिमयता के कारण ही रंगमंच सहित अन्य सभी कलाओं से भिन्न कलात्मक इकाई के रूप में विकसित हो सका।

सिनेमा के दृश्यों की लय की तुलना कविता के बिम्बों की लय और शृंखला से की जा सकती है। सिनेमा अपने श्रेष्ठतम अभिव्यक्ति रूप में काव्य के समतुल्य है। फिर भी सिनेमा सिर्फ दृश्य नहीं है। ऋत्विक घटक का कहना है–"फिल्म एक दृश्य क्रम माध्यम है–यह एक अधूरी बात है। फिल्म केवल एक दृश्य माध्यम ही नहीं है, वह एक दृश्य श्रव्य माध्यम है, और उसमें दोनों पक्षों का समान महत्त्व है। कई और भी तत्त्व हैं। फिल्मकार की तपस्या यह होनी चाहिए कि वह इस प्रकार अलग-अलग तत्त्वों का मेल कराए कि देखनेवाले तक उनका संयुक्त प्रभाव पहुँच सके। आदर्श स्थिति यह होगी कि एक तत्त्व दूसरे तत्त्व पर हावी न हो।"[39]

कथ्य सशक्त हो तो शिल्प का साँचा टूट-फूट भी सकता है। सशक्त कथ्य अपना शिल्प स्वयं गढ़ लेता है। रचनात्मक उद्देश्य की महत्ता के सामने शिल्प कौशल गौण हो जाता है। ऋत्विक घटक कथ्य को केन्द्रीय मानते हैं–"कथ्य यदि सही है तो अपना स्वरूप खुद तैयार कर लेगा। यह हमेशा होता रहा है और होता रहेगा। यदि स्वरूप के प्रति सचेत रहा जाए तो वही अपनी गर्दन आगे कर देगा। शिल्प को परे खिसकाकर

कथ्य कुछ भी नहीं रह जाता। लेकिन यदि शिल्प को अधिक महत्त्व दिया जाए, यह सोचते हुए कि इस शिल्प को तोड़कर ऐसा करेंगे, तो यह चीजों को देखने का एक बहुत ही गलत तरीका है। कला, कला की परिकल्पना में निहित है–वही प्राथमिक आधार है। यदि शिल्प मुँहजोर है, तो वह कला की शुद्धता को नष्ट कर देगा। आधारभूत तत्त्व कथ्य है, कथ्य के भीतर पैठ जाए तो शिल्प स्वतः उभरेगा, बिम्ब स्वतः उभरेंगे, ध्वनि स्वतः उभरेगी।''[40]

कथ्य की दृष्टि से सवाक् युग में अनेक महत्त्वपूर्ण फिल्में बनीं। देवकी बोस ने कवि चंडीदास के जीवन पर आधारित सन् 1932 में फिल्म 'चंडीदास' बनाई। इस फिल्म में बैक-ग्राउंड संगीत का सफल प्रयोग किया गया। इस फिल्म में संवादों की जगह संगीत का कलात्मक प्रयोग किया गया। 1933 में हिमांशु राय ने देश की पहली अंग्रेजी फिल्म 'कर्मा' बनाई। 1934 में पृथ्वीराज कपूर और दुर्गा खोटे को लेकर देवकी बोस ने 'सीता' नामक फिल्म बनाई, जिसे वेनिस फिल्म समारोह में प्रदर्शन के लिए भेजा गया। इसी वर्ष पी.वी. दास ने तेलुगु की पहली बोलती फिल्म 'सीता कल्याणम्' और ए. नारायण ने पहली तमिल बोलती फिल्म 'श्रीनिवास कल्याण' तथा कन्नड़ में जयवाणी टाकी द्वारा निर्मित बोलती फिल्म 'ध्रुवकुमार' प्रदर्शित हुई।

1935 में पहली बार बम्बई में 'ऑल इंडिया मोशन पिक्चर कन्वेंशन' का आयोजन हुआ। इसी वर्ष हिमांशु राय और देविका रानी ने 'बॉम्बे टाकीज' की नींव रखी। सोहराब मोदी ने शेक्सपीयर के नाटक 'हैमलेट' पर आधारित 'खून का खून' का निर्माण किया। इस वर्ष की तथा सवाक् युग की पहली विशेष महत्त्व की फिल्म 'अमर-ज्योति' का वी. शान्ताराम ने निर्माण किया। 'अमर ज्योति' एक ऐसे राज्य की कथा है, जहाँ दुर्जय नाम के एक मन्त्री का शासन है। राज्य की रानी अक्सर शासन के मामलों में दखल नहीं देती। दुर्जय एक क्रूर और हृदयहीन न्यायाधीश है। एक दिन सौदामिनी नामक एक स्त्री अपने पति के अत्याचारों के विरुद्ध न्याय माँगने आती है। उसका पति उसे अपमानित करता है तथा मारता-पीटता है। न्याय के लिए युद्ध इस फिल्म का केन्द्रीय विषय है। तथ्य तो यह है कि इस फिल्म ने भी प्रच्छन्न रूप से अंग्रेजी शासन का विरोध दर्ज कराया।

सन् 1934 में यानी 'अमर ज्योति' से दो वर्ष पूर्व हिन्दी के प्रख्यात उपन्यासकार प्रेमचन्द की कहानी पर 'मिल' नामक फिल्म बन चुकी थी। सेंसर की काट-छाँट के बाद इसे 'मजदूर' नाम से प्रदर्शित किया गया। यह पहली फिल्म थी, जिसमें विशुद्ध यथार्थ की पर्दे पर रचना करने की कोशिश की गई थी। इनसाक्लोपीडिया में लिखा गया है– "One of the first realistic treatments of industrial working-class conditions and the only engagement with cinema of the best known 20th, Centutry's Urdu and Hindi novelist, Munshi Premchand."[41]

'मिल' फिल्म की कहानी बम्बई टैक्सटाइल मिल के शॉट (लोकेशन शॉट) से शुरू होती है। मिल मालिक की मृत्यु के बाद मिल उसके बेटे-बेटी मिलकर चलाते हैं। मिल

मालिक की बेटी पद्मा (बिम्बो) अच्छे स्वभाव की है, किन्तु बेटा विनोद (नयामपल्ली Nayampalli) शराबी और बिगड़ैल है। विनोद मजदूरों पर अत्याचार बढ़ाता जाता है। मिल मजदूर विरोध कर के मिल बन्द करवा देते हैं। मिल मजदूरों के नेता कैलाश (जयराज) का साथ पद्मा देती है। विनोद खून-खराबे पर उतारू होता है और पुलिस की हिरासत में जेल का कैदी बन जाता है। मजदूरों के सहयोग से पद्मा मिल को फिर से शुरू करती है। उसका व्यवहार मानववादी है। वह कैलास से शादी कर लेती है। गरीबी और अमीरी, मजदूर और मालिक के बीच की खाई को शुद्ध यथार्थवादी दृष्टि से पाटने की राह सुझानेवाली 'मजदूर' मालिकों की आँखों में चुभने लगी। सेंसर बोर्ड के सदस्यों में एक मिल मालिक भी थे। उन्होंने फिल्म पर अवरोध लगाने की कोशिश की। फिल्म पर लाहौर और दिल्ली में बैन लगाए गए। केन्द्रीय अंग्रेजी सरकार ने मजदूरों को भड़काने की कोशिश का अभियोग लगाकर फिल्म पर बैन घोषित कर दिया। यह फिल्म आर्थिक दृष्टि से असफल रही।

'मजदूर' फिल्म की जनवादी परम्परा को आगे बढ़ाया नितिन बोस ने। 1936 में जबकि हिन्दी में मार्क्सवादी विचारों से प्रेरित 'प्रगतिशील लेखक संघ' का गठन हुआ जिसके पहले अध्यक्ष प्रेमचन्द जी थे, उसी वर्ष नितिन बोस ने मार्क्सवादी विचारों से प्रभावित 'प्रेसिडेंट' फिल्म बनाई। 'प्रेसिडेंट' फिल्म इस विषय पर आधारित थी कि किसी भी कारखाने में मजदूरों को भी सम्मान मिलना चाहिए। कारखाने के प्रबन्ध और संचालन में उनकी निर्णायक भूमिका होनी चाहिए और लाभ में भी उनका हिस्सा होना चाहिए। नितिन बोस को अंग्रेजों का कोपभाजन बनना पड़ा।

गाँधी के अछूतोद्धार से प्रभावित 'अछूत कन्या' फिल्म का निर्माण इसी वर्ष फ्रांज आस्टिन ने बॉम्बे टॉकिज के सहयोग से किया। 'अछूत कन्या' में ब्राह्मण मोहन लाल (जो किराने की दुकान पर काम करता है) तथा दुखिया हरिजन (जो रेल की पटरी के खुले गेट पर झंडी दिखाता है) की जातियों के इर्द-गिर्द कहानी घूमती है। मोहन लाल के बेटे प्रताप का दुखिया की बेटी कस्तूरी से बचपन से ही मिलना-जुलना है, किन्तु एक दिन जातिवादी तूफान आता है, जब प्रताप कस्तूरी के घर खाना खा लेता है। कस्तूरी का विवाह एक दुहाजू से कर दिया जाता है। कहानी के अन्त में पति और प्रेमी को बचाने में कस्तूरी पटरी पर आती रेल की चपेट में जान दे देती है। इस फिल्म से इतना तो स्पष्ट है कि आधुनिकता की हवा में जड़ नैतिकता के मानदंड हिलने लगे थे। इस फिल्म ने सामयिक यथार्थ को बहुत खूबसूरती से प्रस्तुत किया। आम सुखान्त फिल्मों की तर्ज पर यह फिल्म नायक और नायिका के मिलन में समाप्त न होकर, यथार्थ की कठोर चट्टानों से टकराकर बिखरने में हुई। 'इनसाइक्लोपीडिया ऑफ इंडियन सिनेमा' में इस फिल्म पर टिप्पणी करते हुए कहा गया है–"The standard formal conflict between circular traditional time and linearmodernising time in under cut by the suggestion that social ehtical change is as untenable as social stasis. Even fate associated with the archytypal symbol of modernity and progress, is denied its ultimate victory : the spirit of the defeated lingers, haunting the crossroads, testifying to the ineradicability of desire."[42]

अछूत कन्या में नौ गीत थे, सभी शास्त्रीय संगीत पर आधारित थे। 'कित गए हो खेवनहार' (दादरा), 'उड़ी हवा में जाती है' (रागदेस), इसी तरह अन्य गीत भी शास्त्रीय धुनों पर आधारित थे। किन्तु विषयवस्तु की ताजगी के बावजूद उस समय यह फिल्म आर्थिक दृष्टि से विफल रही। यहाँ हावर्ड फास्ट की एक बात यथार्थ के सन्दर्भ में बहुत सटीक लगती है–''इस ख्याली दुनिया में यथार्थ की कोई जगह नहीं है। यथार्थ उसके लिए खतरनाक है। यथार्थ तो व्याकुलता पैदा करता है, शक्तियों की सच्ची प्रकृति की पड़ताल में जाने को बाध्य करता है तथा एक ऐसे क्षोभ को पैदा करता है, जो कभी भी लपटों में बदल सकता है। सबसे बड़ी बात तो यह है कि यथार्थ एक किस्म की पक्षधरता की माँग करता है, क्योंकि सच्चाई हमेशा पक्षधर ही होती है।''[43]

आसमान पर थोड़ी देर को चकाचौंध पैदा करनेवाले उल्कापिंड की तुलना में धीरे-धीरे पूर्ण आकृति प्राप्त करनेवाला चन्द्रमा स्थायी है। 'अछूत कन्या' ने आज पचास-साठ साल बाद निरन्तर अपने दर्शकों और प्रशंसकों की संख्या बढ़ाई है, जबकि उसी समय बनी अनेकानेक व्यवसायी फिल्में काल के गाल में समा गईं।

सन् 1937 में वी. शान्ताराम ने 'दुनिया न माने' बनाई। नारी स्वतन्त्रता की आवाज बुलन्द करनेवाली यह पहली महत्त्वपूर्ण फिल्म है। 'दुनिया न माने' एक पढ़ी-लिखी अनाथ लड़की निर्मला की कथा है। निर्मला को उसके रिश्तेदार कुछ पैसे लेकर धोखे से एक बूढ़े के साथ व्याह देते हैं। निर्मला विद्रोह कर देती है। बूढ़े काका साहब उसे हुक्म-उदूली न करने को कहते हैं, लेकिन उर्मिला उत्तर देती है कि वह उनसे एक पिता की तरह आशीर्वाद ही ले सकती है। बूढ़े काका साहब रिश्ते की एक बहन के सहारे से आस बाँधे रहते हैं। बुढ़िया कई प्रकार से निर्मला को तंग करती है। वह एक लड़की अक्का से दोस्ती कर लेती है, वह बागवानी करती है, यहाँ तक कि पति की दीर्घायु के लिए की जा रही पूजा (मंगलौर) में भी भाग लेती है। इस बीच बूढ़े के पुत्र तथा पुत्री आते हैं। काका का पुत्र निर्मला से अश्लील मजाक करता है, तो निर्मला उसे छड़ी उठाकर पीट देती है। अन्ततः बूढ़ा स्वीकार कर लेता है कि वह निर्मला का पति नहीं बन सकता। लेकिन बूढ़े की मृत्यु के बाद निर्मला को आस-पास का समाज अहसास दिला देता है कि बूढ़े की पत्नी बने रहने की अपेक्षा विधवा होकर रहना कठिन है।

1937 में ही न्यू थिएटर्स ने 'अनाथ आश्रम' फिल्म बनाई, जिसमें विधवा पुनर्विवाह की समस्या उठाई गई। किन्तु इन यथार्थवादी फिल्मों से एक वर्ष पहले 1936 में मराठी में एक महान फिल्म 'सन्त तुकाराम' की रचना हुई। इस फिल्म को वी. दामले और एस. फत्तेलाल ने संयुक्त रूप से निर्देशित किया। विष्णुपन्त पैग्नीस ने तुकाराम के चरित्र को इतने एकात्म भाव से जिया है और निर्देशन इतने कुशल ढंग से किया गया है कि

फिल्म और यथार्थ के बीच अभेद उपस्थित हो जाता है। भक्तिकाल के महानतम कवियों के ग्रन्थों की शृंखला में 'सन्त तुकाराम' फिल्म को सगर्व स्थान दिया जा सकता है। कुमार साहनी तुकाराम द्वारा एक वेश्या के उद्धार और अछूत तुका के ब्राह्मणों द्वारा सताए जानेवाले दृश्यों की यथार्थता और प्रभाव की भूरि-भूरि प्रशंसा करते हैं। इस फिल्म ने सन्त तुकाराम के चरित्र के माध्यम से रूढ़िबद्ध ब्राह्मणवाद के विरुद्ध मानवतावादी रुख का समर्थन किया।

विनोद भारद्वाज ने लिखा है–"आजादी से पहले के सिनेमा में यदि हमें अपनी जमीन से जुड़े सिनेमा को खोजना हो, तो हमें मुख्यतः मराठी सिनेमा के इतिहास की ओर देखना होगा। हमें सन्त तुकाराम (1936) सरीखी ऐतिहासिक फिल्मों की ओर देखना होगा। यह पहली भारतीय फिल्म थी, जो अन्तर्राष्ट्रीय चर्चा और सम्मान पा सकी। 1937 में इसे वेनिस फिल्म महोत्सव में पुरस्कृत किया गया।"[44] वे आगे लिखते हैं कि–"दामले और फत्तेलाल की सफलता का रहस्य क्या था ? दरअसल इस फिल्म से जुड़े लोग जिन्दगी को बहुत करीब से जानते थे। वे महाराष्ट्रीयन समाज संस्कृति की उपज थे। विदेशों में शिक्षित प्रशिक्षित लोग नहीं थे। स्टूडियो में खड़े होकर उन्होंने सिनेमा की तकनीक को समझा था। सन्त तुकाराम को जनता ने स्वीकारा (एक ही सिनेमाघर में वह 57 हफ्ते चली) और कला प्रेमियों ने भी।"[45] विनोद भारद्वाज तो यहाँ तक कह डालते हैं–"उसके बाद (सन्त तुकाराम के बाद) आज तक कोई ऐसी फिल्म नहीं बनी, जो जनता और सिनेमा के गम्भीर छात्रों में एक साथ लोकप्रिय हुई हो।"[46]

विनोद भारद्वाज की आखिरी बात एकबारगी अतिशयोक्तिपूर्ण लग सकती है, लेकिन ध्यान देनेवाली बात यह है कि भक्तिकाल के काव्य की प्रशंसा में कही गई सबसे महत्त्वपूर्ण पंक्ति भी हू-ब-हू यही है। भक्तिकाल की कविताएँ लोक और शास्त्र दोनों ही धरातलों पर सफल रही हैं। इस दृष्टि से सन्त तुकाराम पहली शास्त्रीय फिल्म है। फिल्म के एक दृश्य में बच्चे की बीमारी से परेशान तुकाराम की पत्नी, घर-परिवार से बेखबर 'पांडुरंग' (विष्णु) के ध्यान में दीवाने तुका के आराध्य पर जूता चलाकर प्रहार करती है। 1997, जून, "फिल्म एप्रिशिएशन' कोर्स के दौरान यह फिल्म भी दिखाई गई। फिल्म देखकर कुछ मित्रों की प्रतिक्रिया थी कि आज भी ऐसे दृश्य फिल्मा पाना कम साहसपूर्ण काम नहीं होगा।

सन् 1941 में केदार शर्मा ने भगवतीचरण वर्मा के उपन्यास पर आधारित फिल्म 'चित्रलेखा' बनाई। इसी फिल्म को रंगीन फिल्मों के जमाने में सन् 1964 में उन्होंने पुनः बनाया। किन्तु पहली फिल्म में उन्होंने उपन्यास के चरित्रों के साथ ज्यादा न्याय किया है। उपन्यास में पाप और पुण्य के दार्शनिक विश्लेषण को कथा के माध्यम से यथार्थ की जमीन पर लाकर परखने की अद्‍भुत प्रक्रिया का निर्वहन किया गया है। किन्तु दूसरी बार बनी फिल्म में 'श्वेतांक' के चरित्र को कॉमेडियन में बदलकर उपन्यास की गरिमा का क्षरण किया गया है। पहली फिल्म (1941) में उपन्यास के कथानक के साथ पूर्ण रूप से न्याय किया गया है।

विषयवस्तु और कथ्य की दृष्टि से 1942 में बनी महबूब खान की 'रोटी' फिल्म अत्यन्त महत्त्वपूर्ण है। 1935 में अपनी पहली फिल्म 'अलहिलाल' से निर्देशन शुरू कर 1942 तक महबूब खान ग्यारह फिल्में बना चुके थे। वे 'औरत' तथा 'रोटी' जैसी फिल्मों के द्वारा अपनी अलग छवि बनाने में सफल हो चुके थे। औरत एक ऐसी स्त्री की कथा है, जो अपने पति द्वारा परित्यक्ता होने के बावजूद स्वयं को नष्ट नहीं कर लेती, बल्कि अपने बच्चों को पाल-पोसकर बड़ा करती है, और अपनी अलग स्वतन्त्र अस्मिता बनाए रखती है।

इकबाल मसूद का कहना है–" 'रोटी' फिल्म एरिक फौन स्ट्राहीम की मूक फिल्म 'ग्रीड' पर आधारित थी, और भारतीय परिवेश में भूख की सच्चाई को परिभाषित करती थी। सन् 1942 में जब देश एक बड़े अन्न-संकट से गुजर रहा था, महबूब की 'रोटी' एक सामयिक यथार्थ का चित्रण करनेवाली फिल्म साबित हुई थी। कुन्दन शाह का कहना है कि 'रोटी' का पहला भाग आतंकवादी है, लेकिन दूसरे हिस्से में फिल्म कमजोर पड़ गई है।"[47]

'रोटी' में महबूब खान आदिवासी समाज में आरम्भिक साम्यवाद की सहजता को उत्प्रेरक उदाहरण के रूप में प्रस्तुत करते हैं, जहाँ सामूहिक सम्पत्ति और स्वतन्त्रता का सिद्धान्त अपने प्राच्य रूप में जीवित है। उसकी तुलना में सभ्य समाज में उत्पन्न भुखमरी को रखते हुए उन्होंने एक अच्छी कहानी बुनने की कोशिश की है। विषयवस्तु की दृष्टि से यह फिल्म अत्यन्त महत्त्वपूर्ण है। एक दृश्य के द्वारा जिसमें आदिवासी अपने खोए पशुओं को ढूँढ़ने शहर आ पहुँचते हैं, और भूख से पीड़ित एक रेस्टोरेंट में खाना खाकर, खाने के लिए पैसे देने के नियम की अज्ञानता के कारण मुसीबतों का शिकार होते हैं; फिल्म अपने कथ्य को जैसे सम्पूर्णतः अभिव्यक्त कर देती है। इस फिल्म को 1942 में बंगाल के भीषण अकाल से जोड़कर देखा गया। सन् 1944 में भारतीय सिनेमा के पितामह दादा साहब फाल्के का निधन हुआ। उधर तमिल में बनी 'हरिदास' ने मद्रास के एक सिनेमाघर में लगातार 33 हफ्ते चलकर नया बॉक्स ऑफिस रिकॉर्ड दर्ज करवाया।

सन् 1946 में ख्वाजा अहमद अब्बास ने बंगाल के अकाल पर 'धरती के लाल' फिल्म बनाई। मास्को में 1949 में दिखाई गई यह पहली फिल्म थी। धरती के लाल को यथार्थवादी धारा की एक महत्त्वपूर्ण फिल्म माना जाता है–Abbas's directorial debut launched a major trend of realist cinema.[48] यह फिल्म 'इप्टा' द्वारा निर्मित की गई थी। यह फिल्म विजन भट्टाचार्य के नाटक 'नवान्न' पर आधारित थी। इप्टा द्वारा इस नाटक के अनेक प्रदर्शन हो चुके थे। यह इप्टा नाट्य मंच का चरमोत्कर्ष काल था। फिल्म के समसामयिक विषय पर केन्द्रित होने के चलते इसका जोरदार स्वागत हुआ, किन्तु 1946 के दंगों ने कर्फ्यू की स्थितियाँ पैदा कीं, जिसका फिल्म के व्यावसायिक पहलू पर क्षतिकारक असर हुआ। 1944 से तत्कालीन हैदराबाद राज्य के तैलंगाना क्षेत्र में किसानों का एक बड़ा आन्दोलन प्रारम्भ हुआ था। सामन्ती दमन के

विरुद्ध यह विद्रोह स्वतन्त्र भारत में पुलिस द्वारा दमन के विरोध में भी 1951 तक चलता रहा। द्वितीय विश्वयुद्ध ने फिल्म के आर्थिक पक्ष को बुरी तरह प्रभावित किया था।

सन् 1938 तक एक अच्छी फिल्म बनाने में सत्तर या अस्सी हजार रुपए का खर्च आता था। 1946 तक यह बजट बढ़कर सात-आठ लाख हो गया था। युद्ध के लिए सामान जुटाने और जहाजों तक पहुँचानेवाले व्यापारियों के पास बेहिसाब धन आ रहा था, जिसका फिल्मों में निवेश करने से ज्यादा सुरक्षित मार्ग कोई नहीं था। यहीं से सिर्फ पैसे की खपत के लिए फिल्म बनाने की परम्परा जड़ पकड़ती है। ऐसे विशृंखल माहौल में भी कई फिल्मकार सार्थक फिल्में बनाने की कोशिश कर रहे थे।

1946 में वी. शान्ताराम ने 'डॉक्टर कोटनीस की अमर कहानी' नामक फिल्म बनाई। यह फिल्म एक सत्य घटना पर आधारित थी और इस घटना को प्रामाणिकता से पेश कर पाने का श्रेय वी. शान्ताराम को है। भारतीय राष्ट्रीय कांग्रेस अपनी इस नीति पर दृढ़ थी कि वह कभी नाजी या फासिस्ट ताकतों के समर्थन से देश को स्वतन्त्र कराने के प्रयास नहीं करेगी, इसलिए द्वितीय महायुद्ध में जब जापान ने चीन पर हमला किया तो सद्भावना प्रदर्शन हेतु भारतीय राष्ट्रीय कांग्रेस ने पाँच डॉक्टरों के दल को चीन में युद्धपीड़ितों की सहायतार्थ भेजा। इन्हीं में से एक पं. द्वारकादास कोटनीस चीन में ही रह गए थे और वहीं रहकर एक चीनी कन्या से विवाह कर लिया था। ख्वाजा अहमद अब्बास ने इस सत्य घटना पर एक पुस्तिका, 'एंड वन डिड नाट कम बैक' लिखी थी।

इसी वर्ष एक अन्य महत्त्वपूर्ण फिल्म 'नीचा नगर' चेतन आनन्द ने बनाई। दोनों फिल्मों को इप्टा का सहयोग प्राप्त था। पाल विलमैन और आशीष राज्याध्यक्ष ने लिखा है–"Dr. Kotnish is remarkable for its absolute abandonment of any pretence at cinematic realism and its powerful nationalist rhetoric, culminating in the hero's speech describing what his wife will see when she goes home. This is intercut with documentry footage of Nehru at a mass meeting. The film succeeded in similutaneously pleasing the communists, the congress and the colonial occupation force."[49]

'धरती के लाल' और 'डॉ. कोटनीस की अमर कहानी' के बाद इप्टा के सहयोग से बनाई गई महत्त्वपूर्ण फिल्म 'नीचा नगर' है। 'नीचा नगर' गोर्की के उपन्यास 'लोअर डेप्थ्स' पर आधारित थी। एक जमींदार (रफी पीर द्वारा अभिनीत) ऊँचे पहाड़ पर रहता है। नीचे की बस्ती में गरीब मेहनतकश रहते हैं। जमींदार की सीवेज पाइप गरीबों की बस्ती से बीमारियाँ फैलाती हुई गुजरती है। फिल्म में वर्ग संघर्ष को अनेक कैमरा कोणों और कथा-विन्यास के मोड़ों पर व्याख्यायित करने की कोशिश की गई है। "Chetan Anands debut featured several judgemental high and low-angled shots, sacrificing realism quasi exppressionist emotional intensity."[50]

'धरती के लाल' तथा 'नीचा नगर' में रविशंकर के संगीत ने बहुत रचनात्मक

भूमिका निभाई है। किन्तु सामाजिक-राजनीतिक उथल-पुथल में ये दोनों महत्त्वपूर्ण फिल्में व्यावसायिक धरातल पर असफल हो गईं। उस समय जब हिन्दी सिनेमा एक नई करवट लेने को तत्पर था, इन दोनों फिल्मों की असफलता ने इस यथार्थवादी धारा के प्रवाह को अवरुद्ध कर दिया।

सार्थक सिनेमा की परम्परा; नवयथार्थवादी प्रभाव

सन् 1947 में चिदानन्द दास गुप्ता और सत्यजित रे ने मिलकर कलकत्ता में फिल्म सोसाइटी स्थापित की। इसके माध्यम से नवयुवकों की एक टोली दुनिया-भर की बेहतरीन फिल्में मँगाकर देखने और एक नवीन फिल्म संस्कृति विकसित करने के लिए उत्प्रेरित हुई। सन् 1950 में निमाई घोष ने बँगला में एक महत्त्वपूर्ण फिल्म 'छिन्नमूल' बनाई। यह विभाजन की त्रासदी से उत्पन्न शरणार्थियों की समस्या पर एक यथार्थवादी फिल्म थी।

1953 में विमल राय ने 'दो बीघा जमीन' बनाकर हिन्दी को अपनी मूल सांस्कृतिक भूमि अर्थात् किसानों के जीवन के प्रति आकर्षित किया। इसके पहले विमल राय ने शोषक और शोषित के द्वन्द्व को साफ-साफ दर्शानेवाली फिल्म 'हमराही' बनाई थी और शरतचन्द्र के उपन्यास पर आधारित 'परिणीता' फिल्म का भी निर्माण किया था। हालाँकि बाद की फिल्मों में विमल राय का मुख्य विषय मध्यवर्ग ही बना रहा।

'दो बीघा जमीन' एक ऐसे किसान की कहानी है, जो गाँव का सबसे सुखी किसान है, क्योंकि वह खुदकाश्त है। वह किसी की जमीन पर मजदूरी नहीं करता, लेकिन जमींदार गाँव की सारी जमीन एक उद्योगपति को बेच देना चाहता है, और इसमें शम्भू की दो बीघा जमीन बाधा बन रही है। जमींदार शम्भू को बुलाकर बताता है कि उस पर दो सौ पैंतीस रुपए का कर्ज है, जो उसे कल तक चुका देना चाहिए, लेकिन शम्भू को अदालत से तीन माह का समय मिल जाता है। शम्भू अपने बेटे कन्हैया को साथ लेकर और अपनी पत्नी पार्वती को गाँव में ही छोड़कर पैसे कमाने के लिए कलकत्ता चला जाता है। पिता-पुत्र दोनों कड़ी मेहनत करते हैं, अस्वस्थ होते हैं, लेकिन अपने काम में जुटे रहते हैं। इन बाधाओं से विचलित न होते हुए शम्भू रिक्शा खींचने पर विवश होता है। जब वे अपने गाँव लौटते हैं, तब तक उनकी जमीन नीलाम की जा चुकी होती है, और उस पर फैक्ट्री बन रही होती है। यह देखकर बूढ़ा पिता पागल हो जाता है। शम्भू ने अपनी जमीन से एक मुट्ठी धूल उठानी चाही, परन्तु चौकीदार को उस पर शक हो गया और वह उसकी मुट्ठी खाली करवाकर ही माना। तीनों एक नई जिन्दगी शुरू करने के लिए कहीं और के लिए चल पड़ते हैं। इस फिल्म की कहानी सलिल चौधरी और पटकथा ऋषिकेश मुखर्जी द्वारा लिखी गई थी। इस फिल्म द्वारा (मराठी मूक सिनेमा 'साहूकारी पाश' के बाद) हिन्दी में पहली बार किसानों की समस्या को यथार्थवादी तरीके से प्रस्तुत किया गया। इस फिल्म को 1954 में 'कान फिल्म

समारोह' में पुरस्कृत किया गया।

'द टाइम्स ऑफ इंडिया' के 20 अगस्त 1956 के संस्करण में इस फिल्म की समीक्षा की कुछ पंक्तियाँ इस प्रकार थीं–''कार्यक्रम में विमल राय द्वारा निर्देशित 'दो बीघा जमीन' भी सम्मिलित है, जो 'स्टेला' की तरह समारोहों में देखी गई। यह भारत की ग्रामीण गरीबी से ताल्लुक रखती है। इस फिल्म में यथार्थवाद भावनात्मकता के साथ सम्मिश्रित है। इस फिल्म पर डी. सिका की 'शू शाइन' और 'बाइसिकल थीव्स' का प्रभाव स्पष्ट रूप से झलकता है।''[51]

आजादी के बाद के राष्ट्रव्यापी मोहभंग को इस फिल्म में बहुत जल्दी ही पहचान लिया गया है। हिन्दी साहित्य में सन् 1960 के आस-पास मोहभंग की निराशा से उपजे साहित्य का दौर पहचाना जाता है, इस फिल्म ने सन् 1953 में ही शासन-सत्ता और आर्थिक बँटवारे के प्रति निराशाजनक स्थिति की तरफ बुद्धिजीवियों का ध्यानाकर्षण किया। 'मैनचेस्टर गार्जियन' ने 18 अगस्त, 1956 में इस फिल्म के बारे में लिखा, ''पेरिस पुलमेन के महत्त्वपूर्ण कार्यक्रम में 'दो बीघा जमीन' भी है, जो पिछले वेनिस समारोह की भारतीय पुरस्कारविजेता फिल्म है। यह नवयथार्थवाद का एक नमूना है। यह फिल्म इसलिए और भी महत्त्वपूर्ण हो जाती है, क्योंकि भारत से हम तक पहुँचनेवाली यह अपनी तरह की पहली फिल्म है। और किसी सन्दर्भ में नहीं, तो राजनीतिक दृष्टि से भारत एक नया देश है ही, और यह बड़े अचरज की बात है कि भारतीय स्वतन्त्रता के तत्काल बाद ही कोई भारतीय निर्देशक इतनी निराशाजनक फिल्म बनाए। न सिर्फ यह एक क्रूर फिल्म है, बल्कि यह इतालवी नवयथार्थवाद की शैली में भी है। यह एक बड़े भारतीय शहर में जीवन की परिस्थितियों का असाधारण रूप से जीवन्त चित्रण है, जहाँ नियॉन की बत्तियाँ हैं, सजीली दुकानों में तरह-तरह के लुभावने सामान बिखरे पड़े हैं, सड़कों पर सोते आदमी और बैल भी इस विकृत दृश्य का एक हिस्सा हैं। यह वाकई एक यादगार फिल्म है।''[52]

रीनॉल्डस (19 अगस्त, 1989) ने लिखा–''पाश्चात्य गर्द-भरे एक सप्ताह में यह प्राच्य फिल्म गर्व से अपील करती है पारिवारिक स्नेह की, आत्म-नियन्त्रण की और निःस्वार्थता की, जबकि गरीबी और दुख जीवन पर हावी हों, और दुखद अन्त के बावजूद, यह एक आशा का सन्देश देती है कि एक न एक दिन मनुष्य अपनी समस्याओं को सुलझाने में कामयाब होंगे।''

न्यू क्रॉनिकल (17 अगस्त, 1956) ने लिखा–'' 'दो बीघा जमीन' मुझे समकालीन भारत में ले जाती है और इसमें रहनेवालों के एक छोटे समूह के बारे में मुझे उससे ज्यादा बताती है, जितना कि किसी भी फिल्म ने मुझे ऐसे देश में रहनेवाले लोगों के एक छोटे समूह के बारे में बताया है। 'उबरटो डी' के बाद जो प्रमुखतः उपेक्षित बूढ़ों के बारे में है, किसी भी फिल्म ने मुझे इतना विचलित नहीं किया; 'दो बीघा जमीन' में न सिर्फ सार्वकालिक उपेक्षितों की बल्कि शोषितों की भी पीड़ा है। यह खासकर युवाओं के लिए है, जिनकी किसी भी शहर में उपेक्षा और शोषण, हमें एक ही संसार के नागरिक बनने

से रोकते हैं।'' न्यू स्टेटसमैन एंड नेशन (18 अगस्त, 1956) ने लिखा–'' 'दो बीघा जमीन' आज तक की सर्वश्रेष्ठ भारतीय फिल्म है।''

संडे टाइम्स (19 अगस्त, 1956) ने लिखा–''वेनिस की पुरस्कारविजेता फिल्म 'दो बीघा जमीन' भारतीय सिनेमा के एक नए यथार्थवादी सम्प्रदाय से है। विषय में और मनोदशा में भी यह भारत की 'बाइसिकल थीव्स' है।''[53]

विमल राय की 'दो बीघा जमीन' से पहले राजकपूर 'आवारा' तथा 'श्री 420' जैसी फिल्मों से धूम मचा चुके थे। किन्तु इसी समयान्तराल में गुरुदत्त और विमल राय जैसे लोग गहरी मानवीय संवेदनाओं का विश्लेषण करनेवाली फिल्में बना रहे थे।

1959 में विमल राय ने अपनी जमीन से जुड़ी समस्याओं को दर्शानेवाली फिल्म 'सुजाता' का निर्माण और निर्देशन किया। उपेन्द्रनाथ चौधरी और उनकी पत्नी चारू एक अछूत लड़की 'सुजाता' को गोद ले लेते हैं। सुजाता के माता-पिता एक महामारी के शिकार हो चुके हैं। सुजाता इसी परिवार में पलती और बड़ी होती है, लेकिन उसके अछूत होने की पहचान इस परिवार को बेचैन किए हुए है। चारू और उपेन्द्रनाथ की एक अपनी बेटी रमा भी है। फिल्म के आखिरी दृश्य में घायल चारू को सुजाता अपना रक्त देकर बचाती है, क्योंकि दोनों का रक्त-वर्ग एक ही है। फिल्म रूढ़ि, मनोविज्ञान और वैज्ञानिक यथार्थ के ताने-बाने में बहुत परिष्कृत कलात्मकता के साथ सृजित हुई है।

24 जनवरी, 1952 को बम्बई में अन्तर्राष्ट्रीय फिल्म समारोह का आयोजन किया गया था। पहले फिल्म समारोह में बम्बई में सात हजार, मद्रास में पाँच हजार और दिल्ली में चार हजार लोगों के बैठने के लिए खुले थिएटर बनाए गए थे। इस समारोह में लुमिएर द्वारा बनाई गई फिल्में भी दिखाई गई थीं। भारत की ओर से इस फिल्म समारोह में चार फिल्में शामिल की गई थीं–हिन्दी की 'आवारा', तेलुगु की 'पाताल भैरवी', मराठी की 'अपूर भूपाली' और बँगला की 'बावला'।

अन्तर्राष्ट्रीय स्तर पर इटली की तीन फिल्में 'बाइसिकल थीव्स', 'मिरेकल इन मिलान' और 'ओपन सिटी' तथा अमरीका की तीन फिल्में 'द ग्रेटेस्ट शो ऑन अर्थ', 'एन अमेरिकन इन पेरिस' और 'द रिवर' शामिल की गई थी। 'द रिवर' फ्रांसीसी निर्देशक ज्याँ रेनुआ की फिल्म थी और इसके कुछ अंश कलकत्ता में फिल्मांकित किए गए थे। जापान, इंग्लैंड तथा रूस ने एक-एक फिल्म इस समारोह में भेजी थी। इनके नाम थे क्रमशः 'राशोमन', 'डांसिंग फ्लीस' और 'फाल ऑफ बर्लिन'। इंग्लैंड तथा अमरीका में बनी फिल्में तो भारतीयों को सहज उपलब्ध थीं, लेकिन जापान तथा इटली से आई फिल्में भारतीय दर्शकों के लिए ताजा हवा के झोंके की तरह थीं। इन दो देशों की फिल्मों से भारतीय दर्शक अभिभूत हुए थे तथा भारतीय फिल्मकारों को एक नई प्रेरणा मिली थी। 'राशोमन', 'बाइसिकल थीव्स' तथा 'ओपन सिटी' तीनों फिल्मों के कथ्य तथा प्रस्तुतीकरण में एक विशिष्ट नवीनता थी। भारतीय फिल्मकार सिनेमा की भाषा में कहानी के प्रस्तुतीकरण के ढंग को देखकर चमत्कृत रह गए।[54]

युद्ध के बाद के इटली में एक नए सिनेमा आन्दोलन का सूत्रपात हुआ, जिसका नाम नवयथार्थवाद या 'न्यू रियलिज्म' था। उसके सूत्रधार थे वित्तोरियो डी. सिका, रोजेलिनी, विस्कौती आदि। इस आन्दोलन ने विश्व-भर के फिल्मकारों को प्रभावित किया।

इस पूरे आन्दोलन की सबसे ज्यादा प्रभावशाली फिल्म थी 'बाइसिकल थीव्स'। युद्ध के बाद टूटे हुए इटली में बेरोजगारी की भयंकर लहर आई, उसमें अन्तोनियो (फिल्म का नायक) को किसी तरह पोस्टर चिपकाने की नौकरी मिल गई, पर शर्त थी कि उसके पास अपनी साइकिल होनी चाहिए। पुरानी धुली चादरें तथा घर के अन्य बेहद जरूरी सामान गिरवी रखकर वह गिरवी रखी अपनी साइकिल छुड़ाता है। दुर्भाग्य से पहले ही दिन उसकी साइकिल चोरी चली जाती है। जब वह पोस्टर चिपका रहा होता है, एक चोर दीवार से लगी उसकी साइकिल लेकर भाग खड़ा होता है। पूरी फिल्म साइकिल की तलाश की कहानी है। साइकिल की तलाश में उसका साथ उसके कुछ मित्र भी देते हैं। वे पुराने पुर्जों की दुकान में एक-एक पुर्जे में उसे तलाश करने की कोशिश करते हैं। अन्त में अन्तोनियो और उसका छोटा-सा बच्चा ही साथ रह जाते हैं। पूरी फिल्म में तीन बार अन्तोनियो का चोर से साक्षात्कार होता है। पहली बार जब वह साइकिल लेकर भागता है, दूसरी बार जब वह उसे एक बूढ़े से बात करते देख लेता है तथा तीसरी बार उसके घर को ढूँढ़ पाने में जब वह सफल हो जाता है। इससे पहले कि अन्तोनियो चोर से सच कबूलवाए, सड़क पर लोग घिर आते हैं, और घबराया हुआ चोर (जिसे मिरगी की बीमारी है) बेहोश होकर गिर जाता है। लोग अन्तोनियो को ही भला-बुरा कहते हैं, और उसे बिना साइकिल लिए चले आना पड़ता है। महानगर के चौराहे पर अन्तोनियो अपने बेटे को अकेले घर चले जाने की सलाह देता है। दूसरी पटरी पर बस आकर रुकती है, जिसके पीछे लड़का अदृश्य हो जाता है। अन्तोनियो एक साइकिल उठाकर भागता है, मगर पकड़ लिया जाता है। लोग उसे पुलिस को सौंप देना चाहते हैं। इसी बीच अन्तोनियो का नन्हा बेटा, जो बस में नहीं गया है, आकर उसकी अँगुलियाँ थाम लेता है। बच्चे को साथ देखकर लोग उसे आइन्दा ऐसी भूल न करने का निर्देश देकर छोड़ देते हैं। अपमानित अन्तोनियो अपने बच्चे का हाथ पकड़कर आगे बढ़ता है और फिल्म खत्म हो जाती है।

विश्व की दस कालजयी फिल्मों की शृंखला में 'बाइसिकल थीव्स' का मूल्यांकन करते हुए सुरेश उनियाल लिखते हैं–"स्टूडियो के भव्य सेटों से बाहर वास्तविक लोकेशन पर, चर्चित महान अभिनेताओं की जगह, नए चेहरों को लेकर बनी यह फिल्म बहुत विश्वसनीय तथा अपने आस-पास की लगती है। पटकथा से लेकर तकनीक पक्ष तक सब कुछ जैसे बड़ी सहजता से तैयार किया गया है, पर प्रभाव की दृष्टि से यह भीतर तक कुरेद जाती है। यही गुण इस फिल्म को शाश्वत मूल्य देता है।"[55]

सन् 1959 में मास्को में हुए पहले अन्तर्राष्ट्रीय फिल्म समारोह में जूरी के सामने दिए गए वक्तव्य में विमल राय ने 'बाइसिकल थीव्स' और सिनेमा तथा समाज पर

टिप्पणी करते हुए कहा था–"सारे राजनीतिक मतभेदों के बावजूद मनुष्य सार्वभौमिक नातेदारी को पहचानने लगा है। सारी कलाएँ इस विचार को बढ़ावा देती हैं, परन्तु सिनेमा का योगदान सर्वोपरि है। मानव अधिकारों के लिए संघर्ष की, यह मायने नहीं रखता कि वह कहाँ हो रहा है, अवहेलना नहीं की जा सकती। लोग अब इस बात से और भी ज्यादा वाकिफ हैं कि मनुष्य का मनुष्य द्वारा शोषण खत्म होना चाहिए, और हर एक को मानव-जीवन की त्रासदी से उबरने का प्रयत्न करना चाहिए। हमें यह महसूस करना चाहिए कि वास्तविक उन्नति पूरी तरह से मानव के मूलभूत अधिकारों की प्राप्ति पर निर्भर करती है।

निःसन्देह सिनेमा ने इन विचारों को लोगों तक पहुँचाने में सबसे बड़ी भूमिका निभाई है। हालाँकि इन पवित्र आदर्शों को प्रोत्साहित करनेवाली फिल्मों की संख्या सीमित है, फिर भी दर्शकों पर सबसे अधिक भावनात्मक प्रभाव इन्हीं फिल्मों का पड़ता है। उन्होंने आगे कहा है–"संसार की उत्कृष्ट रचनाओं जैसे डी. सिका की 'बाइसिकल थीव्स' के बाद भ्रष्ट आर्थिक तन्त्र या शोषण तन्त्र, जो मानव को नैतिक पतन के रास्ते पर ढकेलता है, को उजागर करती कई फिल्में मिलती हैं।"[56]

चियारोमोंते ने इतालवी नवयथार्थवादी फिल्म आन्दोलन की व्याख्या करते हुए कहा था–"फिल्म निर्देशक तब आम आदमियों की तरह गलियों और मोहल्लों में रहते थे। उन्होंने वह सब कुछ देखा था जिसे औरों ने देखा था। उन्हें बड़े-बड़े स्टूडियो और भव्य सेट उपलब्ध नहीं थे, इस कारण वे स्वयं द्वारा देखे गए सत्य को झूठ में बदल देने से बच गए थे। उनके पास बहुत कम पैसा था। इसलिए उन्होंने फिल्मांकन के पुराने तरीकों में संशोधन किया तथा नए तरीके आविष्कृत किए। वास्तविक सड़कों को बाह्य परिवेश के रूप में इस्तेमाल किया और सड़क पर चलते आम आदमी के बीच से फिल्मी सितारे चुने, क्योंकि तत्कालीन इतिहास सड़कों पर रचा गया था, इसलिए सड़कें ही फिल्म के पर्दे पर चली आईं।"[57]

नवयथार्थवादी प्रभाव में विषय-वस्तु के साथ तकनीक में भी महत्त्वपूर्ण परिवर्तन हुए। फिल्म निर्माण को स्टूडियो से बाहर क्रियान्वित करने में हल्के-फुल्के एरिफ्लैक्स कैमरे ने महत्त्वपूर्ण भूमिका निभाई। विमल राय ने भी 'दो बीघा जमीन' के सफल फिल्मांकन के लिए एरिफ्लैक्स का सहारा लिया था।

तपन सिन्हा लिखते हैं–"उन्होंने (विमल राय ने) 'दो बीघा जमीन' का अधिकांश भाग कलकत्ता की गलियों में नए एरीफ्लेक्स कैमरे से शूट किया। उन्होंने हमें सिखाया कि इस हल्के कैमरे का उपयोग कैसे करना चाहिए। हम जो आठ टन वजनी डेब्री कैमरा काम में लाते थे, उसे उठाने के लिए आठ आदमी लगते थे। इस कैमरे ने फिल्म निर्माण की सम्पूर्ण अवधारणा में क्रान्ति ला दी और वे विमल राय थे, जिन्होंने हमें नेतृत्व दिया। एक तकनीकविद् के रूप में उन्होंने इस कैमरे की सम्भावनाओं को समझा तथा उसका भरपूर उपयोग किया–आज यह वही कैमरा है, जिसे हम काम में लाते हैं।"[58]

भारत में नवयथार्थवादी व्याकरण की रचना

सत्यजित रे की 'पथेर पांचाली' (1955) से पहले बम्बई के तीन फिल्मकार नवयथार्थवाद से प्रभावित होकर फिल्म-निर्माण में एक निजी मुहावरा गढ़ रहे थे। उनमें सर्वोपरि विमल राय, राजकपूर तथा ख्वाजा अहमद अब्बास थे। सन् 1954 में राजकपूर ने डी. सिका की 'शू शाइन' से सीधे प्रभाव ग्रहण करते हुए 'बूट पालिश' बनाई, जिसमें संघर्षशील अनाथ बच्चों की जिन्दगी का भारतीय परिवेश में अच्छा चित्रण है। 1954 में ख्वाजा अहमद अब्बास ने एक अनाथ बच्चे की समस्याओं को केन्द्र में रखते हुए 'मुन्ना' फिल्म बनाई। इसी वर्ष मिनर्वा मूवीटोन ने सोहराब मोदी के निर्देशन में मिर्जा गालिब के जीवन पर आधारित एक बेहतरीन फिल्म 'मिर्जा गालिब' उर्दू में बनाई। 1954 में ही शरतचन्द्र के कथानक पर आधारित 'विराज बहू' नामक श्वेत श्याम फिल्म का निर्माण विमल राय ने किया तथा बेरोजगारी की समस्या पर 'नौकरी' फिल्म बनाई।

1955 में, जबकि विमल राय प्रमथेश बरुआ के 'देवदास' (बँगला) का हिन्दी में पुनर्निमाण करते हुए रूमानियत की लपेट में आ गए, उसी समय बंगाल से 'पथेर पांचाली' बनाकर सत्यजित रे सिने-क्षितिज पर उभरे। यह फिल्म पूरी तरह से नवयथार्थवादी साँचे में गढ़ी गई थी। इस फिल्म में भारतीय सिनेमा ने नई ऊँचाइयों को छुआ। विश्व सिनेमा में भारतीय सिनेमा को एक नया अर्थ और नया स्वरूप हासिल हुआ। इस फिल्म में लोकेशन शूटिंग, अज्ञात अभिनेता तथा जीवन यथार्थ का यथार्थवादी दृष्टि से फिल्मांकन किया गया।

सत्यजित रे पर डी. सिका का प्रभाव गहरा है। एक जगह वे कहते हैं–"सर्वश्रेष्ठ प्रेरणा जीवन से मिलनी चाहिए और वहीं उसकी जड़ें होनी चाहिए। कितनी भी तकनीकी चमक-दमक हो, वह विषयवस्तु के नकलीपन और निर्वाह में बेईमानी की क्षतिपूर्ति नहीं कर सकती। भारतीय फिल्मकारों को जीवन, यथार्थ की ओर मुड़ना होगा। उसका आदर्श डी. सिका होना चाहिए, भव्य और खर्चीली फिल्म बनानेवाला निर्देशक 'डेमील' नहीं।"[59]

विभूतिभूषण बंद्योपाध्याय के उपन्यास पर आधारित 'पथेर पांचाली' 1910-20 के बीच के बंगाल के एक गाँव में रह रहे एक गरीब ब्राह्मण परिवार की कहानी है। पिता एक आदर्शवादी पुजारी और कवि हैं। जिन्दगी के प्रति उसके अयथार्थवादी रुख के कारण परिवार को भयानक गरीबी का सामना करना पड़ता है। माँ व्यवहारकुशल है। वही परिवार की गाड़ी किसी तरह चलाती है। एक लड़की दुर्गा तथा बेटा अप्पू है। फिल्म अप्पू के जन्म से शुरू होती है। दुर्गा में चोरी की बुरी आदत है। एक धनी पड़ोसी के यहाँ शादी में उस पर हार चुराने का आरोप लगाया जाता है। गुस्से में वह घर छोड़कर चली जाती है। अप्पू उसे खोजकर वापस लाता है। पिता धन कमाने के लिए बनारस जाता है, और वादा करता है कि पर्याप्त पैसा कमाकर ही वापस लौटेगा। पिता की अनुपस्थिति में माँ गरीबी के खिलाफ हारी हुई लड़ाई लड़ती है। इस बीच वर्षा में भीगने

के चलते बीमार होकर दुर्गा मर जाती है। कुछ दिनों बाद जब पिता वापस लौटता है, तो उसे वास्तविकता का अहसास होता है। फिल्म के अन्तिम दृश्य में हम परिवार को अपना पुरखों का घर छोड़कर जाते हुए देखते हैं।

सुरेश उनियाल ने लिखा है–"किसी भी सम्प्रेषणीय माध्यम का एक व्याकरण होता है, और उसमें कुछ ऐसी रचनाएँ होती हैं, जिन्हें व्याकरण के अध्ययन के लिए पाठ्य-पुस्तक के रूप में पढ़ा जा सकता है। 'पथेर पांचाली' को हम फिल्म के व्याकरण की पाठ्य-पुस्तक कह सकते हैं। पश्चिम में जिस समय गोदार और ब्रेसाँ इस व्याकरण को तोड़ रहे थे, वहीं भारत में इसे स्थापित कर रहे थे सत्यजित रे। जब उन्होंने 'पथेर पांचाली' बनाई, तब भारत एक सामाजिक परिवर्तन के दौर से गुजर रहा था। लगभग इसी प्रकार का सामाजिक परिवर्तन का दौर 1910 के आस-पास भी था, जब भारत में औद्योगिक क्रान्ति की शुरुआत हुई थी। दोनों बार गाँवों के लोग शहर की तरफ आने लगे थे। इसलिए जब 1955 में रे ने 1910 की पृष्ठभूमि की कहानी उठाई तो वह पूरी तरह से सामायिक थी, पर रे ने जिस तरह परिवार में एक व्यक्ति और गाँव में एक परिवार के अन्तर्सम्बन्धों का चित्र इस सामाजिक परिवर्तन के दौर में खींचा, वह अपने आप में अद्वितीय है। इस कहानी का सच, जहाँ बंगाल के उस क्षेत्र विशेष का सच है, वहीं वह पूरे भारत का, पूरी दुनिया का और सार्वकालिक सच भी बन जाता है।"[60]

श्याम बेनेगल का कहना है–"सत्यजित रे की फिल्म और भारत में उनके बुजुर्ग समकालीन फिल्म निर्माताओं की फिल्मों के बीच जो खाई है, वह पाटी नहीं जा सकती। मैं इस बात से इन्कार नहीं करता कि उनमें से कुछ फिल्में रुचिकर थीं, बल्कि मैं जो कह रहा हूँ, वह यह है कि उन सभी ने उन हदबन्दियों को स्वीकार किया था, जिनके भीतर उस समय फिल्में बनाई जाती थीं। उनमें पारिपाटिक अभिवृत्तियों का एक समुच्चय होता था। उनमें कहानी एक निश्चित ढंग से कही जाती थी। उनमें जो प्रमुख पात्र होता था, उसमें कतिपय सद्‌गुणों का होना आवश्यक था और उसके विरोधी पात्र में कतिपय दुर्गुणों का होना आवश्यक था। 'पथेर पांचाली' में हमें प्रभावित करनेवाली सबसे पहली विशेषता तो यह है कि उसमें चरित्र मानव प्राणी हैं, जोकि ऐसी परिस्थितियों में हैं, जिनमें उनसे नायक या खलनायक बनने की माँग नहीं की जाती। वे या तो परिस्थितियों के शिकार हैं या फिर वे परिस्थिति से छुटकारा पा लेते हैं। किन्तु इससे भी अधिक महत्त्वपूर्ण विशेषता यह है कि उन चरित्रों में सारभूत मानवता है। नाटकीय भाषा में कहा जा सकता है कि चरित्र भारित नहीं है। वे न तो अच्छाई से भरे अच्छे लोग हैं, और न बुराई से भरे बुरे लोग हैं। अर्थात् ऐसे प्रतिमान नहीं हैं, जिनकी कसौटी पर दर्शकगण चरित्रों को परखा करते थे।"[61]

सन् 1955 में सत्यजित रे ने 'पथेर पांचाली' बनाकर ठोस रूप से भारत में नवयथार्थवादी व्याकरण को उपलब्ध करा दिया। किन्तु हिन्दी में तब तक फिल्मकारों को आंशिक सफलता ही मिली थी। आंशिक यथार्थवादी प्रभाव की दृष्टि से उल्लेखनीय

फिल्मों में 1956 में बनी 'जागते रहो' महत्त्वपूर्ण है। 'जागते रहो' फिल्म का निर्देशन शम्भू मित्रा और अमित मित्रा ने किया था, जो बंगाल में 'इप्टा' के सक्रिय कार्यकर्त्ता थे। जागते रहो, जागते रहो की आवाजें लगाते चौकीदार सड़कों पर गश्त दे रहे थे, परन्तु सारा शहर धन, बल और पाप के नशे में सो रहा था। उसी अँधेरी रात में एक निर्धन किसान का लड़का नौकरी की खोज में प्यास का मारा भटक रहा था। अपनी प्यास बुझाने बड़ी इमारत के नल के पास जाकर जैसे ही उसने नल खोला कि चोर-चोर की आवाजें गूँज उठीं। भय के मारे वह इमारत के पिछले भाग में छिप जाता है। उसने एक स्नानघर में शरण लेनी चाही, मगर वहाँ पहले से छिपे एक अजीब किस्म के चोर को देखा। यहाँ-से-वहाँ इमारत के फ्लैट दर फ्लैट वह भटकता रहा और अजीब नजारे देखता रहा। सज्जनता का चेहरा लगाए लोगों के कुकर्म देखे, अपराध, भ्रष्टाचार, जुआ जैसे तमाम अपराध करते लोगों को देखकर वह चकित रह जाता है। जब काली अँधेरी रात समाप्त हो गई, तो उसका विश्वास जागा। उसने असली चोरों को देख पहचान लिया है। उसने महसूस किया कि एक उज्ज्वल, प्रकाशमय भविष्य राह में आँखें बिछाए उसके लिए बैठा है।[62]

एक किसान पुत्र की आँखों से शहरी जीवन और भ्रष्ट तन्त्र को देखने की एक रात की कहानी को 'जागते रहो' में बहुत खूबसूरती से प्रस्तुत किया गया है। यह हिन्दी और बँगला में एक साथ बनाई गई थी। 'जागते रहो' को 'कार्लोवी फिल्म फेस्टिवल' में ग्रैंड फिक्स पुरस्कार से सम्मानित किया गया। 1956 में ही सत्यजित रे की 'पथेर पांचाली' (बँगला) को कान फिल्म फेस्टिवल में 'बेस्ट ह्यूमन डाक्यूमेंट' के पुरस्कार से सम्मानित किया गया।

सन् 1956 में वी. शान्ताराम अपने जीवन की सबसे प्रयोगधर्मी फिल्म 'दो आँखें बारह हाथ' बनाई, जिसे 1957 में राष्ट्रपति का स्वर्णपदक मिला। इस फिल्म ने बर्लिन फिल्म समारोह में सिल्वर मैडल तथा फॉरेन प्रेस एसोसिएशन की तरफ से 'गाडविन अन्तर्राष्ट्रीय फिल्म अवार्ड' प्राप्त किया। जेल में कैदियों के साथ पारम्परिक बर्ताव को यह फिल्म एक नए मनोवैज्ञानिक आयाम में प्रस्तुत करती है। फिल्म में नायक आदिनाथ एक आदर्शवादी जेलर है। वह हत्या के छः खूँखार अपराधी कैदियों को चुनकर कानून का पालन करनेवाले नागरिकों में बदल देने का निर्णय करता है। अपना यह प्रयोग करने के लिए वह उन्हें एक बंजर इलाके में ले जाता है। कैदी यहाँ सब्जियाँ उगाकर बाजार भाव से कम में बेचते हैं। गाँव के जमींदार को यह बात पसन्द नहीं आती। वह कैदियों को शराब पिलाकर पिटवा देता है। लेकिन वे उत्तेजित होकर बदला नहीं लेते। आदिनाथ का प्रयोग सफल होता है, और जेल अधीक्षक सुधरे हुए अपराधी कैदियों को मुक्त कर देता है। मगर इससे पहले जमींदार अपना आखिरी दुष्कृत्य कर जाता है। वह एक उन्मत्त साँड़ आदिनाथ पर छोड़ देता है। आदिनाथ मारा जाता है।

यथार्थवादी प्रभाव की दृष्टि से गुरुदत्त की 'प्यासा' भी एक महत्त्वपूर्ण फिल्म है। सन् 1957 में गुरुदत्त ने 'प्यासा' बनाकर जीवन यथार्थ को फिल्माने का एक नया

नजरिया प्रस्तुत किया। 'प्यासा' हर दृष्टि से एक कवि की कहानी है। विजय नामक नायक को यह सुझाव दिया जाता है कि वह लोगों के दुःख-दर्द से जुड़ी कविताएँ न लिखकर प्रेम कविताएँ लिखे। एक कवि के अपने परिवार, समाज तथा प्रकाशन तन्त्र से सम्बन्धों के आयामों को इस फिल्म में विस्तारपूर्वक समेटने की कोशिश की गई है, शायद इसीलिए यह फिल्म सिने-व्याकरण की दृष्टि से थोड़ी ढीली-ढाली पड़ गई है। किन्तु कथानक की सशक्तता ने इसे कला और व्यवसाय दोनों ही धरातलों पर सफल बनाया। 'प्यासा' फिल्म अपने यथार्थवादी साहित्यिक गीतों के चलते भी महत्त्वपूर्ण है।

विजय अग्रवाल ने लिखा है कि गुरुदत्त का मस्तिष्क आरम्भ से ही प्रगतिशील विचारों से प्रेरित था। वे पूँजीवादी और सामन्तवादी व्यवस्था के विरोधी थे। उनका यह विरोध 1955 के बाद की सभी फिल्मों में प्रत्यक्ष या अप्रत्यक्ष रूप से देखने को मिलता है। 'साहब, बीवी और गुलाम' (1962) फिल्म तो पूरी तरह से सामन्तवाद के ढहने की कथा है। इस फिल्म की शुरुआत ही एक ऐसे दृश्य से होती है, जिसमें कुछ मजदूर एक हवेली को तोड़ रहे हैं, और इस फिल्म का अन्त एक ऐसे दृश्य से होता है, जबकि हवेली के मलवे के नीचे से एक कंकाल निकलता है, वह कंकाल होता है हवेली में रहनेवाली छोटी बहू का (मीना कुमारी ने छोटी बहू का रोल अभिनीत किया था)।[63]

गुरुदत्त काव्यात्मक प्रतिभा के धनी व्यक्ति थे। सत्यजित रे से पहले के फिल्मकारों में वे एक ऐसे फिल्मकार थे जिन्होंने सत्यजित रे को ईर्ष्या या प्रतिद्वन्द्विता की दृष्टि से नहीं देखते हुए, प्रशंसा और स्वागत की उदार दृष्टि से देखा। उन्होंने अपने रिश्ते के भाई श्याम बेनेगल को 'पथेर पांचाली' देखने के लिए पत्र द्वारा प्रेरित किया। वे अद्भुत स्वप्नद्रष्टा थे। अपनी नियति भी जैसे उन्होंने पढ़ ली थी। औद्योगिक क्रान्ति की आँधी में कला और कलाकार के मूल्य मानदंडों को पुर्जा-पुर्जा होने से बचाना, जैसे उनके जीवन का एकमात्र रचनात्मक ध्येय था। विकट संघर्ष के बावजूद पूँजीवाद के सामने परास्त होते मानवतावाद और कला संस्कृति के मूल्यों की नीलामी उनकी फिल्मों में निराशा के स्वर लिए उभरती है।

अमित सेन गुप्त और बिन्दु ने लिखा है–"आखिर किसी भी आदमी या औरत को कोई फिल्म बनाने या उसमें एकचित्त हो जाने की क्या जरूरत है ? क्या अनकही को सेल्युलाइड के पर्दे पर समेट लेने की जबर्दस्त आकांक्षा है, वह जो अव्यक्त है, तिलस्मी, अर्न्तमन में अर्धसुप्त, स्टिल पेंटिंग की तरह या स्थिर ? क्या एक फिल्म जीवन की क्षतिपूर्ति कर सकती है, या जीवन एक फिल्म की ?"[64]

अरुण खोपकर ने लिखा है–"गुरुदत्त की जीवन-दृष्टि रोमांटिसिज्म की महायात्रा का ही एक अंश है। अतः इस महाप्रवाह के बहाव को भी जान लेना जरूरी है, क्योंकि इसके बिना उस जीवन-दृष्टि को हम समझ ही नहीं पाएँगे। रोमांटिसिज्म एक ऐसी विचारधारा है, जो आधुनिक पूँजीवाद के पैदा होने के साथ ही सामने आई है, बल्कि उसने उसके पैदा होने में सहायता भी की है। व्यक्तिवादी विचार-प्रणाली की यह सशक्त

अभिव्यक्ति है। अपूर्ण प्रभामंडल के साथ पैदा होनेवाला जीनियस रूमानी कला का एक महत्त्वपूर्ण स्वतःसिद्ध तत्त्व होता है। जीनियस और उसके आस-पास के समाज के साथ के सम्बन्धों को लेकर रूमानी मिथक बन जाता है। रूमानी कला में यह मिथक तरह-तरह के रूप धारण कर सामने आता है। गुरुदत्त के 'प्यासा' और 'कागज के फूल' के नायक इसी मिथक से पैदा हुए हैं।"[65]

दोनों ही फिल्मों के कवि नायक समाज, व्यवस्था, परिवार और पूँजीवादी संस्कृति से तालमेल बैठा पाने में अक्षम हैं। विजय अग्रवाल ने लिखा है–"पूँजीवाद के प्रति उनके विरोध का भाव उनकी फिल्म 'कागज के फूल' में स्पष्ट रूप से दिखता है। यह फिल्म, फिल्म जगत के मूल्यों को बड़ी गहराई के साथ करुणा और व्यंग्य दोनों स्तरों पर दिखाती है। 'कागज के फूल' का सुरेश सिन्हा अन्त में मृत्यु को प्राप्त होता है। यह मृत्यु किसी और की नहीं, बल्कि उस फिल्म निर्देशक की है, जो अपनी फिल्म के द्वारा समाज को बदलना चाहता है, समाज को कुछ देना चाहता है, जिसमें अपनी कला के प्रति प्रतिबद्धता है, जो अपनी कला के लिए छोटे-मोटे समझौते नहीं करता तथा जिसमें स्वाभिमान की भावना कूट-कूटकर भरी हुई है। इस फिल्म के शुरू और अन्त का स्वर है–देखी जमाने की यारी, बिखरे सभी बारी-बारी।"[66]

'कागज के फूल', 'प्यासा' का ही विस्तार थी। अरुण खोपकर ने लिखा है–"अवहेलना, पीड़ा से भरी जिन्दगी, पल-भर का मान-सम्मान और अलक्षित मृत्यु (कागज के फूल) यही है कलाकार की जन्मपत्री। पारिवारिक रिश्ते, दोस्ती की कड़ियाँ और व्यावसायिक सम्बन्ध आखिर अपना सड़ा-गला अन्तरंग दिखा देते हैं। 'प्यासा' में भाई, प्रेयसी और दोस्त सभी विजय को धोखा दे देते हैं। इस कलाकार को जो समझ सकते हैं, वे समाज के निम्न स्तर के लोग हैं। उन्हीं में भोलापन और इंसानियत शेष रह गई है।"[67]

1957 में जब गुरुदत्त ने 'प्यासा' प्रस्तुत की थी, उस समय महबूब खान ने 'मदर इंडिया' प्रदर्शित की थी। यह फिल्म महबूब के लगभग दो दशक पहले की फिल्म 'औरत' का पुनर्निमाण थी। 1958 में नरगिस दत्त ने 'मदर इंडिया' में निभाई गई भूमिका के लिए 'कार्लोवी वेरी फिल्म समारोह' में सर्वश्रेष्ठ अभिनेत्री का अवार्ड प्राप्त किया। एक किसान की पत्नी का, अपाहिज पति के भाग जाने के बाद, संघर्ष करते हुए बच्चों को पालने-पोसने के जीवट को केन्द्र में रखकर यह फिल्म बनाई गई थी। ऋण देकर मजबूर भोले किसानों का शोषण करनेवाली साहूकारी प्रथा का इस फिल्म में बहुत जीवन्त चित्रण किया गया है।

1963 में के.ए. अब्बास के निर्देशन में 'शहर और सपना' नामक एक श्रेष्ठ यथार्थधर्मी फिल्म आई। पंजाब का एक किसान युवक रोजगार की तलाश में बम्बई आता है, और उसे पता चलता है कि यहाँ सिर पर छत पाना सबसे बड़ी समस्या है। अपनी इस तलाश के चलते वह बम्बई के फुटपाथ पर रहनेवालों के विभिन्न वर्गों के अलावा अपराध-जगत के लोगों के सम्पर्क में भी आता है। इन्हीं बेघर-बार लोगों में

उसे अपनी मनपसन्द लड़की मिल जाती है, और वह उससे शादी कर लेता है। लेकिन मकान की उसकी मूल समस्या जहाँ की तहाँ रहती है। इस फिल्म ने 1964 में राष्ट्रपति का स्वर्णपदक और 'कार्लोवी वेरी' में विशेष पुरस्कार जीता।

1965 में देव आनन्द ने आर.के. नारायण की कृति पर पर्ल एस. बक और निर्देशक टेड डेनीलोवस्की के सहयोग से 'गाइड' बनाई। शिकागो फिल्मोत्सव में वहीदा रहमान को इस फिल्म में भूमिका के लिए सर्वश्रेष्ठ अभिनेत्री पुरस्कार मिला। इसी वर्ष रामू करीअत की मलयालम फिल्म 'चेम्मीन' को राष्ट्रपति का स्वर्णपदक मिला तथा भारत के तीसरे अन्तर्राष्ट्रीय फिल्म समारोह का दिल्ली में आयोजन किया गया, साथ ही बम्बई, मद्रास और कलकत्ता में फिल्म समारोहों का आयोजन किया गया। 1966 में के.ए. अब्बास निर्देशित 'आसमान महल' में भूमिका के लिए पृथ्वीराज कपूर को 'चेक अकादमी ऑफ आर्ट' द्वारा श्रेष्ठतम अभिनेता का पुरस्कार मिला। 1967 में के.ए. अब्बास ने विषय की दृष्टि से एक महत्त्वपूर्ण फिल्म का निर्देशन किया 'बम्बई रात की बाँहों में'। शहर का अर्थ नाइट क्लब, रेस्तराँ, शराबखोरी और भ्रष्टाचार बनकर रह गया है। इस फिल्म में मध्यवर्गीय सपनों और शहर की पूँजीवादी अर्थकेन्द्रित बनावट के अन्तर्द्वन्द्व में अच्छी कहानी बुनी गई है।

1966 में हिन्दी जमीन की पहली फिल्म 'तीसरी कसम' बनकर आई। इस फिल्म का निर्माण शैलेन्द्र ने किया। कहानी हिन्दी के प्रसिद्ध कथाकार फणीश्वरनाथ रेणु की है तथा इसका निर्देशन बासु भट्टाचार्य ने किया। भोले गाड़ीवान हीरामन को नेपाल की सीमा पर माल ले जाने के जुर्म में पुलिस पकड़ती है। वह पहली कसम खाता है कि अब कभी माल की लदनी नहीं करेगा। दूसरी कसम वह अपनी गाड़ी पर कभी बाँस न लादने की खाता है, क्योंकि इससे एक दुर्घटना हो जाती है, लेकिन असली और तीसरी कसम उसे बहुत ही करुण परिस्थितियों में खानी पड़ती है। हीरामन नौटंकी की नर्तकी हीराबाई को अपनी गाड़ी में उसके मुकाम तक पहुँचाने का जिम्मा लेता है। रास्ते में वह हीराबाई पर मुग्ध हो उठता है तथा हीराबाई भी उसके भोलेपन पर रीझती है। गाँव के मेले में हीरामन नौटंकी देखता रहता है, और दोनों के बीच एक आत्मीयता विकसित होती है। हीराबाई जहाँ इस सम्बन्ध की असम्भवता को महसूस करती है, वहीं हीरामन दुनियादारी से अपरिचित रहता है। उसकी खुशफहमी तब खत्म होती है, जब हीराबाई अपना पेशा छोड़ने से इन्कार कर चली जाती है। हीरामन कभी किसी नौटंकी कम्पनी की किसी बाई की सवारी न लेने की तीसरी कसम खाता है।

'तीसरी कसम' पर टिप्पणी करते हुए मनमोहन चड्ढा कहते हैं—"यह कहना गलत होगा कि फिल्म वित्त निगम ने नए सिनेमा को जन्म दिया। निगम ने इस सिनेमा के विकास में केवल एक उत्प्रेरक का काम किया, क्योंकि भारत में सिनेमा की नई सम्भावनाओं की खोज और इस विधा में कुछ कर पाने की कुलबुलाहट प्रबुद्धजनों में सन् 1960 में ही शुरू हो गई थी, जब प्राणोत्सर्ग के जोखिम पर भी अपनी रुचि की फिल्म बनाने की इच्छा प्रबल हो उठी थी। इसी प्रबल आकांक्षा से वशीभूत होकर शैलेन्द्र,

फणीश्वरनाथ रेणु, बासु भट्टाचार्य, राजकपूर, मुकेश तथा शंकर जयकिशन साथ-साथ आ जुड़े थे।''[68]

'तीसरी कसम' से पहले की हिन्दी भाषा में बननेवाली फिल्मों को कथानक और परिवेश की दृष्टि से हिन्दी परिवेश की फिल्में नहीं कहा जा सकता है। 'दो बीघा जमीन' का कथानक बंगाल के ग्रामीण और महानगर कलकत्ता के वातावरण में घटित होता है। 'तीसरी कसम' पहली फिल्म थी जिसका कथानक, जिसके चरित्र और भाषा-स्वरूप तथा हिन्दी क्षेत्र की नजदीकी बोलियों भोजपुरी, मैथिली, वज्जिका आदि के निकटतर थी, खासतौर से कथानक का घटना-स्थल पूर्णिया के आस-पास का वातावरण था। एक बातचीत में फिल्म समीक्षक गौतम चटर्जी ने कहा कि बासु भट्टाचार्य की 'अनुभव', 'आविष्कार', 'गृहप्रवेश', 'आस्था' आदि फिल्मों में एक विशेष विषयवस्तु विकसित होती दिखाई देती है। जबकि 'तीसरी कसम' का कथानक और विषयवस्तु शेष फिल्मों से काफी भिन्न है। स्पष्ट शब्दों में उनका कहना था कि 'तीसरी कसम' शैलेन्द्र की फिल्म थी। इसी फिल्म में बासु भट्टाचार्य के असिस्टेंट बासु चटर्जी ने भी अपनी क्षमता का परिचय एक कला फिल्मकार के रूप में दिया। यह फिल्म दोनों निर्देशकों के कैरियर की शुरुआत और शैलेन्द्र के जीवन का अन्त साबित हुई।

शैलेन्द्र मूलतः भोजपुरीभाषी प्रदेश से थे। इस फिल्म के कहानीकार फणीश्वरनाथ रेणु चित्र-लयात्मक भाषा के सिद्धहस्त लेखक हैं। 'मारे गए गुलफाम' की चित्र-ध्वनि-लयात्मकता का प्रभाव ही शैलेन्द्र को उसके फिल्म रूपान्तरण के लिए प्रेरित कर सका। उन्होंने यह कहानी अपने मित्र बासु भट्टाचार्य को सुनाई। उन्होंने इस पर फिल्म बनाने का निर्णय लिया। शैलेन्द्र ने यह कहानी राजकपूर को पढ़वाई। वह स्वयं हीरामन की भूमिका करने के लिए तत्पर हो गए। भारत में इंडियन पिपुल्स थिएटर के सदस्यों की सार्थक सिनेमा में सक्रिय भागीदारी ने राजकपूर जैसी अर्ध-शास्त्रीय (सेमी-क्लासिकल) प्रतिभाएँ विकसित की थीं, जो बहुत प्रारम्भ से ही जीवन-यथार्थ के निकट पहुँचने को प्रयासरत थे।

अनेकानेक कठिनाइयों से जूझकर शैलेन्द्र ने इस फिल्म को पूरा किया। इस फिल्म के निर्माण में राजकपूर सहित समूची टीम ने समर्पण भाव से काम किया। आजीवन राजकपूर का दिन ग्यारह बजे से शुरू होता था, किन्तु 'तीसरी कसम' के निर्माणकाल में पूरे समय वे सुबह जागते रहे। फिल्म के प्रदर्शन में वितरकों ने समस्या उत्पन्न कर दी और शैलेन्द्र इस सदमे में गुजर गए। 1967 में मास्को फिल्म समारोह में पुरस्कृत होने के बाद भारतीय दर्शकों ने इस फिल्म के महत्त्व को समझा।

1950 से 1968 तक हिन्दी के प्रयोगधर्मी फिल्मकारों ने सार्थक सिनेमा के लिए जमीन तैयार करने के लिए महत्त्वपूर्ण भूमिका निभाई। आजीवन वी. शान्ताराम श्रेष्ठ फिल्में बनाते रहे, गुरुदत्त रचनाधर्मी की स्थापना की कोशिश में आत्मघात की ओर मुड़ गए, विमल राय ने एक पूरी पीढ़ी को शिक्षित किया, शैलेन्द्र सिनेमा के साहित्यिक महत्त्व की स्थापना के लिए शहीद हो गए। वी. शान्ताराम ने ध्वनि के आगमन से चित्र-भाषा

को होनेवाली क्षति के विषय में अपनी आत्मकथा में आहत चिन्ताएँ व्यक्त की हैं। अपने समय में वे सर्वाधिक जागरूक व्यक्ति थे। वे सन् 1956 तक सार्थक फिल्में बनाते रहे। किन्तु उस दौर में वी. शान्ताराम या गुरुदत्त अपनी फिल्मों से गीतों और कुछ तथाकथित अत्यावश्यक फॉर्मूलों को निकालने का जोखिम नहीं ले सके। एक-दो शुद्ध कमर्शियल फिल्में बनाने के बाद ये लोग अर्द्धशास्त्रीय फिल्में बनाते थे, जिनसे भारतीय सिनेमा का नाम ये विदेशों तक ले जा सके। कला-सिनेमा की यथार्थवादी धारा के लिए जनमानस और विश्व-सिनेमा में जगह का काम इन्हीं लोगों ने किया।

कला-सिनेमा आन्दोलन की जमीन बनाने में भारतीय सिनेमा के अनेक सुज्ञात, अल्पज्ञात फिल्मकारों, लेखकों, कलाकारों की महत्त्वपूर्ण भूमिका रही है।

द्वितीय विश्वयुद्ध के बाद व्यावसायिकता के बढ़ते दबाव के बावजूद 1947 के आस-पास से ही हिन्दी में सार्थक फिल्मों के निर्माण की छटपटाहट बढ़ने लगी थी। 1947 से 1968 तक की फिल्मों में एक प्रयोग की बेचैनी दिखाई देती है। 1968 में सुनील दत्त ने एक प्रायोगिक फिल्म 'यादें' बनाई। यह एक ही चरित्र पर केन्द्रित पहली हिन्दी फिल्म है। किन्तु 1955 से ही बँगला में फिल्मकार किसी एक भारतीय भाषा में पहली बार बिना किसी विचलन के यथार्थवादी शैली की फिल्में लगातार बनाने के साथ सार्थक फिल्मों पर लिखने-बोलने का भी काम कर रहे थे।

विनोद भारद्वाज ने लिखा है—"पचास के दशक में बंगाल ने भारतीय सिनेमा की भाषा को इतने अधिक विस्तार दिए कि लम्बे समय तक विदेशों में भारतीय सिनेमा का अर्थ था—बँगला सिनेमा और बँगला सिनेमा में भी सत्यजित रे, ऋत्विक घटक और मृणाल सेन का सिनेमा और इन तीनों में भी सत्यजित रे का सिनेमा।"[69] सत्यजित रे भारत के पहले फिल्मकार हैं, जिनकी पहली फिल्म से आखिरी फिल्म तक किसी भी मुकाम पर कथ्य के साथ समझौते की गन्ध नहीं आती। 'पथेर पांचाली' से शुरू होनेवाली निरन्तरता 'अपूर संसार', 'अपराजितो' आदि फिल्मों के क्रम में एक सशक्त उद्घोष की तरह पूरे विश्व में गूँज रही थी।

विनोद भारद्वाज ने लिखा है—"ऋत्विक घटक को अपनी पहली फिल्म 'नागरिक' (1952-53) से ही एक दूसरी तरह की सच्चाई का सामना करना पड़ा। इप्टा के सामूहिक जोश में बनी 'नागरिक' के लिए किसी ने पैसे नहीं माँगे थे—स्टूडियो, लैब, स्टॉफ सभी कुछ मुफ्त में था, लेकिन 'नागरिक' असंख्य दर्शकों तक न पहुँच पाई। 1958 में घटक ने 'अजान्त्रिक' बनाई। यह फिल्म 'पथेर पांचाली' के कुछ समय बाद बनी है। इन दोनों फिल्मों ने आजादी के बाद के नए सिनेमा की नींव रखी।"[70]

मृणाल सेन अच्छी-खराब हर शैली की फिल्में बना रहे थे। ऋत्विक घटक, सत्यजित रे और मृणाल सेन का योगदान एक फिल्मकार के साथ अन्य गतिविधियों के चलते कहीं अधिक महत्त्वपूर्ण हैं। इन लोगों ने भारत में 'फिल्म सोसाइटी आन्दोलन' के विकसित होने में महत्त्वपूर्ण भूमिका निभाई तथा फिल्म संस्थान की स्थापना से लेकर सार्थक लेखन के द्वारा यथार्थवादी सिनेमा की धारा को प्रबल किया। बंगाल के ये तीनों ही

फिल्मकार पश्चिमी परम्परा और अपने आस-पास की जिन्दगी से खूब परिचित थे। खासतौर से रे और ऋत्विक घटक जिस वातावरण में पले-बढ़े थे उसमें दोनों ही परम्पराओं से गहराई से जुड़ने के सुअवसर थे।

हिन्दी में कला-सिनेमा तथा बीच का सिनेमा

नए भारतीय सिनेमा को बंगाल से बाहर आने में काफी समय लगा। बम्बई में विमल राय, गुरुदत्त आदि कुछ फिल्मकार मुख्यधारा से अलग हटकर सार्थक सिनेमा बना जरूर रहे थे, परन्तु वहाँ कोई मूवमेंट नहीं उभर सका। विनोद भारद्वाज ने लिखा है–"मृणाल सेन की हिन्दी फिल्म 'भुवनशोम' ने भारतीय सिनेमा में नई धारा की शुरुआत की पर बँगला में वे 'एक दिन प्रतिदिन' (1979) सरीखी फिल्मों के बाद ही अपनी सिनेमा-भाषा की सार्थकता पा सके। मृणाल सेन को यदि चर्चा और सम्मान देर से मिला तो उसका कारण उनका अपना सिनेमा ही था।"[71]

ऋत्विक घटक ने फिल्म-संस्थान में शैक्षणिक रूप से भी सक्रिय सहयोग दिया। सत्यजित रे, ऋत्विक घटक और मृणाल सेन के पीछे हिन्दी सहित तमिल, तेलुगु, मलयालम, कन्नड़ आदि भाषाओं में फिल्मकारों की एक नई पीढ़ी सन् 1970 के आस-पास सक्रिय हो उठी और यथार्थवादी फिल्मों की धारा ने एक देशव्यापी आन्दोलन का रूप धारण कर लिया। ये सभी फिल्मकार कम बजट के पक्षधर, चमक-दमक के नकलीपन से दूर तथा 'स्टार-सिस्टम' के विरुद्ध थे।

मनमोहन चड्ढा ने लिखा है–"नए सिनेमा को सही ढंग से परख सकने के लिए उसकी विकास-यात्रा के साथ उसके प्रेरणा स्रोतों की सही समझ विकसित करना ऐतिहासिक अनिवार्यता है। हिन्दी सिनेमा के विकास की यह एक अविच्छिन्न कड़ी है। नया सिनेमा व्यावसायिक सिनेमा का एक अंश ही नहीं, बल्कि उसके समान्तर एक अलग धारा का सिनेमा था। व्यावसायिक सिनेमा का अच्छा अंश तो विमल राय, ऋषिकेश मुखर्जी, असित सेन, महबूब तथा गुलजार द्वारा निर्देशित फिल्मों में मिलता है। इन फिल्मों में एक साफ-सुथरी कहानी को बिम्बों की भाषा का रूप दे दिया जाता था। इन फिल्मों की विशेषता यह थी कि इन्हें पूरा परिवार एक साथ बैठकर देख सकता था। इन फिल्मों को देखकर प्राप्त हुए सन्तोष को स्वस्थ तथा निरापद मनोरंजन की संज्ञा दी जाती थी। यह माना जाता था कि तीन घंटे की एक फिल्म देखकर उसे भुला दिया जाना जरूरी है। अभिनेता धर्मेन्द्र ने एक बार कहा था कि मुझे नहीं लगता 'सत्यकाम' फिल्म देखकर किसी ने सच बोलने का व्रत लिया होगा। यानी सिनेमा एक दयनीय, निरीह और बेअसर माध्यम बनकर रह गया है।"[72] वे आगे लिखते हैं–"इस मध्यमार्गी सोच से हिन्दी दर्शक को खींचकर बाहर निकालने में मृणाल सेन की 'भुवनशोम' को पहली सफलता मिली। पहली बार इस फिल्म ने बताया कि इस अथाह दलदल से निकलने का यदि कोई रास्ता बचा है, तो वह रोमांटिक यथार्थवाद के सिक्के

के दूसरे पहलू को भी पलट कर देख लेने के बाद ही मिल सकता है। हिन्दी सिनेमा के इतिहास में यह घटना पहली बार घटी कि दर्शक हॉल के बाहर निकलने के साथ-साथ फिल्म को सिनेमाघर में ही झाड़कर नहीं छोड़ गया।''[73]

'तीसरी कसम', 'कागज के फूल', 'प्यासा', 'मदर इंडिया' आदि फिल्में यथार्थ की रूमानी प्रस्तुतियाँ थीं। 'भुवनशोम' पहली हिन्दी फिल्म है, जिसमें यथार्थ को उसके निजी स्वरूप में प्रस्तुत करते हुए सिनेमा की निजी भाषा और मुहावरे का भी सशक्त प्रयोग किया गया। इस फिल्म ने दर्शकों को मनोरंजन के स्तर से उठाकर विचार और चिन्तन की स्थिति में पहुँचा दिया।

'भुवनशोम' वनफूल के उपन्यास 'भुवनशोम' पर आधारित है। सख्त अनुशासन प्रेमी और ईमानदार रेलवे अधिकारी भुवनशोम, जिन्होंने अपने बेटे तक को घर से निकाल दिया था, वे कुछ रोज की छुट्टी मनाने गुजरात के एक सुदूर गाँव में जाते हैं। छुट्टियों पर जाने के पूर्व उनके सामने एक रेलवे कर्मचारी (टिकट कलेक्टर) का प्रकरण भी रखा जाता है, जिसे वे भ्रष्ट तथा बेईमान मानते हैं।

गाँव में सही और गलत के बारे में जिद्दी रुख अपनानेवाले भुवनशोम को नए और अप्रत्याशित अनुभव से दो-चार होना पड़ता है। गाँव के अन्य आम लोगों के साथ उनकी भेंट अनायास उसी टिकट कलेक्टर की पत्नी गौरी के साथ हो जाती है। भोली-भाली पत्नी इस अफसर से पूछती है–''मेरा पति लोगों की मदद करता है। बदले में कृतज्ञता प्रदर्शन के लिए यदि वे उसे कुछ दे देते हैं, तो क्या आप उसे रिश्वत कहेंगे।'' भुवनशोम को यह सवाल चुभ जाता है, और वे उस टिकट कलेक्टर की बदली बड़े स्टेशन पर कर देते हैं, जहाँ ज्यादा यात्री और ज्यादा आमदनी होगी। ''मेरा तबादला बड़े स्टेशन पर हो गया है, बड़े स्टेशन का मतलब जानती हो, ज्यादा कमाई।'' सुहासिनी मुले (गौरी की भूमिका में) के भोले चेहरे के साथ यह वाक्य भी देर तक दर्शक के साथ चलता रहता है। मनमोहन चड्ढा ने लिखा है–''यहीं से एक प्रश्न करनेवाले, परेशान करनेवाले 'विचार सिनेमा' का जन्म हुआ। यहीं से दर्शक को सिनेमा के जरिए यह समझाने का प्रयास भी आरम्भ हुआ कि निरपेक्ष स्वस्थ मनोरंजन नाम की कोई चीज नहीं है। प्रत्येक फिल्म, पुस्तक या संगीत रचना आपको धीरे से बदलती जरूर है, या तो आपको आस-पास के जीवन से उदासीन या निष्क्रिय बनाती है या फिर आपको जगाती या उकसाती है।''[74]

भुवनशोम में नया सिनेमा की सभी विशेषताएँ मौजूद हैं। छोटे बजट, अप्रसिद्ध नए कलाकारों, वास्तविक स्थलों के फिल्मांकन, पार्श्वसंगीत के समुचित प्रयोग तथा कुशल फोटोग्राफी के साथ सशक्त कथानक को आधार बनाते हुए मृणाल सेन ने 'एक अधूरी कहानी' (1971), 'मृगया' (1977), 'एक दिन प्रतिदिन' (1980), 'एक दिन अचानक' (1990) आदि महत्त्वपूर्ण फिल्में बनाईं।

फ्रांसीसी न्यू वेव के पाँच प्रमुख फिल्मकारों त्रुफो, गोदार, शाबरोल, रोहमर और रिवेत ने फिल्मों के अयथार्थवादी चरित्रांकन का विरोध किया था। इन फिल्मकारों ने

हॉलीवुड की घोर व्यावसायिक, घोर अयथार्थवादी फिल्मों के मुहावरों को तोड़कर एक नए और यथार्थवादी सिनेमा की नींव रखी। गोदार ने अपनी आत्मकथा 'गोदार ऑन गोदार' में लिखा है–''हम उसी दिन यह लड़ाई जीत गए थे, जिस दिन हमने सिद्धान्ततः यह मान लिया था कि अल्फ्रेड हिचकॉक की फिल्म लुई आरॉगो की पुस्तक जितनी ही महत्त्वपूर्ण है। आज फिल्मकार को कला के इतिहास में प्रवेश दिलाने का श्रेय हमें ही दिया जा सकता है। लेकिन हम जिनकी आलोचना करते हैं, वे भी इस सफलता से स्वयमेव लाभान्वित हुए हैं, क्योंकि हम इनकी आँखें खोलते रहे हैं, जबकि ये अपनी आँखें बन्द ही रखे हुए हैं। जब भी हमने फिल्में देखीं, उन्हें इतना बुरा पाया, हमारी अपेक्षाओं, नैतिक मूल्यों और स्वाभाविक सौन्दर्य से इतना दूर कि हम अपने सिनेमा प्रेम के कारण लज्जित हो गए।''[75] जीवन यथार्थ और वास्तविक सौन्दर्य से कोसों दूर एक जादुई भ्रमजाल उत्पन्न करनेवाले सिनेमा के विषय में एक सच्चे कलाप्रेमी की ऐसी ही प्रतिक्रिया स्वाभाविक है।

'फ्रेंच न्यू वेव' के फिल्मकारों ने सिनेमा को श्रेष्ठ साहित्य के समानान्तर महत्त्व दिलाया। हिन्दी में भी नया सिनेमा आन्दोलन की महत्त्वपूर्ण भूमिका इसी सन्दर्भ में रही। 'भुवनशोम' के बाद साहित्यिक कृतियों के रूपान्तरण का प्रवाह प्रबल वेग से बह चला। पहली बार हिन्दी सिनेमा का सक्रिय सम्बन्ध हिन्दी के समकालीन साहित्यकारों से हुआ और साहित्यिक विधाओं उपन्यास, कहानी, कविता आदि की तरह सिनेमा में गम्भीर रचनाशीलता का आरम्भ हुआ।

व्यावसायिक फिल्मकारों के कृतित्व पर अपना क्षोभ गोदार इन शब्दों में व्यक्त करते हैं–''हम तुम्हें कभी माफ नहीं करेंगे, क्योंकि तुमने युवतियों को उस तरह कभी नहीं फिल्माया, जिस तरह हम उन्हें प्यार करते थे, या युवकों को, जिस तरह उन्हें रोज देखते थे, या अभिभावकों को, जिस तरह हम उनकी अवमानना या आदर करते थे, या बच्चों को जिस तरह वे हमें विस्मित कर देते थे या उदासीन छोड़ देते थे।''[76] जीवन को उसके नैसर्गिक स्वरूप में फिल्माकर ही स्वस्थ मनोरंजन और सार्थक समाज की रचना की जा सकती है–इस सत्य को इन फिल्म कारों ने साबित किया। भारत में सन् 60 से ही फिल्म वित्त निगम अच्छे तथा स्थापित फिल्मकारों को फिल्म निर्माण के लिए कर्ज दे रहा था। 'भुवनशोम' ने फिल्म विकास वित्त निगम को ऋण देने की एक सही दिशा भी दिखाई। यह फिल्म भी एन.एफ.डी.सी. से ऋण लेकर ही बनाई गई थी। साठ के दशक में फिल्म वित्त निगम (जिसे बाद में राष्ट्रीय फिल्म विकास निगम का नाम दे दिया गया) ने हिन्दी में स्तरीय फिल्मों को प्रोत्साहित किया। मृणाल सेन की 'भुवन शोम' (1969), बासु चटर्जी की 'सारा आकाश' (1969), मणि कौल की 'उसकी रोटी' (1969), मणि कौल की 'दुविधा' (1973), एम.एस. सथ्यू की 'गर्म हवा' (1973), सईद मिर्जा की 'अल्बर्ट पिंटो को गुस्सा क्यों आता है ? (1980) आदि फिल्में इस प्रोत्साहन नीति का बेहतर नतीजा हैं। नए फिल्मकारों ने अपने पूर्ववर्ती फिल्मकारों और सिने शिल्प को प्रभावित किया। 'भुवनशोम' को मिले राष्ट्रीय पुरस्कार और अन्तर्राष्ट्रीय

ख्याति के साथ व्यावसायिक सफलता और लोकप्रियता ने उन्हें यथार्थवादी फिल्मधारा के बारे में गम्भीरता से सोचने पर विवश किया। 'भुवनशोम' को वेनिस कला प्रदर्शनी में स्वर्ण पदक से सम्मानित किया गया।

सातवें दशक के अन्त में भारतीय राजनीतिक चेतना और भारतीय समाज के अन्तर्सम्बन्धों में तेजी से परिवर्तन हुआ। यह परिवर्तन अकस्मात नहीं था। विगत कई दशकों के सामाजिक, राजनीतिक चेतना के प्रभाव को इस परिवर्तन के मूल में देखा जा सकता है। साहित्य समाज का दर्पण होता है और फिल्में साहित्य का। इस दशक में एक नए तरीके से उत्कृष्ट साहित्यिक आधार पर फिल्म बनानेवाले अनेक फिल्म निर्देशक सामने आए। उन्होंने लीक से हटकर भिन्न प्रकार की फिल्में बनाने की शुरुआत की, जिससे भारतीय सिनेमा में न सिर्फ कथ्य के स्तर पर बदलाव आया, बल्कि शिल्प के स्तर पर भी नए रूप की फिल्मकला का उदय हुआ। रोचक बात यह है कि इन फिल्म निर्माताओं के बीच फिल्म-निर्माण की शैली तथा विषयवस्तु आदि को लेकर कोई सामान्य सहमति न होने पर भी वे सब अपने कृतित्व को अपनी-अपनी तरह से लीक से हटी एक नई दिशा देने की ओर अग्रसर थे। मत-वैभिन्नय के बावजूद प्रयोगधर्मिता और कलात्मक गम्भीरता का एक होना उनकी इकाई का बोध कराता है।

फिल्म के जन्म और विकास के आरम्भिक चरण से ही तीव्रता से एक व्यावसायिक सिनेमा के पनपने के बावजूद नृत्य-गीत और मनोरंजन की शर्तों को आत्मसात करती हुई, सार्थक उद्देश्य और सर्जक की व्यक्तिगत उपस्थिति का भी तीन घंटे के दौरान अनेक बार अहसास दिलानेवाली ऐसी सार्थक अर्द्धव्यावसायिक फिल्मों की धारा नया सिनेमा के दौर में भी प्रवाहमान रही, जिसे 'बीच का सिनेमा' नाम से पुकारे जाने की परम्परा स्थापित हो चुकी है। जी.पी. सिप्पी, ऋषिकेश मुखर्जी, बी.आर. इशारा, विजय आनन्द, गुलजार, सईद मिर्जा, रवीन्द्र धर्मराज, केतन मेहता आदि इनके महत्त्वपूर्ण फिल्मकार हैं। मणिरत्नम्, कल्पना लाजमी, कमल हासन आदि इसी परम्परा के अगले कदम हैं।

नया सिनेमा आन्दोलन में फिल्म सोसाइटी मूवमेंट की महत्त्वपूर्ण भूमिका रही है। बम्बई में अरुण कौल के सहयोग से मृणाल सेन ने इस मूवमेंट को आगे बढ़ाया। नए सिनेकार बम्बइया सिनेमा पर हॉलीवुड सिनेमा के एकाधिकार को तोड़ने में सक्षम साबित हुए। उनकी फिल्मों पर फ्रेंच न्यू वेव, जर्मन यंग सिनेमा तथा रूसी और जापानी सिनेमा का प्रभाव लक्षित किया जाता रहा है। इन पर विदेशी नकल और धीमी गति की फिल्में होने का आरोप लगाया जाता है। दरअसल हॉलीवुड का सिनेमा भारतीय दर्शकों और कमर्शियल निर्माताओं के मानस में, इस गहराई तक जगह बना बैठा है कि उनमें उन्हें भारतीय सिनेमा शैली नजर आने लगी, जबकि रूस, जापान और फ्रेंच न्यू वेव की फिल्में हमारी साहित्य-शास्त्रीय परम्परा के ज्यादा निकट और वस्तुस्थिति के ज्यादा समतुल्य हैं।

अमरीकी सिनेमा के सिद्धान्तों तथा पारसी थिएटर के देसीपन को जोड़कर बनी

फिल्मों को देखकर भारतीय दर्शक एक विशिष्ट किस्म की मानसिकता में ढल चुका था। वह मानसिकता ही कला-सिनेमा के विकास में बाधा बन रही थी। दुखद स्थिति यह थी कि अमरीकी चाल की फिल्मों को तो देसी बताया जा रहा था और इन फिल्मों को पश्चिम से प्रभावित। यानी अमरीकी फिल्मकार डेविड वार्क ग्रिफिथ के सिनेमा की परम्परा को विशुद्ध भारतीय परम्परा घोषित किया जा रहा था और रूसी आइजेंस्टाइन के सिनेमा के सिद्धान्तों को विदेशी कहकर नकारा जा रहा था। नए फिल्मकारों का कहना था कि सर्गेई मिखाइलोविच आइजेंस्टाइन का सिनेमा भारतीय परम्परा के अधिक करीब है। लेकिन अब तक कहानी कहने का अमरीकी अन्दाज हम पर इतना गहरा असर डाल चुका था कि 'दुविधा' और 'मायादर्पण' तो विदेशी फिल्में लगने लगीं तथा 'शोले', 'द बर्निंग ट्रेन' देसी फिल्में। हॉलीवुड सिनेमा शैली के आदी हो चुके दर्शक समाज को कला फिल्में अक्सर और कभी-कभी बीच का सिनेमा भी अग्राह्य हो जाता है। सन् 1969 कई दृष्टियों से महत्त्वपूर्ण है। इसी वर्ष बासु चटर्जी ने राजेन्द्र यादव के उपन्यास 'सारा आकाश' पर आधारित इसी नाम की फिल्म बनाई तथा मणि कौल ने मोहन राकेश की कहानी पर आधारित 'उसकी रोटी' फिल्म बनाई।

'सारा आकाश' बासु चटर्जी द्वारा निर्देशित एकमात्र श्वेत-श्याम फिल्म है। इस फिल्म के श्वेत-श्याम छायांकन के लिए के.के. महाजन को छायांकन का राष्ट्रीय पुरस्कार दिया गया। 'सारा आकाश' में निम्नवर्ग में होनेवाली अनिच्छित विवाह की समस्या उठाई गई है। यह फिल्म उपन्यास का सफल रूपान्तर है। उसके बाद फिल्म में निम्न मध्यवर्ग के एक परिवार का अत्यन्त यथार्थवादी चित्रण किया गया है। इसमें परिवार और घर की छोटी-छोटी बातों, वस्तुओं आदि का बड़ा ही सूक्ष्म चित्रण किया गया है। इसका आधार है, स्टूडियो के बाहर जीवन का वास्तविक अंकन। पूरी फिल्म उपन्यास के घटना स्थल आगरा में ही फिल्माई गई। 'सारा आकाश' लीक से हटकर निर्मित फिल्म है। फिल्म में ऐसा कुछ नहीं है, जिसे गत पचास वर्षों में सफलता की गारंटी माना जाता रहा है। यह छोटे बजट की फिल्म टिकट खिड़की पर भी सफल रही।

अगले वर्ष बासु चटर्जी ने 'पिया का घर' निर्देशित किया। इसमें जया भादुड़ी जैसी समर्थ अभिनेत्री का काम दर्शक देख सके। सन् 1974 में 'रजनीगन्धा' और 1975 में 'छोटी-सी बात' में बासु चटर्जी ने अमोल पालेकर तथा विद्या सिन्हा की जोड़ी को स्थापित किया। इन दोनों फिल्मों की सफलता ने बासु चटर्जी को छोटे बजट की सफल फिल्में बना सकनेवाले निर्देशक का खिताब दिलाया। बासु चटर्जी द्वारा निर्देशित फिल्मों में काम करने के लिए सभी बड़े सितारे देवानन्द से लेकर राजेश खन्ना तक उत्सुक हो गए और कई निर्माताओं ने बासु चटर्जी को अनुबन्धित कर लिया। फलस्वरूप बासु चटर्जी प्रति वर्ष चार फिल्मों का निर्देशन करने लगे। सन् 1977 में उन्होंने 'स्वामी', 'सफेद झूठ' 'प्रियतमा', और 'खट्टा-मीठा', सन् 1978 में 'चक्रव्यूह', 'दिल्लगी', 'तुम्हारे लिए' तथा 'दो लड़के दोनों कड़के', सन् 1979 में 'मंजिल', 'जीना यहाँ', 'बातों-बातों में' और 'प्रेम विवाह' का निर्देशन किया। इस कारण बासु चटर्जी की फिल्में कारखाने

से निकले उत्पादनों की तरह हो गईं। उनकी उल्लेखनीय फिल्में 'सारा आकाश', 'पिया का घर' और 'रजनीगन्धा' ही हैं।

बासु चटर्जी साहित्यिक कृतियों के सिने-रूपान्तरण में सिद्धहस्त हैं। वे साहित्यिक कृतियों के रूपान्तरण में उतना ही स्वातन्त्र्य लेते हैं, जिससे साहित्यिक कृति का कथ्य दुष्प्रभावित न हो। उन्हीं के शब्दों में–"पटकथा लिखने में सिर्फ उतनी ही स्वतन्त्रता लेता हूँ, जितनी फिल्म माध्यम के लिए लेनी जरूरी होती हैं, और जहाँ मेरे अन्दर छिपा निर्देशक कुछ कह सकने लायक जगह खोज लेता है, वहाँ मैं स्वतन्त्रता लेता हूँ। बहरहाल जब खुद ही कहानी पसन्द करके बनाता हूँ तो उसे बिगाडूँगा नहीं, सजाऊँगा ही।"[77] उनका कहना है कि वे अब भी साहित्य से दूर नहीं भाग खड़े हुए हैं, जबकि उन पर व्यावसायिकता के आरोप लगने लगे हैं। बासु चटर्जी वर्षों तक 'ब्लिट्ज' में कार्टूनिस्ट रहे। सन् 1959 से वे फिल्म सोसाइटी बम्बई में नियमित फिल्में देखते रहे। वे फिल्म सोसाइटी के माध्यम से प्रशिक्षित हुए हैं।

1969 में ही यथार्थवादी धारा की एक फिल्म 'सत्यकाम' ऋषिकेष मुखर्जी ने बनाई, जिसमें एक सत्यवक्ता इंजीनियर के जीवन के आस-पास कथानक की सुघड़ संरचना की गई है। यह फिल्म श्री नारायण सान्याल के उपन्यास पर आधारित थी, जिसकी पटकथा विमल दत्ता ने तथा संवाद राजेन्द्र सिंह बेदी ने लिखे थे। इसी वर्ष के.ए. अब्बास ने 'सात हिन्दुस्तानी' फिल्म में अमिताभ बच्चन को प्रस्तुत किया। ये फिल्में यथार्थवाद की रूमानी प्रस्तुतियों की परम्परा की अगली कड़ियाँ थीं। इनको 'बीच का सिनेमा' के अन्तर्गत मूल्यांकित किया जाता है। शक्ति सामन्त ने 'आराधना', राजेश खन्ना को लेकर तथा राज खोसला ने 'दो रास्ते' का निर्माण भी इसी वर्ष किया तथा गुलजार ने 'खामोशी' बनाई।

इस वर्ष की तीसरी महत्त्वपूर्ण कला फिल्म मोहन राकेश की कहानी पर आधारित 'उसकी रोटी' है जिसका निर्देशन, निर्माण एन.एफ.डी.सी. के आर्थिक सहयोग से मणि कौल ने किया। एक ही वर्ष में क्रमशः बननेवाली तीनों फिल्में 'भुवनशोम', 'सारा आकाश' और 'उसकी रोटी' ने काल-पटल पर तीन अलग-अलग लकीरें खींची। पहली बार हिन्दी में ऐसी फिल्में आईं कि जिनकी कलात्मक गहराई को समझने के लिए त्योरियों में बल पड़ने अनिवार्य हो गए और जिन्हें छोड़कर बढ़ना असम्भव हो गया। सफलता और असफलता के बॉक्स ऑफिस, दर्शक आदि मानदंडों को इन्होंने अस्तित्वहीन कर दिया। 'भुवनशोम' तो हिन्दी की पहली फिल्म है, जो सिनेमा को एक कमोडिटी, एक उत्पाद से सर्वथा दूर कला के मानदंडों पर मूल्यांकित किए जाने की शर्त लेकर सामने आती है। मणि कौल ने हिन्दी के मोहन राकेश और मुक्तिबोध जैसे मध्यवर्ग के अन्तर्द्वन्द्वों और शोषित-शोषक के मानसिक भौतिक अँधेरों के स्वानुभूत ज्ञाता लेखकों से प्रेरणा ग्रहण की। ये दोनों ही लेखक फंतासी और तनाव को बहुत गहराई से चित्रित करते हैं।

नेत्र सिंह रावत मणि कौल के विषय में कहते हैं–"दूसरे सिनेमा की दिशा में कई

फिल्मकारों द्वारा काम शुरू किए जाने पर जो नाम उभरे, उनमें मणि कौल शीर्षस्थ हैं। अपने कर्म को भ्रष्ट न होने देने का दायित्व निभाने में इस देश का शायद ही कोई और फिल्मकार आज उनका मुकाबला कर सकेगा।"[78]

'उसकी रोटी' मोहन राकेश की लघुकथा पर आधारित है। यह एक ऐसी निम्नवर्गीय स्त्री की कहानी है, जिसका पति सुच्चा सिंह बस ड्राइवर है और सप्ताह में एक दिन घर आता है। पत्नी को गुजारे के लिए वह पचास रुपए देता है। पत्नी बालो ने सुन रखा है कि उसने नकोदर में कोई रखैल रख छोड़ी है, लेकिन वह इतने से सन्तुष्ट है कि वह मंगलवार को घर तो आता है। वह रोटी लेकर बस स्टैंड पर उसका इन्तजार करती है। एक बार सुच्चा सिंह नाराज होता है, रोटी नहीं लेता। बालो दिन-रात पत्थर की पटिया पर पेड़ के नीचे बैठी इन्तजार करती है, और इस बीच छोटी-छोटी कुछ घटनाएँ घटती हैं।

'उसकी रोटी' सिनेमा के व्याकरणिक मुहावरे में कसकर ढाली गई है। मणि कौल ने चार कथा-फिल्में बनाई हैं 'उसकी रोटी' (1969), 'आषाढ़ का एक दिन' (1971) मोहन राकेश के नाटक पर आधारित, 'दुविधा' (1973) विजयदान देथा की कहानी पर आधारित और 'सतह से उठता आदमी' (1980) गजानन माधव मुक्तिबोध के समस्त कृतित्व पर आधारित। मणि कौल की फिल्में व्यावसायिक धरातल पर असफल हैं। न तो उन्हें ठीक से प्रदर्शित करने की कोशिशें की गई हैं, न ही उनके योग्य हमारे यहाँ वातावरण है। जिस दिन मणि कौल की फिल्मों का दर्शक-वर्ग हिन्दीभाषी प्रदेशों में उभर आएगा, वह दिन हिन्दी कला-सिनेमा आन्दोलन की सफलता का दिन होगा।

मणि कौल आजीविका के लिए पेंटिंग बना सकते हैं, किन्तु सिनेमा की भाषा को दूषित करके व्यावसायिक ढाँचे को स्वीकार नहीं कर सकते हैं। नेत्र सिंह रावत लिखते हैं—"मणि कौल ने अब तक जो टेक निभाई है, वह यह आश्वासन देती है कि समझौतापरस्ती उन पर कभी हावी नहीं हो सकेगी। देश-विदेश में उनकी कृतियाँ खूब सराही जा रही हैं, लेकिन वे अपनी लागत वसूल नहीं कर पाईं। यह सिलसिला यों नहीं चल सकता। मुझे लगता है कि समझौते का विकल्प स्वीकार करना मणि कौल के वश में नहीं है।"[79]

मुक्तिबोध की तरह ही मणि कौल के रचनात्मक व्यक्तित्व की संश्लिष्टता कुछ इस प्रकार की है कि वे समझौता नहीं कर सकते। 'दुविधा' देखने के बाद ब.व. कारन्त ने कहा था—" 'दुविधा' हमें समझ देती है। मणि कौल निर्देशकों के निर्देशक हैं।" 1970 में बीच का सिनेमा के अन्तर्गत ऋषिकेश मुखर्जी ने राजेश खन्ना और अमिताभ को लेकर 'आनन्द', विजय आनन्द ने देवानन्द को लेकर 'जॉनी मेरा नाम' तथा देवानन्द ने 'प्रेम पुजारी' नामक फिल्में बनाईं। इसी वर्ष राजकपूर ने 'मेरा नाम जोकर' प्रस्तुत की।

यू. आर. अनन्तमूर्ति के उपन्यास पर आधारित 'संस्कार' फिल्म से कन्नड़ में पट्टाभि रामा रेड्डी ने नया सिनेमा आन्दोलन का सूत्रपात किया। इसकी पटकथा

गिरीश कर्नाड ने लिखी थी। एन.एफ.डी.सी. के सहयोग से इस वर्ष सिर्फ एक फिल्म हिन्दी में बनी 'दस्तक'। इस फिल्म का निर्देशन राजेन्द्र सिंह बेदी ने किया है। इस फिल्म में सेक्स से सम्बन्धित प्रश्नों को केन्द्र में रखा गया है। फिल्म को देखकर स्पष्ट होता है कि बेदी की पकड़ सिनेमाध्यम पर नहीं है। कथ्य की दृष्टि से वे इसे कला सिनेमा आन्दोलन के घेरे में रखना चाहते हैं, किन्तु वह अनगढ़ और छिछला है। राजेन्द्र सिंह बेदी ने कमर्शियल फिल्मों में कई फॉर्मूले पैदा किए हैं, उन्होंने मुख्यधारा की अनेक फिल्मों में कहानी और संवाद लिखे हैं।

सन् 1972 में बासु भट्टाचार्य ने एफ.एफ.डी. के सहयोग से 'अनुभव' बनाई। 'तीसरी कसम' रेणु की कहानी पर आधारित थी। किन्तु अनुभव (1972) से आविष्कार (1974), गृह प्रवेश (1979), पंचवटी (1986) तथा आस्था (1996) तक बासु भट्टाचार्य पति-पत्नी सम्बन्धों के आलोक में घरेलू और बाहरी समस्याओं को परखते हैं। 'अनुभव' में जहाँ पति-पत्नी सम्बन्धों में विवाह पूर्व सम्बन्धों के बीच में आने से तनाव को चित्रित किया गया है, वहीं 'आस्था' में घर की चारदीवारी में प्रवेश करते बाजार को बारीकी से रेखांकित किया गया है। बासु भट्टाचार्य की इन फिल्मों में एक विषयवस्तु को गहनता से व्यक्त करने की निरन्तरता दिखाई देती है। रसूल हम्जातोव का कहना है–"प्रत्येक रचनाधर्मी को एक-न-एक दिन उसकी विषयवस्तु मिल जाती है, उसके बाद उसे अपने विषय से छल नहीं करना चाहिए।"[80] बासु भट्टाचार्य ने आजीवन अपने रचनात्मक विषय के साथ न्याय किया। उन्हीं के शब्दों में–"मैंने 'अनुभव' और 'आविष्कार' फिल्में आठवें दशक के पूर्वकाल में बनाईं और फिल्म 'गृह प्रवेश' आठवें दशक के उत्तर काल में बनाई। दिलचस्प बात तो यह है कि ये विषय वस्तुतः मेरे मन में मेरे विवाह के पूर्व मेरी उत्तरकिशोरावस्था में उठे थे। उस समय सामाजिक, आर्थिक परिस्थिति के समीप पुरुष-स्त्री सम्बन्ध बहुत भिन्न थे। उस समय इतनी स्त्रियाँ नौकरी करने नहीं जाती थीं। उन फिल्मों के माध्यम से मैंने इस मध्यवर्गीय परिवेश के सम्बन्ध में अपने विचारों को अभिव्यक्त करने का प्रयत्न किया है। मैं उन स्त्रियों से नफरत करता था जो कहती थीं–मैं कुछ भी नहीं करती, मैं एक गृहिणी हूँ, क्योंकि मेरी दृष्टि में परिवार को चलानेवाली गृहिणी का कार्य अत्यन्त महत्त्वपूर्ण है। इस कार्य को पुरुष और स्त्री दोनों ही द्वारा जिस ढंग से देखा जाता था, वह ढंग बिल्कुल गलत था।"[81]

बासु भट्टाचार्य की फिल्मों का कथानक मध्यवर्गीय चरित्रों के आस-पास बुना गया है। इन्होंने 'तीसरी कसम' (1966) के बाद शौकिया कलाकारों को लेकर एक फिल्म 'उसकी कहानी' 1967 में भी बनाई थी, जो दुर्भाग्य से किसी थिएटर में रिलीज नहीं हो सकी। यह फिल्म सम्भवतः पहली प्रायोगिक हिन्दी फिल्म थी। बासु भट्टाचार्य विमल राय के शिष्य हैं। विमल दा ने किसानों के जीवन को आधार बनाकर सिर्फ एक फिल्म 'दो बीघा जमीन' बनाई और बासु दा ने भी एक फिल्म 'तीसरी कसम' बनाई। बाद की फिल्मों में दोनों ही मुख्यतः मध्यवर्ग की समस्याओं को उठाते रहे। बासु दा कला-फिल्मकारों और सिने-भाषा के आग्रही निर्देशकों की तरह ही सिनेमा में संगीत के

महत्त्व को स्वीकार करते हैं, किन्तु वे गीतों को सिनेमा की कला से बाहर करने के पक्षधर नहीं हैं। उनका मानना है कि गीत हमारे समाज और संस्कृति का आवश्यक अंग हैं, अतः सिनेमा में भी उसका समुचित समायोजन होना चाहिए। उनका कहना है– "गीतों के माध्यम से भावों को अभिव्यक्त करने का यह रूप एक बहुत विकसित तकनीक है। यदि आप नाट्यशास्त्र को कुछ समझ पाए हों तो आप यह जानते होंगे।"[82] किन्तु वे अनावश्यक और कथासूत्र से विच्छिन्न गीतों के पक्षधर नहीं हैं। बासु भट्टाचार्य का रास्ता, जो वस्तुतः विमल राय से शुरू होकर बासु भट्टाचार्य और गुलजार के रूप में विकसित होता है, जो आज कला सिनेमा धारा में सबसे सफल माना जा रहा है।

ओमपुरी गीतों का समर्थन करते हुए लिखते हैं–"गाने होने चाहिए। गानों से कोई नुकसान नहीं है। यह ध्यान रखना है कि किसी भी तरह लोगों को थिएटर में बुलाना है, और बिठाना है। गाने का प्रलोभन देकर बुलाया, बिठाया जा सकता है। 'दो बीघा जमीन', 'तीसरी कसम' या 'मदर इंडिया' को ही लीजिए, जिनमें भरपूर गाने हैं, लेकिन उनसे फिल्म को कोई नुकसान नहीं हुआ। मेरी दृष्टि में किसी भी मायने में ये फिल्में आर्ट फिल्मों से कम नहीं थीं। पश्चिम का नैरेटिव फॉर्म है, तो हमारा देसी फॉर्म है, जो फोक थिएटर से लिया गया है। भारतीय लोगों को संगीत या गाने अच्छे लगते हैं।"[83]

ऋषिकेष मुखर्जी ने 'गुड्डी' और गुलजार ने 'मेरे अपने' बनाकर 'बीच का सिनेमा' के अगले पड़ाव रखे। कमाल अमरोही ने कॉमर्शियल ढाँचे में 'पाकीजा' नामक बेहतरीन फिल्म बनाई। 'पाकीजा' कॉमर्शियल ढाँचे के सार्थक सिनेमा-धारा की अगली मजबूत कड़ी है। 'रेशमा और शेरा' नामक फिल्म बनाकर सुनील दत्त ने 'यादें' के बाद अपनी अगली सार्थक कोशिश का प्रमाण दिया। सन् 1972 में 'कोशिश' और 'परिचय' बनाकर गुलजार ने बीच का सिनेमा के महत्त्व को रेखांकित किया।

कुमार साहनी ने 'मायादर्पण' (1972) बनाकर सिने-भाषा के प्रति गम्भीरतम सोच का प्रमाणपत्र देते हुए कला फिल्मकारों की शृंखला में अपना नाम दर्ज कराया। 'मायादर्पण' को लोकार्नो फिल्म समारोह में 'कार्ज एंड रीगर' पुरस्कार से सम्मानित किया गया। कुमार साहनी का नाम प्रयोगवादी फिल्मकारों में मणि कौल के बाद सर्वाधिक महत्त्वपूर्ण है। कुमार साहनी पेरिस के न्यू वेव के महत्त्वपूर्ण फिल्मकार राबर्ट ब्रेसाँ के सहायक के रूप में काम कर चुके हैं। 'मायादर्पण' पर ब्रेसाँ के प्रभाव को लक्षित किया गया, तो यह स्वाभाविक था। कुमार साहनी ने ब्रेसाँ को अच्छी तरह आत्मसात किया है, और अपना निजी मुहावरा गढ़ा है।

'फ्रेंच न्यू वेव' की सबसे बड़ी विशेषता, फिल्मकार की वैयक्तिक छाप उनकी फिल्मों में दिखाई देती है। बाद के दौर में यह प्रवृत्ति उनमें व्यक्तिवाद के रूप में विकसित होकर उन्हें दिग्भ्रमित कर देती है, किन्तु शुरू की दो फिल्मों 'मायादर्पण' और 'तरंग' के द्वारा वे सिनेमा के इतिहास में अलग सिने भाषा शैली की अमिट छाप बना सके।

'मायादर्पण' फिल्म निर्मल वर्मा की कहानी पर आधारित है, किन्तु कुमार साहनी का फिल्मकार कथानक पर इस तरह से हावी है कि उपन्यास और सिनेमा में कोई स्पष्ट रूपान्तरण बिन्दु ढूँढ़ पाना कठिन है। इनकी दूसरी महत्त्वपूर्ण फिल्म 'तरंग' है। कुमार साहनी ने वैयक्तिकता का प्रश्न सामाजिक या राजनीतिक विचारों के सन्दर्भ में नहीं उठाया है, उनका सन्दर्भ कलात्मक है। मुख्य रूप से यह प्रश्न फिल्मकार की भाषा और उसकी शैली से जुड़ा हुआ है। कुमार साहनी में जो वैयक्तिकता का आग्रह है, उसका सम्बन्ध सिने भाषा के उपयोग, अर्थात् शॉट, कोण, ध्वनि और प्रकाश के वैयक्तिक उपयोग के ढंग से है।

1997 में कुमार साहनी ने रवीन्द्रनाथ ठाकुर के विवादास्पद उपन्यास 'चार अध्याय' पर इसी नाम से एक फिल्म बनाई है। 'चार अध्याय' फिल्म 1997 फिल्म एप्रिसिएशन कोर्स में दिखाई गई। इस फिल्म के अन्तर्द्वन्द्वात्मक कथानक पर विद्यार्थियों द्वारा प्रश्न उठाए जाने पर, कुमार साहनी ने कहा कि ये सब उपन्यास में है, अतः इसमें उनका कोई योगदान नहीं। फिल्म की विषयवस्तु से सम्बन्धित प्रश्नों के लिए वे जवाबदेह नहीं हैं क्योंकि फिल्म किसी के कथानक पर आधारित है। उनके ख्याल से उन जैसे निर्देशक का सम्बन्ध सिर्फ फिल्म के कला-पक्ष से है। फिल्म और समाज के सम्बन्धों से उनका कोई लेना-देना नहीं। वे अपनी फिल्में अल्पसंख्यक बौद्धिक वर्ग के लिए बनाने का दावा करते हैं।

सन् 1973 में श्याम बेनेगल ने 'अंकुर' और एम.एस. सथ्यू ने 'गर्म हवा' बनाकर, हिन्दी कला सिनेमा आन्दोलन को आगे बढ़ाया। सुधीर दीक्षित का कहना है–"हमारे यहाँ बेहतर फिल्मों के बहुत से निर्देशक मानते हैं कि सिनेमा को कोलाज होना चाहिए, पर श्याम बेनेगल मानते हैं कि सिनेमा को सबसे पहले सिनेमा होना चाहिए, इसके बाद वह चाहे और कुछ हो। श्याम बेनेगल को यदि कला फिल्मों के तिलिस्म को तोड़नेवाले भूतनाथ की संज्ञा दी जाए तो कोई अतिशयोक्ति नहीं होगी। श्याम बेनेगल ने कला सिनेमा को कुछ इतने ज्यादा करीब से देखा है कि दूर से आकर्षक लगनेवाले उसके चेहरे के बदनुमा दाग, मुहाँसों और झाँइयों ने उन्हें विचलित कर दिया। श्याम बेनेगल यह भली-भाँति जान गए हैं कि कला-सिनेमा गन्दगी, गरीबी, अमानवीयता के उस छलावे का नाम है, जो हिन्दुस्तानी होकर भी हिन्दुस्तानी नहीं है। ऐसा नहीं है कि बेनेगल यूरोपीय सिनेमा के प्रभाव से अछूते रहे हैं। 'अंकुर' से 'निशान्त' तक उनकी सभी फिल्मों पर तकनीक और कथ्य दोनों दृष्टियों से कला सिनेमा एक तरह से हावी रहा है। नवयथार्थवादी सिनेमा जैसे 'बायसिकल थीव्स' से काफी प्रभावित होने के बाद भी बेनेगल को उससे ऊपर उठने की जरूरत महसूस हुई, क्योंकि भौतिक यथार्थ ही अन्तिम सिनेमाई सत्य नहीं होता।"[84]

पारम्परिक फिल्मों के उत्तर भारतीय परिवेश से सर्वथा भिन्न, आन्ध्र प्रदेश के ग्रामीण क्षेत्रों का वातावरण, वेशभूषा, रीति-रिवाज, हैदराबादी हिन्दी के संवाद और अपरिचित कलाकार, आदि विशेषताएँ श्याम बेनेगल की फिल्मों को पारम्परिक तो क्या

नया सिनेमा की अन्य फिल्मों से भी अलग करती हैं। 'अंकुर' की कहानी, जहाँ पुराने और नवीन सामन्ती रवैए को स्पष्ट करती है, वहीं आधुनिक सामन्ती प्रवृत्तियों का चित्रण भी करती है।

श्याम बेनेगल में नया सिनेमावादी कट्टरता नहीं है। वे कथ्य को अभिव्यक्त करने में सिने माध्यम का भरपूर प्रयोग करते हैं। श्याम बेनेगल की फिल्मों में साहित्य और सिनेमा के समन्वय के बीच राजनीतिक विचारों की अन्तर्धारा भी विद्यमान है। दृश्य बिम्बों के माध्यम से मार्क्सवादी विचारधारा की अभिव्यक्ति श्याम बेनेगल की सबसे बड़ी विशेषता है। श्याम बेनेगल ने सत्यजित रे की 'पथेर पांचाली' से जबर्दस्त प्रेरणा ली। उन्हीं के शब्दों में–"यह कब हुआ ? 1955-56 में। यह तब हुआ, जब मैं कलकत्ता गया था। जहाँ मैंने सत्यजित रे की एक फिल्म पहली बार देखी। उस समय भी मुझे सिनेमा से बेहद प्रेम था और मैंने फिल्म निर्माता बनने का मौन संकल्प ले रखा था। हैदराबाद में अपने पढ़ने के दौरान मैंने जो दो प्रकार की अमरीकी फिल्में और भारतीय फिल्में देखी थीं, निश्चय ही मैं वैसी फिल्में नहीं बनाना चाहता था। मैं उन फिल्मों से अलग ढंग की फिल्में बनाना चाहता था। मैं निश्चय ही यह नहीं जानता था कि मैं किस दिशा को अपनाना चाहता हूँ। 'पथेर पांचाली' फिल्म का मुझ पर ऐसा प्रभाव हुआ जैसे कि मेरे मन में विस्फोट हुआ हो। अकस्मात मेरे लिए हर चीज स्पष्ट हो गई–यहाँ तक कि फिल्म बनाने की मेरी इच्छा भी। अकस्मात ऐसा लगा कि मेरे सामने एक बिल्कुल नया मार्ग है, सिनेमा का एक बिल्कुल नया विश्व है, जिसके बारे में किसी ने नहीं सोचा था, क्योंकि अनुभव के उस क्षेत्र में किसी ने भी फिल्में नहीं बनाई थीं।"[85]

'पथेर पांचाली' ने भारत के प्रबुद्ध फिल्मकारों को, अपनी फिल्म बनाने से पूर्व अनावश्यक खतरों से बचने के व्यावहारिक सूत्र बता दिए थे। पहला सूत्र है कि सेट तथा शूटिंग स्थलों की खरीद या किराए पर कम-से-कम धन खर्च किया जाए। दूसरा सूत्र नए तथा प्रतिभावान अभिनेताओं का चुनाव किया जाए। 'अंकुर' भी आन्ध्र प्रदेश के एक गाँव में फिल्माई गई है।

श्याम बेनेगल ने 'निशान्त', 'मन्थन', 'भूमिका', 'मंडी', 'आरोहण', 'सरदारी बेगम' आदि महत्त्वपूर्ण फिल्में बनाई हैं। श्याम बेनेगल के सिनेमा को न तो कला सिनेमा और न ही व्यावसायिक सिनेमा की संज्ञा दी जा सकती है, हालाँकि 'अंकुर' से 'मन्थन' तक उनकी फिल्मों में साम्यवाद, समाजिक प्रतिबद्धता इत्यादि का प्रभाव रहा। सुधीर दीक्षित ने लिखा है–" 'भूमिका' से श्याम बेनेगल इब्सन और स्ट्रिंडबर्ग की तरह नवयथार्थवाद से उबरे और उन्होंने अधिक मानवीय स्तर पर फिल्में बनाना शुरू किया, जो लोकप्रिय स्तर भी था।"[86] श्याम बेनेगल सिने-शिल्प के आग्रही मणि कौल या कुमार साहनी से भिन्न तो हैं ही, साहित्यिक आधार पर सिने-निर्माण शुरू कर व्यावसायिक खाँचे में जा फँसनेवाले बासु चटर्जी से भी काफी अलग हैं। दृष्टिकोण में वे विमल राय के शिष्य बासु भट्टाचार्य के करीब दिखते हैं। बासु भट्टाचार्य भी सिनेमा को व्यावसायिक या

कला के वर्गों में बाँटकर देखने के पक्षधर नहीं हैं। उनका मानना है कि फिल्मों में दर्शक को बाँधे रखने की क्षमता होनी चाहिए। श्याम बेनेगल का कहना है–"When you are making a film, the primary audience of the film is no one else but you. At the point of time, therefore you do not think in terms of an international audience. A film is complete only when the audience sees it. However, I belive that the essential source of creativity and/or art lies in the specificity of the culture it is born in to and belongs to."[87] श्याम बेनेगल ने अपनी फिल्मों के लिए एन.एफ.डी.सी. से आर्थिक सहयोग नहीं लिया।

1973 में ही एम.एस. सथ्यू ने एन.एफ.डी.सी. से आर्थिक सहयोग लेकर 'गर्म हवा' फिल्म बनाई। अपनी पहली फिल्म 'गर्म हवा' बनाकर सथ्यू ने भारत विभाजन से उपजी समस्याओं का सटीक विवेचन प्रस्तुत किया। 'गर्म हवा' में सथ्यू एक ऐसा पात्र उठाते हैं, जो इस विश्वास को जी रहा है कि इस देश का विभाजन सम्भव ही नहीं है। किस प्रकार पूरे समाज तथा राजनीति की गलत सोच किसी एक व्यक्ति की सही सोच पर हावी हो जाती है तथा यह समाज अपनी गलतियों से कुछ सीखने की बजाय उस व्यक्ति के अस्तित्व को ही नष्ट करने पर तुल जाता है। 'गर्म हवा' इस मनोवृत्ति के रेशे उधेड़कर दिखानेवाली सशक्त रचना है। 'गर्म हवा' के बाद सथ्यू ने तीन हिन्दी फिल्में और बनाईं 'कन्नेश्वर रामा' (1977), 'सूखा' (1980), और 'कहाँ-कहाँ से गुजर गया' (1981)। इसमें से सिर्फ 'सूखा' ही चर्चित हो सकी।

सन् 1973 में सत्यजित रे ने 'अशनि संकेत' का बँगला में निर्माण किया। कमर्शियल सिनेमा के अन्तर्गत राजकपूर ने 'बॉबी', बी.आर. चोपड़ा ने 'धुन्ध', यश चोपड़ा ने 'दाग', ऋषिकेश मुखर्जी ने 'नमकहराम' तथा महेश भट्ट ने अपनी पहली फिल्म 'मंजिलें और भी हैं' बनाई। इसमें से 'दाग' जो गुलशन नन्दा के उपन्यास पर आधारित है तथा 'नमकहराम' जिसमें मालिक मजदूर की समस्या उठाई गई है, का मूल्यांकन 'बीच का सिनेमा' के अन्तर्गत भी किया जाता है। इसी वर्ष अवतार कृष्ण ने एन.एफ.डी.सी. के सहयोग से अपनी पहली कला-फिल्म '27 डाउन' बनाई।

'27 डाउन' रमेश बक्षी के उपन्यास 'अठारह सूरज के पौधे' का सिने रूपान्तरण है। '27 डाउन' के माध्यम से हम एक अत्यन्त प्रतिभावान और प्रतिबद्ध फिल्मकार के कृतित्व से परिचित हो पाते हैं। अवतार कृष्ण अपने दो पूर्ववर्ती फिल्मकारों कुमार साहनी और मणि कौल की तरह प्रतीकात्मकता और सांकेतिकता को कथा-तत्त्व पर हावी नहीं होने देते। '27 डाउन' में कथा का एक निश्चित क्रम है, परन्तु 'उसकी रोटी' और 'मायादर्पण' की भाँति मूल कथा को, एक पूरी प्रामाणिकता के साथ प्रस्तुत किया गया है। अवतार कौल भी मूल कथा को कच्चा माल मानकर, उसमें संशोधन और परिवर्द्धन करके मौलिक पटकथा लिखने तथा फिल्म बनानेवाले निर्देशकों की जमात में शामिल नहीं होते। '27 डाउन' एक ऐसे युवक की कथा है, जो अपने पिता के कठोर अनुशासन तथा परम्परासम्मत मान्यताओं का विरोध नहीं कर पाता।

गोविन्द निहलानी ने अपनी पहली फिल्म 'आक्रोश' (1980) से ही एक गम्भीर फिल्मकार के रूप में अपनी प्रतिष्ठा बना ली। सन् 1981 के नई दिल्ली फिल्म महोत्सव में 'आक्रोश' को पुरस्कृत किया गया था। गोविन्द निहलानी ने वायुसेना की पृष्ठभूमि में 'विजेता' (1983) बनाई। 1983 में 'अर्द्धसत्य', 1984 में 'पार्टी', 1985 में 'आघात', तथा 1986 में पाँच घंटे की लम्बी फिल्म 'तमस' का निर्माण किया। 'तमस' टेलीविजन के लिए बनाई गई थी। निहलानी की फिल्मों का केन्द्रीय विषय हिंसा और विभाजन की त्रासदी है।

श्याम बेनेगल की पहली फिल्म 'अंकुर' में गोविन्द निहलानी कैमरामैन थे। जहाँ श्याम बेनेगल अपनी फिल्मों में हिंसा के दृश्यों से बचते हैं, गोविन्द निहलानी समाज में व्याप्त हिंसा की प्रवृत्ति को परत-दर-परत उधेड़ते दिखाई देते हैं। गोविन्द निहलानी की फिल्मों को कला या व्यावसायिक, जैसे नाम की जरूरत नहीं। ये फिल्में पुलिस, प्रशासन, राजनीति तथा समाज के भीतर व्याप्त भ्रष्टाचार और हिंसा को सही परिप्रेक्ष्य में देखने का सर्जनात्मक प्रयास हैं। इनका मानना है कि सिनेमा समाज को बदलने का एक सशक्त माध्यम है, अतः फिल्मकार को समाज के प्रति सचेत होना चाहिए। इनकी फिल्में व्यावसायिक धरातल पर भी सफल रही हैं। सिनेमाकार और समाज के विषय में इनका कहना है–"A filmmaker is usually quite aware of the potential of cinema to create an awareness among his viewers about issues that are dealt within film. One can not forget ones social responsibility while handling cinema, which has the strong potential of arousing consciousness. There is no such thing as pure entertainment, A filmmaker's attitude comes through even in the films which he may not intend to be socially relevant. Beyond that, it is left entirely to the filmmaker to choose the role his/her films should play in the process of change, social, political, cultural, whatever."[88]

गोविन्द निहलानी किसी दृष्टिकोण या विषयवस्तु से बँधने की प्रवृत्ति को स्वीकार नहीं करते। उनका मानना है कि कलाकार को अपने आपको अभिव्यक्त करना चाहिए और समय के साथ उसके विषय भी बदल सकते हैं। उन्हीं के शब्दों में–"I am not in favour of creating a definite code of conduct for filmmakers but a filmmaker as an artist must be allowed full freedom to grow as an artist, which includes a total and complete change of view point from time to time."[89]

'आक्रोश' में भ्रष्ट राजनीतिक जीवन का खुला और साफ चित्रण है। 'अर्द्धसत्य' में पुलिस की कार्यशैली का यथार्थवादी चित्रण है। राजनीति और पुलिस का इतना स्पष्ट चित्रण हिन्दी सिनेमा में पहली बार हुआ। 1995 में आतंकवाद की समस्या पर गोविन्द निहलानी ने 'द्रोहकाल' नामक बेहतरीन फिल्म बनाई। वस्तुतः सेंसर के भय से कला फिल्मकार इन विषयों पर फिल्में बनाना नहीं चाहते थे और कमर्शियल ढाँचे में

यथार्थवादी चित्रण की एक सीमा होती है। विनोद भारद्वाज लिखते हैं–"दरअसल हमारे यहाँ के अधिकांश फिल्मकार सेंसर को चुनौती देने से घबड़ाते हैं। यह पहले ही मान लिया जाता है कि सेंसर फलाँ चीज पास करेगा ही नहीं।"[90]

'आक्रोश' के लहाण्या और नागी अपनी छोटी-सी गृहस्थी में सुखी हैं, लेकिन समाज और व्यवस्था उनसे उनकी साधारण जिन्दगी के सुख भी छीन लेती है। 'अर्द्धसत्य' का नायक पुलिस इंस्पेक्टर अनन्त अच्छी कविताएँ पढ़ना चाहता है, और उन कविताओं द्वारा अपने अन्तर्द्वन्द्वों को अभिव्यक्त करता है। 'विजेता' में गोविन्द निहलानी ने दाम्पत्य जीवन के जटिल तानों-बानों, पति तथा पत्नी की रुचियों में अन्तर, संवाद टूटने की स्थितियों तथा मनोवैज्ञानिक हिंसा का सूक्ष्म चित्रण किया है। 'आघात' में मजदूर यूनियनों के आपसी संघर्षों, मालिकों तथा मजदूरों के अधिकारों को मनवाने के तरीकों, सैद्धान्तिक मतभेदों और हिंसा की जरूरत को स्वीकार करने के अन्तर्द्वन्द्व को आधार बनाया गया है।

सन् 1983 में महेश भट्ट ने 'अर्थ' बनाकर एक गम्भीर फिल्मकार के रूप में छवि बनाई। इसके बाद की दो फिल्में 'सारांश' और 'जन्म' ने भी इसी छवि को मजबूत किया। किन्तु 'नाम' से वे घोर व्यावसायिक सिनेमा के प्रवाह में अपनी रचनाशीलता लेकर उतर गए। उसके बाद उन्होंने 'कब्जा', 'जुनून', 'आशिकी', 'सड़क' कॉमर्शियल फिल्में बनाईं। इनकी फिल्मों पर विदेशी साहित्य का प्रभाव लक्षित किया जाता है, जिसे वे स्वयं भी स्वीकार करते हैं। 'अर्थ' से पहले वे 'मंजिलें और भी हैं', 'लहू के दो रंग', 'नया दौर' और 'विश्वासघात' नामक फिल्में बना चुके थे। 'मंजिलें और भी हैं' में वे दो पुरुषों के साथ, एक स्त्री के रह सकने की सम्भावनाएँ ढूँढ़ते नजर आते हैं। 'अर्थ' में दो स्त्रियों के बीच एक पुरुष, घर, गृहस्थी, रोमांस और नारी स्वतन्त्रता आदि के ताने-बाने में कथानक बुना गया है। 'सारांश' में अमेरिका में अपने पुत्र की हत्या हो जाने के बाद बम्बई में अकेलेपन के शिकार एक वृद्ध दम्पति के जीवन में पेइंग गेस्ट के रूप में प्रवेश करनेवाली एक अभिनेत्री बनने की महत्त्वाकांक्षी लड़की के आस-पास कथानक बुना गया है। 'जन्म' एक युवक के फिल्म निर्देशक बनने की महत्त्वाकांक्षा को आधार बनाकर बनाई गई है। कॉमर्शियल ढाँचे में बनी महेश भट्ट की दो फिल्में 'डैडी' और 'सर' अपने विषयवस्तु के लिए महत्त्वपूर्ण हैं। 'डैडी' में एक गायक के पारिवारिक तनाव से उपजे अन्तर्विरोधों को फिल्मांकित किया गया है तथा 'सर' अकारण हिंसा पर जबर्दस्त प्रश्नचिह्न खड़ी करती नजर आती है। महेश भट्ट के चरित्र महानगरीय जीवन से आते हैं। यह संयोग ही है कि उनका भारतीय यथार्थवादी साहित्य से सामना नहीं हुआ है। उनकी फिल्मों पर विदेशी साहित्य और सिनेमा के प्रभाव के सन्दर्भ में उनका कहना है–"मैं तो इसे संयोग ही कहूँगा की जो फिल्में मैंने बनाईं, वे साहित्य से ली हुई लगती हैं। हिन्दुस्तानी फिक्शन में, जो पढ़ने को मिला, वह आमतौर पर आदर्शवाद की चाशनी में पका हुआ मिला, जिससे मैं दूर भागता हूँ। मेरे सीनियर रिश्तेदारों को यह शिकायत रही है कि मेरा दिमाग बस आउटलाइन की बातें ही सोचता है।"[91]

सन् 1984 में 'दामुल' बनाने से पहले प्रकाश झा 'हिप-हिप-हुर्रे' बना चुके थे, जो एक मनोरंजक फिल्म होने के बावजूद कमर्शियल सिनेमा के स्वरूप से हटकर बनाई गई थी। 'दामुल' में उन्होंने एक यथार्थवादी विषय का समुचित निर्वाह किया है। 'दामुल' की समीक्षा करते हुए विनोद भारद्वाज लिखते हैं–"पहली बार हिन्दी सिनेमा में हिन्दी की दुनिया इतने सशक्त ढंग से सामने आई है। श्याम बेनेगल, मृणाल सेन, सईद मिर्जा, या कुमार साहनी जब हिन्दी फिल्में बनाते हैं, तो आमतौर पर वे हिन्दी-भाषी प्रदेशों के वातावरण को नहीं चुनते हैं।"[92] जो थोड़ी बहुत फिल्में हिन्दी-भाषी प्रदेशों के वातावरण को ध्यान में रखकर बनाई गई हैं, वे या तो पीरियड फिल्में (सामयिक फिल्में-वृत्तचित्र आदि) हैं या फिर उनका हश्र 'कालका' की तरह का हुआ है। 'कालका' में बिहार के कोयला माफिया को उभारने का प्रयास किया गया था, किन्तु फिल्म व्यावसायिक लटकों-झटकों में अपने विषयवस्तु से भटक गई थी। इस फिल्म का निर्देशन लोकसेन लालवाणी ने किया था। प्रकाश झा बिहार के वातावरण से भली-भाँति परिचित हैं। 'दामुल' का अर्थ होता है फाँसी। फिल्म का कथानक बिहार के गाँवों में प्रचलित पनाह व्यवस्था पर आधारित है, जिसमें जमींदार कुछ खास बँधुआ मजदूरों को चुनकर उन्हें आश्रय देता है, और फिर उनसे जानवरों की चोरी करवाता है। जो गरीब मजदूर पीढ़ी-दर-पीढ़ी गले तक कर्ज में डूबे हुए हैं, उनके पास इसके सिवा कोई चारा नहीं कि वह जमींदार के इशारों पर अपराधों में सलंग्न रहें। इस फिल्म में पनाह की समस्या स्थानीय रूप से दिखाई गई है, लेकिन उनके गाँव और समाजों में इसके भिन्न-भिन्न रूप पाए जाते हैं। इस फिल्म में अन्य देहाती समस्याओं को भी छुआ गया है। जैसे जातियों के झगड़े, मजदूरों के विवाद, हरिजनों पर अत्याचार और आतंकवादी सामन्ती ढाँचा–जिसमें फँसा किसान निकलने का कोई रास्ता नहीं पाता। 'दामुल' व्यावसायिक धरातल पर असफल रही थी। लम्बे अन्तराल के बाद प्रकाश झा ने एक कॉमर्शियल फिल्म 'बन्दिश' बनाई, जो फ्लॉप रही। 1997 में बिहार के सामन्ती वातावरण, नवधनाढ्यों और स्त्री की समस्याओं को केन्द्र में रखकर उन्होंने सफल फिल्म 'मृत्युदंड' का निर्माण किया, जिसका ढाँचा व्यावसायिक होते हुए भी यथार्थवादी है।

सईद मिर्जा ने अपनी पहली फिल्म 'अरविन्द देसाई की अजीब दास्तान' 1978 में प्रस्तुत की। इनकी अन्य महत्त्वपूर्ण फिल्में हैं–'अल्बर्ट पिंटो को गुस्सा क्यों आता है ?' तथा 'मोहन जोशी हाजिर हो' आदि। मनमोहन चड्ढा लिखते हैं–"अपनी पहली फिल्म से ही सईद मिर्जा अल्पसंख्यकों को पहचानने और समझने का प्रयत्न करते हैं। प्रचलित या रूढ़ अर्थों में अल्पसंख्यक नहीं, बल्कि अपने समाज में अपना स्थान न खोज पाने के कारण अल्पसंख्यक बन गए व्यक्तियों द्वारा अपनी अस्मिता खोजने का प्रश्न ही उनकी फिल्मों का प्रमुख सरोकार है।"[93] 'अरविन्द देसाई की अजीब दास्तान' में मुख्य पात्र धनी परिवार से उत्पन्न होने के बावजूद अपने ही परिवेश में अल्पसंख्यक है, क्योंकि अपनी अलग सोच के कारण वह इस समाज से बाहर चला जाता है। 'अल्बर्ट पिंटो को गुस्सा क्यों आता है ?' का अल्बर्ट अपने ईसाई समाज की इस सोच से सहमत

नहीं हो पाता कि उनका भविष्य भारत से बाहर कहीं है।

सईद मिर्जा को अपनी फिल्मों के लम्बे नामों से अत्यन्त प्रेम है। उन पर अग्रणी फिल्मकारों के प्रभाव के विषय में विनोद भारद्वाज का कहना है–"सईद मिर्जा पर सबसे ज्यादा असर ऋत्विक घटक, गोदार और ग्लाउबर रोशा जैसे फिल्मकारों का रहा।" सईद मिर्जा बताते हैं कि 'रोशा' से मैं पहली बार जान सका कि 'एपिक' बनावट को कैसे सिनेमा में सम्भव किया जाता है। राजनीतिक सिनेमा के लिए यह 'एपिक' बनावट बहुत महत्त्वपूर्ण है। मेरे दिमाग में विचारों का सिनेमा और राजनीतिक सम्बन्धों और वातावरण का सिनेमा इसी एपिक बनावट में आता है।"[94] सिनेमा और समाज के सम्बन्धों पर सईद मिर्जा का कहना है–"At one point of time, I believed that cinema can also be a tool for political comment and, perhaps, change."[95]

अगले महत्त्वपूर्ण फिल्मकार केतन मेहता हैं। ये भी सईद मिर्जा की तरह फिल्म एवं दूरदर्शन संस्थान के छात्र रह चुके हैं। इन्होंने अपनी पहली फिल्म 'भवनी-भवाई' 1980 में बनाई। यह गुजरात की एक लोककथा पर आधारित है। इनकी दूसरी फिल्म 'होली' विद्यार्थियों की समस्याओं का बहुत ही यथार्थपरक विश्लेषण प्रस्तुत करती है। इनकी तीसरी फिल्म 'मिर्च मसाला' विशेष रूप से चर्चित हुई। 'मिर्च मसाला' में स्वतन्त्रता-पूर्व 1940-41 में कर उगाहनेवाले एक अधिकारी के भ्रष्ट आचरण को उभारा गया है। 1993 में केतन मेहता ने 'मादाम बावेरी' नामक चर्चित उपन्यास का भारतीय परिवेश में श्रेष्ठ रूपान्तरण करते हुए 'माया मेमसाब' नामक फिल्म बनाई।

1978 में 'स्पर्श' नामक कथा-फिल्म बनाकर सई परांजपे ने एक महत्त्वपूर्ण फिल्मकार के रूप में अपनी पहचान बनाई। 'स्पर्श' में अनिरुद्ध नामक नेत्रहीन व्यक्ति के आत्मविश्वास, एक विधवा से प्रेम तथा नेत्रहीन बच्चों के विद्यालय को बहुत यथार्थवादी ढंग से फिल्माया गया है। सई ने अपनी दूसरी फिल्म 'चश्मे-बद्दूर' (1981) में तीन दोस्तों की आपसी गलतफहमियों से पैदा हुई, उलझनों का मनोरंजक फिल्मांकन किया है। उन्होंने 1982 में 'कथा' नामक प्रायोगिक फिल्म बनाई। 'कथा' खरगोश तथा कछुए की दौड़ की पुरानी कहानी के इस्तेमाल द्वारा एक सीमित दायरे में चक्कर लगाते रहनेवाले ईमानदार युवक राजाराम तथा इस दायरे को तोड़कर बाहर निकल जानेवाले बेईमान युवक बासु की कथा है। सन् 1977 में सई परांजपे ने 'साज' नामक फिल्म का निर्माण किया। फिल्म में दो गायक बहनों के अन्तर्द्वन्द्व को विषय बनाया गया है। फिल्म पर लता मंगेशकर ने मुकदमा कर दिया है। उनका आरोप है कि फिल्म में उनके व्यक्तिगत जीवन को विषय बनाया गया है।

मुजफ़्फ़र अली 'उमराव जान' (1982) नामक फिल्म बनाकर विशेष रूप से चर्चित हुए। यह फिल्म मिर्जा हादी रुसवा के उपन्यास पर आधारित है। इस फिल्म में एक तवायफ की जिन्दगी का बहुत ही मार्मिक फिल्मांकन किया गया है। इससे पहले वे 'गमन' नामक महत्त्वपूर्ण फिल्म बना चुके थे, जो बम्बई में आकर बसे बाहरी मजदूरों के विषय में थी। 'उमराव जान' के बाद मुजफ़्फ़र अली ने 'आगमन' और 'अंजुमन'

नामक महत्त्वपूर्ण फिल्में बनाईं। किन्तु ये राजनीति में सक्रिय हो जाने के चलते सिनेमा से दूर हटते गए। विषय-वस्तु की सार्थकता के बावजूद सिने-शिल्प पर उनकी पकड़ कमजोर रही है।

शेखर कपूर ने 1982 में 'मासूम' नामक कथा-फिल्म का निर्माण किया। इस फिल्म में विवाहपूर्व प्रेम से उत्पन्न बच्चे की समस्या को पुरुष और स्त्री तथा योनि-शुचिता आदि को पारम्परिक सामन्ती रूढ़ि में परखा गया है। इन्होंने 1988 में 'मि. इंडिया' नामक एक व्यावसायिक हिट फिल्म भी बनाई। किन्तु सन् 1994 में बनी 'बैंडिट क्वीन' (जो फूलन देवी नामक पूर्व दस्यु के जीवन पर आधारित है) से ये यथार्थवादी फिल्मकारों की शृंखला में गम्भीरता से मूल्यांकित किए जाने लगे। रवीन्द्र धर्मराज ने 1980 में 'चक्र' नामक फिल्म बनाई। 'चक्र' में बम्बई की झोंपड़पट्टी में रह रहे लोगों के जीवन का यथार्थपरक और प्रभावशाली चित्रण हुआ है। इस फिल्म के निर्देशक रवीन्द्र धर्मराज का तैंतीस वर्ष की छोटी आयु में 11 फरवरी, 1988 को निधन हो गया।

1969 से 1980 तक नवयथार्थवादी प्रभाव में बनी फिल्मों की संख्या अधिक है। 1980 के बाद यह संख्या यक-ब-यक बहुत कम हो गई। ऐसा लगा जैसे सार्थक फिल्मों का प्रयोग असफल हो गया। लेकिन, प्रवाह टूटा नहीं, अवरुद्ध जरूर हुआ। सार्थक सिनेमा का लोकप्रिय स्वरूप गढ़ने में प्रयोगशील फिल्मकारों में दक्षिण के मणिरत्नम को आज नई पीढ़ी का सबसे सशक्त हस्ताक्षर माना जा रहा है। 'अंजली', 'रोजा', 'बॉम्बे' आदि फिल्में सार्थकता के नाम पर नीरस हो जानेवाले कला-फिल्मकारों और सरसता के नाम पर फूहड़ हो जानेवाले व्यावसायिक फिल्मकारों की आँखें खोलने में सक्षम हैं। इन फिल्मों ने गीत-संगीत को भी एक कलात्मक स्तर प्रदान किया है।

कल्पना लाजमी की 'रूदाली' और 'दरम्यान'; दीपा मेहता की 'फायर', '1947-अर्थ' और रामगोपाल वर्मा की 'सत्या' व 'शूल' जैसी फिल्में प्रयोगशीलता के अगले चरण के रूप में मूल्यांकित की जा सकती हैं।

सार्थक फिल्मों को लोकप्रिय बनाने की कोशिश तब से अब तक लगातार जारी है। हालाँकि एक निश्चित मंच, मुखपत्र या सिद्धान्त के अभाव में प्रयोग को एक प्रभावशाली दिशा नहीं मिली है। इस प्रयोग में ऐसे फिल्मकारों का भी महत्त्वपूर्ण स्थान है, जिन्होंने एक या दो सार्थक फिल्में बनाईं और बाद में व्यावसायिक ढाँचे की फिल्में बनाने लगे या फिल्म-निर्माण से ही अलग हो गए। ऐसे फिल्मकारों का योगदान सिर्फ इसी बात से कम करके नहीं आँका जाएगा कि उन्होंने एक ही सार्थक फिल्म बनाई। संख्या को मूल्यांकन का मानदंड नहीं बनाया जा सकता है। बम्बई फिल्म-उद्योग के अराजक परिवेश में किसी जागरूक फिल्मकार का सक्रिय रह पाना सहज नहीं है। ए. एन. धीर ने 1980 में 'प्रतिशोध' फिल्म का निर्माण किया जिसमें कमर्शियल सिनेमा के घटकों का मजाक उड़ाते हुए एक नए फिल्मकार के संघर्ष को फिल्माया गया था। 1985 में रमेश शर्मा ने 'न्यू देल्ही टाइम्स' के बाद अब तक कोई फिल्म नहीं बनाई। सुधीर मिश्रा ने 1986 में 'ये वो मंजिल नहीं' के लम्बे समय बाद 'धारावी' तथा 'इस रात की

सुबह नहीं' नामक फिल्में बनाईं। 'धारावी' में बम्बई की झोंपड़-पट्टी के लोगों की जिन्दगी को कथानक बनाया गया है। 'इस रात की सुबह नहीं' में बम्बई के अंडरवर्ल्ड का जीवन उठाया गया है। प्रदीप कृष्ण ने 1896 में 'मैसी साहब' नामक महत्त्वपूर्ण फिल्म बनाई। इसमें एक अंग्रेज और उसके भारतीय क्लर्क मैसी साहब की कहानी कही गई है। इसमें औपनिवेशिक भारत के आम आदमी की महत्त्वाकांक्षा, चरित्र-परिवर्तन आदि को समाज मनोवैज्ञानिक तथ्यात्मकता के साथ उकेरा गया है।

किन्तु इसके बाद इन्होंने कोई हिन्दी फिल्म नहीं बनाई। 1988 में मीरा नायर ने आवारा बच्चों की जिन्दगी पर 'सलाम बॉम्बे' नामक महत्त्वपूर्ण फिल्म का निर्माण किया। सन् 1988 में आदित्य भट्टाचार्य ने युवा भावनाओं को यथार्थपरक ढंग से दर्शानेवाली फिल्म 'राख' बनाई। 1981 में विष्णु माथुर ने 'पहला अध्याय' बनाया। किन्तु वे आगे कोई फिल्म नहीं बना सके। नवेन्दु घोष ने सेक्स के सवालों को केन्द्र में रखते हुए 'तृषाग्नि' नामक फिल्म बनाई। किन्तु ये फिल्मकार राष्ट्रीय-अन्तर्राष्ट्रीय चर्चाओं के बाद या तो ग्लैमर की अन्धी गली में मुड़ गए या अपनी दूसरी फिल्म का निर्माण नहीं कर सके।

समान्तर सिनेमा आन्दोलन की शुरुआत से ही यह महसूस किया जाने लगा था कि बम्बई में मसाला सिनेमा के मुकाबले अगर इस नए सिनेमा को जिलाए रखना है, तो वितरण और प्रदर्शन का समान्तर ढाँचा खड़ा करना होगा। बातें बहुत हुईं, बड़े-बड़े वायदे भी किए गए, लेकिन समान्तर सिनेमा का वजूद सिर्फ राष्ट्रीय पुरस्कारों, राष्ट्रीय-अन्तर्राष्ट्रीय फिल्म समारोहों और मुट्ठी-भर बुद्धिजीवियों तक सिमटता चला गया।

सन्दर्भ-सूची (अध्याय तीन)

1. खरे, विष्णु, 'दे सीका की प्रासंगिकता', आजकल, जनवरी-1994, पृ. 8 पर उद्धृत
2. कौल, गौतम, 'समाज सुधार की अह्म भूमिका में सिनेमा', योजनाएँ अगस्त, 1995, पृ. 8
3. चड्ढा, मनमोहन, हिन्दी सिनेमा का इतिहास, पृ. 405
4. श्रीवास्तव, बच्चन 'व्यावसायिक सिनेमा ने सार्थकता को भी अपनाया है', पहल, अंक-50-51, पृ. 87
5. वही, पृ. 87
6. अरविन्द, 'श्री अरविन्द अपने तथा श्रीमाता जी के विषय में' पृ.169
7. वही, पृ. 169
8. राजाध्यक्ष, आशीष, 'फालके युग शताब्दी परिवर्तन के समय में पारम्परिक रूप और आधुनिक टेक्नॉलजी का संघर्ष', पटकथा, अंक-4, पृ. 16
9. वही, पृ. 16
10. वही, पृ. 16

11. फाल्के, दादासाहब, 'भारतीय सिनेमा भाग-1', पटकथा, अंक-4 पृ. 30
12. वही, पृ. 30
13. डॉ. नगेन्द्र, हिन्दी साहित्य का इतिहास, पृ. 470
14. करुणाशंकर, भारतीय फिल्मों का इतिहास, पृ. 24
15. फालके, दादासाहब, 'भारतीय सिनेमा भाग-एक', पटकथा, अंक-4 पृ. 32
16. वही, पृ. 34-35 भारतीय सिनेमा, भाग-दो'
17. वही, पृ. 39, 'द नायस्कोप (लन्दन) जूनः4, 1914 में प्रकाशित समाचार का सार संक्षेप'
18. वही, पृ. 39
19. वही, पृ. 40
20. फाल्के, डी.जी., 'भले सुसंस्कृत महिलाओं द्वारा फिल्मों में अभिनय' पटकथा, अंक-4, पृ. 29
21. चड्ढा, मनमोहन, हिन्दी सिनेमा का इतिहास, पृ. 71
22. चड्ढा, मनमोहन, हिन्दी सिनेमा का इतिहास, पृ. 71 पर उद्धृत
23. मैन, पॉल तथा राज्याध्यक्ष, आशीष, इनसाइक्लोपीडिया ऑफ इंडियन सिनेमा, पृ. 226
24. वही, पृ. 26, 'भक्ति विदुर'
25. चड्ढा, मनमोहन, हिन्दी सिनेमा का इतिहास, पृ. 83
26. वही, पृ. 89
27. इनसाइक्लोपीडिया ऑफ इंडियन सिनेमा, पृ. 230
28. पांडेय, मैनेजर, भारतीय उपन्यास की भारतीयता, 'साहित्य के समाजशास्त्र की भूमिका' में संकलित, पृ. 287
29. द्रष्टव्य-पटकथा, अंक-4, पृ. 24
30. चड्ढा, मनमोहन, हिन्दी सिनेमा का इतिहास, पृ. 139
31. वही, पृ. 155 पर उद्धृत
32. वही, पृ. 153 पर उद्धृत
33. रे, सत्यजित, 'आवर फिल्मस् देयर फिल्मस्, पृ. 202
34. चड्ढ़ा, मनमोहन, हिन्दी सिनेमा का इतिहास, पृ. 161 पर उद्धृत
35. वही, पृ. 167 पर उद्धृत
36. सिंह, अवधेश प्रसाद, 'सिनेमा और सामाजिक सरोकार', 'समकालीन सृजन', अंक-17, 1997, पृ. 89
37. गुलजार, 'सिनेमा और साहित्य, 'समकालीन सृजन', अंक-17 1997, पृ.40
38. मुक्ता, 'सिनेमा में साहित्य का उपयोग', 'समकालीन सृजन', अंक-17, पृ. 97 पर उद्धृत
39. घटक, ऋत्विक, 'आधारभूत तत्त्व काव्य है, 'समकालीन सृजन' अंक-17, 1997, पृ. 30
40. वही, पृ. 31
41. विलमैन, पॉल, राज्याध्यक्ष, आशीष, 'इनसाइक्लोपीडिया ऑफ इंडियन सिनेमा, पृ. 241
42. वही, पृ. 247
43. फास्ट, हावर्ड, 'साहित्य और यथार्थ', पृ. 6
44. भारद्वाज, विनोद, 'नया सिनेमा', पृ. 9
45. वही, पृ. 9
46. वही, पृ. 9

47. मसूद, इकबाल, 'सिनेमा इन इंडिया', 1987, पृ. 23 'द फोर्टीज, रिलिजन, रोमांस, रीवोल्ट'
48. विलमैन, पॉल, राज्याध्यक्ष, आशीष, 'इनसाइक्लोपीडिया ऑफ इंडियन सिनेमा, पृ. 286
49. वही पृ. 285
50. वही, पृ. 286
51. टाइम्स ऑफ इंडिया, 20 अगस्त, 1956 में प्रकाशित, 'विमल राय' (मोनोग्राम) में संकलित, पृ. 108
52. भट्टाचार्य, रिंकी, 'विमल राय' (मोनोग्राम) में संकलित पृ. 109
53. वही, पृ. 109-111
54. चड्ढा, मनमोहन, हिन्दी सिनेमा का इतिहास, पृ. 296-297
55. उनियाल, सुरेश, 'विश्व की दस कालजयी फिल्में, 'सारिका' अंक-375, फरवरी-1985, पृ. 10
56. भट्टाचार्य, रिंकी, 'विमल राय' (मोनोग्राम), पृ. 10
57. चड्ढा, मनमोहन, हिन्दी सिनेमा का इतिहास, पृ. 299 पर उद्धृत
58. भट्टाचार्य, रिंकी, 'विमल राय' (मोनोग्राम), पृ. 91 पर उद्धृत
59. खरे, विष्णु, 'दे सीका की प्रासंगिकता' 'आजकल', अंक-9, जनवरी,-1994, पृ. 9
60. उनियाल, सुरेश, 'विश्व की दस कालजयी फिल्में, 'सारिका' अंक-375, फरवरी-1985, पृ. 11
61. बेनेगल, श्याम, 'शैली का विधान', 'सत्यजीत रे', पृ. 4
62. ताम्रकर, श्रीराम, 'राजकपूर' (मोनोग्राम), पृ. 35
63. अग्रवाल, विजय, 'सिनेमा और समाज', पृ. 99
64. बिन्दु और सेनगुप्त, अमित, 'सिनेमा और समाज', पृ. 31
65. खोपकर, अरुण, 'गुरुदत्तः तीन अंकीय त्रासदी', पृ. 18-20
66. अग्रवाल, विजय, 'सिनेमा और समाज', पृ. 99-100
67. खोपकर, अरुण, 'गुरुदत्तः तीन अंकीय त्रासदी', पृ. 20-21
68. चड्ढा, मनमोहन, हिन्दी सिनेमा का इतिहास, पृ. 428
69. भारद्वाज, विनोद, 'नया सिनेमा', पृ. 9
70. वही, पृ. 10
71. वही, पृ. 10
72. चड्ढा, मनमोहन, हिन्दी सिनेमा का इतिहास, पृ. 437
73. वही, पृ. 437
74. वही, पृ. 437
75. द्रष्टव्य-गोदार, 'गोदार ऑन गोदार' (चड्ढा, मनमोहन, हिन्दी सिनेमा का इतिहास, में उद्धृत)
76. –वही–
77. चटर्जी, बासु, 'सारिका', अंक-375, फरवरी-1985, पृ. 25
78. रावत, नेत्रसिंह, 'पटकथा', अंक-16 पृ. 5
79. वही, पृ. 5
80. द्रष्टव्य-हमजातोव, रसूल, 'मेरा दागिस्तान'
81. भट्टाचार्य, बासु, 'हम घर नहीं बना रहे, 'पटकथा', अंक-17, पृ.50
82. वही, पृ. 57
83. पुरी, ओम, 'हम घर नहीं बना रहे', 'पटकथा', अंक-17, पृ. 56

84. द्रष्टव्य-दीक्षित, सुधीर, 'श्याम बेनेगल' (मोनोग्राम)
85. बेनेगल, श्याम, 'शैली का विधान', 'सत्यजित रे', (मोनोग्राम)
86. द्रष्टव्य-दीक्षित, सुधीर, 'श्याम बेनेगल' (मोनोग्राम)
87. बेनेगल, श्याम, 'इंडियन हॉरिजन्स', पृ. 277
88. निहलानी, गोविन्द, 'इंडियन हॉरिजन्स', पृ. 273
89. वही, पृ. 273
90. भारद्वाज, विनोद, 'नया सिनेमा', पृ. 18
91. भट्ट, महेश, 'सारिका', अंक, 375, फरवरी-1985, पृ.330
92. भारद्वाज, विनोद, 'नया सिनेमा', पृ. 77
93. चड्ढा, मनमोहन, हिन्दी सिनेमा का इतिहास, पृ. 492
94. भारद्वाज, विनोद, 'नया सिनेमा', पृ. 63
95. मिर्जा, सईद, 'इंडियन हॉरिजन्स', पृ. 270

चतुर्थ अध्याय

कला-सिनेमा की कथा-पटकथा : संरचनात्मक विशिष्टताएँ

विकास के इस दौर में जबकि सभी ललित कलाओं के कौशल की शिक्षा देने की अकादमिक और अनौपचारिक परम्पराएँ विकसित हो चुकी हैं; अभी तक लेखन के कौशल की शिक्षा पर पर्याप्त ध्यान नहीं दिया गया है। अब तक साहित्य-शिक्षण का स्वरूप प्रकाशित सामग्री के अध्ययन, मनन, चिन्तन या अनुसन्धान तक सीमित रहा है। पारम्परिक रूप से ग़ज़ल के उस्ताद और छन्दोबद्ध कविता के गुरुओं की एक शैक्षणिक परम्परा रही है। भारत में इन्दिरा गाँधी मुक्त विश्वविद्यालय ने पहली बार कहानी, कविता, नाटक, पटकथा, उपन्यास आदि के लेखन-कौशल पर पाठ्यक्रम जारी किया। चित्रकला, संगीत अभिनय या निर्देशन में कौशल-प्राप्ति का प्रमाण-पत्र हासिल कर कोई नवीन सृजनकर्ता की प्रतिभा नहीं प्राप्त कर सकता है, किन्तु प्रतिभा हो तो कौशल उसे निखार सकता है, सही दिशा दे सकता है। इन सबमें भी नवीनतम और तकनीकी होने के कारण पटकथा सबसे ज्यादा उपेक्षित विधा है।

फिल्म की पटकथा को छोड़कर सब कुछ यान्त्रिक है। सिर्फ पटकथा ही लिखी जाती है, बाकी सब कुछ फिल्मांकन, ध्वनि-अंकन, सम्पादन आदि के काम में कलम नामक यन्त्र मुख्य भूमिका में नहीं होता। यह आवश्यक नहीं कि जो अच्छी कहानी, कविता या नाटक लेखक हो, वह एक बेहतर पटकथा लेखक भी हो सके। किन्तु एक पटकथा लेखक में रचनात्मक गुणों का होना अत्यावश्यक है। उसमें चित्र-कथात्मक सांगीतिक लयात्मकता पर भी पकड़ होनी चाहिए। संस्कृत के महान काव्यशास्त्री दंडी श्रव्य काव्य के दो भेद करते हैं—पाठ्यकाव्य और गद्यकाव्य।[1] गद्य को भी काव्य के अन्तर्गत रखने की परम्परा-सी है। देखा जाता है कि विविध विषयों के अनुसन्धान अपने चरम पर एकमेक हो जाते हैं और यात्रा प्रस्थान-बिन्दु पर घूमकर समाप्त होती है। बचपन बुढ़ापे में पलटता है। सिनेमा दृश्य और श्रव्य दोनों काव्यों के सत्त्व को समाहित कर एक तीसरे तत्त्व में रूपायित हो जाता है। इस नवीनतम विधा के आधार, पटकथा के आकार लेने के लिए गद्य, कथा, आख्यायिका, काव्य और नाटक सभी के ज्ञान से सम्पन्न मस्तिष्क चाहिए।

जीवन का कौन-सा ऐसा दृश्य है, जिस पर यह मुहर लगाई जा सके कि यह किसी

विशेष कला विधा के लिए ही उपयुक्त है ? जब तक कि वह स्वयं किसी कलारूप में ढल न जाए; कोई निश्चित निर्णय नहीं लिया जा सकता। कौन-सा कला-रूप किस दूसरे कला-रूप में आकर जुड़ जाएगा, कहना सम्भव नहीं। कहानियों में काव्यांश अनुस्यूत हो जाते हैं। कविताएँ अपने कोमल कलेवर में कहानी का सत्त्व वहन करती हैं। ध्वनियों के गुम्फन में शब्दों के भाव भरे होते हैं। मूर्त अक्षरों में अमूर्त भाव छायांकित होते हैं। चित्र किसी घटना, किसी क्षण-व्यापार को सहेजकर आकृति धारण करते हैं और न जाने क्या कुछ मिल जाए, अनुभव रसायन के रूप में यह जिज्ञासा अनुसन्धान में आविष्कार और कभी-कभी चमत्कार की स्थिति तक जा पहुँचती है। ऐसा भी होता है कि ज्ञात और अनुमानित परिणाम से ज्यादा परिमाण होता है। सिनेमा का जन्म एक चमत्कार ही था। भारत में उसका प्रवेश भी एक चमत्कार की तरह ही हुआ।

फोटोग्राफी के स्थानापन्न सिनेमा का पूर्ववर्ती सभी ललित कलाओं, साहित्य विधाओं और उपयोगी कलाओं और अब योगासन, व्यायाम और खेल को भी नृत्यात्मक रूप में समेटकर एक विस्मयजनक शक्तिशाली कला में बदलना भी चमत्कार से कुछ कम नहीं।

सिनेमा ! उन्नीसवीं सदी का आखिरी उपहार; मनुष्यता के अब तक के सर्वोत्तम प्राप्यों—कला, विज्ञान, साहित्य आदि सबको एक पात्र में घोंटकर और फिर सबकी अस्तित्व इकाई को अभंग प्रस्तुत करते हुए सम्मेल से पूर्ववर्ती सभी कुछ की किन्तु अभिन्न सर्जना है। एक नवीन कला रूप! सिनेमा के साथ ही एक नई कला विधा का जन्म होता है—पटकथा। राजेन्द्र पांडेय का कहना है—"साहित्य या कला-क्षेत्र में समय-समय पर केवल वाद ही नहीं उभरते, विधाएँ भी उभरती हैं। इसका कारण सामयिक जरूरतें, माध्यमों के बदलते रूप तथा साहित्यकारों, कलाकारों की बदलती मानसिकताएँ हैं। सिनेमा तथा इलेक्ट्रॉनिक मीडिया आधुनिक युग की देन हैं।"[2]

पटकथा विधा के स्वरूप के विषय में कमलेश्वर का कहना है—"कुछ अनुभव शब्दों से परे होते हैं, कुछ दृश्यों से परे, इसलिए फिल्म-लेखन में उन्हें शब्दों, दृश्यों और ध्वनियों से बाँधना पड़ता है। शब्दहीन दृश्य से भरा हुआ सन्नाटा कभी-कभी जो बात कह देता है, वो शब्दों से नहीं कही जा सकती। काव्य की बिम्ब-क्षमता, शब्दों की विचार क्षमता, और दृश्य की अनुभव-क्षमता के संयोग से एक सिने-दृश्य आकार पाता है। काव्य-क्षमता को कैमरा, दृश्य-क्षमता को निर्देशक और विचार-क्षमता के साथ-साथ सम्पूर्ण अनुभव-क्षमता की अभिव्यक्ति लेखक करता है। इसलिए कोई भी सार्थक फिल्म पहले लिखी जाती है—तब 'बनाई' जाती है।"[3]

हिन्दी सिनेमा में पटकथा की वस्तुस्थिति

सिनेमा का जन्म और समुचित विकास भी पश्चिम में हुआ; पटकथा लेखन के लिए एक भिन्न रचनात्मकता चाहिए; इस बात की समझ शेष दुनिया में थोड़ी देर से होना शुरू

होती है। भगवतीचरण वर्मा लिखते हैं–"भारतीय फिल्म-जगत में, जो चीज अत्यन्त महत्त्व की है और जिसकी अधिक-से-अधिक उपेक्षा की जाती है, वह चित्रालेख है। शायद इसका कारण यह है कि चित्रालेख-लेखन की कला के अध्ययन का यहाँ कोई साधन नहीं, विधिवत् उसका अध्ययन होता ही नहीं। भारतीय फिल्मों की दुनिया को बहुत निकट से देखने पर पता चलता है कि कहीं भी चित्रालेख-लेखन का कोई विधान नहीं है। कभी-कभी तो चित्रांकन बिना चित्रालेख के ही प्रारम्भ कर दिया जाता है। चित्रांकन के समय चित्र के आलेख एवं संवाद लिखे जाते हैं, और इसका परिणाम यह होता है कि चित्र बन जाने के बाद उसकी बुरी तरह काँट-छाँट करनी पड़ती है।"[4]

भगवतीचरण वर्मा के उक्त विचार स्टूडियो पद्धति के उन्नयन के समय के सिनेमा में पटकथा की स्थिति पर हैं; लेकिन तब से अब तक मुख्यधारा के हिन्दी सिनेमा में पटकथा की कमोबेश यही स्थिति है। आज भी बिना किसी पटकथा के फिल्म का निर्माण हो जाता है। एक राजनीतिक घटनाक्रम पर बनाई गई तथ्यात्मक फिल्म के लिए यह आवश्यक सच हो सकता है, किन्तु एक कलात्मक फिल्म के सन्दर्भ में यह बात गले नहीं उतरती। कुछ निश्चित घटनाक्रमों के आस-पास फॉर्मूला-दृश्यों का संयोजन करने के सन्दर्भ में ही यह सच है, किन्तु एक वास्तविक कथात्मक फिल्म के लिए पटकथा ही मुख्य आधार है।

पटकथा के महत्त्व की स्वीकृति का अर्थ सिनेमा में पटकथाकार की स्वीकृति है, और एक लेखक परदा विधा का सही उद्देश्य के लिए उपयोग कर सकता है। उत्तरोत्तर हिन्दी फिल्मों के चरित्र में गिरावट का कारण है, हिन्दी फिल्मों में पटकथा का न होना।

व्यावसायिक दबाव तथा नकल की आसानी के कारण 'मौलिक' पटकथाकारों को विकसित होने का मौका नहीं मिला। नकल की स्वीकृति फिल्मों में आरम्भ से ही 'बिजनेस ट्रेड' के रूप में हो गई थी। जवाहरलाल नेहरू ने कहा था–"हमारे निर्माताओं में विदेशी विचारों की नकल करने की बहुत बुरी आदत है। यह बात लज्जाजनक है ! क्या हमारे यहाँ कहानियों का अकाल पड़ गया है ? हमें शुद्ध भारतीय कथानकों पर आधारित फिल्में बनानी चाहिए। ऐसी फिल्में जो हमारे मुल्क की सही नुमाइन्दगी करें, सही तस्वीर पेश कर सकें। वे तस्वीरें हमारे अतीत की हों या आजकल के उभरते विकासशील समाज की, ऐसी फिल्में जब विदेशों में जाएँगी तो वे हमारी मित्रता का सन्देश पहुँचाएँगी। ऐसा काम करने से न सिर्फ फिल्म उद्योग का भला होगा बल्कि देश की भलाई भी उसी में है। इसके अलावा मैं आपसे एक बात और कहूँगा–आप लोग जनता में आत्मविश्वास जगाइए। निराशा के स्थान पर आशा का संचार कीजिए।"[5]

नेहरू ने इस कथन में जो चिन्ताएँ व्यक्त की हैं, वे आज तक यथावत् हैं। यह अलग बात है कि एक सार्थक सिनेमा की समान्तर कोशिशें भी जारी हैं, किन्तु अब तक पटकथा लेखक नामक रचनाधर्मी का न तो सिनेमा में, न ही साहित्य जगत में समुचित महत्त्व समझा गया है। उसे उपजाने और विकसित करने की कोई ठोस कोशिश

नहीं हो रही है। पश्चिमी देशों में पटकथा लेखन में सम्मानित और साहित्यिक कलात्मक विधा मान ली गई है। हमारे यहाँ ऐसा नहीं हो पाया है।

फाल्के ने पटकथा के विषय में तथा फिल्म-निर्माण के विषय में 'नवयुग' में छपे निबन्ध में काफी कुछ बताया है। वे फिल्म-निर्माण में पटकथा को केन्द्रीय स्थान देने के पक्षधर थे, किन्तु बाद की व्यावसायिक फिल्मकारों की आँधी में फिल्म की शास्त्रीयता के मूल्य-मानदंड हवा हो गए। वे लिखते हैं–"सिनेमा के लिए पटकथा लिखने के पूर्व किसी ऐसे नाटक की जरूरत होती है, जिसमें द्रष्टव्य गुण हों। सिनेमा के लिए एक्शन की तर्ज पर पटकथा लिखना अपने में स्वतन्त्र अनुशासन है। विदेशों में विशेष संस्थाएँ होती हैं, जो इसका प्रशिक्षण देती हैं। 'मूक नाटक' लिखने की कला पर अनेक ग्रन्थ भरे पड़े हैं। किसी अच्छे 'मूक नाट्यालेख' लिखनेवाले को फिल्म निर्माता कम्पनी से करीब 1000 (एक हजार पौंड) मिलता है। यही एक अकेली बात दर्शाती है कि एक अच्छे मूक नाटक को लिखने के लिए कितनी मेहनत करनी पड़ती है और फिर, इस मूल नाटक का 1/10वाँ (एक बटा दसवाँ) भी शायद ही पर्दे पर आ पाता है जिसके लिए इतनी बड़ी कीमत चुकाई जाती है। कम्पनी मालिक को मूल का 9/10वाँ (नौ बटा दसवाँ) भाग अपनी सुविधानुसार बदलना पड़ता है। उस छायांकन को, अभिनेताओं के कला-कौशल को, दर्शकों की दिलचस्पी को और अनेक तकनीकी कठिनाइयों को ध्यान में रखकर मूक नाटक में अनुकूल परिवर्तन करने पड़ते हैं।"[6]

भारतीय फिल्मों का इतिहास लिखनेवाले करुणाशंकर जी सिने-निर्माण से सम्बन्धित जो सूची प्रस्तुत करते हैं, उसमें 'पटकथा लेखक' को स्थान नहीं दिया है।[7] उस समय तक पटकथा लेखक का फिल्मों में कोई महत्त्व नहीं था। तब पटकथाएँ लिखनेवालों को सिनेरियो-लेखक कहा जाता था, जो आगे चलकर निर्माता में बदल जाते थे। निर्देशक का स्थान निर्माता की तुलना में छोटा था। ऐसे व्यवसायी लेखक अपने मातहत लेखकों से लिखवाकर काम चला लेते थे। फिल्म उद्योग के अलावे कहीं उनकी लेखक के रूप में स्वीकृति नहीं होती और वे उसके आकांक्षी भी नहीं होते थे। आज भी निर्माताओं-निर्देशकों की नजर में उनका लेखक माना जाना पर्याप्त है। वर्तमान समय में भी पटकथा का कोई अस्तित्व नहीं स्वीकारा जाता। अधिकतर फिल्में बिना किसी लिखित पटकथा के सिर्फ फॉर्मूलों से बन जाती हैं। लोकप्रिय सिनेमा के अधिकांश पटकथाकार साहित्यिक मूल्यांकन की योग्यता नहीं रखते।

आखिर क्या कारण है कि हिन्दी सिनेमा में लेखक की वह स्थिति नहीं बन पाई, जो साहित्य में है ? प्रेमचन्द, अमृतलाल नागर, मन्टो, रेणु, अश्क से लेकर राजेन्द्र सिंह बेदी, कमलेश्वर आदि या तो समझौता करने पर विवश हुए या वापस लौट आए ? दूसरी तरफ हिन्दी कथा-साहित्य पर आधारित अधिकतर फिल्मों को दर्शकों ने नकार दिया। एक साहित्यकार के रूप में जन-स्वीकृत लेखकों की लोकप्रिय कृतियों को भी पर्दे पर लोकप्रियता नहीं मिली। उपन्यास और कविता-लेखन की तरह पटकथा लेखन भी एक रचनात्मक विधा के रूप में क्यों विकसित नहीं हो पाया ?

पटकथा को छोड़कर सिनेमा की सारी प्रक्रिया यन्त्र-निर्भर है। सिनेमा एक यान्त्रिक कला है। पटकथा-लेखन भी उसके यान्त्रिक स्वरूप को समझे बिना सम्भव नहीं। हिन्दी के लेखकों ने सिनेमा के तकनीकी स्वरूप को समझने से परहेज करते हुए पटकथा लेखन को साहित्यिक स्तर तक उठाने की बेमानी कोशिशें की। ऐसी कोशिशें आज भी की जाती हैं। वैसे तो मुख्यधारा की हिन्दी फिल्मों में पटकथा का अस्तित्व होता ही नहीं। मुख्यधारा की फिल्मों में पटकथा के अनुपस्थित होने का अर्थ है, पारसी थिएटर की तरह ही मनोरंजन के नाम पर साहित्यिक रचनाशीलता का अनुपस्थित होना। राजेन्द्र पांडेय का कहना है–"जब यह कहा जा रहा है कि पटकथा लेखन को साहित्यिक विधा के रूप में मान्यता मिलनी चाहिए, तो वह इसलिए कि साहित्यिक विधा का दर्जा प्राप्त कर लेने से पटकथा लेखन को शक्ति मिलेगी। इस विधा से नए-नए लोग जुड़ेंगे। बहस-मुबाहसों के जरिए एक स्वतन्त्र क्षेत्र विकसित होगा। प्रमुख बात तो यह होगी कि पटकथा लेखन से साहित्यकार/पत्रकार जुड़ेंगे। सिनेमा क्षेत्र आज अद्भुत प्राणियों का संचार-केन्द्र बन चुका है। इस पाँचवीं दुनिया में घुसपैठ करते समय साहित्यकारों, पत्रकारों का अहं भी आड़े आता है। फिर साहित्यकार-पत्रकार पटकथा लेखन से पूरी तरह वाकिफ भी नहीं होते। रचनाकार इस गलतफहमी में न रहें कि वे बेहतर लेखक बन सकते हैं। जिस तरह हर कवि, कथाकार नहीं बन सकता या हर कथाकार, नाटककार नहीं बन सकता, उसी तरह हर लेखक भी अच्छा पटकथा लेखक नहीं बन सकता है। लेकिन अगर वह बनना चाहे (उसे जरूर बनना चाहिए) तो उसे समझना होगा कि पटकथा लेखन एक तकनीक है और उसे इस तकनीक को आत्मसात करना चाहिए।"[8]

चित्रकला, मूर्तिकला, संगीत आदि के कौशल की शिक्षा दी जाती है, किन्तु पटकथा की नहीं, लेखन मात्र के कौशल की शिक्षा का अकादमिक स्वरूप अभी तक नहीं उभर पाया है। पत्रकारिता या साहित्य के पाठ्यक्रम में निबन्ध लेखन के रूप में किंचित प्रयास अपवाद है। फाल्के सिनेमा में तकनीकी दृष्टि से प्रशिक्षित और कलात्मक समझ से सुघड़ व्यक्तियों के अभाव से चिन्तित थे। उन्होंने दीवान बहादुर टी. रंगाचारियार की अध्यक्षता में बनी शासकीय इन्क्वायरी कमेटी के समक्ष 3 फरवरी, 1928 को दिए गए प्रश्नोत्तर में सिनेमा शिक्षण के लिए एक स्कूल का प्रस्ताव रखा था–

प्र.–स्थिति में सुधार के लिए आपके क्या सुझाव हैं ?

उ.–मेरे ख्याल से भारत में किसी जगह पर सिनेमा उद्योग, फोटोग्राफी, अभिनय, और पटकथा लेखन आदि के लिए एक स्कूल की स्थापना की जाए।

प्र.–क्या पूरे भारतवर्ष के लिए एक स्कूल पर्याप्त होगा ?

उ.–कह नहीं सकते, इस देश में फिल्म निर्माण पर कुछ पाबन्दियाँ लगाना जरूरी हैं।

प्र.–क्या स्कूल को आत्मनिर्भर होना चाहिए ?

उ.–हाँ, गोकि शासन को भी सहायता करना चाहिए।"[9]

32 साल बाद 1960 में पूना में फिल्म संस्थान की स्थापना इन्हीं अवधारणाओं के आसपास हुई। शुरू के कुछ वर्षों तक अभिनय की भी पढ़ाई होती थी। हाल के कुछ वर्षों में फिल्म प्रोडक्शन का कोर्स शुरू किया गया है, तथा पटकथा-लेखन को निर्देशन के साथ संयुक्त कर दिया गया है। यह संस्थान एकमात्र होने के चलते पूरे भारत के लिए आज अपर्याप्त साबित हो रहा है।

पटकथा कथा और नाटक की पठनीयता के समकक्ष हो सकती है। जिस दिन सिनेमा में लेखक का स्थान उभर आएगा अर्थात् हिन्दी में प्रतिभाशील पटकथा लेखकों को महत्त्व मिलने लगेगा, सिनेमा का समूचा स्वरूप और प्रभाव बदल जाएगा। दरअसल पटकथा किसी भी लेखन की अन्य विधा से सर्वथा भिन्न है।

सत्यजित रे के अनुसार–''चलचित्र की भाषा तस्वीर (फोटो) की भाषा है। कहानी निर्वाचन का पहला काम चलचित्र नाट्य-रचयिता का है। वह कहानी को चलचित्र के साँचे में ढालकर सहेजता है।''[10]

फिल्मकारों का एक वर्ग मानता है कि फिल्म निर्माण के बाद लिखित पटकथा निरर्थक हो जाती है। उसके साहित्यिक स्तर पर पाठ्य होने की कोई सम्भावना नहीं होती है। नाटक एक तरफ मंच की वस्तु है, दृश्य काव्य है तो दूसरी तरफ शब्द साहित्य के अन्तर्गत भी आता है। क्या सिने-पटकथा भी शब्द साहित्य की सम्पदा है ? एक बेहतरीन पटकथा जिसे पढ़कर पूरी फिल्म देखने का सुख प्राप्त किया जा सके, न सिर्फ वे पटकथाएँ जिनमें सिर्फ संवाद ही संवाद हों, क्योंकि संवाद मुख्यतः नाटक का अंग है। सत्यजित रे सिने पटकथा के साहित्यिक महत्त्व से इन्कार करते हैं–''पटकथा लेखन का कोई साहित्यिक महत्त्व नहीं है, और न होने से भी कुछ बनता-बिगड़ता नहीं है। चलचित्र-नाट्य की भाषा फिल्म की भाषा में लिखित संकेत मात्र है। इसका मूल्य ढाँचे या स्केलिटन के रूप में है। मंच के नाटक की तरह इसमें भी कहानी को अंकों और दृश्यों में विभाजित करना पड़ता है। लेकिन दृश्यों के बीच भी दृष्टिकोण के परिवर्तन या शॉट परिवर्तन की प्रणाली होती है। नाटक से इसका कोई सादृश्य नहीं है। यह सिनेमा की नितान्त निजी प्रणाली है। सिनेमा के व्याकरण का गहन अध्ययन किए बिना इस प्रणाली में निपुणता प्राप्त करना सम्भव नहीं है।''[11]

दरअसल फिल्म-निर्माण में पटकथा बुनियादी और अनिवार्य प्रक्रियाओं में से एक है। पटकथा ही व्यक्ति और वस्तु, फ्रेम और स्पीड, शॉट्स और डिटेल्स, ऐंगल्स और स्टाइल, कथा और कथोपकथन, मूवमेंट्स और मेथड्स, शूटिंग ऑर्डर स्पेसिंग, ज्वाइनिंग और प्रोजेक्शन, चेंज ओवर और मोन्ताज आदि को क्रम और एकसूत्रता प्रदान करती है। पटकथा का प्रत्येक पेज किसी फिल्मकर्मी को किसी एक शॉट को लेने के लिए निर्देशों से भरा होता है, ताकि उन सबमें एकसूत्रता बनी रहे। पटकथा की तकनीक को गहराई से जाने बिना कोई भी साहित्यकर्मी पटकथाकार नहीं बन सकता। उसी तरह सिर्फ तकनीक जाननेवाला व्यक्ति साहित्यिक समझ के अभाव में कुशल पटकथाकार नहीं हो सकता।

भगवतीचरण वर्मा ने लिखा है, "जो साहित्यकार फिल्मों की आवश्यकता का अनुभव नहीं करते, वे फिल्मी कहानी लिखने में सफल नहीं हो सकते–मैं यह स्वीकार करता हूँ। फिल्मी कहानी को हमारे कान और आँख पहले ग्रहण करते हैं। इसलिए फिल्मी कहानी वही सफल हो सकती है, जो आँख और कान को तृप्त कर सके।"[12]

सिनेमा में ध्वनि के जुड़ने से पहले ही सिने-कला के मौलिक अवयवों का समुचित विकास हो चुका था। सम्प्रेषण के दृश्य माध्यम के सशक्त रूप में सिनेमा स्थापित हो चुका है। सिनेमा सर्वप्रथम दृश्य है। गैस्टन रोबर्ज का कहना है कि एक फिल्म सबसे पहले चित्र है, तब कुछ और। उन्हीं के शब्दों में–"A film is first of all some images, images of something. A film is a one way comunication like a painting or any other means of expression, does not means that the spectator is necessarily passive and inactive."[13]

साहित्य के किसी चरित्र की प्रत्येक व्यक्ति की निजी परिकल्पना हो सकती है। 'रामचरितमानस' पढ़नेवाले प्रत्येक व्यक्ति के मानस में राम का निजी चित्र हो सकता है। 'गोदान' पढ़नेवाले हजारों लोगों के अपने-अपने 'होरी' और 'धनिया' हो सकते हैं, लेकिन सिनेमा एक इमेज, एक मैनेरिज्म थोपता है। वह भावक की कल्पना-शक्ति को बाधित करता है। वह किसी चरित्र को किसी विशेष स्वरूप में आरोपित कर देता है। शब्द माध्यम से परदा माध्यम भिन्न और सम्पदा की दृष्टि से एकल साबित होता है। लेकिन इसकी क्षतिपूर्ति पटकथा को पाठ्य बनाने से हो सकती है। हालाँकि पटकथा, के पाठ्य रूप से सिनेमा को समझने में मदद मिल सकती है, सिनेमा का आस्वाद नहीं क्योंकि पटकथा का सम्बन्ध फिल्मकार से है, न कि फिल्म दर्शक से। सिनेमा की रचना और सिनेमा को देखना, दोनों के दो अलग-अलग प्रस्थान-बिन्दु हैं।

चिन्दानन्द दास गुप्ता का कहना है–"Film is primarily something to see, not to read about. No description of a film can take the place of seeing it. Except to the cineaste, long descriptions of film sequences are more than boring, they are strenuous, because they force us to conjure up the visual images and sounds in our minds. Seeing is a simpler, more passive activity to most people than reading. When the average film-goer settles down in the seat in the cinema, he says to the screen : come, entertain me ! I have paid for it."[14]

पटकथा का जो प्रकाशित रूप देखने में आता है, उसमें ज्यादातर संवाद और किंचित दृश्यों का उल्लेख होता है। फिल्मांकन के लिए लिखा गया समूचा दृश्यालेख पठनीय नहीं होता, क्योंकि उसका स्वरूप तकनीकी होता है। प्रकाशित चित्रालेख नाट्यालेख के समान ही होता है। गैस्टन रोबर्ज के शब्दों में–"Film lacks three characteristic of verbal language 1. Not language system, 2. Languge is a system of signs for intercommunication, 3. Cinema on the contrary is a one way communication, a means of expression rather than a means of communication. It uses images that become signs within the whole film. Cinema is made of pictures and pictures are not there as signs."[15]

पटकथा पाठ्य हो सकती है या नहीं ? ये प्रश्न आज तक अनुत्तरित है। किन्तु पिछले कुछ वर्षों में ढेर सारी देशी-विदेशी पटकथाएँ प्रकाशित हुई हैं, जो पाठक उन फिल्मों को नहीं देख पाए हैं, वे भी पटकथाएँ पढ़कर बहुत कुछ उस फिल्म को समझने की कोशिश में सफल हुए हैं। चिन्दानन्द दास गुप्ता ने लिखा है–"One of the commonest forms of film literature today is the scenario, published in a readable form, like plays. With the increasing recognition of the film as an art and the sophistication of its forms, its audience has also widened from the 'Nickelodeon' days to take in the most cultivated minds used to the mental exercise of imagining the sights and sounds of film from the written word. Literature has already demanded this ability of us for a long time; novels have always abounded in long passaged of visual and aural evocation not very different from film scripts."[16]

यदि पटकथा का स्वरूपगत महत्त्व उपन्यास या कहानी, नाटक जैसी साहित्यिक विधाओं के समान है, जैसाकि चिन्दानन्द दास गुप्ता का कहना है, तो पटकथा के भीतर भी रचनात्मक क्षमताओं का होना आवश्यक है। दरअसल कला-सिनेमा या पश्चिम में 'न्यू वेव' आन्दोलन के आस-पास ही फिल्म सोसाइटियों, फिल्म-समारोहों, फिल्म-शिक्षण संस्थाओं तथा सिने-समीक्षा, आलोचना आदि के उभार के साथ ही पटकथा के पाठ्यरूप का महत्त्व समझने की कोशिशें शुरू हुईं।

भारतीय सिनेमा में अब भी पटकथाकार का अस्तित्व स्पष्ट नहीं है। यदि पटकथा का महत्त्व फिल्म-निर्माण के दौरान निर्देशक के हित में ही समाप्त हो जाता है, तो पटकथाकार का क्या अस्तित्व है ? क्या कैमरामैन, एडिटर, लाइटमैन आदि की तरह पटकथाकार भी सिने-निर्माण की एक आवश्यक इकाई है, या फिल्म-रील, कैमरा या लाइट की तरह एक घटक ? यदि ऐसा है तो कोई साहित्यिक व्यक्ति अपनी समस्त ऊर्जा से श्रेयहीन कर्म क्यों करेगा ? तब क्या पटकथा भी फिल्मकार को स्वयं ही नहीं लिखनी चाहिए ? सत्यजित रे का कहना है कि पटकथा-लेखन का काम भी निर्देशक को ही करना चाहिए। वे अलग से किसी लेखक का महत्त्व स्वीकार नहीं करते। उनके शब्दों में–"वस्तुतः चलचित्र का काम निर्देशक के द्वारा होना स्वाभाविक और वांछनीय है। लेकिन अक्सर चरित्र के अनुरूप संलाप लिखने की अक्षमता के कारण निर्देशकों को साहित्यकारों का दरवाजा खटखटाना पड़ता है। चलचित्र नाट्य में तस्वीर को, जो भाषा दी जाती है, उसे कैमरे के माध्यम से व्यक्त करना पड़ता है।[17]

कैमरे की भाषा समझे बिना पटकथा लिखना सम्भव नहीं। लेकिन हिन्दी सिनेमा में विशेषकर आरम्भ से आज तक लेखक की हैसियत संवाद-लेखक के रूप में ही है।

इस दृष्टि से सार्थक सिनेमा या व्यावसायिक सिनेमा में पटकथाकार की स्थिति में कोई भेद नहीं है। समान्तर सिनेकारों ने भी पटकथाकार का संवाद-लेखक के रूप में ही भरपूर उपयोग किया है, कुछ-एक अपवादों को छोड़कर। समान्तर सिनेमा आन्दोलन के व्यक्तियों में गोविन्द निहलानी अकेले व्यक्ति हैं, जो लेखक को निर्देशक से ज्यादा महत्त्व देते हैं तथा लेखन को फिल्मांकन के समान्तर महत्त्व देते हैं। उन्हीं के शब्दों में– ''उत्तम रचना चाहे पुस्तक के रूप में हो, चाहे फिल्म के रूप में, साहित्य के क्षेत्र में होती है। घटिया चीजें साहित्य के क्षेत्र में भी छपती हैं, फिल्मों में भी आती हैं। मुझे वह साहित्य पसन्द आता है, जो मुझे प्रभावित करे। समान्तर सिनेमा में मैं ही एक हूँ, जो लेखक को निर्देशक के ऊपर स्थान देता हूँ। कभी भी लेखक पर हावी होने की कोशिश नहीं करता। (जो कि सभी समान्तर सिनेमा के प्रतिवादी सहन नहीं करते और वे खुद ही लेखक पर हावी होना अपना अधिकार समझते हैं। सत्यजीत रे भी अब इसलिए पिछड़ गए हैं।) मेरी कोशिश लेखक को उभारकर पेश करने की रहती है, क्योंकि मेरा भला उसी में छिपा रहता है। अब देखिए 'पार्टी' में वार्तालाप ही ज्यादा है। क्यों, वह कहानी ही एक दावत की है, जहाँ बस बातें ही होती हैं और 'आघात' में ट्रेड यूनियनों का पक्ष-विपक्ष पेश करने की कोशिश की है। निश्चित रूप से दोनों ही उत्तम साहित्य तैयार हुए हैं। मेरी हर फिल्म में एक ऐसा हीरो होता है, जो परिस्थितिवश फँसता है, और वहाँ वह अपने भावी जीवन के लिए संघर्ष करता है। अपने रास्ते का चुनाव करता है। फिर मैं उसे अपनी शैली में साहित्य का रूप देता हूँ, जिसमें फोटोग्राफी का बहुत बड़ा हाथ है; सौन्दर्य और ले आउट के साथ।''[18]

हिन्दी फिल्मडम में लेखन को इतने टुकड़ों में बाँट दिया जाता है कि एक मुकम्मल लेखक पैदा ही नहीं हो सकता। एक पटकथा अनेक लोगों द्वारा पूरी की जाती है। जबकि उन्नत देशों में एक ही व्यक्ति द्वारा समग्र पटकथा लिखने की परम्परा है। यहाँ तक कि बहुत से अच्छे फिल्मकार स्वयं अच्छे लेखक भी रहे हैं। किन्तु भारतवर्ष में पटकथाकार बहुत गिने-चुने हैं। केतन मेहता का कहना है कि एक पटकथाकार सिनेमा की आन्तरिक दृश्य-रचना का कल्पक होता है। कह सकते हैं कि फिल्म सबसे पहले उसकी कल्पना में ही मूर्त रूप धारण करती है। किन्तु भारत में एक पटकथा कई लोग लिखते हैं, जिसमें पटकथा की संरचना में रचनात्मक गठन नहीं आ पाता। केतन मेहता के शब्दों में–"A screenplay writer is a visualiser of the entire scenario. However, in india we break up scripts in to various stages : here we have story writer, the screenplay writer and the dialouge writer. This kind of specialisation does not exist anywhere else in the world. Very few people in India write complete screenplays."[19]

पटकथा को कई टुकड़ों में लिखने की विचित्र प्रक्रिया सिर्फ हिन्दुस्तान में दिखाई

देती है। दृश्य-परिकल्पना और पात्र-रचना कोई और करता है, कहानी कोई अन्य लिखता है, संवाद किसी भिन्न व्यक्ति द्वारा लिखे जाते हैं, और गीतों की सर्जना कोई और करता है। नाट्यालेख किसी एक ही व्यक्ति द्वारा लिखे जाने की परम्परा है। यहाँ तक कि पारसी थिएटर या नौटंकी जैसे नाट्यरूप, जिन्हें व्यावसायिक और साहित्यिक मूल्यांकन की दृष्टि से स्तरहीन माना जाता है, उनके नाट्यालेख भी एक ही व्यक्ति द्वारा लिखे जाने की परम्परा रही है।

पश्चिम में भी सिनेमा के आरम्भिक चरण में निर्देशक स्वयं पटकथाएँ लिखते थे, लेकिन क्रमशः पटकथा लेखक की स्वायत्त इकाई फिल्म उद्योग में उभरने लगी और आज सर्वथा महत्त्वपूर्ण है। डेनिस डेनिटो ने कहा है–"In most cases a screenplay is prepared by a screenwriter who is an independent member of the film making team. From the earliest years of cinema, however, there have been directors who wrote their own screenplays."[20]

पश्चिमी सिनेमा के मूक युग में अपनी पटकथाएँ लिखने की दृष्टि से, जो निर्देशक महत्त्वपूर्ण हैं, उनमें डी. डब्ल्यू. ग्रिफिथ, एरिक वान स्ट्रॉहीम, कार्ल ड्रेयर और चार्ल्स चैपलिन विशेष उल्लेखनीय हैं। द्वितीय विश्वयुद्ध तक निर्देशक-पटकथाकारों की एक बड़ी संख्या सामने आ चुकी थी। ईंगमार बर्गमैन उनमें सबसे अधिक महत्त्वपूर्ण हैं। दूसरा प्रकार ऐसे निर्देशकों का था, जिन्होंने किसी लेखक को अपने साथ लिया। एफ. डब्ल्यू. मुरन्यू और चार्ल मेयर, मार्शल केम और जैकस प्रिवर्ट, फ्रेंक काप्रा और राबर्ट रिस्कीन, जॉन फोर्ड और डुडले निकोलस और वित्तोरियो डी. सिका और केसरे जवातिनी आदि निर्देशकों और लेखकों की जोड़ियाँ उभरीं।

हालाँकि पटकथाकार को सम्मानजनक स्थान प्राप्त करने के लिए पश्चिम में भी लम्बे समय तक संघर्ष करना पड़ा। वह संघर्ष हिन्दी में अभी तक जारी है।

शुरुआती समय से ही भारतीय सिनेमा के अधिकांश निर्माताओं ने स्वयं पटकथाएँ लिखीं या साथ में संवाद लेखक रख लिया। सुप्रसिद्ध पटकथाकार सलीम खान का कहना है–"In hollywood, credit is given only for the screenplay. India, the departmentalisation started because most of the time the man writing the screenplay, had the concept but not the language. A Bengali like Sachin Bhowmick had to hire people to translate or give body to his concept. For Urdu, people came to Rahi Masoom Raja. Hrishikesh Mukherjee would indicate what he had in mind and Rajinder Singh Bedi would spell it out in words. Naturally, these writers wanted remuneration and credit for their work and so the dialogue writer came into being. That was not all, producers narrated stories which were broken down into scenes by the screenplay writer and so the job, story, screenplay and dialouge, was trifurcated."[21]

वे व्यावसायिक फिल्मकार हों या कला फिल्मकार, फिल्म उद्योग पर ऐसे लोगों का प्रभुत्व रहा है, जो भाषा के रूप में हिन्दी से अपरिचित रहे हैं। तब पूछा जा सकता है कि हिन्दी में ही फिल्में बनाने की मजबूरी क्या थी या क्या है ? वस्तुतः हिन्दी क्षेत्र उनका बाजार है, और हिन्दी उनके बाजार की भाषा, वरना वे किसी अन्य भाषा में फिल्में बनाते। इन हिन्दी फिल्मकारों का हिन्दी क्षेत्र की संस्कृति से नाममात्र का भी परिचय नहीं होता। हिन्दी सिनेमा में आज भी संवाद लेखक से आरम्भ करके लोग निर्माता-निर्देशक तक बन जाते हैं। एक लेखक के रूप में संघर्ष करके लौटे भगवतीचरण वर्मा लिखते हैं–''मैंने बम्बई की फिल्मी दुनिया में छः वर्ष बिताए हैं। संवाद-लेखक से बढ़कर मैं सिनेरियो-लेखक बना और उसके बाद मेरे निर्माता बनने का अवसर था। बॉम्बे टॉकीज में निर्देशक का स्थान बहुत छोटा होता था, प्रोड्यूसर अथवा निर्माता ही सब कुछ हुआ करता था और उस निर्माता को पहले सिनेरियो-लेखक होना पड़ता था। निर्देशक का अधिकांश भाग सिनेरियो अथवा चित्रालेख लेखक को करना पड़ता था।''[22]

कला-सिनेमा आन्दोलन से पहले लेखक के महत्त्व को भारतीय सिनेमा में स्वीकार नहीं किया गया तो यह आश्चर्यजनक नहीं है, क्योंकि पश्चिम में भी 1940 तक लेखकों को सम्मान के लिए संघर्ष करना पड़ा। डेनिस डीनोटो का कहना है–"The screenwriters status and rewards have improved considerabaly, however, since the 1940s. In the Unites States, primarily through the efforts of the Writers Guild of America, there are contractual rules governing who is credited for a screenplay and the minimum fees that are paid. Today an outstanding original screenplay can command an impressive purchase price."[23]

1960 तक हिन्दी सिनेमा में पटकथा का स्पष्ट अस्तित्व नहीं था। बहुत से लेखक निराश होकर लौट चुके थे या आर्थिक मजबूरियों में संवाद लेखक के रूप में काम करने लगे थे। सागर सरहदी अपना अनुभव बताते हैं कि जब वे फिल्मों से जुड़े तब पटकथा के नाम पर सिर्फ कुछ सूचनाएँ इकट्ठी कर प्रस्तुत कर दी जाती थीं। उन्हीं के शब्दों में–"I joined films as a dialouge writer. At the time, no screenplays were being written. All you had was a foolscape sheet, which said, Hero and heroine meet, father sees them together, the villain arrives on the scene, there is a fight-places for songs indicated etc."[24] वे आगे बताते हैं–''निर्देशक बताया करता था कि उसे किस प्रकार का दृश्य चाहिए। यहाँ तक कि बड़ी फिल्मों, जैसे 'कभी-कभी' (1976) और 'दूसरा आदमी' (1977) की न तो पटकथाएँ लिखी गईं, ना ही कोई कथासूत्र सृजित किया गया। "We were told the starcast and that the climax was to be taken from an American women's magazine."[25] 'कभी-कभी' बिना कहानी के बन गई। यह मुख्यतः संवाद पर निर्भर फिल्म है, और अपने संवादों

के चलते ही याद की जाती है।'' सागर सरहदी की आखिरी बात काफी दिलचस्प है– "Still later, when I grew frustrated, I started making my own films."[26] रचनात्मक सुख के लिए एक लेखक को, जो लेखक ही बने रहने में सन्तुष्ट था, हिन्दी सिनेमा-जगत में उसे निर्माता तथा निर्देशक में बदलना पड़ा।

1968 में कला-सिनेमा आन्दोलन के जन्म के साथ बहुत से लेखक सिनेमा से जुड़े, और हिन्दी की अनेक कृतियों का फिल्मांकन हुआ। जैसे–प्रेमचन्द का 'गोदान' (त्रिलोक जेतली द्वारा निर्देशित), रेणु का 'मैला आँचल' (डॉ. बाबू नाम से), मोहन राकेश की 'उसकी रोटी', राजेन्द्र यादव की 'सारा आकाश', मन्नू भंडारी की 'यही सच है' पर आधारित 'रजनीगन्धा' आदि। इनमें से कुछ ने लोकप्रियता हासिल की। किन्तु अधिकांश या तो टैक्स्चुअल (किताबी) हो गए या इंटलैक्चुअल होकर असम्प्रेषणीय। अभी पटकथाकार नामक कला-प्रजाति का हिन्दी सिनेमा में उगना शेष है, जो तब तक सम्भव नहीं, जब तक हिन्दीभाषी क्षेत्र में, फिल्म-निर्माण शुरू न हो जाए। वैसे तो दिल्ली के निकट नोएडा में हाल के कुछ वर्षों में फिल्म-निर्माण की व्यवस्था की गई है, किन्तु नोएडा का हिन्दी-संस्कृति से कोई सरोकार नहीं दिखता। नोएडा का सम्बन्ध हरियाणवी मिश्रित हिन्दी, 'हिंगलिश' और राजस्थानी के साथ शेष अन्य भारतीय बोलियों, भाषाओं की तुलना में भोजपुरी, मगही, मैथिली, यहाँ तक कि ब्रजभाषा, अवधी और उर्दू की जमीन पर विकसित हिन्दी के शेष भौगोलिक क्षेत्र की संस्कृति से किंचित्मात्र भी नहीं है। यह अलग बात है कि देश की अनेक भाषाओं के लेखकों को नोएडा के निकट राजधानी में सम्मानजनक स्थान मिलता है। किन्तु क्या वहाँ भी पटकथाकार नामक कला प्रजाति, क्या श्रेष्ठ लेखकों के समानान्तर विकसित हो पाई ? दरअसल वहाँ भी अनुवादक नामक बिचौलिया ढेर का ढेर उग आया है।

फिल्म में निर्माता के महत्त्व से कोई इन्कार नहीं कर सकता है। एक फिल्म परिकल्पक को फिल्म-निर्माण के लिए अर्थ की जरूरत होती है। जिसके लिए उसे निर्माता के पास जाना होता है। निर्माता में यदि रचनात्मक गुण न हो, तो उसकी रुचियाँ-कुरुचियाँ फिल्म को दुष्प्रभावित कर सकती हैं।

भगवतीचरण वर्मा लिखते हैं–''फिल्म की दुनिया में मुझे अक्सर लोगों से यह सुनने को मिला है कि फिल्म का काम, टीम का काम है–यानी वह कई लोगों का संयुक्त काम है। कम-से-कम मैं तो इस कथन से असहमत हूँ। कोई भी रचनात्मक काम दल का काम हो ही नहीं सकता ! वह तो केवल एक व्यक्ति का काम होता है ! पाश्चात्य देशों में वह आदमी जिस पर फिल्म बनाने की जिम्मेदारी होती है, निर्माता अथवा प्रोड्यूसर कहलाता है। यह निर्माता शब्द व्यावसायिक निर्माता से भिन्न है। हमारे यहाँ निर्माता वह है, जो फिल्म में पैसा लगाता है, और मालिक होता है। इस व्यावसायिक निर्माता के पास फिल्म का ज्ञान होना आवश्यक नहीं, और वह होता भी नहीं है।''[27]

निर्माता के कलात्मक अज्ञान के विषय में जो चिन्ताएँ श्री भगवतीचरण वर्मा सन् 1952 में व्यक्त कर रहे हैं, वे सन् 1968 में एक प्रतिक्रियात्मक सामूहिक स्वर के

रूप में फूट पड़ीं। हालाँकि 1952 तक पश्चिम में लेखक की स्थिति सिनेमा के भीतर सुनिश्चित हो चुकी थी। कम-से-कम ऐसे निर्माता सामने आने लगे थे जो या तो स्वयं अच्छे लेखक थे या जिन्होंने अच्छे लेखकों को साथ लिया। पटकथा-लेखन एक व्यक्तिगत रचना है, यह बात पूरी दुनिया में सैद्धान्तिक तौर पर मान ली गई है, किन्तु उन्नत देशों में ही यह सही ढंग से लागू हो पाया है। 1952 तक हिन्दी सिनेमा-जगत में तो इसकी कल्पना भी नहीं की जा सकती थी, हाँ, उम्मीदें जरूर की गईं। वर्माजी के शब्दों में–"निर्माता का जो पद, विशेष रूप से हॉलीवुड में प्रचलित है, जिसका प्रयोग कुछ दिनों तक बॉम्बे टॉकीज में किया गया है, उसी को भारतीय फिल्म-जगत में स्थापित करना चाहिए। कलाकृति मिल-जुलकर नहीं निकला करती–वहाँ एक आदमी का ही आधिपत्य होता है। इस निर्माता को फिल्म के विभिन्न भागों का सम्पूर्ण ज्ञान होना चाहिए। यह आवश्यक नहीं है कि ये निर्माता कहानी लेखक के रूप में रह सकते हों। पर मैं समझता हूँ कि एक अच्छा कहानी लेखक अच्छा निर्माता बन सकेगा।"[28]

गुलजार, बासु भट्टाचार्य, बासु चटर्जी तथा पुरानों में ख्वाजा अहमद अब्बास आदि निर्माता-निर्देशक-लेखक के त्रिगुण के अच्छे उदाहरण हैं। किन्तु सिनेमा के व्यावसायिक फॉर्मूला काल-विशेष में अपने समय के प्रख्यात और आज हिन्दी के 'न भूतो न भविष्यति' कथाकार, उपन्यास सम्राट प्रेमचन्द, फिल्मों में लेखक के रूप में संघर्ष कर कलात्मक सम्भावना नहीं पाकर वापस लौट आए थे। 1935 में 'हंस' में उन्होंने 'सिनेमा और जीवन' नामक एक लेख लिखा था। उन्होंने लिखा है–"सिनेमा का प्रचार दिनोदिन बढ़ रहा है। केवल इंग्लैंड में दो करोड़ दर्शक प्रतिसप्ताह सिनेमा देखने जाते हैं। इसलिए प्रत्येक राष्ट्र का फर्ज हो गया है कि वे सिनेमा की प्रगति पर कड़ी निगाह रखें और इसे केवल धन-लुटेरों के ही हाथों में न छोड़ दें। व्यवसाय का नियम यह है कि जनता में जो माल ज्यादा खपे, उसकी तैयारी में लगे। अगर जनता को ताड़ी-शराब में रुचि है तो वह ताड़ी-शराब की दुकानें खोलेगा और खूब धन कमाएगा। उसे इससे प्रयोजन नहीं कि ताड़ी-शराब से जनता को कितनी दैहिक, आत्मिक, चारित्रिक, आर्थिक और पारिवारिक हानि पहुँचती है।"[29]

लेखक के सहयोग से निर्मित होनेवाली व्यावसायिक धारा की पटकथाविहीन सिनेमा, जो हिंसा, सेक्स आदि के घाल-मेल से जनता को लूटते रहते हैं, उनका उत्पादन ताड़ी-शराब से कम नहीं है। प्रेमचन्द जिस भविष्य पर पटकथा की स्थापना को छोड़ देते हैं, वह कला-सिनेमा के दौर में ही प्रतिफलित होता दिखता है।

1935 में प्रेमचन्द 'हंस' पत्रिका के माध्यम से जो विचार व्यक्त कर रहे थे, उसमें हिन्दीभाषी प्रदेशों, हिन्दी की बोलियों में जीनेवाले लोगों की पसन्द-नापसन्द और रुचि के सांस्कृतिक स्वरूप को पहचानना असम्भव नहीं, क्योंकि प्रेमचन्द का समग्र साहित्य उन्हीं के जीवन-चरित्रों का विस्तृत आख्यान है। प्रेमचन्द का स्वर एक भाषा-संस्कृति में जीनेवालों के विचारों का प्रतिनिधित्व करता है। दुर्भाग्यवश 1946 में लाहौर के पाकिस्तान में मिल जाने से हिन्दी क्षेत्र का एकमात्र फिल्म निर्माण-केन्द्र हिन्दी के लिए

नहीं रहा और आज तक कहीं और विकसित नहीं हो पाया, लेकिन तब तक उसका भी हिन्दी लेखकों के पक्ष में कोई सकारात्मक रवैया सामने नहीं आया था।

सिनेमा में पटकथा की स्थिति, पटकथाकार और लेखक का महत्त्व समूची निर्माण व्यवस्था के उद्‌देश्य पर निर्भर करता है। डेनीस डेनीटो का कथन पश्चिम में पटकथाकार की लेखकीय स्थापना का प्रमाण है–"Creating a screenplay is the most private activity in the making of a film, for a writer usually works alone. There are however, a number of exception. Writers can collaborate repeatedly together."[30] जोड़ी बनाकर काम करनेवाले लेखकों के उद्धरण के रूप में वे गार्सन कैनिन और रूथ गॉर्डन, (Garson Kanin, Ruth Gordon), बेट्ली कांडेन और एडोल्फ ग्रीन (Betly Comden, Adolph Green,), डेविड न्यूमेन और रोबर्ट बेन्टन (Devid Newman, Robert Benton) का नाम लेते हैं। हिन्दी सिनेमा में सलीम-जावेद एकमात्र लेखकीय जोड़ी के उदाहरण हैं, जबकि फिल्म संगीत में इसकी आम परम्परा है। पटकथा-निर्माण में आदर्श निर्माता की भूमिका के बारे में उनका कहना है–"A producer may insist on evoluating a screenplay at each major stage in its evolution."[31]

एक आदर्श निर्माता की जो परिकल्पना की जाती है, उसके गिने-चुने उदाहरणों में से प्रेमजी हैं। उन्होंने मार-धाड़, सेक्स और हिंसा के चरम फिल्म युग में 'मीरा' पर फिल्म बनाने का साहस किया। 'मीरा' के निर्माणकाल में ही 'मीरा' के जीवन पर बनी एक अन्य फिल्म के फ्लाप हो जाने के बावजूद वे उसके निर्माण में जुटे रहे। हालाँकि इस फिल्म की प्रेरणा उन्हें हेमामालिनी से मिली, जो उन्हें पूना की किसी मीरा दासी नामक साध्वी ने सुझाया था। हेमामालिनी के प्रस्ताव और 'मीरा' की भूमिका करने की स्वीकृति ने प्रेमजी को गतिशील किया।[32] प्रेमजी बहुत ही सुलझे हुए, अध्ययनशील और एक आदर्श निर्माता के उत्तम उदाहरण हैं। गुलजार 'मीरा' के प्रकाशित चित्रालेख में प्रेमजी का बहुत श्रद्धा और प्रेमपूर्वक चित्रण करते हैं–"प्रेमजी ने बताया कि वह 'मीरा' बनाना चाहते हैं (1975)। बस सुनके ही जी भर गया। यह ख्याल पहले कभी क्यों नहीं आया ?" वे आगे लिखते हैं–उस 'प्रेम दीवानी' का खयाल शायद सिर्फ प्रेमजी को ही आ सकता था। बहुत कम लोग जानते हैं कि प्रेमजी को 'दीवान-ए-गालिब' जुबानी याद है। ऐसी याद्‌दाश्त भी किसी दूसरे में नहीं देखी। वे उर्दू अदब के सिर्फ शौकिन नहीं, दीवाने हैं; और अंग्रेजी में आखिरी किताब कौन-सी छपी है, बता देंगे, और यह भी कि 'मार्केट में अभी आई नहीं। उसका 'थीम' कुछ ऐसा है।' किताबें जुबानी याद रखने की उन्हें आदत-सी हो गई है। ऐसे प्रोड्यूसर के साथ काम करना, वैसे ही खुशकिस्मती की बात है, और फिर 'मीरा' जैसी फिल्म पर !"[33] किन्तु ऐसे प्रोड्यूसर हिन्दी सिनेमा में बहुत गिने-चुने ही रहे हैं, और आज 1997 में मुख्यधारा के सिनेमा में काले धनवालों, माफियाओं, स्मगलरों में किसी रचनात्मक प्रोड्यूसर को ढूँढ़ना भूसे में सूई ढूँढ़ने के समान है।

1928 में फाल्के प्रोड्यूसर और प्रोडक्शन तथा कला के विषय में चिन्ता व्यक्त करते हैं–''भारतवर्ष में लगभग सभी फिल्में तकनीक और कलात्मक कौशल में बहुत कमजोर हैं। अभिनय पक्ष भी अच्छा नहीं है। खासकर फोटोग्राफी एकदम बेकार है। कला के बारे में कतई कुछ ज्ञान नहीं है। इस फिल्म उद्योग में गोकि, कई लोग पूँजी लगाने लगे हैं, लेकिन वे स्वयं यह जरा भी नहीं जान पाए हैं कि कौन-सा कैमरा खरीदा जाए। कोई भी आदमी विषय और वस्तु का अध्ययन नहीं करना चाहता है।''[34]

फाल्के जिस आधार-बिन्दु पर चोट करते हैं; 1935 में 'हंस', मार्च में प्रकाशित प्रेमचन्द के उग्र विचारों में यथावत देखा जा सकता है। 1952 में प्रकाशित 'वासवदत्ता का चित्रालेख' में भगवतीचरण वर्मा के विचार भी उसी आधार-बिन्दु पर चोट करते दिखते हैं। किन्तु 1975-76 तक के परिवर्तनों को 'मीरा' फिल्म के लिए अनुसन्धान कार्य करनेवाले श्री भूषण बनमाली के विचारों से मुख्यधारा के सिनेमा के स्वरूप को परखा जा सकता है–''बम्बई की फिल्म इंडस्ट्री में कोई ऐसी फिल्म बनाने को कहे, यह बड़ी बात थी। जैसी फिल्में हमारे यहाँ बनती हैं, उनमें ज्यादा-से-ज्यादा कमाल यह दिखाया जाता है कि 'हीरो' चालीसवीं मंजिल की खिड़की से कूदा, और चौथी मंजिल की खिड़की को थामकर, कमरे के अन्दर आ घुसा, और विलेन से मारपीट शुरू हो गई। (यह लिखते भी डर रहा हूँ कि या तो यह रोमांचकारी मुक्कामारी आप किसी फिल्म में देख चुके होंगे; या फिर जल्दी ही किसी फिल्म में देखने को मिलेगी) ! मतलब यह कि हमारे यहाँ दिमाग की उड़ान नहीं, दिमाग की छलाँग देखी जा सकती है।''[35]

इस दिमाग की उड़ान और छलाँग में रचना और रचनाकार का स्वरूप और सरोकार सन्निहित है। जहाँ छलाँग है, वहाँ सर्जक की कोई जरूरत नहीं, वहाँ तो बाजीगर ही सटीक है, और मुख्यधारा के 'छलाँगवादी' सिनेमा में सर्जक का कोई स्थान नहीं होता। हालाँकि इस समूचे 'छलांगवादी' हिन्दी सिनेमा का स्वरूप हॉलीवुड के 'एक्शन और रोमांस' की नकल में गढ़ा गया है। किन्तु भारतीय सामाजिक मन की सांस्कृतिक बुनावट से वह बहुत जगह पर मेल खा गया। वह जगह है रहस्य रोमांच-पूजक संस्कृति। यथार्थ की कटुता की जगह कल्पना के गुड़ का आस्वाद लेने की प्रकृति। व्यक्तिपूजक मानसिकता। व्यक्ति-पूजा का तो ये हाल है कि स्मगलरों, डकैतों, घूसखोरों और अन्यान्य अपराधियों का आदर्श चरित्रों के साथ-साथ ही यशगान करते हुए लोगों को देखा जा सकता है। उत्तर प्रदेश, बिहार के किसी ग्रामीण इलाके के किसी नुक्कड़ पर, या किसी कस्बे की चाय-पान की दुकान में कुछ समय बिताने पर, ऐसे ढेर अनुभव-रत्न प्राप्त हो सकते हैं। यह बताना समीचीन होगा कि ऐसी प्रवृत्तियों से गुलजार को महानगर बम्बई में भी टकराना पड़ा। भारत में संस्कृति की रूढ़ियों के प्रति विद्रोह, एक तो स्वीकार नहीं किया जाता, और जब किया जाता है तो सीधे सिर पर चढ़ा लिया जाता है। पूजने में सुविधा यह है कि पूजकर ही छुट्टी मिल जाती है; बाकी सीखने की या अनुकरण की कोई आवश्यकता नहीं है। आखिर अवतारों और महापुरुषों का कोई अनुकरण कर सकता है ? 'मीरा' फिल्म को गुलजार यथार्थवादी ढंग से बनाना चाहते

थे। मीरा के बारे में अतिशयोक्ति-भरी पुस्तकों के अलावा, उन्हें कुछ व्यक्तियों का भी सामना करना पड़ा। मीरा एक मनुष्य की मौत मरी, यह भी 'कल्पनाजीवी' मनस-संस्कृति को स्वीकार नहीं होता। गुलजार बताते हैं—"एक सवाल जो आमतौर से मुझसे पूछा गया है, वह यह कि :

"मीरा को आपने जहर का प्याला पिलाया है ?"

"जी हाँ !"

"वह मरी है ?"

"नहीं !"

बड़ी हैरत से पूछा गया :

"क्यों ?"

अगली बार जब वही सवाल पूछा गया तो मैंने जवाब दिया :

"मर गई।"

फिर उतनी ही हैरत से पूछा गया : "क्यों ? मीरा तो नहीं मरी थी !"[36]

मीरा के बारे में यह लोकप्रचलित मिथक है कि मीरा विष का प्याला पीकर भी मरी नहीं थी। मिथकों की सर्जना अर्थात् असम्भव का पूजन, असम्भव के प्रति समर्पण, भारतीय जीवन का परम्परागत स्वभावगत यथार्थ है। गुलजार आगे लिखते हैं—"इस सवाल के इर्द-गिर्द आप बरसों घूमते रहिए। लोगों को किसी भी एक जवाब से सन्तोष नहीं होगा। वजह यह कि लोग खुद भी इसी दुविधा के शिकार हैं। चमत्कार में विश्वास करना चाहते हैं, लेकिन उसके लिए उन्हें वैज्ञानिक तर्क चाहिए और जब वैज्ञानिक तर्क मिल जाता है, तो कहते हैं कि 'भावना' निकल गई। यह मसला आम हिन्दुस्तानी का है। अन्धविश्वास रखना भी नहीं चाहते और छोड़ना भी नहीं चाहते।"[37]

'मीरा' की पटकथा 1979 में प्रकाशित हुई। यह पटकथा कमर्शियल सिनेमा के स्वरूप में गम्भीर कलात्मक सर्जना का एक अनूठा उदाहरण है। 1979 से 1997 के बीच मुख्यधारा की बिकाऊ फिल्मों में पटकथा के स्वरूप में यदि कोई परिवर्तन हुआ तो उत्तरोत्तर पतन ही हुआ है। फिल्म की शक्ति का समुचित उपयोग आज तक ठीक से नहीं हो पाया है। कमलेश्वर ने लिखा है—"इसका मूल कारण है—सर्जनात्मक प्रतिभाओं का असहयोग। परन्तु फिल्म हमारे युग की सच्चाई है, और फिल्म लेखन एक स्वतन्त्र विधा का रूप ले चुका है। हम चाहे सहमत हों या असहमत—पर इतना तो मानना पड़ेगा कि जहाँ साहित्यिक लेखन दस 'जेनुइन' लेखकों को जीवित नहीं रख सकता, वहाँ फिल्म लेखन कम-से-कम दो सौ लेखकों को जीविका देता है—और वे दो सौ फिल्मी लेखक (?) बम्बई जैसे महानगर में जीवन की कठिनतम शर्तों पर जीवित रहते हैं। यों फिल्मों में भी मुश्किल से तीन-चार लेखक ही सफलता और पैसे की सीढ़ियाँ चढ़ पाते हैं, पर शेष 195 या 196 लेखक भी भूखे नहीं मरते। यों अधिकांश फिल्मों में व्यावसायिक रूप से परतन्त्र लेखन की परम्परा भी रही है, जिसमें कथा, पटकथा और संवाद लेखक के हो सकते हैं। परन्तु उसका विषयगत भराव व्यावसायिक सफलता की दृष्टि से होता

है। फिल्म-लेखन में लेखक की साहित्यिक अभिरुचि या उसका रचनात्मक अनुभव नहीं खरीदा जाता—उसकी फिल्मी सफलता की शाख खरीदी जाती है। इसमें भरपूर पैसा मिलता है।''[38]

हिन्दी के लेखक पैसे के लोभ में व्यावसायिक फिल्मों से सम्बद्ध होते रहे हैं। आज भी व्यावसायिक फिल्म-जगत में लेखक का महत्त्व मुंशी से ज्यादा नहीं है।

सामान्यतया हिन्दी के लेखक फिल्मों में संवाद-लेखक के रूप में प्रवेश करते हैं और इससे ज्यादा भूमिका इने-गिने ही अदा कर पाते हैं। भगवतीचरण वर्मा लिखते हैं— ''अधिकांश हिन्दी के स्रष्टा साहित्यकार रुपयों के लोभ में संवाद लिखने के लिए फँस जाते हैं। यह संवाद लेखन कहानी का निम्नतम भाग माना जाता है। सिनेरियो लेखक, जो अधिकांश में स्वयं निर्देशक होता है, या तो अंग्रेजी में या टूटी-फूटी हिन्दी में संवादों का ढाँचा तैयार कर देता है। फिल्मों में संवाद लेखकों को पंडितजी या मुंशीजी के नाम से सम्बोधित करने की जो परम्परा है, उसकी तह में संवाद-लेखकों का यही निम्न स्थान है। निर्देशक के भावों को भाषा दे देना—यह संवाद लेखक का काम है। फिल्मी दुनिया में किसी भी साहित्यकार का लेखक बनकर जाना, उसके लिए और साहित्य के लिए अपमानजनक है।''[39] साहित्य में जो स्थान लेखक को प्राप्त है, फिल्म में वह स्थान निर्देशक का है। नाटक में भी निर्देशक फिल्म के निर्देशक के समान ही महत्त्व का भागी है। किन्तु नाट्यालेख लेखक को अन्य विधाओं के लेखकों के सादृश्य महत्त्व प्राप्त है क्योंकि नाट्यालेख एक व्यक्ति की रचना है। बहुत से नाट्य-निर्देशक अच्छे लेखक भी होते हैं, वैसे ही बहुत से फिल्म-निर्देशक भी, किन्तु फिल्म-लेखन सामान्यतया एक दोयम दर्जे के काम के रूप में मान्य है।

1952 में वर्माजी जिस लेखकीय स्थिति का वर्णन कर रहे हैं, उसे 1970 के बाद के लेखकों में सागर सरहदी, गुलजार, सलीम खान, जावेद खान के विचारों से मिलाने पर एक तारतम्य दिखता है। वे लिखते हैं—''कहानी, चित्रालेख और संवाद के तीन अलग-अलग लेखक होना, आज फिल्मी दुनिया की सबसे बड़ी कमजोरी है, पर मशीन के इस युग में जहाँ कला का वास्तविक मूल्यांकन बहुत कठिन है, इस कमजोरी का दूर होना भी मुझे तब तक कुछ असम्भव-सा दिख रहा है, जब तक कि इस ओर भगीरथ प्रयत्न न किया जाए। आज जिन लोगों के हाथ में फिल्म व्यवसाय है, वे कुपात्र हैं।''[40] वे सिनेमा में लेखक की स्थिति तय करने की कोशिश में, दृश्य-काव्य की प्राचीन परम्परा नाटकों की ओर देखते हैं—''हमारे यहाँ नाटकों की परम्परा अति प्राचीन है और नाटकों की तथा फिल्मों की कला में थोड़ा-सा अन्तर है। वस्तुतः फिल्म नाटक का ही वैज्ञानिक युगवाला विकसित रूप है और हम देखते हैं कि जितने अच्छे नाटक हैं, वे सबके सब उच्चकोटि के साहित्यिकों द्वारा लिखे गए हैं। नाटक में कहानी, संवाद एवं कहानी का मंच पर प्रदर्शन सभी कुछ तो सम्मिलित है। निर्देशक का काम अभिनय से सम्बद्ध है, लेखन से नहीं। मेरा मत है कि कहानी, चित्रालेख एवं संवाद का लेखक एक ही होना चाहिए। कहीं-कहीं जब किसी सुविख्यात उपन्यास का चित्र

बनाना है, वहाँ पर नियम टूटेगा ही, पर वहाँ भी चित्रालेख और संवाद के लेखक एक ही होने चाहिए।''[41] वर्माजी जिस लेखकीय स्थिति की कामना व्यक्त करते हैं, उसको बहुत बाद में थोड़ा-बहुत प्रतिफलित होते देखा गया। सलीम खान कहते हैं– "When we (Salim-Jawed) came in to films (Andaz, 1971), we showed we could do all three jobs, I believe that anyone who writes a screenplay has to visualise the entire action, every detail and nuance : How does the fight start and where ? What kind of fun is there in the funny scene ? I must indicate each character's thinking and feelings...is he nervous ? embarassed ? suspicious ? you can not be a screenplay-writer unless you can see at all."[42]

व्यावसायिक सिनेमा में पटकथाकारों की ऐसी पीढ़ी उभरी, जो कमोबेश समूची पटकथा लिखने में सक्षम थी, और है, लेकिन इनमें से भी अधिकांश हिन्दी भाषा से किसी रचनात्मक लगाव के स्तर पर नहीं जुड़े हैं। कम-से-कम भाषा के भीतर इनका कोई साहित्यिक महत्त्व नहीं है, जो लोग कला-सिनेमा के दौर में भी सिनेमा के बारे में गम्भीरता से सोचते-समझते थे तथा साहित्यिक स्तर की महत्त्वपूर्ण पटकथाएँ लिख सकते थे, उन्हें बम्बई के हिन्दी फिल्मिस्तान (हिन्दी फिल्मिस्तान का बम्बई में होना एक विडम्बना ही है, जबकि हिन्दी के साहित्यिक लेखन से उसका नाम मात्र का सम्बन्ध है।) ने देखने-परखने की जरूरत नहीं समझी। प्रसिद्ध समीक्षक विनोद भारद्वाज बताते हैं–''कुछ साल पहले फिल्म पटकथा लेखिका शमा जैदी ने एक बातचीत में कहा कि आप इतने वर्षों से फिल्म-समीक्षक हैं, दक्षिण का कोई फिल्म-समीक्षक होता, तो अब तक न जाने कितनी पटकथाएँ लिख चुका होता।''[43]

बम्बई से तो विनोद भारद्वाज कोई उम्मीद ही नहीं करते, लेकिन दिल्ली जहाँ शेष हिन्दी प्रदेश की तुलना में सिनेमा से सम्बन्धित किताबें और अच्छी फिल्में आसानी से उपलब्ध हो जाती हैं, वहाँ वे दूरदर्शन के प्रयासों का एक दर्दनाक किस्सा बयान करते हैं–''लगभग चार-पाँच साल पहले दिल्ली दूरदर्शन ने कुछ लेखकों से सम्पर्क किया कि वे कुछ जानी-मानी कहानियों को आधार बनाकर पटकथाएँ लिखें। दूरदर्शन उन पर फिल्में बनाएगा। देशी-विदेशी कहानियाँ चुनी गईं। चेखव की कहानी 'ग्रीफ' से लेकर श्रीकान्त वर्मा की कहानी 'ठंड' आदि दूरदर्शन की आकर्षक सूची में शामिल थीं। मुझे 'ग्रीफ' की पटकथा लिखने के लिए कहा गया। मैंने बहुत उत्साह और मेहनत से इस कहानी को भारतीय परिवेश का हिस्सा बनाते हुए पटकथा लिखी। दूरदर्शन के अधिकारियों को यह पटकथा काफी पसन्द आई। कम-से-कम दो प्रोड्यूसरों ने इस पटकथा को लेकर फिल्म बनाने की इच्छा प्रकट की। लेकिन क्या आप यकीन करेंगे कि मुझे पटकथा का पारिश्रमिक तो मिल गया, पर फिल्म आज तक नहीं बनी है। कारण ? इस पटकथा को स्टूडियो के लिए नहीं लिखा गया था। अन्यथा सचमुच की फिल्म बनानी पड़ती। जाहिर है कि मैंने यह मेहनत छोटे-मोटे पारिश्रमिक के लिए

नहीं की थी। इच्छा थी कि फिल्म बने। निर्देशक के साथ मैं सक्रिय होऊँ। फिल्म विधा का सीधा अनुभव मिले।"[44]

यह ठीक है कि सिनेमा की भाषा चित्रों की भाषा है और शब्द-भाषा का एक बेहतरीन फिल्म में दाल में नमक जितना ही महत्त्व है। किन्तु शब्द-भाषा का ज्यादा सम्बन्ध किसी भी कला-विधा के लिए सांस्कृतिक पृष्ठभूमि के रूप में है। यदि ऐसा नहीं होता तो सत्यजित रे आजीवन बँगला में ही फिल्में नहीं बनाते रहते या अडूर गोपालकृष्णन् तमिल भाषा से बाहर निकलने से परहेज नहीं करते। सिनेमा का हिन्दी भाषा में सांस्कृतिक स्वरूप तब तक नहीं उभर सकता, जब तक हिन्दीभाषी प्रदेश में उसके समुचित शिक्षण और परिवर्द्धन की व्यवस्था न की जाए। फिल्म और दूरदर्शन संस्थान, पूना और अब कलकत्ता के फिल्म शिक्षण केन्द्र में हिन्दीभाषी प्रदेश के विद्यार्थियों को अनेकशः कठिनाइयों से गुजरना पड़ता है। हिन्दीभाषी प्रदेश से बहुत गिने-चुने विद्यार्थी ही वहाँ प्रवेश ले पाते हैं। सबसे ज्यादा कठिनाई तो उन्हें हिन्दी फिल्मों को अंग्रेजी भाषा के माध्यम से पढ़ने में होती है। यह कुछ वैसा ही अनुभव कहा जाएगा, जैसा निराला और प्रेमचन्द के हिन्दी मूल को अंग्रेजी व्याख्यान से समझने की कोशिश करने पर होगा। मातृभाषा का ज्ञान अपनी संस्कृति में गहरे पैठने के लिए आवश्यक है। हिन्दी में पटकथा-लेखन या फिल्म-निर्माण-प्रक्रिया पर, अच्छी किताबों का भी सर्वथा अभाव है, जैसे कि विज्ञान, अर्थशास्त्र, चिकित्सा आदि विषयों पर भी हिन्दी में किताबों का अभाव है। इसकी क्षतिपूर्ति अनुवाद कार्य को बढ़ावा देने से हो सकती है। यह सब कुछ प्रशासनिक सहयोग के बिना सम्भव नहीं है।

सकारात्मक माहौल के लिए चिन्ताएँ प्रेमचन्द (1935) से लेकर आज तक लेखक व्यक्त कर रहे हैं। कला-सिनेमा आन्दोलन में अनेक लेखकों की कृतियों पर फिल्में बनने से कुछ आशा जगी थी, किन्तु अधिकतर लेखक फिल्म-लेखक के रूप में सक्रिय नहीं हो पाए, और पूर्ववर्ती लेखनाभ्यास से ही जुड़े रहे। साहित्यिक कृतियों पर फिल्में बनाने का काम अनवरत करनेवालों में बासु चटर्जी का नाम विशेष उल्लेखनीय है। वे आज तक अपनी कोशिशें जारी रखे हुए हैं तथा अपने को साहित्य के बाहर का आदमी नहीं मानते। हाल ही में उन्होंने शिवमूर्ति की कहानी 'तिरिया चरित्तर' पर फिल्म-निर्माण शुरू किया था। हिन्दी सिनेमा में हिन्दी भाषा और संस्कृति के निवेश के लिए भगीरथ प्रयत्न अभी सफल नहीं हुआ है। उसके लिए एक सुनियोजित सामूहिक सोच और आन्दोलन की जरूरत है, क्योंकि लेखकविहीन बम्बइया फिल्में सबसे ज्यादा निराला, कबीर, तुलसी, दादू, प्रेमचन्द, रेणु, अज्ञेय और मुक्तिबोध की जमीन को ही दुष्प्रभावित कर रही हैं।

पूर्ववर्ती अन्य कलाओं से भिन्न कला होने के चलते 'पटकथा' की संरचना भी भिन्न होती है। उसका प्रकाशित रूप 'नाट्यालेख' जैसा ही दिखता है, किन्तु वह उसके विकासात्मक चरण के द्वितीय चरण का प्रारूप है। नाटक लिखने के लिए अभिनय और रंगमंच का ज्ञान भी लेखक में अपेक्षित होता है, वैसे ही पटकथा लिखने के लिए सिनेमा

के यन्त्र-शैल्पिक बनावट-बुनावट को समझना भी आवश्यक है। यह ठीक है कि नाटक की ही भाँति अभिनय और प्रस्तुति पक्ष निर्देशक के हिस्से का काम है, जिसका सहज ही वह श्रेयभागी होता है। किन्तु इनकी सैद्धान्तिक जानकारी लेखक के लिए आवश्यक है। दादा साहब फाल्के लिखते हैं–"पर्दे के लिए पटकथा लिखना बिल्कुल भिन्न किस्म का अनुशासन है। रंगमंच का नाटक कानों के लिए है। रंगमंच के दर्शक में नाटक की भाषा की समझ जरूरी है, जबकि पटकथा के दर्शक में भाषा-ज्ञान न हो तो न हो, लेकिन उसमें देखकर समझने की दृष्टि होनी चाहिए। यह प्रख्यात है कि पर्दे पर देखी जा रही माया कैमरे के सामने घटती है, या उसके लिए पुनःसृजित होती है। पटकथा कैमरे के समक्ष अभिनेताओं के द्वारा खेली जाती है।"[45]

पटकथा-लेखन शिल्प पर हिन्दी में कोई एक मुकम्मल किताब नहीं है। 'वासवदत्ता का चित्रालेख' में भगवतीचरण वर्मा ने विस्तृत रूप से पटकथा लेखन-शिल्प को समझाने की सराहनापूर्ण कोशिश की है। 1938 में प्रकाशित 'सवाक् चित्र-कहानी' में एल. चन्द्रशेखर ने पटकथा के विषय में समझने-समझाने का प्रयत्न किया है; साथ ही उनकी एक पटकथा भी प्रकाशित है। एल. चन्द्रशेखर पहले लेखक हैं, जो पटकथा के लिए 'चित्र-लेख' शब्द का प्रयोग करते हैं। भगवतीचरण वर्मा 'आ' की मात्रा लगाकर उसे 'चित्रालेख' में परिवर्तित करते हैं, और बीच से हाइफन निकाल देते हैं। इसके अलावा 'सारंगा-स्वर' नामक पत्रिका के पाँच अंकों में चित्रालेख-लेखन की विधि के विषय में क्रमवार सामग्री प्रकाशित हुई किन्तु वह भी अपर्याप्त है।

श्री एस.डी. त्रिपाठी जी ने अपने निबन्ध 'पटकथा लेखन उर्फ देख तमाशा पैसे का' में पटकथा-लेखन शिल्प से सम्बन्धित ढेर सारी सूचनाएँ संगृहीत की हैं।[46] एल. चन्द्रशेखर का मानना है कि "फिल्म कहानी लिखने से पूर्व फिल्म-निर्माण की सभी प्रणालियों से पूर्ण परिचित रहना चाहिए। कौन-कौन से दृश्य कला-दिग्दर्शक बना सकते हैं और कौन-कौन से नहीं बना सकते हैं, उसका सम्यक् ज्ञान होना चाहिए।[47]

क्या नाट्यलेखक से रंगमंच की क्षमताओं के ज्ञान की अपेक्षा करना बेजा है ? अगर ऐसा ही नहीं है तो आलोचना की तीन पीढ़ियों तक रंगमंचीय क्षमता की उपेक्षा करने के कारण जयशंकर प्रसाद के नाटकों की क्यों आलोचना की जाती रही ? यह भी विचित्र है कि नाटक और रंगमंच की पूर्वी-पश्चिमी संरचना तथा साहित्य के अद्भुत ज्ञान का जयशंकर प्रसाद अपने निबन्धों में जिस तथ्यात्मकता के साथ निवेश करते हैं, तथा रूपक के प्रकारों का जो विस्तृत विवेचन करते हैं, उन्हीं के नाटकों में उस ज्ञान और कौशल का प्रयोग नहीं दिखता। रामस्वरूप चतुर्वेदी ने लिखा है–"नाटक सम्बन्धी पहले व्यवस्थित सैद्धान्तिक ग्रन्थ 'रूपक रहस्य' में बाबू श्यामसुन्दर दास ने लिखा है, "किन्तु उनके (अर्थात प्रसाद के) नाटकों में सबसे बड़ा दोष यह माना जाता है कि वे रंगमंच के योग्य नहीं होते।" इसी स्वर में हजारीप्रसाद द्विवेदी ने 'प्रसाद का साहित्य' नामक संकलन में घोषित किया, "ये नाटक अभिनय के योग्य नहीं हैं।" काशी की ही तीसरी पीढ़ी के आलोचक बच्चन सिंह का मत अपनी पुस्तक 'हिन्दी नाटक' में इस

प्रकार है—"यदि पूर्वग्रह को छोड़कर विचार किया जाए तो कहना होगा कि प्रसाद के नाटकों में जो गाम्भीर्य आया है, उसके मूल में रंगमंच की अवहेलना का बहुत कुछ योग है।" इन आलोचकों में सर्वथा विरोधी मत शान्ता गाँधी का है। 'नटरंग त्रैमासिक' में वे लिखती हैं—"प्रसाद के नाटकों की सभी समस्याओं को सुलझाकर उन्हें अत्यन्त सफलतापूर्वक रंगमंच पर प्रस्तुत किया जा सकता है, और उनका अवश्य ही प्रदर्शन होना चाहिए।"[48]

प्रसिद्ध रंगकर्मी ब.व. कारन्त ने प्रसाद के नाटकों की सफल प्रस्तुतियाँ की हैं। जैसा कि डॉ. बच्चन सिंह ने कहा है कि "प्रसाद के नाटकों में गाम्भीर्य रंगमंच की उपेक्षा के चलते आया है," तो गाम्भीर्य का सम्बन्ध कथा-वस्तु, भाषा, उद्देश्य आदि के निर्वहण से है, न कि रंगमंचीय प्रतिकूलता से।

वस्तुतः प्रसाद के नाटकों पर आज तक रंगमंच की दृष्टि से ही विचार किया गया। प्रसाद अपने निबन्धों में भारतीय और पश्चिमी नाट्य-परम्परा का ही नहीं, बल्कि सिनेमा की शक्ति और कमजोरियों का मूल्यांकन करते हैं। इस नवीन कलारूप की शक्ति पर भी उनका ध्यान है, बहुधा आलोचक इसे नजरअन्दाज कर जाते हैं। लम्बे समय तक सिनेमा की उपेक्षा और विश्व सिनेमा के 'क्लैसिक' से अपरिचय के हिन्दी साहित्यिक वातावरण में भला कौन आलोचक प्रसाद के नाटकों पर सिने-शिल्प की दृष्टि से सोचने की जहमत उठाता। प्रसाद जहाँ हिन्दी सिनेमा के अपभ्रष्ट स्वरूप से हिन्दी को ध्वस्त होते देख चिन्तित हो उठते हैं। वहीं पश्चिमी फिल्मकारों द्वारा वहाँ के 'क्लैसिक' नाटकों के फिल्म रूपान्तरण की तारीफ भी करते हैं।[49] वे दृश्य-काव्य के आधुनिक वैज्ञानिक स्वरूप की शक्तियों को पहचान गए थे। रंगमंच की दृष्टि से उनके नाटकों की जो कमजोरियाँ बताई जाती हैं, वे चलचित्र के स्वरूप के अनुकूल हैं।

रामस्वरूप चतुर्वेदी ने लिखा है—"प्रसाद के नाटकों के मंचन में जो कठिनाइयाँ सामने आती हैं, उन्हें संक्षेप में यों प्रस्तुत किया जा सकता है—नाटकों का कलेवर सामान्यतः बड़ा है। दृश्यों की संख्या अधिक है और ये स्वभावतः जल्दी-जल्दी बदलते हैं। पात्र बहुत हैं। कई स्थानों पर त्रुटिपूर्ण मंचविधान है और कहीं-कहीं दार्शनिक क्लिष्ट भाषा है। तथ्य के रूप में ये आपत्तियाँ जायज हैं, पर ये सभी नाटकीय विधान के व्यावहारिक स्तर पर हैं, और उसी स्तर पर उनका समाधान किया जा सकता है। शेक्सपियर के सम्पादन में उनके नाटकों की भाषा का उच्चारण की दृष्टि से आधुनिकीकरण कर लिया गया है। प्रसाद के मंच-विधान का आधुनिकीकरण इस सादृश्य पर किया जाना चाहिए।"[50]

प्रसाद को रंगमंच का भरपूर ज्ञान था, किन्तु सिनेमा की तकनीकी बनावट की जानकारी नहीं होने के बावजूद वे उसके प्रभाव और अभिव्यक्ति की क्षमता से परिचित थे। ऐसा लगता है कि अपने नाटकों की सर्जना वे नाटक और सिनेमा दोनों ही दृश्य माध्यमों के स्वरूप को ध्यान में रखकर कर रहे थे। उन्हीं के शब्दों में—"युग के पीछे हम चलने का स्वांग भरते हैं, हिन्दी में नाटकों का यथार्थ अभिनीत देखना चाहते हैं,

और यह नहीं देखते कि पश्चिम में अब भी प्राचीन नाटकों का फिर से सवाक् चित्र बनाने के लिए प्रयत्न होता रहता है।"[51]

प्रसाद के नाटक, नाट्यालेख और चित्रालेख मध्यस्थिति में हैं। उन्हें थोड़े से परिवर्तनों से रंगमंच या चित्रपट के स्वरूप में ढाला जा सकता है। अगर हिन्दी सिनेमा का हिन्दी साहित्य के अनुकूल चरित्र विकसित हुआ होता, तो प्रसाद के नाटक अब तक फिल्मांकित हो चुके होते। मि.हीरेम.के. स्लीक का कहना है कि "घटना-वैचित्र्य-पूर्ण नाटक का रूपान्तरित चित्र अधिक प्रभावशाली होता है।" इस तरह के नाटकों में साधारणतः दृश्यों में परिवर्तन अधिक रहते हैं।"[52]

प्रसाद के नाटक दृश्य-विधा की अपूर्व थाती है। अनुकूल समय आने पर 'वासवदत्ता का चित्रालेख' के साथ ही प्रसाद के नाटक भी छायांकित होने चाहिए। सिनेमा के तकनीकी-शिल्प तथा कैमरे की दृष्टि को किंचित् ध्यान में रखते हुए और उसकी भाषा की जानकारी नहीं होने के बावजूद, प्रसाद के नाटकों की दृश्य-शिल्प की परम्परा का लेखन किया जा सकता है, किन्तु एक सटीक पटकथा फिल्मांकन के उद्देश्य से लिखने के लिए उसके तकनीकी पहलू का ज्ञान आवश्यक है। कमलेश्वर का कहना है– "फिल्म-लेखन थोड़ा जटिल, तकनीकी और सांकेतिक लेखन है–इसमें कभी-कभी एक छोटा-सा तकनीकी संकेत पूरे वातावरण या मानसिक उद्गारों को व्यक्त करने के लिए पर्याप्त होता है। आवाज का एक टुकड़ा पूरे अतीत को जगा देता है, अतः इस तरह के लेखन से पाठक को वही सन्तोष मिल सकता है, जो नाटक पढ़ने से मिलता है।"[53]

सीड फील्ड तकनीकी समझ से हीन पटकथाओं के अध्ययन का हाल कुछ इस प्रकार बयान करते हैं–"I spent several years writing and reading screeenplays. At cinemobile alone, I read and synopsized more than 2,000 screenplays in a little more than two years. And of those 2,000 screenplays, I selected only 40 to present to our financial partners for possible film production. Why so few ? Because 99 out of 100 screenplays I read were not good enough to invest a million or more dollars in, or, put another way, only one out of 100 screenplays I read was good enough to consider for film production."[54]

भगवतीचरण वर्मा का कहना है–"चित्रालेख-लेखक को चित्र-निर्माण का पूर्ण ज्ञान होना चाहिए और यह ज्ञान किसी स्टूडियो में काम करके ही प्राप्त किया जा सकता है।"[55] सच कहा जाए तो फिल्म से साहित्य या नाटक का कोई सम्बन्ध नहीं है। चित्रालेख के लेखक को फिल्म-सम्बन्धी ज्ञान होना चाहिए। उनके शब्द, शैली और भाव यह सब चित्रमय होना आवश्यक है। नाटक के शब्द चित्रपट के शब्दों से बहुत मिलते-जुलते होते हैं। इसलिए इस बात का पूर्ण ध्यान रखना पड़ता है कि वाक्य नाटकीय न हो जाएँ। यदि नाटकीय हो गए तो वे शब्द चित्रपट में बड़े ही भद्दे मालूम होते हैं। जैसा आम व्यावसायिक फिल्मों में होता है। ठीक उसी प्रकार साहित्यिक वाक्य

भी चित्रवाक्य (शॉट) से नहीं मिलते। कारण साहित्य के वाक्य आवश्यकता से अधिक लम्बे होते हैं। पढ़ते समय जो वाक्य अच्छे मालूम होते हैं, कभी-कभी फिल्म में उन वाक्यों को दर्शक समझ नहीं पाते।

पटकथा लेखक को सिने-शिल्प का ज्ञान होना चाहिए। इस सन्दर्भ में डी.जी. फाल्के का कहना है–"यदि आपको सिर्फ सिने-कथा (पटकथा) ही लिखना हो तो वैसा आप फिल्म निर्माता कम्पनी में, कई वर्ष तक रहने के बाद और सभी कलाओं में प्रशिक्षण लेने के बाद ही कर सकेंगे; और तभी आपके प्रयास विशेषकर फलदायक होंगे, और उसी हालत में ही मूल कथा के 3/4 (तीन चौथाई) भाग को, लेखक के अनुसार आप पर्दे पर डाल पाएँगे।"[56]

शुरू से अब तक पटकथा लेखन के परिदृश्य में बहुत परिवर्तन हुए हैं। फिल्म एवं दूरदर्शन संस्थान, पूना में निर्देशन के कोर्स के साथ पटकथा लेखन भी पढ़ाया जाता है। पटकथा लेखन पर अंग्रेजी में अनेक पुस्तकें उपलब्ध हैं, जिन्हें पढ़कर पटकथा लेखन सीखा जा सकता है। 'राष्ट्रीय फिल्म विकास वित्त निगम' पटकथा प्रतियोगिताएँ आयोजित करता है, जिससे अच्छी पटकथाओं को प्रोत्साहित किया जा सके। प्रतियोगिता में चुनी हुई पटकथाओं पर वित्त निगम कर्ज देता है, या स्वयं फिल्म निर्माण भी करता है। कई नए फिल्मकारों अडूर गोपालकृष्णन् (मलयालम), नीरद महापात्र (उड़िया) ने फिल्म विकास वित्त निगम के सहयोग से श्रेष्ठ फिल्में बनाईं।

साहित्यिक मूल्यवत्ता की दृष्टि से प्रकाशित पाठ्य पटकथाओं में सिनेमा में प्रयुक्त होनेवाले पद नहीं प्रकाशित होते, और उन्हें होना भी नहीं चाहिए। आइजेंस्टाइन की पटकथा 'क्यू विवा मेक्सिको' और 'ऐन अमेरिकन ट्रैजेडी' शास्त्रीय साहित्य के अच्छे उदाहरण हैं। दिलचस्प बात यह है कि इन पर फिल्में नहीं बनीं, किन्तु इन्हें पढ़कर फिल्म देखने का आनन्द लिया जा सकता है। चिदानन्द दासगुप्ता ने लिखा है–The enjoyment of such a screenplay has itself become an important sign of the interaction of the arts within the wide range of the cultivated mind in our time. Eisenstein ignores the notational aspect of the scenario, and expresses the emotional quality of a scene in the free description of a writer who does not confine himself to what can be seen or heard on the screen"[57] इसका परिणाम यह है कि पटकथाएँ पठनीयता और फिल्मांकन दोनों ही दृष्टियों से उपयुक्त हैं। वे आगे लिखते हैं–"The result is the evocative quality of litearary writing which helps the filmmaker to recapture the mood of scene when it comes to filming, makes it good reading as literature."[58]

पटकथा-लेखन : शिल्प

लेखन की छोटी इकाई शब्द या वाक्य है, किन्तु पटकथा-लेखन की छोटी इकाई शॉट

है। वाक्यों को जोड़ने से पैराग्राफ बनता है, शॉट्स को जोड़ने से दृश्य (अथवा सीन) बनता है। शॉट, सीन और सिक्वेंस के मिलने से पटकथा बनती है। शॉट का सामान्य अर्थ है, कैमरे का शटर खुलने और बन्द होने के बीच का दृश्यांकन। यह सामान्य अवधारणा है कि जैसे शॉट्स को जोड़ने से सीन बनता है, सीन्स को जोड़ने से सिक्वेंस बनता है तथा शॉट, सीन और सिक्वेंस क्रमशः एक-दूसरे से बड़े होते हैं। पटकथा का आधार कहानी होती है। कहानी किसी एक आइडिया, प्लॉट या थीम पर खड़ी की जाती है। कहानी को चलचित्र की भाषा में ढालने के कार्य को पटकथा-लेखन कहा जाता है।

पटकथा अक्सर लम्बे पन्नों या जिल्दबन्द पन्नों पर लिखी जाती है, जिसमें बाईं ओर सीन का विवरण (डिस्क्रिप्शन Description) होता है, और दाहिनी ओर संवाद, संगीत तथा इफेक्ट (Effect) का विवरण होता है। पटकथा में सीन के समय जैसे दिन या रात का जिक्र होता है। हर शॉट में परिवर्तित प्रभाव (फेड, फेड इन, फेड आउट, वाइप, डिजॉल्व, कट आदि) का भी जिक्र जरूरी है। पटकथा लेखक को न सिर्फ शब्दों का बल्कि प्रतीकों और बिम्बों का भी सहारा लेना पड़ता है।

सभी प्रकार की पटकथाएँ रचनात्मक विकास की एक दृढ़, व्यवस्थित और स्पष्ट प्रक्रिया अपनाती हैं–रूपरेखा (Outline), प्रतिपादन (Treatment), सिने नाट्य (Screen play) तथा शूटिंग स्क्रिप्ट (Shooting script)। पटकथा लेखन का सामान्य अर्थ है–विभिन्न उपक्रमों (Subprocesses) को एक दूसरे से इस तरह से जोड़ना कि एक मुकम्मल कहानी चित्रित हो उठे। यानी स्क्रीन पर उभर आए। सीड फील्ड ने लिखा है– "What is a screenplay ? A guide, or outline for a movie ? A blueprint ? Diagram ? A series of scenes told with dialogues and description ? Images strung together on paper ? A collection of ideas ? The landscape of a dream ? What is a screenplay ? A Screenplay is a story told with pictures.[59] कथा की तरह ही पटकथा भी शब्दों में लिखी जाती है, जिसका उद्देश्य होता है कि उन शब्दों को गतिशील करके क्रिया (action) के रूप में सिने-पट पर प्रस्तुत करना। एक पटकथा-लेखक का सृजनात्मक होना अनिवार्य है। एक सृजनात्मक व्यक्ति वही है जो एक घटना या उद्दीपन (Stimuli) को गुणात्मक ग्रहणशीलता की दृष्टि से देखे, यानी एक उद्दीपन के अनेक विकल्पों या रूपों, कोणों, आयामों का अनुसन्धान करे। वस्तु या क्रिया को देखकर, उसके भीतर ढेर सारी प्रतिक्रियाएँ (Reactions) सम्भावनाएँ, परिकल्पनाएँ उत्पन्न होती हैं, और उनमें से वह सटीक का चुनाव करता है। एक उद्दीपन को देखकर, उसके भीतर अनेक विचार, भाव तथा अनुभूतियाँ साकार होने लगती हैं। आदतन देखना, अवलोकन करना, उसके स्वतःस्फूर्त रचनात्मक व्यवहार का अभिन्न अंग हो जाता है। दूसरे शब्दों में सृजनात्मकता सायास से अधिक अनायास होती है। एक लेखक शब्दों से लिखता है और क्रियाविधि (Action) को शब्दों में परिवर्तित करता है। इसके ठीक विपरीत एक पटकथा लेखक शब्दों को क्रियाविधि

(Action) में परिवर्तित करता है, और निर्देशक उसे अभिनय और दृश्य में परिवर्तित करता है।

साहित्यिक कथा की तरह पटकथा में भी आरम्भ, मध्य और अन्त महत्त्वपूर्ण होते हैं। ये दर्शक को फिल्म से बाँधे रखने के लिए आवश्यक होते हैं। सीड फील्ड के शब्दों में–"A motion picture is a visual medium that dramatizes a basic story line. And like all stories a definite begining, middle and end.''[60] पटकथा के स्वरूप को समझने के लिए पटकथा की तुलना एक सौ बीस पृष्ठ की एक किताब से की जा सकती है। सामान्यतया पृष्ठ एक से तीस तक, मुख्य घटनाओं के संकेत तथा चरित्रों का परिचय अर्थात कथा-स्थापना (Set-up), पृष्ठ संख्या तीस से नब्बे तक, मुख्य घटनाओं तथा द्वन्द्वों को घटित हो जाना चाहिए, जिसे फिल्म की भाषा में कॉन्फ्रंटेशन (Confrontation) कहते हैं। पृष्ठ संख्या नब्बे से एक सौ बीस के बीच पटकथा को कथा का उद्देश्य (Resolution) प्राप्त कर लेना चाहिए। पटकथा में प्लॉट प्वाइंट पच्चीस से सत्ताइस तक, मुख्य कथा शुरू हो जानी चाहिए। प्लॉट प्वाइंट पचासी से नब्बे तक, मुख्य द्वन्द्व घटित हो जाना चाहिए तथा प्लॉट प्वाइंट नब्बे से एक सौ बीस के बीच, कथा का समाहार हो जाना चाहिए। पटकथा के स्वरूप को सीड फील्ड द्वारा प्रस्तुत निम्न डायग्राम से समझा जा सकता है–

Begining (आरम्भ)	**Middle** (मध्य)	**End** (अन्त)
↓	↓	↓
Act1	Act2	Act 3
Set up	Confrontation	Resolution
पृ. 1-30	पृ. 30-90	पृ. 90-120
Plot point one	Plot point two	Plot point three
P.P. 25-27	P.P. 85-90	P.P. 90-120

एक सर्वोत्तम पटकथा में दृश्य, संवाद, दूरी और कोण का स्पष्ट विश्लेषण होता है। खंड-खंड प्रस्तुति से ही एक अखंड छवि उभरती है, जिसके लिए विशेष, ठोस और एक-एक कदम चलने की प्रक्रिया को अपनाना होता है। पटकथा-लेखन की शुरुआत शून्य से होती है। यह मानकर कि पटकथा-लेखन की शुरुआत कुशलता से करनी है, संगृहीत अनुभव के अधिकतम परिणामों, रुचियों और स्वभावों का उत्खनन अत्यावश्यक है।

स्वेन और स्वेन कहते हैं–''यदि किसी में विषयवस्तु से सहज रूप में दस मिनट भी जुड़े रहने की क्षमता हो, तो उसमें पटकथाकार बनने की भरपूर सम्भावना मानी जा सकती है। एक चलचित्र का अवलोकन करने के बाद उसके पास पाँच सम्भावित अन्त होने चाहिए। इस प्रकार एक नवीन परिणाम की खोज होती है। सिने-व्यवसाय बहुत

बड़ा क्षेत्र है जो आज दक्ष पटकथाकारों की माँग करता है।"[61] पटकथा यदि किसी सृजनात्मक साहित्यिक व्यक्ति द्वारा लिखी जाए, तो फिल्म की स्तरीयता बढ़ने के साथ ही पटकथा का भी साहित्यिक महत्त्व हो सकता है। सिनेमा के तकनीकी और वैज्ञानिक पहलू के ज्ञान के बावजूद एक पटकथा लेखक को वास्तविक अर्थों में सृजनशील होने के लिए पूर्ववर्ती सभी कलाओं का ज्ञान होना चाहिए, क्योंकि सिनेमा में उन सबका निवेश होता है। चिदानन्द दास गुप्ता का कहना है–"It demands a complex understanding of all the previous arts from which it distills its own. Its dimentions of image, natural sound, music, drama and literature to fashion them into an art for this age of science. The orchestration of all these diverse elements requires the world-symbol as much as a symphony requires its notation. But words unlike notations, can have a life of their own, and a scenario can become literature when it is the product of a creative talent."[62]

पटकथा लेखक को सिनेमा के प्रकारों का भी ज्ञान होना चाहिए ताकि वह अपनी रुचि के पटकथा क्षेत्र को चुन सके। मूलतः फिल्में निम्न प्रकार की होती हैं–कला-सिनेमा, व्यावसायिक सिनेमा, वृत्तचित्र, विज्ञापन, मनोरंजक फिल्में, प्रायोगिक फिल्में, औद्योगिक सिनेमा, चिकित्सा सिनेमा, संवर्धनात्मक फिल्म (Promoting Film), धार्मिक सिनेमा, वैज्ञानिक फिल्म इत्यादि। एक पटकथा लेखक को चलचित्र क्षेत्र के मूल उद्देश्यों का निर्णय कर लेना चाहिए। जैसे तथ्यात्मक सिनेमा (Fact Film) का मूल प्रयोजन सूचित करना होता है, फीचर फिल्म का मूल उद्देश्य मनोरंजन होता है। स्पष्टतः हर तरह की फिल्म के प्रयोजन भिन्न होते हैं। तथ्यात्मक या सन्देश फिल्में (Fact Film or Message Film) सूचना और प्रभाव के लिए या प्रभाव और सूचना के लिए, या सूचना प्रभाव और प्रेरित करने के उद्देश्य से बनाई जाती है। ये मानवीय ज्ञान के प्रत्येक क्षेत्र में विचारों की सर्वसम्मत प्रस्तुति करती हैं। फीचर फिल्म कथा पर आधारित होती है, जबकि फैक्ट फिल्म यथार्थ पर आधारित अकथा है। फीचर फिल्म टिकट खिड़की को ध्यान में रखकर निर्मित की जाती है, क्योंकि अर्थोत्पादन उसके उद्देश्य में सन्निहित होता है। जबकि फैक्ट फिल्म पर पैसा एक प्रस्तुतकर्ता (Sponsor) द्वारा खर्च किया जाता है जिसका मूल प्रयोजन ज्ञान का संचार करना, सुरुचि पैदा करना, विश्वास जीतना आदि होता है। इस सन्दर्भ में सरकारी तथा व्यवसायी उद्देश्यों में भिन्नता होती है। एक फैक्ट फिल्म की योजना (ldea) प्रोड्यूसर, लेखक या विज्ञापन कम्पनी दे सकती है। एक विषय की प्रस्तुति की दो योजनाएँ या तरीके हो सकते हैं, जो दर्शक की बोधगम्यता के अनुकूल हों।

सामान्यतया योजना या सूझ को लक्ष्य दर्शक (Target audience) की बोधगम्यता के अनुकूल परिवर्तित करना होता है। बोधगम्य प्रस्तुति के प्रारूप (Comprehensive Form) को चलचित्र-प्रस्तावना (Film-proposal) कहते हैं, प्रस्तावना के मूल को

प्रस्तावित रूपरेखा कहते हैं, जहाँ एक पटकथाकार अपनी स्वतन्त्र भूमिका का निर्वाह शुरू करता है। पटकथाकार आधारभूत तथ्यों (Key facts) को कागज पर अंकित करता है। प्रस्तावना फिल्म-निर्माण का पहला चरण है। प्रस्तावित रूपरेखा में दो मुख्य बातें होती हैं–परियोजना (Project) का विशेष विवरण (Specification) तथा मूल अवधारणा (जिसे चित्रपट पर सम्प्रेषित करना है) का निश्चयीकरण। ऐसा करने के लिए पटकथा लेखक, निर्माता या ग्राहक (Client) के बीच लिखित समझौता (Agreement) होता है। किन्तु इस इकरारनामे से पहले पटकथा लेखक को कुछ सूचनाओं की जरूरत होती है–प्रस्तावित फिल्म को बनाने के पीछे ग्राहक का उद्‌देश्य क्या है ? फिल्म का विषय क्या है तथा उसके बारे में ग्राहक की अवधारणा के आयाम क्या हैं ? पूरी फिल्म किस दर्शकवर्ग को ध्यान में रखकर बनाई जा रही है ? फिल्म जिन्हें सम्बोधित की जा रही है, वे विषय-वस्तु के विषय में किस हद तक जानते हैं ? अतिरिक्त सूचनाएँ देते हुए ग्राहक दर्शक से क्या चाहता है ? फिल्म के तकनीकी विवरण पटकथा लेखक को ग्राहक से प्राप्त करना चाहिए। मसलन बजट कितना है ? निर्णायक कौन होगा ? विवाद में अन्ततः बात किसकी मानी जाएगी। अर्थात आखिरी बात (Final say) किसकी होगी ? सिनेमा वाचिक होगा कि मूक ? नेपथ्य अभिभाषण (Narration) होगा या परस्पर संवाद के साथ ? सजीव (Live) होगा या रेखांकित (Animation) ? सिनेमा की साइज, लम्बाई, रंगीन या श्वेत-श्याम इन सभी बातों की जानकारी पटकथा लेखक को ग्राहक से ले लेनी चाहिए।

विषय तथा उसके प्रति दृष्टिकोण (Attitude) के आधार स्पष्ट हो जाने के बाद पटकथा लेखक अपने लक्ष्य दर्शक वर्ग को ध्यान में रखकर पटकथा प्रस्तुत करता है। ग्राहक के उद्‌देश्य को त्रुटिहीन बनाने के लिए तकनीकी सलाहकार की सहायता ली जा सकती है, क्योंकि इन सबके बावजूद अन्तिम निर्णायक होता है बजट। इकरारनामे में इन सारी शर्तों को लिखित रूप दे दिया जाता है, ताकि रद्दोबदल की स्थिति में उसके परिणाम का कारण ही उत्तरदायी माना जाए।

पटकथा लेखक को फिल्म की कुछ मुख्य विशेषताओं को जानना जरूरी है, ताकि वह अपनी योजनाओं को समय-सीमा के भीतर सम्भव कर सके। इसके लिए उसे फिल्म के गुण-दोषों से परिचित होना जरूरी है। सिनेमा गति (Motion) को प्रदर्शित करता है। आँखें, जो नहीं देख सकती हैं, सिनेमा सहजता से उसे दृष्टि-पथ पर ला देता है। धीमी-गति-चित्र (Slow Motion) वस्तुओं की गतिशीलता को उद्‌घाटित करता है। जैसे–एनिमेशन किसी एक इंजिन के एक हिस्से की गतिशीलता को दिखा सकता है। सिनेमा में काल और समय की सीमा को लाँघने की क्षमता होती है। सिनेमा एक मिनट में दस वर्ष को भी लुप्त कर सकता है। वह मिनटों में दक्षिणी ध्रुव से उत्तरी ध्रुव की दृष्टि-यात्रा करा सकता है। सिनेमा यथावत् पुनःप्रस्तुति कर सकता है। यह स्पष्टतः बहुत बड़ा गुण है। स्मृति धोखा दे सकती है। कोई भी वक्ता, अपने वक्तव्य को दुबारा यथावत् प्रस्तुत नहीं कर सकता है। खेल की अच्छाइयों-बुराइयों को चित्रित कर धीमी

गति में दिखाया जा सकता है। जबकि सिनेमा दृश्य-विधा (Visual) है, इसका महत्त्व इस बात से आँका जा सकता है कि मनुष्य 75 प्रतिशत आँखों से देखकर सीखता है। सही विवरणों (Details), रंग तथा ध्वनि (Colour and Sound) की प्रभावशाली प्रस्तुति के माध्यम से सिनेमा दर्शक में भावोद्रेक पैदा करने की क्षमता रखता है।

सिनेमा के कुछ दोष भी महत्त्वपूर्ण हैं, जिन्हें निम्न श्रेणियों में विभक्त किया जा सकता है–विषय तत्त्व (Subject factor) निर्माण तत्त्व (Production factor) तथा उपयोगिता तत्त्व (Use factor)।

विषय तत्त्व का निम्न पाँच शीर्षकों के अन्तर्गत अध्ययन किया जाता है :

स्थिरता (Staticity)–फिल्म में एक पेंटिंग को विश्लेषक के नेपथ्य-कथन (Comentry) के साथ प्रस्तुत करने के बावजूद यह स्थिति गतिहीन (Static) ही होती है। जटिलता (Complexity)–विषय के कई आयाम होने के कारण फिल्मांकन एक जटिल कार्य है। जीवन असीम है, जबकि फिल्म की एक समय-सीमा निश्चित होती है, अतः इसमें जीवन के कुछ अंशों को ही फिल्माया जा सकता है।

समकालिकता (Simultaneity)–एक समय में एक ही साथ घटनेवाली घटनाओं की क्रिया को चलचित्र में समकालिकता कहते हैं। ऐसी घटनाओं को बिना वर्गीकरण के एक साथ देखा जाए, तो सिवा अर्थ-भ्रम के कुछ भी उत्पन्न न होगा। अतः उन्हें एक क्रम में प्रस्तुत करना पड़ता है।

लम्बाई (Length)–एक ऐसा विषय, जो अव्यावहारिक लम्बाई की माँग करता है, उसका फिल्मांकन करने पर आप अतिसाधारण के शिकार हो जाएँगे, और फिल्म की कथावस्तु (theme) क्षरित (deteriotorate) हो जाएगी।

अमूर्तन (Abstraction)–अमूर्त विषय के साथ सिनेमा न्याय नहीं कर पाता। वह अपने विषय से भटककर अतिसाधारणता का शिकार हो जाता है, या असत्य विवरणों (False analogi) की गिरफ्त में आकर हल्के ढंग का मूर्तन करने लगता है।

दूसरा महत्त्वपूर्ण दोष तत्त्व है–निर्माण तत्त्व। जिसे तीन शीर्षकों के अन्तर्गत रखा जा सकता है–लागत (Cost), तकनीकी कठिनाइयाँ (Technical difficulties), तथा समय समस्या (Time problem)। फिल्म निर्माण में पैसा लगता है, किन्तु लागत के अनुपात में वापसी ज्यादा महत्त्वपूर्ण है। एक फैक्टरी के मूल्यांकन के लिए क्रेन की जरूरत हो और वह उपलब्ध नहीं हो तो पैसा तो बच सकता है, किन्तु फिल्मांकन नहीं हो पाएगा। साथ ही निर्माण एक निश्चित समय-सीमा में हो जाना चाहिए।

तीसरा महत्त्वपूर्ण दोष तत्त्व है–उपयोगिता तत्त्व। जिसे तीन शीर्षकों में बाँटा जा सकता है–दर्शकीय सुविधाओं का अभाव (Lack of Viewing Facilities), प्रिंट का अभाव तथा दर्शक का अभाव (Problem of audience)। फिल्म का उद्देश्य है कि लोग उसे देखें। किन्तु चित्रशाला के अभाव में उसे नहीं देख पाएँगे। उसी तरह सिनेमाघर हों, किन्तु प्रतियाँ (Prints) उपलब्ध न हों तो उद्देश्य की पूर्ति नहीं हो पाती।

परियोजना के पूर्ण होते ही पटकथाकार कार्य शीर्षक (Working titles), निश्चित

दर्शक, उद्देश्य (Content outline) आदि लिख लेता है। मुख्य प्रभाव (Special effect), शूटिंग शिड्यूल, प्रोडक्शन शिड्यूल, निर्गत तारीख, बजट, केन्द्रीयता (Specification), विवरण और निर्माता या ग्राहक की सोच के निर्धारित हो जाने के बाद परियोजना (Proposal) हस्ताक्षरित होती है तथा सील हो जाती है, तब फिल्म बनना शुरू होती है।

फिल्म निरूपण

फिल्म निरूपण (Film Treatment) एक प्रकार से प्रस्तावित फिल्म का सारांश होता है। विस्तृत रूप से प्रस्तावित फिल्म की रूपरेखा को प्रस्तुत करने के पीछे उसकी कमियों, भूलों आदि को प्रूफरीडिंग की तरह परिशुद्ध कर लेना ही एक मात्र उद्देश्य होता है। ताकि क्लायंट अपनी सहमति और सुझाव से उसे पारित करे। फिल्म निरूपण को दो चरणों में रखा जा सकता है–सोचना तथा लिखना।

लेखन सबसे पहले लेखक के मस्तिष्क में जन्म लेता है और वह लिखने के लिए विकल्पों का चुनाव करता है। सोच की प्रक्रिया में तीन तत्त्व सन्निहित हैं–सूचना स्रोत, रुचि तथा प्रस्तुति की रूपरेखा। (Information Line, Interest line and Presentation Structure)। पटकथा-लेखन में निपुणता का एकमात्र रास्ता है, अन्तहीन अभ्यास और प्रयोगात्मक बुद्धि, जो नवीन की खोज की भूख बनाए रखे। क्लायंट की सोच और वस्तुस्थिति को जीवन्त रूप देने के लिए तथा विचार और सरणी को प्रस्तुत करने के लिए एक सुव्यवस्थित प्रभावी प्रक्रिया होनी चाहिए। इसे 'इनफॉर्मेशन लाइन' कहते हैं। सूचीबद्धता के बाद दर्शकों की दृष्टि बाँधे रखने के लिए क्रिया की सूची (Plan of actions) निर्धारित की जाती है। रुचि पथ (Interest line) का उद्देश्य दर्शकों के ध्यान पर अधिकार कर लेना होता है। स्वेन और स्वेन ने लिखा है–"Tension is the basis of attention. It is what keep viewers awake. If viewers are awake and exited, they catch the message the client puts across. In a filmed confilict, audience is involved by means of empathy which means the tendency of people to share the feeling and experiences of others."[63]

तनाव ध्यान का आधार है। यह दर्शक को होशमन्द कर देता है। जागृत और उत्तेजित अवस्था में दर्शक सन्देश को आत्मसात कर पाता है। फिल्मांकित अन्तर्द्वन्द्व से दर्शक साधारणीकरण (Empathy) से जुड़ता है। यानी दर्शक दूसरों की अनुभूतियों को आत्मीय महसूस करता है। भय और संघर्ष पटकथा के बुनियादी तत्त्व हैं, जो दर्शक की रुचि बनाए रखते हैं। अच्छी तरह से रचित फिल्म-निरूपण में आरम्भ, मध्य तथा अन्त सुनिश्चित होते हैं। एक अच्छी शुरुआत में तीन तत्त्व सन्निहित होते हैं–उत्सुकता (Curiosity), परिवर्तन (Change) तथा परिणाम (Conclusion)। ये दर्शक में गतिशील और परिवर्तनकारी सजगता बनाए रहते हैं। मध्य में द्वन्द्व (Conflict) अपनी चरम

सीमा पर होता है तथा अन्त में सन्देश सीधे दर्शकों तक सम्प्रेषित होता है।

अनुक्रम रूपरेखा (Sequence Outline)–एक फिल्म में शामिल शॉट्स की सूची को अनुक्रम-रूपरेखा करते हैं। शॉट्स की शृंखला से फिल्म गतिशील होती है। निम्न तत्त्वों के आधार पर शॉट्स को एक-दूसरे से जोड़ा जाता है–धारणा (Concept), सूझ (Idea), विचार (Thought), क्रिया (Action), व्यवस्था (Setting), चरित्र (Character), तथा विन्यास (Mood)। फिल्म-निरूपण (Film treatment) शृंखलाओं में बँटा होता है, और प्रत्येक शॉट एक प्रभावी 'अनुक्रम रूपरेखा' का निर्माण करता है।

शूटिंग स्क्रिप्ट–एक प्रस्तावित फिल्म की विस्तृत योजना को शूटिंग स्क्रिप्ट कहते हैं। शूटिंग स्क्रिप्ट में क्रियाविधि (Action) कई टुकड़ों में विभक्त होती है, शॉट व्याख्यायित होते हैं। इसके बाद चित्राकृति तय की जाती है। मुख्य चित्राकृतियाँ निम्न हैं–दूर चित्र (Long Shot) (L.S), मध्य चित्र (Medium Shot) (M.S) तथा सन्निकट चित्र (Close Up) (C.U)। सिनेपट्ट को भी रंगमंच की तरह तीन भागों में बाँटा जाता है–अग्रभाग (Foreground), मध्य भाग (Midground), तथा पृष्ठ भाग (Background)। लाँग शॉट वातावरण और पृष्ठभाग का स्थापनाकारक चित्र होता है। मिडशॉट विषयवस्तु से सम्बन्धित होता है, जो कम दूरी के पृष्ठभाग को समेटते हुए विषयवस्तु से परिचित कराता है। क्लोज शॉट सुस्पष्ट होता है, जो विषयवस्तु के तथ्यात्मक (Factual) तथा भावनात्मक (Emotional) प्रभाव के विशद ब्योरे (Specific details) की तरफ दर्शकों को आकर्षित करता है। लेविस हरमैन ने लिखा है– "The long shot is not necessarily a full shot, although, with it, the camera lenses also set at infinity and the angle is widened. The medium shot is ideal for carring movement. Unlike the full shot, the action of its central characters is not lost in the vastness of the backgrond panorama. For the close shot can particularize. It can say to the audience in effect, Look here ! See what is happening now."[64]

वृत्तान्त (Narration)–ध्वनि-पथ के साथ होनेवाले विवरण को वृत्तान्त कहते हैं। यह एक से अधिक कॉमेंटेटरों द्वारा बोली जा सकती है। एक अच्छे वृत्तान्त के निम्न गुण हैं–अच्छा वृत्तान्त दर्शकों को सही पथ से जोड़े रहता है। वह विषयवस्तु से सुसम्बद्ध होता है। यह दर्शकों को अपने-आप से आबद्ध कर लेता है। यह स्पष्ट और विषय-वस्तु-केन्द्रित (To the point) होता है। अच्छा वृत्तान्त कल्पनाशील तथा स्पष्ट होता है।

सिनेकथा (FILM STORY)

सिने-कथा, कथा साहित्य के क्षेत्र से सम्बन्धित होती है, जो चलचित्र के प्रारूप (Motion picture form) में प्रस्तुत किए जाने के लिए अभिकल्पित (Designed)

होती है। एक प्रभावशाली कहानी उसे कहेंगे जो निर्मित होने के साथ निर्गत हो, और दर्शक को प्रेक्षागृह तक खींच लाए। दर्शकों के तनाव को नियन्त्रित करने के लिए अच्छी सिने-कथा में इच्छा और खतरे (Desire and Danger) का समुचित प्रयोग होता है। सिने-कथा का सूत्र है–(D+D)। प्रसन्नता की कामना ही सिने-कथा में इच्छा है, जबकि खतरा वह है, जो वर्तमान तथा भविष्य की खुशी को अनिश्चय की ओर धकेलता है। जहाँ कोई भी दुख के भावों से घिर सकता है। भावना आन्तरिक तनाव का दूसरा नाम है। तनाव सभी क्रियाओं (Actions) की परिचालक शक्ति है। कथा-साहित्य के किसी क्षेत्र में भावनाओं के उमगने की प्रेरक शक्ति महत्त्वपूर्ण नहीं होती है। सिने-कथा में इच्छा का दूसरा चरण जीवन-रक्त का काम करता है, और संघर्ष इसका जीवन-स्पन्दन होता है। एक लेखक द्वारा तनाव को परिवर्तित करके दुःख के भावों को उत्पन्न करने के लिए जो घटनाओं की योजना (Plan of Actions) निर्मित की जाती है, उसे प्रारूप (Plot) कहते हैं। कहानी के आरम्भ में उन चरित्रों की स्थापना होनी चाहिए, जो बेहतर अन्त तथा इच्छा की सम्पूर्ति के लिए संघर्ष करते हैं। खतरे के भय को परास्त करने के लिए मध्य में उन चरित्रों के विभिन्न पहलू उजागर होते हैं, जो अन्त में चरित्रों की हार या जीत को प्रदर्शित करते हैं। कहानी के केन्द्र में चरित्र होते हैं। आन्तरिक तथा बाह्य वृहत् पहलू चरित्रों की स्थापना के साथ विश्लेषित होते हैं। एक चरित्र का एक पथ से आरम्भ होकर एक दूसरे पथ पर समापन होता है। यानी वह अपने अनुभव से परिवर्तित होता है। चित्रपट पर चरित्रों के व्यवहार को प्रदर्शित करने के माध्यम एक्शन और संवाद हैं। एक्शन तथा संवाद छायांकन योग्य प्रसंगों में ज्यादा प्रभावशाली ढंग से प्रस्तुत होते हैं; खासतौर से उन घटनाओं में जो चरित्रों के व्यक्तित्व तथा दूसरे चरित्रों से सम्बन्ध प्रदर्शित करती हैं। पटकथाकार इन घटनाओं और प्रसंगों को अलगाता है।

द्वन्द्व की कला–(Art of confrontation), स्वेन और स्वेन ने लिखा है–"The story begins when the central character commits himself to attaining himself a goal in the face of opposition. Story ends when he either succeeds or fails in his efforts. Thus the central character moves with (a) one state of afairs, and (b) one state of mind. He ends with another. Moving of the character from state of afairs/state of mind-(a) to state of afairs/state of mind (b) is done by two process : Confrontation and Transition."[65]

एक कहानी इच्छा और खतरे का मिला-जुला रूप होती है। कहानी तब शुरू होती है, जब मुख्य चरित्र उद्देश्य की प्राप्ति के लिए विरोधी का मुकाबला करने के लिए सामने आता है। मुख्य चरित्र के प्रयासों में विफलता या सफलता में कहानी का अन्त होता है। मुख्य चरित्र के कार्य की दशा तथा मनोदशा इन्हीं दो परिस्थितियों में, दूसरे चरित्रों के साथ गतिशील होना है। कार्य की दशा में मनोदशा के प्रथमतः तथा द्वितीयतः जाने की दो प्रक्रियाएँ हैं–द्वन्द्व (Confrontation) तथा संक्रमण (Transition)। सिने-भाषा के अन्तर्गत 'द्वन्द्व' अन्तर्द्वन्द्वों की इकाई को कहते हैं। यह प्रतिपक्षी शक्तियों से मुख्य

चरित्र की एक समय-विशेष में सामना होने की स्थिति है। 'संक्रमण' कथा-विकास के एक स्थिति से दूसरी स्थिति में अन्तर्परिवर्तन को कहते हैं। यह एक द्वन्द्व से दूसरे द्वन्द्व में विषयगत परिवर्तन की स्थिति है। स्वेन और स्वेन के अनुसार–"Confrontation and transition move the story forward towards its climax and resolution. In another words, the story opens with hero faced with a predicament, and emotionally disturbing situation: the predicament is resolved, hero's desturbing situation and unpleasant emotions with something more satisfactory are replaced. In this way a chain of confrontation alternating with transition."[66]

सभी द्वन्द्व तथा संक्रमण कार्य की दशा और मनोदशा (जिनसे सभी चरित्र सम्बन्धित होते हैं) को परिवर्तित करते हैं, तथा कहानी को चरमोत्कर्ष (Climax) और निकष (Resolution) तक विकसित करते हैं। दूसरे शब्दों में मुख्य पात्र (Hero) की विपरीत परिस्थितियों से संघर्ष के साथ कहानी शुरू होती है, दूसरे कदम पर कुछ प्रसन्नताकारक परिणाम आते हैं तथा अन्ततः द्वन्द्व और संक्रमण के आन्तरिक सम्बन्धों के चरम पर कहानी का अन्त होता है।

द्वन्द्व का तीन शीर्षकों के अन्तर्गत अध्ययन किया जा सकता है–अच्छा (Good), विवादी (Conflict), तथा विनाशी (Disaster)। द्वन्द्व ही पटकथा की रीढ़ है, क्योंकि द्वन्द्वात्मक क्षणों से ही कहानी विकसित होती है। मुकाबला या द्वन्द्व की स्थिति में चरित्रों का मिलना होता है, यह अच्छी क्रियाओं के पक्ष में संघर्ष की स्थिति है। दूसरे शब्दों में नायक कुछ अच्छा करना चाहता है और प्रतिनायक उसकी सफलता की राह में आड़े आता है, और दोनों लक्ष्य को पाने के लिए संघर्ष करते हैं। (यहाँ कुछ करने का अर्थ है, कार्य के एक नए परिवर्तित तथा भिन्न स्तर को प्राप्त करना तथा पुराने अपरिवर्तित स्तर को बदलना)। इसके बाद नायक लक्ष्य तक पहुँचने का रास्ता पा लेता है, जिसे प्रतिनायक नहीं प्राप्त कर पाता।

एक अच्छे द्वन्द्व में एक से अधिक पात्रों का आमना-सामना होता है। यह पटकथाकार का काम है कि वह द्वन्द्व को चित्रपट पर ज्यादा-से-ज्यादा चित्रित (Visualise) करने योग्य बनाए, क्योंकि एक बार संघर्ष के रास्ते में एक्शन के शुरू होते ही द्वन्द्व किसी भी दिशा में जा सकता है। लक्ष्यप्राप्ति की प्रतिद्वन्द्विता चरित्रों के संघर्ष के आकार और प्रकार में भिन्नता लाती है। एक संघर्ष लम्बा हो सकता है, क्षणिक, वृहद या संक्षिप्त हो सकता है। यह सुरक्षात्मक या असुरक्षात्मक हो सकता है। संघर्ष (Conflict) की इकाई निम्न चीजों को जोड़ने से बनती है–तीव्रता (Intensity), समय का दबाव (Time Pressure), मोड़ (Twist), जटिलता (Complication) तथा आवश्यक की उपलब्धता (Whatever else comes handy as needed)।

द्वन्द्व लक्ष्यप्राप्ति की कामना के साथ शुरू होता है। तभी संघर्ष आ जुड़ता है। इसका अन्त अवांछितों के विनाश में होता है। विनाशी (Disaster) एक नया तथा

अवांछित विकास है, जो नायक के सामने अस्पष्ट युद्ध-स्थितियाँ तथा नायक के भविष्य से सम्बन्धित प्रश्न खड़े करता है। ऐसी स्थिति में नायक का मन, स्थान तथा संघर्ष सब कुछ परिवर्तित हो जाते हैं। व्यवहार, स्थान तथा मनःस्थिति के एक स्तर से दूसरे स्तर में परिवर्तन को सिने-भाषा के अन्तर्गत संक्रमण (Transition) कहते हैं। लेविस हरमैन ने लिखा है–"Time lapses constitute only one phase of the problem of motion picture transitions, a problem which, by the way, concerns itself with the most vital of subjects.[67] फिर भी संक्रमण संघर्ष नहीं है। यह युद्ध के बीच पुल का काम करता है। यह एक संघर्षहीन एक्शन है, जो नायक को एक द्वन्द्व से दूसरे द्वन्द्व की ओर ले जाता है। इसलिए संघर्ष को छोड़कर कोई भी रास्ता संक्रमण के लिए अपनाया जाता है। मसलन अचानक मिलना, सामान्य भाग-दौड़, दैनिक क्रियाएँ आदि। वैसे ये इतने ढीले-ढाले ढंग से नहीं प्रस्तुत किए जाते हैं, जैसा कि ऊपर उद्धृत है।

ट्रांजिशन के अपने विशेष तत्त्व हैं, जिन्हें पूर्व व्यापार के तत्त्व भी कहा जा सकता है। ये पूर्व व्यापार (Preoccupation) नायक या प्रतिनायक के भविष्य या अगले कदम से सम्बद्ध होते हैं। ट्रांजिशन बहुत ही महत्त्वपूर्ण तत्त्व हैं, जो अभिप्रेरणा (Motivation), निर्णय (Justification) आदि के लिए स्प्रिंग बोर्ड का काम करता है, जहाँ से नायक एवं प्रतिनायक अगले द्वन्द्व में छलाँग लगाते हैं।

जिस प्रकार द्वन्द्व को तीन भागों में बाँटा जाता है, वैसे ही संक्रमण को भी तीन भागों में बाँटा जा सकता है–प्रतिक्रिया (Reaction), दुविधा (Dilemma) तथा निर्णय (Decision)। निराशा, असहायता, दुःख तथा आघात आदि प्रतिक्रिया के रूप हो सकते हैं। दुविधा निर्णयों के विक्षेप या अन्तहीन रास्तों पर चल पड़ने या इच्छापूर्ति के लिए सही निर्देश के अभाव आदि रूपों में प्रकट होती है। निर्णय सबसे अन्त में आता है। ट्रांजिशन की इन प्रक्रियाओं पर कॉन्फ्रंटेशन की कला आधारित है। लक्ष्य-संघर्ष-समापन/प्रतिक्रिया-दुविधा-निर्णय–यह क्रम समय-समय पर फिल्म के अन्त तक दुहराया जाता है। सिने-कथा को आगे बढ़ाने के लिए द्वन्द्व और संक्रमण महत्त्वपूर्ण क्रम में गतिशील होते हैं–उत्तेजना की नियमितता और स्वीकृति (Regulation of excitement and acceptance), स्थापना और विस्तृत सुस्पष्टता (Stablishment and expositon), तथा दूरी और नैकट्य (Spacing and pacing) का विशेष ध्यान रखना होता है।

क्रम रूपरेखा–(Step Outline)–फीचर फिल्म या फैक्ट फिल्म दोनों में क्रम रूपरेखा (Sequence Outline) को 'स्टेप आउटलाइन' कहते हैं। वस्तुतः यह क्रम रूपरेखा ही है, जो नाट्यात्मक प्रस्तुति के लिए कथा साहित्य में प्रयुक्त होती है। सिने-भाषा में अनुक्रम विचारों और एक्शनों के सम्बन्धित शॉटों की शृंखला को कहते हैं। एक फीचर फिल्म में प्रत्येक अनुक्रम कहानी को आगे बढ़ाने का काम करता है। स्टेप आउटलाइन में कहानी को टुकड़ों में बाँटकर उसकी क्षमता तथा स्पष्टता का परीक्षण करते हैं। यह द्वन्द्व और संक्रमण की इकाइयों और उप-इकाइयों को और छोटा करता है। यह एक्शन के आन्तरिक पक्ष को उभारने का काम करता है।

संवाद (Dialogue)–संवाद फीचर फिल्म का महत्त्वपूर्ण अंग है। पटकथा में संवाद का अर्थ है, व्यक्तियों द्वारा शब्दों में अभिव्यक्ति। सत्यजित रे ने पटकथा लेखन में संवाद के विषय में लिखा है–"पटकथा-लेखन की सम्भवतः सबसे बड़ी बात यह है कि पटकथा लेखक, अपनी सम्पूर्ण सत्ता को सम्पूर्णतः विलीन कर, उसमें आए चरित्रों में प्रवेश करता है, और उन चरित्रों की सत्ता को संवाद के माध्यम से उभारता है। एक बात और ध्यान में रखनी जरूरी है कि चलचित्र में समय का मूल्य बहुत अधिक होता है। जितने कम शब्दों के माध्यम से जितना ज्यादा कहा जाए, उतना ही अच्छा नतीजा निकलता है, और शब्दों के स्थान पर यदि संकेतों को प्रयोग में लाया जाए, तो फिर कहना ही क्या।"[68] संवाद-लेखन एक कला है। पटकथा लेखक के लिए यह एक महत्त्वपूर्ण गुण है। संवाद का तीन शीर्षकों के अन्तर्गत अध्ययन किया जा सकता है–संवाद प्रक्रम (Dialogue Function), संवाद क्रम (Dialogue Continuity) तथा संवाद यथार्थवाद (Dialogue Realism)।

संवाद-प्रक्रम का काम है सूचनाएँ देना, भावनाओं को व्यक्त करना, कथावस्तु को आगे बढ़ाना तथा वक्ता और श्रोता का चरित्रांकन करना। वक्तव्य तथा लिखित शब्दों में काफी अन्तर होता है। अच्छा संवाद जटिलता तथा कृत्रिमता से मुक्त बातचीत के लहजे में होना चाहिए।

चलचित्र संवाद के विषय में सत्यजित रे का कहना है–"चलचित्र संवाद के मुख्यतः दो काम हुआ करते हैं। पहला, कहानी को व्यक्त करना। दूसरा, चरित्रों को उजागर करना। साहित्य की कहानी में शब्द जो काम करते हैं, चलचित्र में चित्रों और शब्दों के हेल-मेल से यह काम होता है। यहाँ परिवेश वर्णन के लिए, शब्दों की कोई आवश्यकता नहीं पड़ती, चित्र ही इस कार्य को सम्पन्न करते हैं। प्राकृतिक पक्ष भी चित्रों के द्वारा प्रकट हो जाता है। प्रकृति से सम्बन्धित पक्ष कुछ तो अभिनेताओं की भाव-भंगिमा के माध्यम से और बाकी उनके संवाद में प्रकट हो जाते हैं। चित्रों के माध्यम से जो कहना सम्भव नहीं, संवाद में सिर्फ उसी को कहना चाहिए।"[69]

प्रमुख चित्रालेख (Master Scene Script)–लेविस हरमैन के शब्दों में : "Quite often, however, the writer may not even be permitted to write a shooting script. He may be assigned to do a 'master scene script'. He will not be required to write in camerashots and angles"[70] वस्तुतः पटकथाकार की भूमिका प्रमुख चित्रालेख-लेखन के साथ ही समाप्त हो जाती है। शूटिंग स्क्रिप्ट लिखने का कार्य निर्देशक का है। पटकथा-लेखन की दृष्टि से फिल्म की अन्तिम रूपरेखा को प्रमुख चित्रालेख कहते हैं। चाहे वह फैक्ट फिल्म हो या फीचर फिल्म, उसमें जो प्रदर्शित होनेवाला है, उसका यह अन्तिम लिखित रूप होता है, जिसमें दृश्य, श्रव्य, एक्शन, संवाद तथा फ्रेम में घटित होनेवाली हर चीज शामिल होती है, किन्तु उसमें छायांकन-निर्देश, कैमरा-कोण तथा एक्शन को खंड-खंड शॉटों में नहीं बाँटा गया होता है। स्वेन और स्वेन ने प्रमुख चित्रालेख के विषय में लिखा है–A script which details the action and dialogue of a film, but does not include shooting instructions of camera angles of break down the action shot by shot"[71]

प्रमुख चित्रालेख का इन शीर्षकों के अन्तर्गत विभाजन किया जा सकता है–सिनेमा का औपचारिक आकार-प्रकार, दृश्यांकन, लक्ष्य-केन्द्र, अनुक्रम-विकास, नैरन्तर्य, नाट्यांकन, आस्था तथा स्पष्टता। दृश्यांकित करने से पहले फिल्म को देख लेने की आखिरी लिखित कोशिश का नाम प्रमुख चित्रालेख है।

रूपान्तरण (Adaptation)–डेनिस डेनीटो ने लिखा है : "There are two types of screenplays. The first is an adaptation : a screenply based on a story that has already appeared in another form—for example, a novel, short story, or play"[72]

पटकथा मुख्यतः दो ही प्रकार से लिखी जाती है–पहला किसी मौलिक कथा-सूत्र (Story-Idea) के आधार पर तथा दूसरा पहले से मौजूद किसी साहित्यिक रचना के आधार पर। उपन्यास, कहानी, लघुकथा, नाटक या कथा-काव्य में विन्यस्त तथ्यों, विवरणों तथा घटनाओं को दृश्य-माध्यम के अनुकूल ढालने की प्रक्रिया को सिने-रूपान्तरण कहते हैं। कहानी का चित्र, संगीत-नाट्य, ऑपेरा, बैले, कथा-वाचन, मूक-अभिनय, एकल-नाट्य या नाटक आदि माध्यमों में पारम्परिक रूप से रूपान्तरण होता आया है। यह सर्वज्ञात है कि किसी भी एक कला-विधा को दूसरी कला विधा में हू-ब-हू उपलब्ध नहीं किया जा सकता है। सामान्यतया रचना के मूल सूत्र या आधार को छोड़कर रूपान्तरित रचना में कुछ भी साम्य नहीं होता है। रूपान्तरण की प्रेरणा भी विधागत साम्य से ही मिलती है। जैसे किसी कविता या कथा-काव्य की लय और भंगिमाएँ उसे नृत्य-नाटिका में रूपान्तरित करने की प्रेरणा देते हैं। जो कहानी या उपन्यास अधिक-से-अधिक चित्रात्मक हो, साथ ही जिसमें वातावरण और चरित्रों की वेश-भूषा, भाव-भंगिमा का सूक्ष्म चित्रण हो, वह सिने-रूपान्तरण के अनुकूल होती है। हालाँकि मुख्यधारा की हिन्दी फिल्मों में संवाद प्रधान पटकथाएँ लिखी जाती हैं, जो नाटक के अधिक करीब हैं। किसी उपन्यास, कहानी या नाटक को फिल्मांकन के अनुरूप परिवर्तित करने की प्रक्रिया को रूपान्तरण कहते हैं। आन्द्रेई तारकोवस्की के शब्दों में–"दृश्य-विधान (सिनेरियो) में साहित्य यानी गद्य की आकांक्षा रखनेवाली हर बात को सिद्धान्ततः फिल्म-सृजन के क्रम में सुसंगत रूप से खप जाना चाहिए और अनुकूल बन रूपान्तरित हो जाना चाहिए। फिल्म में साहित्यिक तत्त्व पिघल जाता है; फिल्म बनते ही वह साहित्य नहीं रह जाता।"[73]

कथा-सम्मेलन (Story Conference)–कथा-सम्मेलन में निर्माता, सम्पादक, निर्देशक आदि से पटकथाकार की बातचीत होती है, जिसमें दृश्यों की विभिन्न सम्भावनाओं पर विचार-विमर्श किया जाता है।

कथापट्ट (Story Board)–फिल्म लिखते हुए सबसे महत्त्वपूर्ण औजार, जिसका उपयोग किया जाता है, वह स्टोरी-बोर्ड है। इसमें प्रस्तावित फिल्म के एक्शनों की

छोटे-छोटे रेखांकनों में एक शृंखला होती है, जिसमें अन्य क्रिया-कलापों का भी एक क्रम सन्निहित होता है। इसके द्वारा फिल्म का रैखिक विकास दृश्य रूप में स्पष्ट हो जाता है। व्याख्यायित टिप्पणी, वृत्तान्त, संवाद सभी रेखांकनों के साथ जुड़े होते हैं। स्वेन और स्वेन के शब्दों में–"Story Board is a series of sketches, generally with comment of proposed film action. It is designed to present the pictures line of development in visual terms"[74] स्टोरी-बोर्ड तीन कारणों से महत्त्वपूर्ण होता है। पहला, कभी-कभी निर्देशक को शब्दों को एक्शन में दृश्यांकित करने में कठिनाई होती है। इस कठिनाई को स्टोरी-बोर्ड की सहायता से आसानी से हल किया जा सकता है। दूसरा, जो प्रभाव पटकथाकार लाना चाहता है, उसके लिए स्टोरी-बोर्ड एक पथ-प्रदर्शक का काम करता है। स्टोरी-बोर्ड में वह जटिल कल्पनाओं और प्रतीकों को शब्दों में ढालकर प्रस्तुत करता है। तीसरा, प्रायः बहुत ज्यादा सक्षम और योग्य पटकथाकारों को भी शब्दों में सही दृश्यांकन करने में कठिनाई होती है, जिसे पटकथा से चित्रपट पर अनूदित होना है। स्टोरी-बोर्ड लेखक को शब्दों की अपेक्षा चित्रांकन के माध्यम से बात को स्पष्ट करने के लिए उपयुक्त पथ प्रदर्शित करता है, जो कि सचमुच एक लेखक करना चाहता है। यह किसी भी चीज को चित्रात्मक ढंग से सोचने के आत्म-प्रशिक्षण का सर्वोत्तम तरीका है।

पटकथा लेखन : रचनात्मक समझौता

पटकथा लेखन एक तरफ सृजनात्मक कर्म है, तो दूसरी तरफ व्यवसाय है। पटकथाकार में लोगों को समझा पाने की क्षमता होनी चाहिए क्योंकि फिल्म-निर्माण अर्थ-निर्भर होता है, और इसमें एक साथ बहुत लोग महत्त्वपूर्ण भूमिकाओं में होते हैं। उसमें नियत कार्य (Assignment) को प्राप्त करने, संचालित करने तथा एक पटकथाकार के रूप में टिके रहने की क्षमता होनी चाहिए। वह अभिनय, प्रकाश-व्यवस्था, लोकेशन, गति, सेट, सेट-अप, ऑडियो, वीडियो आदि निर्माण के सभी पहलुओं को प्रकाश में लाता है। निर्माण और निर्देशन का ज्ञान निर्माता को विश्वस्त करता है। इन विषयों में किसी पटकथाकार का ज्ञान जितना अधिक होता है, वह उतनी क्षमता से किसी निर्माता या निर्देशक के लिए काम कर सकता है। लिखना एक बात है, किन्तु जिस विषय पर लिखा जा रहा है, उन लोगों से मिलना, बात करना अलग बात है। उनका बाह्य स्वरूप भिन्न है, जिसे भेदकर उनके चरित्र के मूल तक पहुँचने के लिए उनसे बात करना, उनके दृष्टिकोण को समझना होता है। किन्तु संगृहीत अनुभवों को कागज पर उतारने में कठिनाइयाँ आती हैं। प्रायः उनके विचार पटकथा-लेखक के लिए बहुत महत्त्वपूर्ण साबित होते हैं। (पटकथा) लेखन का बेहतरीन पक्ष यह है कि यह जिन्दगी कैसे जी जाती है, यही नहीं बताता बल्कि जिन्दगी कैसे सर्वोत्तम तरीके से जी जा सकती है, इसके रास्ते भी बताता है।

पटकथा के शिल्प के विषय में, जो तथ्य प्रस्तुत किए गए हैं, इन मानदंडों पर निर्मित पटकथा तकनीकी संकेतों से भरपूर होगी, जिसे साहित्यिक मूल्यांकन के लिए प्रस्तुत करना हास्यास्पद ही होगा। जो पटकथाएँ प्रकाशित रूप में मिलती हैं, वे या तो 'मास्टरसीन स्क्रिप्ट' होती हैं, या किसी फिल्म के संवाद और गीत आदि का संकलन। पटकथा लेखन को 'नाट्यलेखन' की तरह का साहित्य कर्म मानना भ्रामक है। आन्द्रेई तारकोवस्की का कहना है–"मैं पटकथा को साहित्यिक शैली नहीं मानता। दरअसल पटकथा जितनी अधिक चलचित्रमय होगी, वह अपने ही पक्ष को मजबूत करती हुई साहित्यिक महत्ता के दावे को न्यूनतम करती जाएगी, ठीक उस तरह जैसे नाटक की स्क्रिप्ट प्रायः करती ही है, और फिर, व्यावहारिक तौर पर कोई पटकथा साहित्य के स्तर तक कभी नहीं पहुँच सकती है।"[75]

जिस तरह से उपन्यास, कहानी या कविता लेखन लेखक की अभिव्यक्ति विधाएँ हैं, उसी तरह फिल्म निर्देशक की अभिव्यक्ति विधा है। सामान्यतः निर्देशक दो प्रकार के होते हैं–एक वे जो दूसरों की कहानियों, उपन्यासों या आइडिया को फिल्मांकन का आधार बनाते हैं, ऐसे निर्देशकों को किसी लेखक या पटकथा-लेखक की आवश्यकता पड़ती है। दूसरे प्रकार के निर्देशक अपने मनोभावों को फिल्मांकन का आधार बनाते हैं। ऐसे निर्देशकों को पटकथा-लेखक तो दूर कभी-कभी लिखित पटकथा की भी जरूरत नहीं होती। फिल्मांकन की समूची योजना मस्तिष्क में धारण किए हुए वे सीधे कैमरे से फिल्मांकन कर सकते हैं। आन्द्रेई तारकोवस्की इस प्रकार के एक अन्यतम उदाहरण हैं।

जरूरी नहीं कि एक विषयवस्तु को फिल्मांकित कर सकनेवाला निर्देशक उसे शब्दांकित भी कर ले। निर्देशक को अपनी फिल्म की पटकथा स्वयं लिखनी चाहिए या लेखक का सहयोग लेना चाहिए, इस विषय में तारकोवस्की लिखते हैं–"आखिर साहित्यिक प्रतिभा से लैस कोई व्यक्ति पटकथा लेखक क्यों बनना चाहेगा ? (बशर्ते उसे धन कमाने का लालच न हो।) लेखक का धर्म लिखना है, जबकि चलचित्र बिम्बों की बाबत सोचने-विचारने में मगन व्यक्ति को निर्देशन का काम करना चाहिए। क्योंकि, फिल्म की बाबत सोच-विचार और प्रयोजन और उनको चरितार्थ करना अन्ततः निर्देशक यानी सर्जक की जिम्मेदारी है, अन्यथा फिल्मांकन पर उसका प्रभावशाली नियन्त्रण नहीं रह जाएगा।"[76]

एक ही नाट्यालेख अनेक निर्देशक अपने-अपने तरीके से प्रस्तुत करते हैं, जो रंगमंच पर एक निश्चित कालावधि में अभिनीत होकर समाप्त हो जाती है (यदि उनका छायांकन कर लिया जाए, जो नाट्य-प्रस्तुति का अवयव नहीं) और नाट्यलेख अपने मूलस्वरूप में अक्षुण्ण बना रहता है, जबकि एक चित्रालेख पर फिल्म बन जाने के बाद चित्रालेख की अवधि समाप्त हो जाती है। निर्देशकों से यह उम्मीद करना कि चित्रालेख का पूर्णतः अनुकरण करें, उसकी कल्पना-शक्ति और रचना-कौशल को कुंठित करना है, जैसा कि नाट्य-निर्देशक भी नहीं करता।

सन्दर्भ-सूची (अध्याय चतुर्थ)

1. द्रष्टव्य-दंडी, दशकुमार चरित
2. पांडेय, राजेन्द्र, 'पटकथा' साहित्यिक विधा की ओर, 'पहल', अंक-52, पृ. 183
3. कमलेश्वर, 'उसके बाद' पृ. 5
4. वर्मा, भगवतीचरण, 'वासवदत्ता का चित्रालेख', पृ. 13
5. करुणाशंकर, 'भारतीय फिल्मों का इतिहास', पृष्ठ.-7 पर उद्धृत
6. फाल्के, डी.जी. 'भारतीय सिनेमा का भाग'2', 'पटकथा', अंक-4, पृठ-35 पर पुर्नप्रकाशित
7. करुणाशंकर, 'भारतीय फिल्मों का इतिहास', पृष्ठ.-45 पर उद्धृत
8. पांडेय, राजेन्द्र 'पटकथा' साहित्यिक विधा की ओर, 'पहल', अंक-52, पृ. 185
9. 'पटकथा', अंक-4, पृ. 25
10. रे, सत्यजित, 'चलचित्र कल और आज', पृ. 52
11. रे, सत्यजित, 'चलचित्र कल और आज', पृ. 52-53
12. वर्मा, भगवतीचरण, 'वासवदत्ता का चित्रालेख', पृ. 19
13. रोबर्ज, गैस्टन, 'द सब्जेक्ट ऑफ द सिनेमा', पृ. 31-32
14. दासगुप्ता, चिदानन्द, 'टाकिंग एबाउट फिल्मस्', पृ. 128
15. रोबर्ज, गैस्टन, 'द सब्जेक्ट ऑफ द सिनेमा', पृ. 31-32
16. दासगुप्ता, चिदानन्द, 'टाकिंग एबाउट फिल्मस्', पृ. 128
17. रे, सत्यजित, 'चलचित्र कल और आज', पृ. 53
18. निहलानी, गोविन्द, 'सारिका', फरवरी, 1985, पृ. 31
19. मेहता, केतन, 'सिनेमा इन इंडिया', दिस., 1989, पृ. 6
20. डेनीटो, डेनिस, 'फिल्म फॉर्म एंड फीलिंग', पृ. 65
21. खान, सलीम, 'सिनेमा इन सर्च ऑफ स्क्रिप्ट', (बातचीत), 'सिनेमा इन इंडिया', दिस. 1989, पृ. 7
22. वर्मा, भगवतीचरण, 'वासवदत्ता का चित्रालेख', पृ. 18
23. डेनीटो, डेनिस, 'फिल्म फॉर्म एंड फीलिंग', पृ. 65
24. सरहदी, सागर, 'सिनेमा इन सर्च ऑफ स्क्रिप्ट', (बातचीत), 'सिनेमा इन इंडिया', दिस. 1989, पृ. 7
25. वही पृ. 7
26. वही पृ. 7
27. वर्मा, भगवतीचरण, 'वासवदत्ता का चित्रालेख', पृ. 29
28. वर्मा, भगवतीचरण, 'वासवदत्ता का चित्रालेख', पृ. 29
29. प्रेमचन्द 'सिनेमा और जीवन', 'समकालीन साहित्य समाचार', अक्टू., 1997, पृ. 28 पर पुनर्प्रकाशित (हंस-मार्च, 1935 के प्रथम प्रकाशन)
30. डेनीटो, डेनिस, 'फिल्म फॉर्म एंड फीलिंग', पृ. 65
31. डेनीटो, डेनिस, 'फिल्म फॉर्म एंड फीलिंग', पृ. 63
32. गुलजार, 'मीरा', (पटकथा), पृ. 32
33. गुलजार, 'मीरा', (पटकथा), पृ. 21

34. फाल्के, डी.जी., 'पटकथा' अंक-4, पृ. 24
35. गुलजार, 'मीरा', (पटकथा), पृ. 32
36. गुलजार, 'मीरा', (पटकथा), पृ. 14
37. गुलजार, 'मीरा', (पटकथा), पृ. 14
38. कमलेश्वर 'उसके बाद' (पटकथा), पृ. 6-7
39. वर्मा, भगवतीचरण, 'वासवदत्ता का चित्रालेख', पृ. 27
40. वर्मा, भगवतीचरण, 'वासवदत्ता का चित्रालेख', पृ. 27
41. वर्मा, भगवतीचरण, 'वासवदत्ता का चित्रालेख', पृ. 27
42. खान, सलीम, 'सिनेमा इन सर्च ऑफ स्क्रिप्ट', (बातचीत), 'सिनेमा इन इंडिया', दिस., 1989, पृ. 7
43. भारद्वाज, विनोद, 'नया सिनेमा', पृ. 12
44. भारद्वाज, विनोद, 'नया सिनेमा', पृ. 12
45. फाल्के, डी.जी. 'पटकथा' अंक-4, पृ. 35
46. त्रिपाठी, एस.डी. 'लोक संचार माध्यम : प्रस्तुति के रचनात्मक आयाम', पृ. 195
47. एल. चन्द्रशेखर, 'सवाक् चित्र-कहानी', पृ. 2
48. चतुर्वेदी, रामस्वरूप, हिन्दी साहित्य और संवदेना का विकास', पृ. 178
49. द्रष्टव्य-प्रसाद, जयशंकर, 'काव्य और कला तथा अन्य निबन्ध', पृ. 112
50. चतुर्वेदी रामस्वरूप, 'हिन्दी साहित्य और संवेदना का विकास', पृश्ठ-178
51. द्रष्टव्य-प्रसाद जयशंकर, 'काव्य और कला तथा अन्य निबन्ध', पृ. 112
52. एल. चन्द्रशेखर, 'सवाक् चित्र-कहानी', पृ. 9 पर उद्धृत।
53. कमलेश्वर 'उसके बाद' (पटकथा), पृ. 11
54. फीड, सीड, 'स्क्रीनप्ले', पृ. 3
55. वर्मा, भगवती चरण, 'वासवदत्ता का चित्रालेख', पृ. 22
56. फाल्के, डी.जी, 'पटकथा' अंक-4, पृ. 3
57. दासगुप्ता, चिदानन्द, 'टाकिंग एबाउट फिल्मस्', पृ. 129-130
58. दासगुप्ता, चिदानन्द, 'टाकिंग एबाउट फिल्मस्', पृ. 130
59. फीड, सीड, 'स्क्रिनप्ले', पृ. 7
60. फीड, सीड, 'स्क्रिनप्ले', पृ. 8
61. स्वेन, जोए आर. तथा स्वेन, ड्वेट वी. 'फिल्म स्क्रिप्ट राइटिंग ए प्रैक्टिकल मैनुअल', द्रष्टव्य-भूमिका
62. दासगुप्ता, चिदानन्द, 'टार्किंग एबाउट फिल्मस्', पृ. 129
63. स्वेन, जोए आर. तथा स्वेन, ड्वेट वी. 'फिल्म स्क्रिप्ट राइटिंग ए प्रैक्टिकल मैनुअल', द्रष्टव्य-अध्याय तीन (फिल्म ट्रिटमेंट),
64. हरमैन, लेविस, 'प्रैक्टिकल मैनुअल ऑफ स्क्रिप्ट राइटिंग', पृ. 101-102
65. स्वेन, जोए आर. तथा स्वेन, ड्वेट वी. 'फिल्म स्क्रिप्ट राइटिंग ए प्रैक्टिकल मैनुअल', द्रष्टव्य-अध्याय दस (द आर्ट ऑफ कांफ्रंटेशन),
66. स्वेन, जोए आर. तथा स्वेन, ड्वेट वी. 'फिल्म स्क्रिप्ट राइटिंग ए प्रैक्टिकल मैनुअल', द्रष्टव्य-अध्याय दस (द आर्ट ऑफ कांफ्रंटेशन),
67. हरमैन, लेविस, 'प्रैक्टिकल मैनुअल ऑफ स्क्रिप्ट राइटिंग', पृ. 141

68. रे, सत्यजित, 'चलचित्र कल और आज', पृ. 73
69. रे, सत्यजित, 'चलचित्र कल और आज', पृ. 72
70. हरमैन, लेविस, 'प्रैक्टिकल मैनुअल ऑफ स्क्रिप्ट राइटिंग', पृ. 169
71. स्वेन, जोए आर. तथा स्वेन, ड्वेट वी. 'फिल्म स्क्रिप्ट राइटिंग ए प्रैक्टिकल मैनुअल', पृ. 393
72. डेनीटो, डेनिस, 'फिल्म फॉर्म एंड फीलिंग', पृ. 66
73. तारकोवस्की, आन्द्रेई, 'दृश्यविधान और पटकथा', 'पटकथा', अंक-13, पृ. 67
74. स्वेन, जोए आर. तथा स्वेन, ड्वेट वी. 'फिल्म स्क्रिप्ट राइटिंग ए प्रैक्टिकल मैनुअल', पृ. 396
75. तारकोवस्की, आन्द्रेई, 'दृश्यविधान और पटकथा', 'पटकथा', अंक-13, पृ. 58
76. तारकोवस्की, आन्द्रेई, 'दृश्यविधान और पटकथा', 'पटकथा', अंक-13, पृ. 58

पंचम अध्याय

सिनेमा-समीक्षा, कला-सिनेमा और उसकी जरूरत

रचना और भावक के बीच आलोचना मध्यस्थ की भूमिका निभाती है। रचना की गुत्थियों को खोलने का अवकाश सामान्यतया पाठक या सामाजिक के पास नहीं होता। वह गूढ़ अर्थों के अन्वय के लिए रचना के आधार ग्रन्थों में गोते लगाने से बचता है। यह काम आलोचक या समीक्षक का है कि वह गूढ़ बिम्बों और जटिल संरचनाओं को भावक के लिए सुलभ करने का पथ प्रशस्त करे। कभी-कभी यह कार्य स्वयं रचनाकार भी करते हैं, जिनमें आलोचनात्मक गुण होते हैं, या यदि रचनाकार को अपना सही समालोचक, समानधर्मा नहीं मिले, तो उसे यह भूमिका निभानी पड़ती है। सिनेमा के अर्थ में यह 'चलचित्र' और दर्शक तथा निर्देशक और समीक्षक-आलोचक के बीच का सम्बन्ध है।

आलोचक या समीक्षक का दायित्व रचना के तथ्यात्मक विश्लेषण तक ही समाप्त नहीं हो जाता। डॉ. नामवर सिंह मुक्तिबोध और शमशेर के हवाले से कहते हैं–"मुक्तिबोध कहते थे कि रचना का कहाँ छद्म होता है, यह पहचानना आज की सबसे बड़ी समस्या है। इसीलिए आलोचना कर्म कठिन होता जा रहा है। शमशेर ने कहा था–

हकीकत को लाए तखय्युल से बाहर,
मेरी मुश्किलों का, जो हल कोई लाए।

आज तखय्युल के भीतर हकीकत तक पहुँचना और ठीक-ठीक देख सकना कठिन है।"[1] बहरहाल रचना और आलोचना या समीक्षा का सम्बन्ध अनिवार्य रूप से साबित है। सत्यजित रे का मानना है कि समीक्षक या आलोचक को सिनेमा और दर्शक के बीच पुल का काम करना चाहिए। सिनेमा-आलोचक के दायित्व पर टिप्पणी करते हुए सत्यजित रे कहते हैं–"कोई समालोचक यदि यह धारणा बनाए हुए है कि अच्छा का अर्थ, जो सहज ही अच्छा लगे, यानी सर्वसाधारण के लिए सहज बोध्य हो, तो मैं उससे कम-से-कम इतना तो जरूर कहूँगा कि वह समालोचक की भूमिका छोड़कर दर्शक की भूमिका अदा करे। चूँकि निर्देशकों में शिल्प-सृजन की ललक होती है, अतः साधारण दर्शक की अपेक्षा दो-चार कदम आगे चलने का अधिकारी वह है ही और आगे चलने का मतलब सत्-शिल्प के मार्ग पर अग्रसर न होना भी हो सकता है। इसके सन्दर्भ में

विचार करने का दायित्व समालोचकों का है। समालोचक को निर्देशक के साथ कदम बढ़ाकर उससे आगे निकल जाना है, और उसके मूल सूत्र को हृदयंगम कर दर्शकों तक पहुँचाना है।"[2] किसी पुस्तक या रंगमंचीय प्रस्तुति से भिन्न सिनेमा की आलोचना या समीक्षा एक कठिनाई-भरा काम है। किसी पुस्तक पर सोचने-विचारने के लिए आधारभूत सामग्री समीक्षक को उपलब्ध रहती है। उस पर वह वांछित समय तक सोच-विचार कर सकता है। किन्तु एक फिल्म का एक शो देखकर, उसकी गम्भीर आलोचना या समीक्षा कर डालने का दावा कोई भी व्यक्ति नहीं कर सकता। एक बार फिल्म को देखकर अपने मन पर पड़े हुए प्रभावों के विषय में लिखा जा सकता है। यह फिल्म-समीक्षा का सिर्फ एक आयाम है।

एक फिल्म की समीक्षा उसके कथानक, संगीत, संवाद, एडिटिंग, कैमरा, लाइट्स, पटकथा तथा निर्देशन यानी फिल्म की संरचना को ध्यान में रखकर कर सकते हैं। दूसरी तरफ सिने-सिद्धान्तों, समाज-विज्ञान, मनोविज्ञान आदि के आधार पर कर सकते हैं। यदि फिल्म किसी साहित्यिक कृति का रूपान्तरण है, तो उसका साहित्य से तुलनात्मक विश्लेषण भी कर सकते हैं। किन्तु यह सभी अपने आप में अपूर्ण होगा। इन सभी पद्धतियों का एक साथ प्रयोग करते हुए एक फिल्म का मूल्यांकन सर्वप्रथम एक फिल्म के रूप में ही किया जा सकता है।

हिन्दी में सिने-पत्रकारिता

भारत में सिनेमा पर आलोचना लिखने की परम्परा इसके निर्माण-काल से ही प्रारम्भ हो गई थी, किन्तु उसका स्वरूप सूचनात्मक था। उसके विश्लेषणात्मक या गवेषणात्मक स्वरूप को उभरने में काफी वक्त लगा। फिरोज रंगूनवाला लिखते हैं—"भारत में सिनेमा लेखन का इतिहास भारतीय सिनेमा जितना ही पुराना है। सन् 1896-97 से 'टाइम्स ऑफ इंडिया' में फिल्म सम्बन्धी लेख छपने शुरू हो गए थे। 'पुंडलीक' और 'राजा हरिश्चन्द्र' ऐसी पहली दो फिल्में थीं, जिन पर फिल्म समीक्षकों की कलम चली। बीस के दशक में प्रकाशित होनेवाली पत्रिका 'मौज-मजा' में कुछ पृष्ठों पर नियमित रूप से फिल्म सामग्री प्रकाशित होती थी। इसके अलावा 'चित्रपट' (गुजराती) और 'मोशन पिक्चर्स', 'फिल्म इंडिया' (सं. बाबूराव पटेल), 'सिने वॉयस' और 'साउंड' आदि पत्रिकाएँ अस्तित्व में आईं।"[3]

सन् 1950 के पहले निकलनेवाली फिल्म पत्रिकाओं में एस.के. वासन द्वारा 'फोटो प्ले' तथा 'सिनेमा-समाचार' (त्रैमासिक) भी महत्त्वपूर्ण हैं। सिनेमा-समाचार में मराठी, गुजराती तथा अंग्रेजी तीनों भाषाओं में सामग्री छपती थी। कलकत्ता के कई छोटे अखबार सिनेमा पर नियमित सामग्री प्रकाशित किया करते थे। 1913 में 'केसरी' नामक पत्र में फाल्के का एक साक्षात्कार प्रकाशित हुआ है। 1918 में 'फाल्के' ने 'नवयुग' में सिनेमा पर चार गम्भीर लेख लिखे हैं। किन्तु फाल्के के निबन्धों के बाद सन् 1950 तक

गम्भीर लेखन का सूत्र तक ढूँढ़ पाना असम्भव है। एक तो किसी दूसरे फिल्मकार ने फिल्म पर लिखने का अतिरिक्त कर्म किया नहीं, साथ ही 'मौज-मजा' (सं.–जयशंकर द्विवेदी) से शुरू होनेवाली गॉसिप पत्रकारिता सिनेमा-समीक्षा की जमीन पर जंगली घास की तरह पसरती चली गई। आज भी फिल्म-पत्रकारिता का परिदृश्य बहुत सशक्त नहीं है। हालाँकि 1950 के बाद कवियों, पत्रकारों और चिन्तकों ने सिनेमा की तरफ गम्भीरता से देखना शुरू कर दिया है, फिर भी गॉसिप पत्रकारिता के महावन में ये बहुत मजबूत स्थान नहीं बना पाए हैं। पश्चिम में सिनेमा के जन्म के साथ ही सिनेमा पर गम्भीरता से सोचने और लिखनेवालों की समान्तर सहयोगी परम्परा विकसित होती गई। एडिसन के असिस्टेंट डिक्सन ने सिनेमा पर पहली किताब लिखी। तब से आज तक फिल्म पर गम्भीर लेखन की परम्परा जारी है। फ्रांस में 'न्यू वेव' सिनेमा को पैदा करनेवाले पाँच महत्त्वपूर्ण फिल्मकारों गोदार, त्रुफो, शाबरोल, रोहमर और रिवेत ये किसी फिल्मकार से नहीं, बल्कि एक सिनेमा-समीक्षक आन्द्रे बाजाँ से प्रेरित हुए। दूसरी तरफ रूस में होनेवाले प्रदर्शन से ही वहाँ के साहित्यकारों ने सिनेमा पर गम्भीर दृष्टि से लिखना शुरू कर दिया। गोर्की ने सर्वप्रथम सिनेमा समीक्षा लिखने का काम किया। सन् 1896 में लुमिएर की फिल्मों का प्रदर्शन नोवोगोर्ड मेले में हुआ। वहीं एक स्थानीय अखबार में रिपोर्टर की हैसियत से मैक्सिम गोर्की ने उन आरम्भिक फिल्मों को देखा।

गोर्की ने सिनेमा की शक्ति और सम्भावनाओं को बखूबी पहचान लिया था। 'सारिका' के मैक्सिम गोर्की विशेषांक में सुरेन्द्र मनन लिखते हैं–"1896 में 'ओडेसा न्यूज' में प्रकाशित पत्र में गोर्की ने इस नए आविष्कार और आनेवाले समय में जनता पर सिनेमा के व्यापक प्रभाव की चर्चा की थी। चलचित्र की इस खोज में अपार सम्भावनाएँ देखते हुए अपने पत्र में उन्होंने इस बात पर जोर दिया था कि चलचित्र को विज्ञान और प्रगति में निश्चय ही सहायक होना चाहिए। इस कला का उपयोग विकास कार्यों के लिए किया जाना चाहिए। गोर्की की यह दूरंदेशी दरअसल कला के इस नए विकसित रूप से गहरी सम्बद्धता जाहिर करती है। गोर्की ही नहीं, जनजीवन से निकट से जुड़े, अन्य अनेक संस्कृतिकर्मियों ने भी सिनेमा की शक्ति की पहचान और कला के इस गतिशील रूप की सार्थक भूमिका निश्चित करनेवाले लोग विभिन्न कला-रूपों रंगमंच, चित्रकला, साहित्य आदि से सम्बन्धित थे। रूसी क्रान्ति के बाद के दौर में, जन-जीवन, सामाजिक सम्बन्धों और कर्म-व्यवहार में ही नए तत्त्वों का समावेश नहीं हुआ, बल्कि कला के क्षेत्र में भी वह एक निर्णायक दौर था। दूसरे दशक में, सोवियत सिनेमा के इतिहास में, उत्कृष्ट कलाकृतियों का सृजन किया गया। उनका कलात्मक महत्त्व आज भी कम नहीं हुआ।"[4]

सोवियत सिनेमा के विकास में गोर्की का योगदान अविस्मरणीय है। गोर्की के आलेख पर टिप्पणी करते हुए मनमोहन चड्ढा लिखते हैं–"सिनेमा के जन्म के साथ ही सिनेमा के समर्थ आलोचक की टिप्पणी भी आ चुकी थी। गोर्की की दृष्टि का पैनापन, सिनेमा की सुन्न कर देनेवाली ताकत का अहसास, अँधेरे का साम्राज्य, सिनेमा

की सम्भावनाओं और सीमाओं का गहन विश्लेषण, मैक्सिम गोर्की की समीक्षात्क टिप्पणी सिनेमा के इतिहास का महत्त्वपूर्ण दस्तावेज है।''[5]

भारत में सिने-पत्रकारिता का विज्ञापनी स्वरूप शुरू से ही हावी रहा। 1927-28 में अंग्रेजों द्वारा गठित 'दि सिनेमैटोग्राफ इंक्वायरी कमेटी' की रिपोर्ट भारतीय सिनेमा लेखन का आज महत्त्वपूर्ण दस्तावेज है। उसने फिल्म से जुड़े लोगों को सिनेमा पर बोलने और सोचने के लिए विवश किया। हालाँकि उसका उद्‌देश्य भारत में अमरीकी फिल्मों के आगमन को रोकना और ब्रिटिश फिल्मों की संख्या को बढ़ाना था। इस समिति का अध्यक्ष पद भारतीय वकील दीवान बहादुर टी. रंगाचारियार को दिया गया। रंगाचारियार समिति की रिपोर्ट भारतीय मूक फिल्म युग का महत्त्वपूर्ण दस्तावेज है। इस समिति ने 114 यूरोपीय नागरिकों और दो सौ चालीस भारतीयों से किए गए साक्षात्कारों को ज्यों का त्यों प्रस्तुत किया। दादा साहब फाल्के और हिमांशु राय के लम्बे साक्षात्कारों से कथा-सिनेमा के आरम्भिक दौर में ही उपजी प्रवृत्तियों का पता चलता है। सिने-समीक्षा को फिल्म-प्रचार के एक हिस्से के रूप में प्रयुक्त करने की प्रवृत्ति का संकेत रंगाचारियार समिति द्वारा हिमांशु राय से पूछे गए प्रश्नों से भी पुष्ट होता है। फिल्म-पत्रकारिता की तत्कालीन स्थिति पर भी हिमांशु राय से सवाल-जवाब हुए, क्योंकि समिति ने अपने निरीक्षण में पाया कि भारतीय पत्रों में भारतीय फिल्मों की बजाय विदेशी फिल्मों की समीक्षा को महत्त्व दिया जाता है। यह पूछने पर कि इसका क्या कारण है, उन्होंने जवाब दिया—''यह मेरा खुला आत्मस्वीकार है कि प्रत्येक समाचार पत्र सीधे प्रदर्शकों से टंकित समीक्षात्मक टिप्पणी प्राप्त करता है।''

प्र. विदेशी फिल्मों के मामले में क्या ऐसी टिप्पणियाँ विदेशी निर्माताओं से तैयार मिलती हैं ?

उ. बिल्कुल तैयार। पकी-पकाई। उन्हें सीधे मुद्रणालय में भेजा जा सकता है।

प्र. मान लीजिए, आप एक फिल्म की ईमानदारी से आलोचना कर दें ?

उ. हमारा व्यवसाय, निर्माताओं और प्रदर्शकों के हितों से इतनी घनिष्ठता से जुड़ा है कि हम ऐसा करने के बारे में सोच ही नहीं सकते।

यानी समाचार पत्रों के प्रतिनिधि की दृष्टि में ईमानदारी से समीक्षा करना, फिल्म निर्माताओं के विरुद्ध षड्‌यन्त्र का पर्याय बन गई थी। केवल एक 'स्टेट्‌समैन' ऐसा पत्र था, जो निर्माताओं द्वारा भेजी गई समीक्षाओं से छेड़-छाड़ करता था, जिसके परिणाम इस पत्र को भुगतने पड़े। एक गवाही का अंशः 'साधारण फिल्मों को देखने के लिए तो समाचार पत्र अपना प्रतिनिधि ही नहीं भेजते। अक्सर प्रदर्शकों द्वारा भेजी गई समीक्षाएँ ही छापी जाती हैं। केवल 'स्टेट्‌समैन' इन्हें सम्पादित कर देता है। बाकी पत्रों में अधिक स्थान उपलब्ध होने के कारण, इन्हें पूरा ही छाप दिया जाता है।''

प्र. क्या विज्ञापनों से होनेवाली आय से उनके हाथ बँध नहीं गए हैं ?

उ. छोटे समाचार पत्र अधिक प्रभावित होते हैं। लेकिन 'स्टेट्‌समैन' इन सबकी परवाह नहीं करता। एक बार मदन फिल्म कम्पनी ने पूरे पृष्ठ का विज्ञापन दिया; लेकिन

उनकी फिल्म समीक्षा को तीन पंक्तियाँ प्रदान की गईं। उन्होंने बहुत शोर मचाया।''[6]

सिनेमा-समीक्षकों के जिस स्वरूप को व्यवसायी ने विकसित किया, उसमें साहित्यिक सुरुचिसम्पन्न लेखक का कोई स्थान नहीं था। उसके लिए फिल्म की प्रशंसा में प्रचार-पंक्तियाँ लिखनेवाला मुंशी-नुमा प्राणी पर्याप्त था। इसीलिए भारतीय सिनेमा-उद्योग के कलम से रिश्ता रखनेवाले प्रत्येक प्राणी, यानी कहानी लेखक, संवाद लेखक, पटकथा लेखक, समीक्षक सबको एक समान संबोधन मुंशीजी से अभिहित करने की परम्परा लागू हो गई।

अमेरिका, फ्रांस, रूस, इंग्लैंड आदि देशों में सिनेमा की कला, तकनीक आदि के विषय में कलाकर्मियों, साहित्यकारों, चिन्तकों आदि ने सोचना, लिखना जारी रखा। किन्तु हमारे यहाँ सिनेमा को कलाओं से विजातीय मानने का शुद्धतावादी नजरिया अपनाया गया। खासतौर से हिन्दी के लेखक उसके प्रभाव आदि को लेकर ही चिन्तित रहे। वे फिल्मों की तरफ आकर्षित भी हुए तो व्यावसायिक कारणों से यानी जिन कारणों से व्यवसायी सिनेमा उद्योग से मूल्य, सिद्धान्त, साहित्य, साहित्यकार को बाहर कर चुका था।

विनोद भारद्वाज लिखते हैं–''किसी भी भाषा में किसी विषय से जुड़ी पत्रकारिता या समीक्षात्मक लेखन तभी आगे आ सकता है, जब साहित्य और भाषा से जुड़े लोग उसमें दिलचस्पी दिखाएँ तथा उस विषय के तकनीकी पक्ष और तन्त्र से निकट सम्बन्ध बनाने का माहौल हो। हिन्दी में इन बातों की कमी रही है। एक लम्बे समय तक हिन्दी साहित्यकार फिल्म को दूसरे दर्जे की विधा के रूप में देखते रहे। फिल्म से उनका सम्बन्ध रहा भी तो व्यावसायिक किस्म का।''[7] हालाँकि जो कुछ भी थोड़ा-बहुत हमारे लेखकों, चिन्तकों, राजनीतिज्ञों, समाज-सुधारकों आदि के विचार प्रकाशित रूप से उपलब्ध हुए हैं, उससे उनके दृष्टिकोण का पता चलता है।

भारतीयों द्वारा सिनेमा के प्रभाववादी मूल्यांकन का उद्धरण प्रस्तुत करते हुए विजय अग्रवाल लिखते हैं–''महात्मा गाँधी ने 'यंग इंडिया' के 25 नवम्बर, 1926 के अंक में सिनेमा की आलोचना करते हुए इन शब्दों में उसके प्रभाव को (नकारात्मक ही सही) स्वीकार किया था कि ''इसका बुरा प्रभाव प्रतिदिन जबर्दस्ती मेरे ऊपर पड़ता है।'' साहित्यकार वृन्दावन लाल वर्मा ने समाज-सुधारक सीताराम केसरिया को 4 जून, 1965 को पत्र में लिखा था–''फिल्म का प्रभाव दर्शक-श्रोता पर बहुत शीघ्र और गहरा पड़ता है। गन्दी फिल्मों की बहुतायत है, जो समाज को पतन की ओर ले जा रही हैं। अपनी संस्कृति की रक्षा और देश के ऊँचे आदर्शों को बचाने, ऊपर लाने की बड़ी आवश्यकता है। लेकिन चिन्ता की बात यह है कि क्या इतने प्रभावशाली माध्यम के नकारात्मक प्रभाव को सकारात्मक बनाने के लिए कोई सक्रिय प्रयास किए गए ?''[8]

बम्बई में अपने आरम्भिक समय में ही सिनेमा ने जो फॉर्मूलाबद्ध स्वरूप धारण कर लिया, उसमें एक शिष्ट अभिरुचि के लिए प्रवेश पाना मुश्किल हो गया। खासतौर से हिन्दी के गद्य-लेखकों के लिए सिनेमा-निर्माण में भागीदारी पाना मुश्किल हो गया।

जबकि उर्दू के गद्य-लेखक और हिन्दी और उर्दू के गीतकारों ने सिनेमा की पटकथा में अपने लिए सम्मानजनक स्थान बना लिया। हिन्दी प्रदेश से भौगोलिक दृष्टि से काफी दूर एक भिन्न प्रदेश में हिन्दी फिल्म-निर्माण का विकसित होना भी हिन्दी लेखकों के लिए सिनेमा से कन्नी काट जाने का एक महत्त्वपूर्ण कारण रहा है। इसके लाभ भी हुए और हानियाँ भी हुईं।

सिनेमा की प्रभावशक्ति का सटीक आकलन करते हुए प्रेमचन्द ने उसके यथार्थवादी भविष्य की उम्मीद व्यक्त की थी, जोकि विकसित हुआ, किन्तु व्यावसायिक सिनेमा की आँधी के समानान्तर स्वच्छ हवा का झोंका ही सही, यथार्थवादी सिनेमा के विकास में फिल्मकर्मियों का योगदान, दर्शकों की तुलना में ज्यादा महत्त्वपूर्ण है। सार्थक सिनेमा के विकास की सारी उम्मीद प्रेमचन्द जिस जनता की सांस्कृतिक शक्ति के भरोसे करते हैं, उस तक उस सिनेमा की अभिव्यक्तियाँ पहुँची ही नहीं। वे लिखते हैं–''सिनेमा अगर हमारे जीवन को स्वस्थ आनन्द नहीं दे पाता है, हममें निर्लज्जता और धूर्तता और कुरुचि को बढ़ाता है, और पशुता की ओर ले जाता है, तो जितनी जल्दी उसका निशान मिट जाए, उतना ही अच्छा और यह बात धीरे-धीरे समझ में आने लगी है कि अर्धनग्न तस्वीरें दिखाकर और नंगे नाचों का प्रदर्शन करके, जनता को लूटना इतना आसान नहीं रहा। ऐसी तस्वीरें अब आमतौर पर नापसन्द की जाती हैं और यद्यपि कुछ दिनों तक जनता की बिगड़ी रुचि आदर्श चित्रों को सफल न होने देगी, लेकिन प्रतिक्रिया बहुत जल्द होनेवाली है, राजाओं के विलासमय जीवन और उनकी अय्याशियों और लड़ाइयों से किसी को प्रेम नहीं रहा।''[9]

प्रेमचन्द ने 1935 में 'हंस' में छपे अपने निबन्ध 'सिनेमा और जीवन' में सिनेमा में होनेवाले तात्कालिक परिवर्तनों को ठीक-ठीक पहचाना था; 1935 से 1940 के बीच सिनेमा में उभरते यथार्थवादी स्वरूप पर की गई के.ए. अब्बास की टिप्पणी से यह पुष्ट होता है। ख्वाजा अहमद अब्बास 'सामाजिक यथार्थ का बदलता सन्दर्भ' शीर्षक निबन्ध में लिखते हैं–''तीसरे दशक में और चौथे दशक के आरम्भ में, भारतीय फिल्में या कहें कि भारत में बनी फिल्में, सामाजिक समस्याओं को आधार बनाकर चलती थीं। उनमें उन्हीं समस्याओं को लिया जाता था, जिनका सामाजिक महत्त्व हो। यह राष्ट्रीय जनजागरण तथा राष्ट्रीय आन्दोलन का समय था। लोगों के मन में विचार उबल रहे थे।''[10]

हिन्दी भाषा के लेखक हिन्दी सिनेमा के कलात्मक चरित्र के विकसित होने में अपना अमूल्य कलाबोध निवेशित नहीं कर पाए। वृन्दावनलाल वर्मा भ्रमोत्पादक, असाहित्यिक सिनेमा के प्रभाव की आलोचना 'सिनेमा को काली मैया उठा ले जाएँ' नामक निबन्ध में करते हैं।[11] निबन्ध के शीर्षक से ही उनका दृष्टिकोण स्पष्ट हो जाता है। भगवतीचरण वर्मा आश्चर्यजनक ढंग से सिनेमा की तकनीक, कलात्मक सम्भावना और वस्तुस्थिति का अनुभवात्मक, अनुसन्धानात्मक विश्लेषण करते हैं। वे लिखते हैं–''आज की फिल्मी-दुनिया के विषय में मैंने जो अपने विचार प्रकट किए

हैं, कुछ लोगों को उनसे मतभेद हो सकता है, पर मैं आशा करता हूँ कि फिल्मी-दुनिया इन विचारों पर गम्भीरतापूर्वक सोचेगी। मैंने कला के शाश्वत सिद्धान्तों को लेकर फिल्मी दुनिया का विश्लेषण किया है। जिन मान्यताओं को मैंने प्रतिपादित किया है, वह एक बारगी सबकी सब तो आज की फिल्मी दुनिया में कार्यान्वित नहीं की जा सकतीं, क्योंकि यहाँ कि वर्तमान मान्यताएँ इनके बिल्कुल विपरीत हैं, पर ये मान्यताएँ यदि सिद्धान्त रूप में स्वीकृत हो जाएँ तो धीरे-धीरे कार्यान्वित भी हो सकेंगी।''[12]

सत्यजित रे ने बँगला और अंग्रेजी में सिनेमा पर जरूरी लेखन को स्थापित किया। चिदानन्द दास गुप्ता, ऋत्विक घटक और सत्यजित रे साहित्यिक संस्कारों के साथ सिनेमा में आए, और फिल्म निर्माण के साथ-साथ इन लोगों ने लेखन भी किया, किन्तु हिन्दी फिल्मकारों में से किसी एक फिल्मकार ने भी सिनेमा और भाषिक संस्कृति को लिखकर विश्लेषित करने की कोशिश नहीं की है। सन् उन्नीस सौ पचास के बाद होनेवाले फिल्म समारोहों से साहित्यिक पत्रिकाओं और राष्ट्रीय अखबारों में सिनेमा पर गम्भीरतापूर्वक लिखने, सोचनेवाली एक पीढ़ी सामने आई, और हिन्दी के लगभग सभी पत्रों में फिल्मों के बारे में सामग्री प्रकाशित करना अनिवार्य सम्पादकीय दायित्व बन गया। फिरोज रंगूनवाला लिखते हैं–''सन् 1951 में 'स्क्रीन' के प्रकाशन के साथ फिल्म पत्रकारिता के ऊँचे मानदंड स्थापित हुए। 'फिल्मफेयर' ने इस परम्परा को कुछ समय तक बरकरार रखा, लेकिन बाद में अपनी विश्वसनीयता खोने के कारण यह पत्रिका न इधर की रही, न उधर की। इन उत्कृष्ट फिल्म-पत्रिकाओं के साथ कुछ स्कैंडलबाज पत्रिकाएँ भी पनपती रहीं, जिन्होंने आज कलाकारों और फिल्म-लेखकों के बीच विद्वेषपूर्ण स्थिति पैदा कर दी है।''[13]

भारतीय सिनेमा पर सामग्रियाँ प्रकाशित करनेवाली 'स्क्रीन' आदि अंग्रेजी पत्रिकाओं के अलावा हिन्दी पत्रकारिता में कुछ गम्भीर प्रयास सन् 40 के पहले भी हुए थे। आज हिन्दी की लगभग सभी पत्र-पत्रिकाओं (लघु पत्रिकाओं में से अधिकांश को छोड़कर) में फिल्मों के बारे में सामग्री प्रकाशित करना अनिवार्य हो गया है, लेकिन ऐसा समय भी था, जब फिल्मों की ओर, फिल्म-साजी की ओर, साहित्य प्रणेताओं और सम्पादकों का रुख अपमानजनक ही था। वे इसे मनोरंजन का साधन समझकर, इसकी उपेक्षा ही करते थे, किन्तु पश्चिमी जगत में इसकी शिक्षा-साधन के रूप में उपयोग की चर्चा पढ़-सुनकर कुछ राजनीतिक नेताओं और साहित्यकारों का ध्यान इस ओर गया। व्यापारी तो इसे व्यवसाय का क्षेत्र मानकर अपनाने ही लगे थे, विदेश से पढ़कर लौटे, और वहाँ से अपने साथ नए विचार लेकर आए, बुद्धिजीवियों और तकनीशियनों ने, स्थानीय बुद्धिजीवियों, प्रयोगधर्मी लेखकों, सम्पादकों को प्रभावित किया और फिल्म के महत्त्व को पहचानने का प्रयास आरम्भ हुआ। श्री सुदर्शन, नरोत्तम व्यास, प्रेमचन्द, सेठ गोविन्द दास, द्वारिका प्रसाद मिश्र, सत्यकाम विद्यालंकार, नरेन्द्र शर्मा, सरस्वती कुमार दीपक, भरत व्यास, गोपाल सिंह 'नेपाली' आदि ने पाँचवें दशक में फिल्म-व्यवसाय में किसी न किसी रूप में अपना योगदान दिया।

हिन्दी के लेखकों और हिन्दी सिनेमा दोनों का दुर्भाग्य रहा है कि दोनों के बीच सम्बन्ध स्थापित करने की कई कोशिशें हुईं, पर सम्बन्ध सौहार्दपूर्ण नहीं रहे। जितने भी लेखक या कवि फिल्मों में गए, उनमें से अधिकांश या तो कटु-अनुभवों के साथ लौट आए या फिर साहित्य-जगत ने उन्हें समझौतावादी समझकर उन्हें अपनी बिरादरी से अलग मान लिया। इस दृष्टि से प्रेमचन्द की व्यथा किसी से छिपी नहीं है। प्रेमचन्द के अनेक उपन्यासों-कहानियों पर फिल्में बनीं, लेकिन किसी भी फिल्म में उनके कथा-संसार की संवेदना नहीं उभर सकी। सन् 1934 में बनी 'मिल' (मजदूर) फिल्म को देखकर प्रेमचन्द बौखला गए थे। उस फिल्म पर उनकी अभिव्यक्ति थी कि 'यह प्रेमचन्द की हत्या है'; यह एक कड़वी सच्चाई है, जिससे हिन्दी साहित्य और सिनेमा के सम्बन्ध खराब हुए हैं। कमलेश्वर लिखते हैं–''अधिकांशतः फिल्मों में व्यावसायिक रूप से परतन्त्र लेखन की परम्परा रही है। अर्ध-स्वतन्त्र और अर्ध-परतन्त्र लेखन की परम्परा भी रही है, जिसमें कथा, पटकथा और संवाद लेखक के हो सकते हैं–परन्तु उसका विषयगत भराव व्यावसायिक सफलता की दृष्टि से होता है।''[14]

फिल्म को अधिक से अधिक लोकप्रिय बनाकर, उससे अधिक से अधिक आर्थिक लाभ अर्जित करने का उद्‌देश्य या तो लेखक को एक दर्जा नीचे उतरने को बाध्य करता है, या फिर उसे फिल्म-जगत से बाहर कर देता है। प्रेमचन्द, भगवतीचरण वर्मा, फणीश्वरनाथ रेणु, उपेन्द्रनाथ अश्क आदि के लौटने का कारण एक ही रहा है कि वहाँ रचनात्मक गुंजाइश नहीं है, क्योंकि फिल्म पर व्यावसायिकता और सस्ती लोकप्रियता हावी है। इसीलिए प्रेमचन्द को कहना पड़ा कि ''साहित्य में जो भावों की उच्चता, भाषा की प्रौढ़ता, सुन्दरता की जो साधना होती है, वह हमें वहाँ नहीं मिलती।'' विनोद भारद्वाज लिखते हैं–''तथाकथित हिन्दी सिनेमा, सचमुच हिन्दी का सिनेमा बहुत कम हो पाया है। हिन्दी में फिल्में इसलिए बनती रहीं कि सारे देश में बाजार आसानी से मिल जाता है। दक्षिण में भी हिन्दी फिल्मों की व्यावसायिक स्थिति हमेशा अच्छी रही है। उत्तर भारत में क्षेत्रीय स्तर पर हिन्दी सिनेमा को पनपने का अवसर बिल्कुल नहीं मिल पाया। सरकारी या निजी स्तर पर इस प्रकार के प्रयत्न नहीं हुए हैं। कारण दो प्रकार के हैं–इन प्रदेशों में अपनी भाषा के सिनेमा को विकसित करने की कोई समस्या नहीं है। एक तो हिन्दी फिल्में मुख्यतः बम्बई में बनती हैं, दूसरे व्यावसायिक सिनेमा का इतना जबर्दस्त आतंक रहा है कि सिनेमाघरों की कमी के कारण, अच्छी या गम्भीर कही जा सकनेवाली फिल्मों को बनने के बाद डिब्बे में ही बन्द रहना पड़ा है। कोई फिल्म बन भी जाए, तो उसे दिखाया कैसे जाए ? इन बातों का फिल्म-पत्रकारिता पर गहरा असर पड़ता है। अच्छी फिल्म-पत्रकारिता का विकास अच्छी फिल्मों से जुड़ा है। जब अच्छी फिल्में ही नहीं हैं, तो अच्छी फिल्म-पत्रकारिता कैसे जन्म लेगी।''[15]

आज इस बात का सहज अनुमान लगाया जा सकता है कि यदि हमारे कथाकार, कवि फिल्म-जगत से जुड़े रह सकते तो वर्तमान हिन्दी फिल्मों का स्वरूप क्या होता ? लेकिन फिल्मी अर्थशास्त्र के गणित के समीकरण में सच्चा रचनाकार हमेशा ऋणात्मक

रहा। अपनी इस नियति से क्षुब्ध होकर साहित्यकारों ने उसे संरचनात्मकता का कब्रगाह ही करार दिया। रचनाकार अपने रचना-संसार का अकेला बादशाह होता है। लेकिन फिल्म के जंगल में उसका मुकाबला कई शेरों से हुआ। एक शेर फिल्म-निर्माता था, दूसरा शेर निर्देशक था, बाद में अभिनेता (Star) के रूप में तीसरा शेर तैयार हो गया। आज तो मसाला-सिनेमा के जंगलराज में इतना घालमेल हो गया है कि दावे के साथ कहना मुश्किल हो गया है कि आखिर फिल्म किसकी विधा है, निर्माता की, लेखक की, निर्देशक की अथवा अभिनेता-अभिनेत्री की है ?

कमलेश्वर लिखते हैं–''फिल्म की आन्तरिक और ऐतिहासिक शक्ति का अहसास तो सबको है–पर उसका इस्तेमाल कोई नहीं कर पाता। इसके कई कारण हैं। पहला तो यही है कि (कम-से-कम अपने देश में) फिल्मों का उदय एक व्यावसायिक माध्यम (कला मैं इसे अभी नहीं कहूँगा) के रूप में हुआ। इसे यदि शुरू से साहित्यिक सहयोग मिल जाता, तो इस माध्यम का कला-संस्कार सम्पन्न हो जाता। शायद वैसे ही, जैसे अजन्ता के कलाकारों के लिए रंगों के चूर्ण पहले से रहे होंगे, और कलाकृतियों का सांस्कृतिक दौर निश्चय ही बाद में सम्पन्न हुआ होगा। रंग, कूचियाँ तथा कला के अन्य उपकरण तब के बाजारों में बिकते भी होंगे, उनका उपयोग कलाकारों ने किया और वे एक सांस्कृतिक युग का निर्माण हमारे लिए कर गए। फिल्म की शक्ति भी ऐसी ही है–लेकिन इसका उपयोग समुचित रूप से नहीं हुआ है। इसका मूल कारण है–सर्जनात्मक प्रतिभाओं का असहयोग। परन्तु फिल्म हमारे युग की सच्चाई है, और फिल्म-लेखन एक स्वतन्त्र विधा का रूप ले चुका है।''[16]

विनोद भारद्वाज लिखते हैं कि, ''हमारे यहाँ एक विचित्र स्थिति देखी जा सकती है कि जो थोड़ी-बहुत अच्छी फिल्में हिन्दी में बनी भी हैं, उन पर अंग्रेजी में ही लिखा गया है, जबकि बँगला में (या अब दक्षिण में) अच्छे बँगला या दक्षिण भारतीय सिनेमा पर बँगला और दक्षिण भारतीय भाषाओं में भी खूब लिखा जा रहा है। सिर्फ लिखा ही नहीं जाता रहा है–उस लेखन में गम्भीरता, विश्लेषण और पत्रकारिता की भाषा को गढ़ने की कोशिश भी मौजूद रही है। खुद बँगला फिल्मकार और सम्बद्ध व्यक्ति, अपनी भाषा में फिल्म-लेखन करते रहे हैं। किसी भी भाषा में किसी भी विषय से जुड़ी पत्रकारिता या समीक्षात्मक लेखन तभी आगे आ सकता है, जब साहित्य और भाषा से जुड़े लोग उसमें दिलचस्पी दिखाएँ तथा उस विषय के तकनीक और तन्त्र से निकट सम्बन्ध बनाने का माहौल हो। हिन्दी में इन बातों की कमी रही है।''[17]

'फिल्म-साहित्य की बिडम्बना' नामक निबन्ध में विजय अग्रवाल लिखते हैं–''दुर्भाग्यवश हमारा समाज सिनेमा के प्रभाव को स्वीकारने के बावजूद उसकी उपेक्षा करता है। उसने इसे कभी एक गम्भीर माध्यम के रूप में लिया ही नहीं। इसका परिणाम यह हुआ कि सम्पूर्ण फिल्मी लेखन, नायक-नायिका के चटपटे जीवन-प्रसंगों के इर्द-गिर्द घूमने लगा। फिल्मी पत्रिकाओं की स्थिति पौष्टिक भोजन के बजाय 'चना जोर गरम' वाली होती चली गई, और आज तो यह चटपटापन केवल दिमाग को ही नहीं, बल्कि

आँखों को भी खुलेआम सुलभ है। एक साल में करीब आठ सौ फिल्मों को स्वीकार करनेवाले समाज में फिल्मों के बारे में स्वस्थ दृष्टिकोण, या यूँ कह लीजिए कि 'फिल्म-संस्कृति' विकसित करने की कोई ईमानदार कोशिश की गई है, ऐसा लगता नहीं। निश्चित रूप से फिल्म-साहित्य (जिसमें फिल्मी पत्रिकाएँ, पुस्तकें, अखबारों में फिल्मों पर छपनेवाले लेख तथा परिसंवाद आदि शामिल हैं) इस दिशा में महत्त्वपूर्ण भूमिका निभा सकते हैं, क्योंकि यह निर्देशक और दर्शक के बीच जीवन्त संवाद स्थापित करता है। इस संवाद के माध्यम से ही फिल्म के प्रतीकों और बिम्बों के अर्थ स्पष्ट होते हैं और आम दर्शक फिल्म के मूल मनोभाव से जुड़ पाता है। यदि गिन-चुने कामों को छोड़ दिया जाए, तो अधिकांश फिल्म समीक्षकों एवं लेखकों ने भी फिल्म-लेखन को अपनी रचनाधर्मिता के सह-उत्पाद (बॉइप्रोडक्ट) के रूप में ही लिया है। इस माध्यम के व्यावसायिक स्वार्थ ने भी फिल्म-लेखकों को भटकाकर उनके लेखन को एक विज्ञापन की तरह इस्तेमाल करने में सफलता पाई है। विज्ञापन की तरह इस्तेमाल करने का दबाव केवल फिल्म-निर्माता की ओर से नहीं है, बल्कि निर्देशक, नायक-नायिका, संगीतकार, नृत्य-निर्देशक आदि की ओर से भी है। सबके अपने-अपने पी.आर.ओ. हैं। वस्तुतः विज्ञापन की बैशाखी पर खड़ी फिल्म-जगत की सफलता ने फिल्मी-लेखन को अपनी गिरफ्त में लेकर फिल्म-साहित्य का सबसे अधिक अहित किया है। लेकिन इसके लिए फिल्म-निर्माण से जुड़े लोग, उतने दोषी नहीं हैं, जितने फिल्म-लेखन से जुड़े लोग हैं।"[18]

फिल्म के तकनीकी स्वरूप को समझने और उद्देश्यपूर्ण ढंग से इस कला-विधा पर अधिकार प्राप्त नहीं करने की मनोवृत्ति की आलोचना करते हुए सिनेमा-जगत से जुड़कर वापस लौटे समझौतापरस्त मिडियाकर लेखकों को कमलेश्वर भी फिल्म-साहित्य के चारित्रिक पतन के मुख्य दोष-भागी मानते हैं। सिनेमा और सिनेमा-लेखन की वर्तमान स्थिति पर टिप्पणी करते हुए उनका कहना है—"भारतीय सिनेमा की इस स्थिति के लिए मैं अपने समकालीन लेखकों को दोषी मानता हूँ—खासतौर से हिन्दी लेखकों को दोषी मानता हूँ। क्षेत्रीय सिनेमा के पास अपने साहित्यिक लेखक हैं, पर हिन्दी सिनेमा में हिन्दी लेखकों का अकाल है। सिनेमा की शक्ति को सब पहचानते हैं, परन्तु साहित्यिक अहंकार और संकुचित सोच के कारण, इस नए माध्यम को आत्मसात करने से घबराते हैं—वे ये भूल जाते हैं कि सम्यक् सांस्कृतिक परिवर्तन के लिए शक्तिशाली कला-माध्यमों का इस्तेमाल जरूरी है। जो इस क्षेत्र में आते हैं, वे अधिकांश गीत या संवाद-लेखन के लिए आते हैं। वे सिनेमा या फिल्म की आन्तरिक तकनीकी रचनात्मकता को आत्मसात करने से कतराते हैं, और अन्ततः अवरुद्ध होकर चले जाते हैं। सच तो यह है कि हमारे लेखक बन्धु बहुत सुस्त, आरामपसन्द और दकियानूसी हैं। उन्हें आप अच्छे सिनेमा की दुनिया तैयार करके दे दीजिए, तो वे खरामा-खरामा, एहसान करते हुए चले आएँगे, और यहाँ भी गोष्ठियों और विमोचनों की बीमार परम्परा शुरू करने में देर नहीं लगाएँगे—क्योंकि वे परम्परावाद के खिलाफ बोल तो सकते हैं, परन्तु परम्परा को बदलने में शामिल होने से कतराते हैं। अन्तर्विरोध यह है कि सिनेमा को नकार तो कोई नहीं पाता,

पर नकारने का मुखौटा सब लगा लेते हैं—वास्तविकता यह है कि (अनपढ़ जनता के) हिन्दी सिनेमा को नकारने के लिए साहस चाहिए। दमित इच्छाओं से त्रस्त उन लेखकों ने इस माहौल को और भी गँदला बना दिया, जो चुपके से कहानियाँ बेचने आते हैं, या दफ्तरों, विश्वविद्यालयों से मेडिकल लीव लेकर यहाँ पहुँचते हैं, और किसी निर्माता-निर्देशक की दया और तथाकथित दोस्ती के चूल्हे पर चार रोटियाँ सेंककर, अपने शहर का रास्ता पकड़ते हैं—पीछे छोड़ जाते हैं, बदनामियों का धुआँ, बेचारगी की कहानियाँ, जरूरतों की दारुण दास्तानें, और हिन्दी लेखकों पर 'ब्लैक मेलर' होने का कलंक। हिन्दी सिनेमा का स्वरूप ही आज दूसरा होता। यदि हिन्दी का लेखक दया का पात्र बनकर नहीं, अपनी सांस्कृतिक विरासत का अधिकार लेकर आया होता।"[19]

फिल्म-लेखन के इस क्षेत्र में हिन्दी के आगा हश्र काश्मीरी, प्रेमचन्द, सुदर्शन, उपेन्द्रनाथ अश्क, राधाकृष्ण, अमृतलाल नागर, भगवतीचरण वर्मा, नरेन्द्र शर्मा, सत्येन्द्र शरत्, मनोहरश्याम जोशी, नीरज, मोहन राकेश, निर्मल वर्मा, डॉ. धर्मवीर भारती, विष्णु प्रभाकर, फणीश्वर नाथ रेणु आदि भी आए, पर वे एक क्षणिक गरिमा लेकर आए। लेखकों ने फिल्मों से वापस जाने का रास्ता खोला। अपनी मजबूरियों को असन्तोष का नाम देकर इस माध्यम को नकारा, जबकि पड़ोसी, नया दौर, मदर इंडिया, मुगले आजम, पतिता, देवदास, सरस्वतीचन्द्र, प्यासा, कागज के फूल, साहब-बीवी-गुलाम, तीसरी कसम, अंकुर, रजनीगन्धा, आँधी, मौसम, अर्धसत्य, अर्थ, सारांश और जन्म जैसी फिल्मों का दौर जीवित था, और इस परम्परा को शिद्दत से आगे बढ़ाया जा सकता था। अपनी कमी को माध्यम पर थोपना उचित नहीं है। अंग्रेजी सिनेमा को ग्राहम ग्रीन, जार्ज बर्नाड शॉ, हेमिंग्वे, विलियम फॉकनर, आर्सन वेल्स, सामरसेट मॉम जैसे दिग्गजों ने एक दर्जा देकर, और फिल्म-लेखन में सम्मिलित होकर, रचनात्मक प्रोफेशनल लेखकों की एक संस्कारशील जमात खड़ी कर दी, जिसने पश्चिमी सिनेमा को सांस्कृतिक कथ्य और सार्थक प्रतिवाद का माध्यम बना दिया।

सन् पचास के बाद बँगला में सिनेमा पर गम्भीरता से सोचने-लिखनेवाली पीढ़ी सशक्तता से सामने आती है, जबकि हिन्दी में सन् साठ के बाद ही ऐसा कुछ हो पाया। विनोद भारद्वाज लिखते हैं—"हिन्दी में सिनेमा-लेखन को गम्भीरता से 1965 के बाद ही लिया गया। उन्हीं दिनों हिन्दी फिल्मों की एक नई धारा नजर आई थी। मृणाल सेन की फिल्म 'भुवनशोम', बासु भट्टाचार्य की 'तीसरी कसम', बासु चटर्जी की 'सारा आकाश', मणि कौल की 'उसकी रोटी', कुमार साहनी की 'मायादर्पण' सरीखी फिल्में साठ के दशक के अन्त में या सत्तर के दशक के प्रारम्भ में बनीं। यह भी कम महत्त्वपूर्ण नहीं है कि इनमें से अधिकांश फिल्में हिन्दी की सुपरिचित साहित्यिक कृतियों पर आधारित थीं। जरूरी नहीं कि श्रेष्ठ साहित्य श्रेष्ठ सिनेमा को ही जन्म दे। लेकिन 'भुवनशोम' के बाद के हिन्दी सिनेमा में कैमरे का कलम की तरह इस्तेमाल करने की एक महत्त्वपूर्ण कोशिश दिखाई देती है। पचास के दशक में हिन्दी सिनेमा को हिन्दी फिल्मों के इतिहास का 'स्वर्णयुग' भी माना जा सकता है। गुरुदत्त, राजकपूर, बिमल

राय, ख्वाजा अहमद अब्बास, महबूब आदि फिल्मकारों ने हिन्दी सिनेमा में उपलब्ध प्रतिभाओं का समग्र इस्तेमाल किया। उन दिनों निर्देशक ही नहीं, श्रेष्ठ अभिनेता, संगीतकार, पार्श्वगायक, लेखक (खासतौर पर उर्दू के लेखक) सेट डिजाइनर सभी सक्रिय थे। मनोरंजन उद्योग के ढाँचे में भी फिल्में कलात्मक ऊँचाइयों को सहज रूप में हासिल करती थीं।''[20]

यशश्चन्द्र लिखते हैं कि, ''बंगाल में सिनेमा माध्यम को रचना की तरह इस्तेमाल करने की पहली कोशिश यद्यपि विमल राय ने 'उदयपथ' के द्वारा की थी। हिन्दी में इस तरह की आकांक्षा उससे भी पहले वी. शान्ताराम की 'दुनिया न माने', 'आदमी' और 'पड़ोसी' आदि कुछेक फिल्मों में लक्ष्य की गई थी, लेकिन उसे रेखांकित करने की संकल्प-शक्ति का हमारे यहाँ अभाव रहा, लेकिन यह हकीकत है कि रचनाधर्मी की दृष्टि और भावना ने एक आन्दोलन की शक्ल 50 के दशक के प्रारम्भ में, कलकत्ता में फिल्म समारोह के बाद लेनी शुरू की। ऋत्विक घटक, सत्यजित रे, मृणाल सेन, तपन सिन्हा आदि उसी के बाद सिनेमा-माध्यम की ओर झुके। इनमें से रे और ऋत्विक उन लोगों में थे, जिनका रिश्ता किसी न किसी रूप में कलम से भी रहा। लिहाजा, फिल्म रचना की ओर प्रवृत्त होने के साथ-साथ अपनी कला-भाषा, अपने दृष्टिकोण को सहज सम्प्रेषित करने के लिए उन्होंने कलम का प्रयोग भी किया। यानी एक ओर जहाँ उन्होंने रचनात्मक सिनेमा का आन्दोलन शुरू किया, वहीं दूसरी तरफ सिनेमा सम्बन्धी गम्भीर लेखन की परम्परा भी विकसित की। (बंगाल के बाहर यह आकांक्षा भारतीय सिनेमा के जनक दादा फाल्के के बाद कभी किसी में नहीं देखी गई) बँगला में पत्रिकाओं और पाठकों का भी, हिन्दी की अपेक्षा अधिक उत्साहवर्धक वातावरण था। हिन्दी में यद्यपि इतालवी सिनेमा की नवयथार्थवादी लहर उसी दौरान आ गई थी, जब कलकत्ते में ऋत्विक घटक और सत्यजित रे 'नागरिक' और 'पथेर पांचाली' के सपने साकार करने के लिए प्रयत्नशील थे। लेकिन सच यह भी है कि 'आवारा' के राजकपूर और 'दो बीघा जमीन' के विमल रे 'मायानगरी' की होड़ाहोड़ी में अपने को खड़ा करने के लिए व्यावसायिकता और रचनाशीलता के बीच कोई संयोजक सूत्र तलाश करने में ही समाप्त हो गए। उनकी अपनी अनुभव-पूँजी भी हिन्दी प्रदेश और हिन्दी भाषा से बाहर की थी। एक तो हिन्दी प्रदेश का अपना कोई सिनेमा कभी नहीं रहा, फिर हिन्दी के लेखक के अपने स्वभावजन्य शुद्धतावादी नजरिए ने भी सिनेमा के साथ छुआछूतवाले रिश्तों को ही तरजीह दी।''[21]

हिन्दी में सिने-पत्रकारिता के मुख्य चरण

हिन्दी में फिल्म-पत्रिका निकालने का पहला प्रयास नरोत्तम व्यास ने कलकत्ते से किया। उनसे प्रेरणा लेकर लेखराम बी.ए. और गौतम चन्द ने दिल्ली से 'रंगभूमि' मासिक निकाला। फिर दो साप्ताहिक 'चित्रपट' (ऋषभ चरण जैन) और 'छाया' (विनोदशंकर

व्यास) दिल्ली से ही निकले। लेकिन इन पत्रों में दीर्घजीवी केवल 'चित्रपट' साप्ताहिक ही रहा, जिसका समस्त श्रेय इसके सम्पादक श्री ऋषभ चरण जैन को है। कलकत्ता उस समय हिन्दी के प्रकाशन का प्रमुख केन्द्र था। दिल्लीवासी ऋषभ चरण जैन की नरोत्तम व्यास से कलकत्ता में ही मुलाकात हुई। व्यासजी नाटक और फिल्मों से जुड़े हुए थे। उन्होंने ऋषभजी को फिल्मी साप्ताहिक पत्रिका निकालने की सलाह दी। दिल्ली लौटने पर ऋषभजी ने तुरन्त अपनी योजना को कार्यान्वित किया। जून 1933 में बड़ी सज-धज से 'चित्रपट' का प्रथम अंक निकला। हिन्दी का यह पहला फिल्म साप्ताहिक था। उसी समय रूपवाणी प्रिंटिंग हाउस नाम से छापाखाना लगाया गया। 'चित्रपट' में साहित्य और फिल्म सम्बन्धी सामग्री का बराबर समायोजन होता था। 'चित्रपट' के विशेषांक बहुत लोकप्रिय हुए। इनमें ज्ञानवर्द्धक पाठ्य-सामग्री के साथ-साथ नयनाभिराम चित्र भी रहते थे। उसमें उस समय की लगभग सभी सिने-तारिकाओं दुर्गा खोटे, जुबैदा, जोहरा, कज्जन, सुलोचना, गौहर, बिब्बो, मेहताब तथा नायकों में जयन्त, जयराज, ई. बिल्मोरिया, डी. बिल्मोरिया, सहगल, मास्टर मोदक आदि कलाकारों के पूरे पृष्ठ के रंगीन चित्र छपते थे। सत्यकाम विद्यालंकार की पत्नी और सुप्रसिद्ध अभिनेत्री प्रभा और उनके प्रमुख फिल्म-निर्माता श्री ताराचन्द बड़जात्या (राजश्री पिक्चर्स) के लेख चित्रपट में प्रकाशित होते रहते थे। साहित्यकारों में श्री अयोध्या सिंह उपाध्याय 'हरिऔध', विनोद शंकर व्यास, चतुरसेन शास्त्री, जैनेन्द्र कुमार, द्विजेन्द्रनाथ मिश्र 'निर्गुण', गोपाल सिंह 'नेपाली', डॉ. रामकुमार वर्मा, डॉ. नगेन्द्र, तोरन देवी शुक्ल 'लली', महादेवी वर्मा, श्री सरस्वती कुमार 'दीपक' आदि शीर्षस्थ लेखकों के लेख, कविताएँ, कहानियाँ इसमें प्रकाशित होते थे। ऋषभ चरण जैन के सम्पादन काल में 'चित्रपट' के लगभग 600 अंक प्रकाशित हुए, जिसमें से अधिकांश अनुपलब्ध हैं।

'चित्रपट' के सम्पादकीय विभाग में श्री गोपाल सिंह 'नेपाली', नरोत्तम नागर, सत्येन्द्र श्याम, चन्द्रधर, सम्पतलाल पुरोहित आदि अनेक पत्रकारों-लेखकों का सहयोग मिला। सन् 1934 में सत्येन्द्र श्याम 'चित्रपट' के सम्पादक हुए, जो सन् 1944 के पश्चात् 'चित्रपट' के स्वत्वाधिकारी बने और 'नव-चित्रपट' के नाम से पत्रिका को काफी अरसे तक निकाला, परन्तु उसका स्वरूप साहित्यिक कम फिल्मी ज्यादा हो गया। हिन्दी सिनेमा के पहले गम्भीर समीक्षक-पत्रकार श्री ऋषभ चरण जैन 1936 में मानसिक रूप से विक्षिप्त हो गए और जीवनपर्यन्त उससे बाहर नहीं निकल पाए। साहित्य के विविध क्षेत्रों में उनके महत्त्वपूर्ण योगदान के लिए 1984 में 'हिन्दी अकादमी' दिल्ली द्वारा उन्हें सम्मानित किया गया। 1985 में विक्षिप्तावस्था में ही वे चिरनिद्रा में सो गए। साठ के दशक में दिल्ली के साहित्यकार, पत्रकार, सिनेमा के प्रति गम्भीर रुख धारण करते हुए पाए जाते हैं। अरुण कौल, मृणाल सेन, 'माधुरी' के सम्पादक अरविन्द कुमार, 'सारिका' के सम्पादक कमलेश्वर आदि ने हिन्दी की साहित्यिक कृतियों पर फिल्म-निर्माण को प्रोत्साहित करने का माहौल तैयार किया। अरुण कौल का दफ्तर और 'टाइम्स ऑफ इंडिया' बिल्डिंग नव-सिनेमा की गतिविधियों के केन्द्र रहे। नव-सिनेमावादियों को

साहित्यिक कृतियों की तरफ आकृष्ट करने का कार्य कमलेश्वर ने किया। आधुनिक हिन्दी साहित्य के प्रमुख कथाकारों मोहन राकेश, राजेन्द्र यादव, निर्मल वर्मा, मन्नू भंडारी, रमेश बक्षी की रचनाओं के साथ कमलेश्वर की रचनाओं पर फिल्में निर्मित हुईं। 'माधुरी' के सम्पादक अरविन्द कुमार ने नए सिनेमा को दर्शकों और फिल्म क्षेत्र में स्थापित करने में महत्त्वपूर्ण भूमिका अदा की। अरविन्द कुमार ने नए सिनेमा को 'समान्तर सिनेमा' की संज्ञा दी और 'माधुरी' के माध्यम से उसके स्वरूप, आदर्श, कार्य-विधि का विवरण एवं विवेचन कर जनमानस को उसकी ओर आकृष्ट किया। 'माधुरी' ने न केवल समय-समय पर 'समान्तर सिनेमा' सम्बन्धी लेख एवं विवरण आदि प्रस्तुत किए, बल्कि समान्तर सिनेमा विशेषांक निकाला और समान्तर शीर्षक से तत्सम्बन्धी सामग्री प्रस्तुत करनेवाली नियमित लेखमाला प्रारम्भ की। 'नया सिनेमा' को स्थापित करने में श्री अरविन्द कुमार और 'माधुरी' की भूमिका अत्यन्त महत्त्वपूर्ण है। अरविन्द कुमार ने समकालीन साहित्यकारों को सिनेमा के बारे में गम्भीरता से सोचने के लिए प्रेरित किया।

कमलेश्वर जून, 1966 में 'सारिका' के सम्पादक के रूप में पहली बार बम्बई पहुँचे तो उन्हें 'टाइम्स' में ही चार सम्पादक मित्र मिले। 'धर्मयुग' के सम्पादक डॉ. धर्मवीर भारती, 'नवभारत टाइम्स' के सम्पादक डॉ. महावीर अधिकारी, 'साइंस टुडे' के सम्पादक सुरेन्द्र झा और 'माधुरी' के सम्पादक अरविन्द कुमार। अरविन्द कुमार ने 'माधुरी' के माध्यम से फिल्मी पत्रकारिता को नया और सुसंस्कृत स्तर देने की पहल की थी।

अरविन्द कुमार लगातार इसी चिन्ता में रहते थे कि हिन्दी कमर्शियल सिनेमा का सम्बन्ध हिन्दी साहित्य और अन्य कलाओं के साथ कैसे जोड़ा जाए। इन्हीं चिन्ताओं को लेकर अरविन्द ने एक छोटी-सी अन्तरंग समिति जैसी चीज बनाई थी। इस अन्तरंग समिति में अरविन्द के साथ शामिल थे—मणि कौल, कुमार साहनी, राज मारब्रोस, मृणाल सेन, अरुण कौल, बम्बई फिल्म फोरम के उत्साही कर्ता-धर्ता और फिल्मकार। अरुण कौल के माध्यम से बाद में बासु चटर्जी शामिल हुए थे, जो 'ब्लिट्ज' के कार्टूनिस्ट होने के अलावा फिल्म फोरम का काम-धाम भी देखते थे। इस अन्तरंग गोष्ठी या समिति के पीछे पहल थी अरविन्द कुमार की और कुछ नया करने की साझी इच्छा थी सबकी। इसी बात को और आगे बढ़ाने तथा साहित्यिक कृतियों की खोजबीन के लिए अरविन्द ने कमलेश्वर को इस गोष्ठी में शामिल किया ताकि फिल्मांकन के लायक अच्छी कृतियों को उठाया जा सके। इस गोष्ठी के अधिकांश लोग फिल्म संस्थान पूना से प्रशिक्षित होकर आए थे। तमाम भाषाओं के और खासतौर से हिन्दी से उन कृतियों का चुनाव शुरू हुआ, जो फिल्मांकन के योग्य भी हों और साहित्य की गरिमा से मंडित भी। काफी दिनों तक यह तलाश चलती रही और कुछ कृतियाँ तय की गईं। ये गोष्ठियाँ कभी अरविन्द, कभी मणि कौल, कभी अरुण कौल या कमलेश्वर के घर पर होती रहती थीं। ऐसी ही एक गोष्ठी में मृणाल सेन ने बनफूल की कहानी पर फिल्म बनाने की बात की थी, और वह फिल्म ही 'न्यू वेव सिनेमा' की पहली आधिकारिक फिल्म के रूप में

स्वीकृत हुई, जिसका नाम था–'भुवनशोम'।

बनफूल के बँगला उपन्यास 'भुवनशोम' से पहले हिन्दी साहित्य और सिनेमा को जोड़ने की कालजयी कोशिश शैलेन्द्र ने की थी। 'नया सिनेमा' आन्दोलन की भूमिका में शैलेन्द्र की शहादत अविस्मरणीय है।

नए फिल्मकारों के साथ मिलकर शैलेन्द्र की जलाई मशाल को लेकर आगे बढ़ने के संकल्प ने अरविन्द कुमार को सक्रिय किया था और 'न्यू वेव सिनेमा' की शुरुआत हुई थी। जिसे 'न्यू वेव' की जगह समान्तर सिनेमा का नाम श्री अरविन्द कुमार ने ही दिया था। गोष्ठियों में यह तय हुआ था कि साहित्य और सार्थक सिनेमा की सुचारु शुरुआत के लिए किताबों को चुना जाए। इसी क्रम में उषा प्रियंवदा का उपन्यास 'पचपन खम्भे लाल दीवारें', रांगेय राघव की कहानी 'गदल', प्रेमचन्द की 'निर्मला', मोहन राकेश का नाटक 'आषाढ़ का एक दिन', निर्मल वर्मा की कहानी 'परिन्दे' आदि चुनी गई थीं। जब सवाल आया स्क्रिप्ट लिखने का–तो उन्होंने एक 'स्क्रिप्ट बैंक' बनाया, जिसमें कहानियाँ, कथासार और आरम्भिक सिने-आलेख तैयार करके जमा किए जाते थे, और नए निर्देशकों को प्रेरित किया जाता था कि वे उन्हें पढ़ें और पसन्द करें, तो उन पर फिल्म बनाने की शुरुआत करें और 'समान्तर सिनेमा' की जबर्दस्त शुरुआत हुई थी। मृणाल सेन की 'भुवनशोम' तब तक बन चुकी थी, और उसे हिन्दी सिनेमा में एक मील का पत्थर माना गया। यह एक फिल्म ही नहीं, उन सबों की सफलता की शुरुआत थी और फिल्म-लेखन के क्षेत्र में कमलेश्वर के आने की भी शुरुआत थी। 'माधुरी' के अतिरिक्त 'क्लोज अप' नामक पत्रिका ने भी 'नया सिनेमा' आन्दोलन को आगे बढ़ाने में महत्त्वपूर्ण भूमिका अदा की। 'क्लोज अप' के मुख्य सम्पादक डॉ. गोपाल दत्त, सहसम्पादक बासु चटर्जी और अरुण कौल तथा अन्य सहयोगियों ख्वाजा अहमद अब्बास, विक्रम सिंह आदि के प्रयत्नों के फलस्वरूप इस पत्रिका ने न केवल सिनेमा के शिल्प, सौन्दर्यशास्त्र, इतिहास एवं समीक्षा आदि पर विविध सामग्री प्रस्तुत की, अपितु नव-सिनेमा आन्दोलन को आगे बढ़ाने में महत्त्वपूर्ण योगदान किया।

'सारिका', 'माधुरी' तथा अंग्रेजी पत्रिका 'क्लोज अप' के अलावा 'हिन्दी कला-सिनेमा' की समीक्षा को विकसित करने में 'दिनमान' नामक राजनीतिक पत्रिका का भी महत्त्वपूर्ण योगदान रहा है। विनोद भारद्वाज लिखते हैं–"जहाँ तक हिन्दी में सिनेमा-लेखन की बात है, 'दिनमान' (साप्ताहिक) के प्रकाशन ने एक महत्त्वपूर्ण मंच प्रदान किया। साहित्य ही नहीं कला, संगीत, नृत्य, स्थापत्य, पुरातत्त्व, फिल्म आदि पर इस पत्रिका में नियमित रूप से गम्भीरतापूर्वक लिखा जाना प्रारम्भ हुआ। 'दिनमान' की सम्पादकीय टीम में हिन्दी के अनेक प्रतिष्ठित और युवा साहित्यकार थे। इनमें से अधिकांश सिनेमा-विधा को गम्भीरता से लेते थे। हिन्दी में यूरोपीय सिनेमा पर लिखा जाना शुरू हुआ। हिन्दी में बने बेहतर सिनेमा के अलावा भारतीय भाषाओं के अच्छे सिनेमा पर भी लिखा गया।"[22]

'सिनेमा : एक समझ' नामक सम्पादित पुस्तक की भूमिका में अपनी बात को आगे

बढ़ाते हुए विनोद भारद्वाज लिखते हैं–"जैसा कि इस संकलन से स्पष्ट है कि कुँवर नारायण, रघुवीर सहाय, विष्णु खरे, प्रयाग शुक्ल, विजय मोहन सिंह, मंगलेश डबराल आदि सभी कवि-कथाकार, आलोचक हैं, इसलिए इनके सिनेमा पर लिखे लेखों, टिप्पणियों और समीक्षाओं का स्तर बहुत अलग है। उन्होंने साहित्यालोचना के औजारों का भी इस्तेमाल किया है। सिने-भाषा की समझ और विश्लेषण का इनके साहित्य पर भी निर्णायक असर पहचाना जा सकता है। रघुवीर सहाय ने सम्पादक के रूप में भी काफी जोखिम उठाए। मणि कौल पर आवरण कथा देना कम जोखिम की बात नहीं थी। उन्होंने नेत्रसिंह रावत, प्रयाग शुक्ल, विनोद भारद्वाज सभी को सिनेमा पर गम्भीर लेखन के लिए प्रोत्साहित किया। अन्तर्राष्ट्रीय महोत्सवों का कवरेज 'दिनमान' की ऐतिहासिक उपलब्धि है। इससे दूसरी पत्रिकाओं और अखबारों में सिनेमा-लेखन का स्तर बदला। 'धर्मयुग', 'प्रतिपक्ष', 'जनसत्ता', 'नवभारत टाइम्स' आदि में सिनेमा पर गम्भीरता से लिखा गया।"[23]

हिन्दी में सिनेमा-आलोचना के इतिहास पर दृष्टिपात करते हुए और 'दिनमान' की भूमिका का आकलन करते हुए अरुण कुमार लिखते हैं–" 'दिनमान' के प्रकाशन के पूर्व हिन्दी की पत्र-पत्रिकाओं में सिनेमा के दो पन्ने, रंगीन चित्रों सहित भड़कीले विवरणों से ही भरे रहते थे। अधिकांश पत्रों में सिनेमा के लिए अलग पृष्ठ होते थे। उनमें बम्बई की स्टूडियो की चर्चा ही प्रधान होती थी। अफवाहों के बाजार भी गर्म किए जाते थे। मीना कुमारी, दिलीप कुमार, राजकपूर, नर्गिस आदि की जोड़ियाँ दर्शकों को रिझाती थीं। पत्रिकाओं के पन्ने अनावश्यक उत्साह भरनेवाली सूचनाओं से रँगे रहते थे। 'दिनमान' का प्रकाशन 1965 से प्रारम्भ हुआ। पत्र के अन्तिम तीन-चार पृष्ठों में 'खेल-खिलाड़ी' 'रंगमंच', कला और सिनेमा के विवरण होते थे। फिल्मों के विवरण में ग्लैमर पैदा करनेवाली सूचनाएँ नहीं होती थीं। रंगीन चित्र भी नहीं होते थे। फिल्मों की समीक्षा में उस समय की समस्या को सामने रखा जाता था।

यूरोप के समाज में आतंकवाद और हिंसा उस समय की प्रमुख समस्या थी, ऐसा 'दिनमान' का मानना है। उसे चित्रित करनेवाले यूरोपीय फिल्मकारों पर विनोद भारद्वाज, नेत्रसिंह रावत आदि ने लिखा है। भारतीय समाज उन समस्याओं से कितना ग्रस्त था और फिल्मों ने उसे किस रूप में लिया, इसकी पहचान भी इसमें हुई है। कुछ बिन्दुओं पर यूरोप और भारत का समाज एक किस्म की समस्याओं को झेल रहा था। हिंसा जहाँ ब्रिटिश फिल्मों में कोई गुदगुदी या दहशत नहीं पैदा करती, हिन्दी फिल्मों में उसे दिखाने का यही मकसद था। हिन्दी के अलावा दूसरी भारतीय भाषाओं की फिल्मों में रचनात्मकता के स्तर की जाँच-पड़ताल भी 'दिनमान' में हुई है।

कुछ सीमाओं के बावजूद इस पत्र ने सिनेमा-चिन्तन के प्रति एक खास दृष्टिकोण विकसित किया। सीमा यह रही है कि फिल्म-समीक्षक इस बहाने हिन्दी फिल्म की परम्परा की तलाश कर सके। पत्र के प्रथम दो वर्षों में फिल्म-समीक्षा हर अंक का आकर्षण नहीं थी। उन दिनों सच्चिदानन्द हीरानन्द वात्स्यायन 'अज्ञेय' पत्र के सम्पादक

थे। 1970 में रघुवीर सहाय पत्र के कार्यकारी सम्पादक बने। अज्ञेय के सम्पादन में समीक्षकों के नाम नहीं छपे हैं। रघुवीर सहाय के सम्पादन में नाम छपे। दोनों सम्पादकों का समग्र दृष्टिकोण फिल्मों में व्याप्त व्यावसायिकता के विरोध का रहा है।[24]

सिनेमा एक समझ के प्रकाशकीय वक्तव्य में आर.के. कश्यप लिखते हैं–"यह बात एक तथ्य के रूप में प्रायः मान्य है कि हिन्दी के गम्भीर कृतिकारों, लेखकों की दिलचस्पी सिनेमा-आलोचना की ओर नहीं है, और यह भी कि उनके लिए यह दोयम दर्जे का काम है। साथ ही यह भ्रम भी एक तरह से व्याप्त है कि इस कारण से हिन्दी की सिनेमा ओलाचना सर्वथा उपेक्षाग्रस्त रही है, लेकिन इन सबसे ठीक हटकर हिन्दी में भी गम्भीर कृतिकारों-लेखकों का सिनेमा-आलोचना की तरफ रुझान साफ नजर आने लगा है, और अन्य भाषाओं की तरह हिन्दी के लेखक भी वस्तुपरक और संवेदना के साथ सिनेमा-आलोचना को समर्थ करते रहे हैं।"[25]

कला-सिनेमा आन्दोलन को राजनीतिक हलकों और सामान्य जन तक पहुँचाने में 'दिनमान' ने अनूठी भूमिका का निर्वाह किया है। हिन्दी सिनेमा-समीक्षा का व्याकरण गढ़ने की दृष्टि से 'दिनमान' के समग्र सिनेमा-लेखन को संगृहीत किया जाना अनिवार्य है। कवियों, कथाकारों, साहित्य-समालोचकों को सिनेमा-लेखन में सक्रिय करके 'दिनमान' ने गॉसिप पत्रकारिता के समानान्तर सार्थक लेखन की दूसरी परम्परा कायम की। 'आजकल' के जनवरी, 1994 के अंक में यशश्चन्द्र लिखते हैं–" 'दिनमान' वाली दूसरी परम्परा की पूर्वपीठिका निर्मित करने में अमृत राय, भारत भूषण अग्रवाल, राजकमल चौधरी, मुद्राराक्षस, रामनारायण शुक्ल आदि कवि-कथाकारों की भूमिकाओं को, उनके समय की सीमाओं में अनदेखा नहीं किया जाना चाहिए। फिर, जिसे 'दिनमान' की 'दूसरी परम्परा' यहाँ कहा गया है, वह वस्तुतः 'दिनमान' से अधिक स्व. नेत्रसिंह रावत की दूसरी परम्परा थी। प्रकारान्तर से, रावत ने ही रघुवीर सहाय और 'दिनमान' को हिन्दी में सिनेमा विषयक गम्भीर लेखन को प्रोत्साहित करने के लिए प्रेरित किया। उन्होंने गोदार और ऋत्विक घटक की खोज हिन्दीवालों के लिए की। आठवें दशक के पूर्वार्द्ध में निकलनेवाली अनियतकालीन साहित्यिक पत्रिका 'समयान्तर' ने अपना एक अंक गम्भीर सिनेमा पर केन्द्रित किया। 'जूम' नाम से एक अंग्रेजी पत्रिका की योजना बनी। इन सब सक्रियताओं के उत्प्रेरक सूत्र भी रावत से जुड़े थे। यहाँ से देखें तो हिन्दी में सिनेमा-विषयक लेखन को एक गम्भीर रचनाकर्म के बतौर विकसित करने में निर्णायक भूमिका नेत्रसिंह रावत की ही नजर आएगी।"[26]

हिन्दी सिनेमा-लेखन के इतिहास में नेत्रसिंह रावत की भूमिका सर्वाधिक महत्त्वपूर्ण है। नेत्रसिंह रावत और रघुवीर सहाय द्वारा मणि कौल का लिया गया साक्षात्कार हिन्दी के अनेक कवियों, लेखकों के तथाकथित सिनेमा लेखन से ज्यादा गम्भीर और सूचनापरक है। नेत्रसिंह रावत ने देशी-विदेशी अनेक फिल्मों और फिल्मकारों पर बौद्धिक लेखन करते हुए, सिनेमा और दर्शक के बीच की खाई को पाटने का महत्त्वपूर्ण प्रयास किया है। नेत्रसिंह रावत का समग्र लेखन अभी तक संगृहीत नहीं हुआ है। हालाँकि म.प्र.

फिल्म विकास निगम ने 'पटकथा' अंक 16 में उनकी रचनाओं का एक प्रतिनिधि संग्रह प्रकाशित किया है। यह इस दिशा में एक सार्थक पहल है।

नेत्रसिंह रावत के सम्पूर्ण लेखन के आलोक में ही हिन्दी सिनेमा-लेखन की भाषा को गढ़ने का प्रयास किया जा सकता है। 'पटकथा' का अंक 16 जो रावत के आलेखों और लिए तथा दिए गए साक्षात्कारों का संग्रह है, की भूमिका में सम्पादक श्रीराम तिवारी लिखते हैं—"कई बरस पहले, नेत्रसिंह रावत वैचारिक निष्ठा, मानवीय सहानुभूति, पक्षधरता और जिम्मेदारी के साथ हिन्दी में सिनेमा-आलोचना को प्रतिष्ठित करने में सफल हुए थे। यह बात इसलिए भी गौरतलब है कि इसके पहले गॉसिप, हल्के-फुल्के और सनसनीखेज तत्त्वों के रचे-बसे माहौल में ऐसा कुछ भी कर पाना बहुत दूर की बात नजर आती थी। आज भी माहौल पहले ही जैसा है, बल्कि कहना होगा कि कहीं अधिक बदतर हो गया है। अपसंस्कृति के बहुआयामी दबाव के चलते, जहाँ गम्भीर सिनेमा-आलोचना मुश्किल में पड़ी है, वहीं संवेदनशील और सृजनात्मक गरमाहट से भरे सिनेमा की उपस्थिति भी क्षीणकाय होती जा रही है। ऐसे परिदृश्य में नेत्रसिंह रावत के लेखन को एकत्र कर पुनः विन्यस्त करने की कोशिश से उम्मीद है कि सृजनात्मक सिनेमा और गम्भीर सिनेमा-आलोचना के संघर्ष को सम्भवतः मदद मिलेगी।"[27]

मध्य प्रदेश फिल्म विकास निगम ने दिसम्बर, 1984 में सम्पूर्णतः सिनेमा पर केन्द्रित 'पटकथा' नामक पत्रिका का प्रथम अंक भारतीय सिनेमा के महान शिल्पी सत्यजित रे की सिनेमा शैली और व्यक्तित्व के अन्य रचनात्मक पहलुओं पर रोशनी डालते हुए प्रकाशित किया। तब से सितम्बर, 1993 तक पटकथा के 20 अंकों में अभूतपूर्व सामग्री का संयोजन किया गया है। हिन्दी सिनेमा के व्याकरण की पृष्ठभूमि बनाने में 'पटकथा' पत्रिका में संयोजित फिल्म-तकनीक, सिने-सिद्धान्तों, सिनेमा-शैलियों तथा सिनेमा समीक्षा, साक्षात्कारों और फिल्मकारों तथा विशेषांकों का महत्त्वपूर्ण उपयोग किया जा सकता है। पटकथा में छपे विदेशी फिल्मकारों गोदार, फेलिनी, तारकोवस्की, त्रुफों आदि के आलेखों, साक्षात्कारों तथा सिनेमा लेखकों के विचारों के अनुवाद हिन्दी सिनेमा की अमूल्य धरोहर हैं। विजय अग्रवाल का कहना है कि "फिल्म साहित्य की दिशा में 'मध्य प्रदेश फिल्म विकास निगम' द्वारा किए जा रहे प्रयासों की सराहना की जानी चाहिए। गुरुदत्त, सत्यजित रे, श्याम बेनेगल, विमल राय तथा अशोक कुमार जैसे फिल्मी व्यक्तियों पर उसने स्तरीय पुस्तकें प्रकाशित की हैं। अनेक व्यक्तित्वों पर 'पटकथा' के विशेषांक आए हैं। निगम समय-समय पर विभिन्न विषयों पर आयोजित संगोष्ठियों के माध्यम से भी फिल्मी चर्चा को तथ्य-युक्त बनाने की कोशिशें करता रहा था। इससे थोड़ी-सी उम्मीद बँधती थी। लेकिन इसकी भी अपनी सीमाएँ थीं। निश्चित रूप से 'पटकथा' फिल्म पर प्रकाशित होनेवाली एक गम्भीर पत्रिका थी, लेकिन दुर्भाग्यवश वह अनुवाद पर आधारित थी। उसके हिन्दीकरण का भी इतना संस्कृतीकरण हो गया था कि इसे समझने के लिए, उसके अंग्रेजी मूल की जरूरत पड़ती थी। दूसरी बात यह कि यह पत्रिका भी भारतीय फिल्मों की भाषा और मुहावरे विकसित करने में कोई

विशेष भूमिका नहीं निभा सकी।''[28] हिन्दी में सिनेमा सम्बन्धी गम्भीर लेखन के लिए 'पटकथा' पत्रिका के बीस अंकों का महत्त्व अन्यतम है। दुर्भाग्यपूर्ण यह है कि 'पटकथा' के बाद दूसरी कोई गम्भीर फिल्म पत्रिका हिन्दी में नहीं है। ऐसे में सिनेमा-आलोचना के विकास के लिए साहित्यिक, राजनीतिक पत्रिकाओं और अखबारों में उपलब्ध पन्नों की ओर देखना एकमात्र उपाय है।

हिन्दी सिनेमा-लेखन का वर्तमान परिदृश्य अत्यन्त हृदय-विदारक है। कहने को खूब लिखा जा रहा है। लगभग हर अखबार, पत्रिका में सिनेमा पर कुछ-न-कुछ छपता ही रहता है। दसियों गॉसिप पत्रिकाएँ निकलती और बाजारूपन को बढ़ावा देती रहती हैं, लेकिन एक सम्पूर्ण रचनात्मक फिल्म-पत्रिका हिन्दी में उपलब्ध नहीं। 'पटकथा' के बन्द होने की अभावपूर्ति का प्रयास पिछले वर्षों में कहीं से नहीं किया है। हालाँकि सिनेमा पर गम्भीरता से सोचने और लिखनेवाले लेखकों की अच्छी खासी पीढ़ी हिन्दी में उपलब्ध है। विनोद भारद्वाज, ब्रजेश्वर मदान, प्रभुनाथ सिंह आजमी, प्रयाग शुक्ल, मनमोहन चड्ढा, विजय अग्रवाल, मनमोहन तल्ख, सुरेन्द्र तिवारी, प्रदीप तिवारी, गौतम चटर्जी, डॉ. देव, कुमार विजय आदि विभिन्न पत्र-पत्रिकाओं में सिनेमा पर लिखते रहते हैं, किन्तु किसी एक मंच का अभाव है। इनके अलावा अरुण खोपकर, आशीष राज्याध्यक्ष, अश्मकी आचार्य, अभय छजलानी, असीम चक्रवर्ती, अनुराग चतुर्वेदी, बच्चन श्रीवास्तव, ब्रजभूषण चतुर्वेदी, फिरोज रंगूनवाला, कृष्णमोहन श्रीवास्तव आदि सिनेमा लेखन से गम्भीरतापूर्वक जुड़े हैं।

'दिनमान' के अतिरिक्त 'सारिका' में समय-समय पर सिनेमा आलेख और नियमित रूप से प्रतिवर्ष अन्तर्राष्ट्रीय फिल्म समारोहों की रिपोर्ट प्रकाशित होती थी। 'सारिका' ने साहित्य और सिनेमा के सम्बन्ध पर 1985 में एक विशेषांक प्रकाशित किया था। वर्तमान समय में 'हंस', 'कथादेश', 'पहल', 'तीसरी दुनिया', 'इंडिया टुडे' आदि पत्रिकाओं में कुछ पृष्ठ सिनेमा-लेखन के लिए प्रयुक्त किए जाते हैं। लगभग सभी अखबार एक दिन सिनेमा पर विशेष पृष्ठ प्रकाशित करते हैं। वर्ष 1995-96 (सिनेमा-शताब्दी वर्ष) फिल्म लेखन की दृष्टि से काफी लाभदायी रहा, 'आजकल', 'योजना', 'इतिहास बोध' आदि पत्रिकाओं ने सिनेमा पर महत्त्वपूर्ण विशेषांक इन्हीं वर्षों में प्रकाशित किया। 'आजकल' में तो कुछ न कुछ छपता ही रहता है। 'नई दुनिया' अखबार पिछले कुछ वर्षों से हर वर्ष सिनेमा पर एक वार्षिकी प्रकाशित कर रहा है, इसे एक महत्त्वपूर्ण सहयोग कहा जाएगा।

1997 में 'समकालीन सृजन' नामक पत्रिका ने सिनेमा पर एक विशेष अंक प्रकाशित किया। यदि 'समकालीन सृजन' से प्रेरित हो, हिन्दी की अन्य साहित्यिक लघुपत्रिकाएँ भी सिनेमा लेखन को किंचित भी प्रोत्साहित करें, तो फिल्म लेखन का एक अच्छा वातावरण तैयार हो जाएगा। 'समकालीन जनमत' नामक राजनीतिक पत्र ने जनवादी सिनेमा के स्वरूप और आवश्यकता पर गम्भीर लेख प्रकाशित किए हैं।

वास्तव में फिल्म-लेखन के क्षितिज पर गॉसिप और विज्ञापनी पत्रिकाएँ ही हावी हैं। विनोद भारद्वाज लिखते हैं–"पिछले एक-डेढ़ दशक में फिल्म और टेलीविजन के क्षेत्र में ऐसे दर्जनों पत्रकार आ गए हैं, जिन्हें इस माध्यम की कोई जानकारी नहीं है। वे इन विधाओं के लेखकों से कोई इंटरव्यू नहीं लेते, उनकी पृष्ठभूमि, समाज, फिल्म या टेलीविजन के इतिहास की जानकारी को महत्त्व नहीं देते। नतीजा यह हुआ है कि बाकायदा पी.आर.ओ. भी अब अपनी फीचर एजेंसी खोलकर या छोटी-मोटी पत्रिका निकालकर अपने को पत्रकार कहने लगे हैं। उन्हें लगता है कि ये सब पत्रकार हैं तो हम क्यों नहीं हो सकते। कई पी.आर.ओ. तो छपे हुए फोटो आदि का पारिश्रमिक भी वसूल करने लगे हैं। स्पष्ट है कि यह तस्वीर मसाला-फिल्म-तन्त्र की है। इस तन्त्र में जमकर पैसा लगाया जाता है, और प्रचार के लिए तमाम तरह के प्रलोभन दिए जाते हैं।"[29]

फिरोज रंगूनवाला लिखते हैं–"भारत में फिल्म पत्रकारिता की शुरुआत काफी शालीन स्वरूप में हुई थी। इसने उत्कृष्ट गम्भीर और समालोचनात्मक लेखन के मानकों पर चलते हुए फिल्मवालों और सिने-प्रेमियों के बीच एक सम्बन्ध-सूत्र कायम किया। यह स्वस्थ परम्परा 1970 तक जारी रही। इसके बाद कुछ ऐसी फिल्म-पत्रिकाएँ चलन में आईं, जिन्होंने कलाकारों के निजी जीवन में ताका-झाँकी को ही महत्त्वपूर्ण समझा। मानव-मन की सहज जिज्ञासु प्रवृत्ति के चलते लोग इन पत्रिकाओं की तरफ जमकर आकर्षित हुए। भाषा के प्रयोग और विषयवस्तु की दृष्टि से गॉसिप पत्रिकाओं का स्तर काफी हल्का होता था। अंग्रेजी के ऊटपटाँग प्रयोग और हिन्दी के साथ इसके अपमिश्रण ने दोनों भाषाओं की दुर्दशा की।"[30] वस्तुतः हिन्दी सिनेमा-लेखन की यह दुर्दशा हिन्दी सिनेमा की दुर्दशा से जुड़ी है। हिन्दी में हिन्दी फिल्में कितनी हैं ? यह प्रश्न भी सिनेमा-लेखन के प्रश्न के साथ विनोद भारद्वाज और प्रयाग शुक्ल सरीखे सिनेमा-समालोचक हमेशा ही उठाते रहे हैं।

विनोद भारद्वाज लिखते हैं–"हिन्दी की पत्र-पत्रिकाओं की हालत किसी से छिपी नहीं है। केवल लोकप्रिय सिनेमा और अभिनेताओं पर चटपटी सामग्री छापी जाती है। 'फिल्म-शिक्षा' का काम ये पत्रिकाएँ बिना किसी खास नुकसान के कर सकती हैं, मगर सम्पादकों की इसमें दिलचस्पी नहीं है। तर्क दिया जाता है कि यूरोपीय या विश्व-सिनेमा की जानकारी से क्या लाभ है ? या फिर उन फिल्मों पर विस्तार से क्यों लिखा जाए, जिन्हें लोग देख ही नहीं पाते। ऊपर से ये तर्क आकर्षक नजर आते हैं, मगर इस बात पर ध्यान नहीं दिया जाता कि बेहतर सिनेमा के प्रति जनमानस बनाने के लिए इस तरह की सामग्री की कितनी उपयोगिता है। जिस तरह से अच्छी किताब की विस्तृत और विश्लेषणात्मक समीक्षा अच्छी किताब में उठाए गए सवालों और बातों से हमारा सार्थक परिचय कराती है, उसी तरह से गोदार या फेलिनी की किसी क्लासिक फिल्म की विस्तृत

समीक्षा, फिल्म तकनीक से लेकर फिल्म से जुड़ी कल्पना-शक्ति के अद्‌भुत विकास और सम्भावनाओं की हमें गहरी जानकारी दे सकती है। मूल की महिमा तो है ही, मगर उस तक सीधे पहुँचना भी जरूरी नहीं है।''[31]

पत्र-पत्रिकाओं में फिल्म-लेखन के लिए सीमित जगह दी जाती है, और उनका स्वरूप रिपोर्टिंग का होता है। ऐसी रिपोर्टिंग को सिनेमा-समीक्षा और रिपोर्टरों को फिल्म-समीक्षक की संज्ञा दी जाती है। इस सन्दर्भ में केवल जे. कुमार का कहना है– "They are hardly ever the result of deep reflection, or to profound study. The space allowed reviewers is so limited that all they can afford to be is interesting and readable. Film reviewers are, after all, only journalists for whom writing about films is like reporting on politics and crime."[32]

इकबाल मसूद अखबारों में फिल्म-लेखन की सीमित जगह की समस्या का जिक्र करते हुए लिखते हैं–''एक समीक्षक होने के नाते वह एक विशेष प्रकार का क्षेत्र है। आपको एक सीमित स्थान दिया जाता है, और आपसे यह आशा की जाती है कि आप फिल्म-विश्लेषण की अपनी स्वयं की विचार-पद्धति का अनुसरण करें, क्योंकि स्पष्ट है कि पाठक भी यह जानना चाहते हैं, कि वह उस फिल्म को देखें या न देखें।''[33] वे आगे लिखते हैं–''विश्व में हर कहीं फिल्म-समीक्षा पर कुल्हाड़ी गिर रही है; केवल भारत में ही यह नहीं हो रहा है। मुझे कुछ स्थान यह सोचकर दे दिया जाता है कि मैं एक लम्बे समय से लिख रहा हूँ, लेकिन अनेक दूसरे लोगों के बारे में ऐसा नहीं सोचा जाता। लन्दन के 'गार्डियन' ने उपलब्ध स्थान को कम कर दिया है। मेरे सहकर्मी डेरिक मैल्कॅम से कहा गया कि वे महत्त्वपूर्ण फिल्मी सत्रों का साप्ताहिक सार लिखें। पॉलिन केल भी यह कार्य करती हैं, जोकि विश्व के अत्यन्त प्रचंड आलोचकों में से एक हैं। मेरी राय में डेविड रॉबिन्सन एक उत्तम आलोचक हैं। उन्होंने भी 'टाइम्स' में अपने स्तम्भ को छोटा कर दिया है। मैं देख रहा हूँ कि यह हो रहा है। एक समय ऐसा आएगा कि जब कुल्हाड़ी गिरेगी ठीक वैसे ही जैसे पश्चिम में फिल्मों की आलोचना पर गिरी। इस प्रक्रिया को भारत में नहीं देखा जा रहा है, क्योंकि हमें प्रदर्शनों वगैरह के लिए बहुत-सा स्थान मिल जाता है। किन्तु पश्चिम में परिस्थितियाँ सुखद नहीं हैं।''[34]

बासु भट्टाचार्य ने समाचार पत्रों में सिनेमा के लिए स्थान बढ़ाए जाने की समस्या की चर्चा कई पत्र-पत्रिकाओं के सम्पादकों से की थी। उनका कहना है–''समाचार पत्रों में सिनेमा विज्ञापन का एक पूरा पृष्ठ या आधा पृष्ठ होता है। सप्ताह में एक बार आप एक प्रकार का सिनेमा समाचार छापते हैं, जो कि गॉसिप होता है। मान लीजिए कि आप क्रिकेट प्रेमी हैं, और कल एक खेल हुआ था, जिसे देखने आप न जा सके। अगले दिन उसी खेल पर समाचार पत्र में तीन आइटम छपते हैं। उनमें से एक आइटम में, जो कुछ हुआ हो, उसका शब्दशः वर्णन होता है, और अधिक टीका-टिप्पणी नहीं होती। दूसरी आइटम एक रिपोर्ट होती है। तीसरा आइटम किसी विशेषज्ञ का–गैरी सोबर्स, सुनील गावस्कर या किसी अन्य का लेख होता है, जिसमें वे लिखते हैं कि

कोई क्यों जीता, कोई क्यों हारा, क्या पिच के कारण ऐसा हुआ या बॉलिंग के कारण, क्या बैटिंग के कारण ऐसा हुआ या फील्डिंग के कारण ? वह इस ढंग से लिखा गया होता है कि आप खेल को लगभग देख लेते हैं। फिल्मों की समीक्षाएँ ऐसी ही होनी चाहिए। मैंने उन लोगों से कहा कि वे अपने समाचार पत्र में प्रतिदिन एक पृष्ठ रखें और गम्भीरतापूर्वक रखें। हमारे जीवन पर सिनेमा का जो प्रभाव पड़ता है, उसे देखते हुए यह आवश्यक है।''[35]

मुख्यतया फिल्म-समीक्षकों के दो वर्ग हैं–एक वह, जिसे हम फिल्म-रिपोर्टर की संज्ञा देते हैं। यह फिल्म-रिपोर्टर साप्ताहिक, पाक्षिक और मासिक पत्र-पत्रिकाओं में फिल्म के बारे में जानकारी देता है। वह फिल्म का संक्षेप लिखता है। वस्तुतः यह रिपोर्टर फिल्म प्रचार का ही एक अंग है। उसकी वेतनभोगी स्थिति उससे वही कहलवाती है, जो फिल्म-निर्माता या सम्पादक कहलवाना चाहता है। उसके लिए फिल्म मनोरंजन के उत्पाद से ज्यादा कुछ नहीं। दूसरे वर्ग में समीक्षक और समालोचक आते हैं, जो फिल्म का कला और उद्देश्य की दृष्टि से विश्लेषण करते हैं, किन्तु ये सभी फिल्म और दर्शक के बीच किसी न किसी प्रकार एक प्रचारक की भूमिका ही निभाते हैं।

सत्यजित रे का मानना है कि ''समालोचक तभी अच्छा काम करते हैं, जब वे निर्देशक और दर्शकों के बीच सेतु का निर्माण करते हैं और, यही उनका प्रधान कर्त्तव्य भी है। समालोचकों को प्रबुद्ध होना ही होगा, क्योंकि समालोचना ही उनकी जीविका का आधार है। किन्तु दर्शकों में तभी प्रबुद्धता आ सकती है, जब इसके लिए उनमें स्वतःस्फूर्त ललक हो। अच्छी और सरल फिल्म रहने पर सम्पादकों की जिम्मेदारी हल्की हो जाती है, क्योंकि वहाँ दर्शक बिना सहायता प्राप्त किए, उसकी अच्छाई तक पहुँच जाते हैं। मगर ऐसी भी फिल्में हुआ करती हैं, जिनका रसास्वादन केवल वे ही कर सकते हैं, जो प्रकृत्यया गुणग्राही हैं। वहाँ समालोचकों को आगे बढ़कर शिक्षक की भी भूमिका अदा करनी होगी।''[36]

फिल्म-समीक्षक को सिनेमा की तकनीकी बनावट-बुनावट की अच्छी समझ होनी चाहिए। कमोबेश उसकी समझ का स्तर पटकथा लेखक या निर्देशक के समकक्ष होना चाहिए। साथ ही उसे समाजशास्त्र, इतिहास, मनोविज्ञान तथा सिनेमा में सन्निहित सिनेमा पूर्व की कलाओं और साहित्यिक विधाओं की भी अच्छी समझ अनिवार्य है। किन्तु इतने सब कुछ के बावजूद समीक्षा या समालोचना के लिए सरल या जटिल एक अच्छी फिल्म का होना अनिवार्य है। 1985 के फिल्म समारोह में पहली बार, हिन्दी कला फिल्मों की संख्या में गिरावट को महसूस किया गया, और उसके बाद के समूचे हिन्दी समीक्षा संसार में 'कला सिनेमा मर गया' कि 'जिन्दा है' विषय पर लेखों की एक विशाल कतार खड़ी दिखाई देती है। बासु भट्टाचार्य लिखते हैं–''आज भी हम सिनेमा के बारे में गम्भीर नहीं हैं। सिनेमा से हमारा मनोरंजन होता है, किन्तु हम सिनेमा की ओर गम्भीरतापूर्वक नहीं देख रहे हैं। संघ-सूची में सिनेमा को जुआ, घुड़दौड़ और वेश्यावृत्ति के साथ रखा गया है।''[37]

आजीविका की तलाश में पत्रकारिता क्षेत्र में घुस आए नव-प्रशिक्षुकों को 'सिनेमा-लेखन' सर्वाधिक आसान लगता है। सिनेमा-लेखन के नाम पर वे अपनी 'उमंग-तरंग' जो लिख डालते हैं, उसे छापने में सम्पादक को ऐतराज नहीं होता। फिल्म-लेखन को स्थानीय ही नहीं, कई राष्ट्रीय अखबारों में भी गम्भीरता से नहीं लिया जाता है तथा एक 'फिलर' से ज्यादा का मान प्राप्त नहीं है। फिल्म पत्रकारिता की शिक्षा की समुचित व्यवस्था नहीं है।

'फिल्म पत्रकारिता का वर्तमान स्वरूप' शीर्षक आलेख में विजय अग्रवाल लिखते हैं–"हिंसा प्रधान एक फिल्म के सफल होने पर सार्वजनिक रूप से कला एवं प्रेम-प्रधान फिल्मों की मौत की घोषणा कर दी जाती है। लेकिन कुछ ही दिन बाद 'मैंने प्यार किया' फिल्म हिट हो जाती है, तो उसे 'प्रेम-प्रधान फिल्मों' की वापसी कह दिया जाता है। इसी प्रकार 'रूदाली' के सफल होते ही कला फिल्मों के पुनर्जीवित होने की चर्चा होने लगती है। वस्तुतः इस प्रकार के अस्थिर (टैंपरेरी) निष्कर्ष इसलिए निकलते हैं, क्योंकि निष्कर्ष निकालनेवालों का दृष्टिकोण 'सम्पूर्ण' न होकर 'संकीर्ण' होता है। वह बहुमुखी न होकर एकांगी होता है। इसलिए उनके पास वे सारे सामाजिक, सांस्कृतिक, आर्थिक और मनोवैज्ञानिक तथ्य नहीं होते, जो उन्हें विश्लेषण के लिए व्यापक आधार देकर उनके निष्कर्ष में एक सन्तुलन स्थापित कर सकें।"[38] अब तो स्थिति ये है कि एक-दो वर्ष में एक-दो अच्छी फिल्में आती हैं, जिनके लिए किसी सिनेमा-समालोचक की जरूरत महसूस की जा सकती है। किन्तु इन एक-दो फिल्मों के भरोसे सिनेमा-समालोचना का चरित्र नहीं गढ़ा जा सकता। वस्तुतः कला-सिनेमा की तथाकथित मृत्यु की मातमपुर्सी करने की जगह उसके मार्ग में आए अवरोधों को दूर करने का उपाय किया जाना चाहिए। कला फिल्मों के वितरण और प्रदर्शन के प्रस्तावित समान्तर उपाय; छोटे प्रेक्षागृहों का निर्माण या पूर्णतः सरकारी स्तर पर फिल्म निर्माण एवं प्रदर्शन की व्यवस्था होनी चाहिए। विनोद भारद्वाज का कहना है कि, "हमारे यहाँ खासतौर से उत्तर भारत के विश्वविद्यालयों को फिल्म की समझ बढ़ाने की कोशिश करनी चाहिए। फिल्म सोसाइटी आन्दोलन दिल्ली आदि शहरों तक ही सीमित न रहे, तो इसके अच्छे परिणाम सामने आ सकते हैं।"[39]

फिल्म सोसाइटी आन्दोलन ने बंगला, हिन्दी, तमिल, तेलुगु, कन्नड़ आदि भाषाओं में सार्थक सिनेमा के विकास में महत्त्वपूर्ण भूमिका निभाई है। साथ ही पत्रिकाओं, अखबारों के उपलब्ध पुराने अंकों और देशी-विदेशी फिल्मों के बारे में गम्भीरतापूर्वक लिखा जाना जारी रखना चाहिए। वैसे हिन्दी में कम-से-कम एक गम्भीर सिनेमा-पत्रिका अनिवार्य है। विजय अग्रवाल का कहना है–"फिल्मी पत्रिकाओं के बारे में अक्सर यह तर्क दिया जाता है कि गम्भीर लेखों के पाठक नहीं हैं। क्या यह तर्क अपने बचाव में दी गई एक सरलीकृत दलील नहीं है। बँगला और मलयालम जैसी क्षेत्रीय भाषाओं में फिल्मों पर गम्भीर पत्रिकाएँ निकल रही हैं, और खूब पढ़ी जा रही हैं। ऐसा हिन्दी में क्यों नहीं हो सकता ? और यदि अब तक ऐसा नहीं है, तो क्या व्यक्तिगत, सामूहिक

अथवा सरकारी स्तर पर ऐसा कोई ईमानदार प्रयास हुआ है ?"[40]

हमारे यहाँ सिनेमा को सरकार की भी कुछ महत्त्वपूर्ण देन है। फिल्म विकास निगम की वित्तीय सहायता के कारण ही हिन्दी में कला फिल्में अस्तित्व में आईं, और वह अन्तर्राष्ट्रीय फिल्म समारोहों का आयोजन करके भारतीय फिल्मकारों एवं दर्शकों को नए आयामों से परिचित करा रहा है। क्या यह उपयुक्त नहीं होगा कि या तो 'फिल्म विकास निगम' या फिर फिल्म समारोह निदेशालय ही फिल्म पर हिन्दी में स्तरीय पत्रिका निकालने का दायित्व सँभाले। हालाँकि निगम अंग्रेजी में एक पत्रिका (सिनेमा इन इंडिया) निकालता है, किन्तु उसकी पहुँच उन बहुसंख्यक आम पाठकों तक नहीं है, जिन्हें सचमुच में ऐसे साहित्य की आवश्यकता है। सरकार में अनेक विभाग हैं, जो कृषि, योजना, साहित्य तथा संस्कृति पर पत्रिकाएँ निकालते हैं। इनकी प्रसार संख्या अत्यन्त सीमित होने तथा काफी नुकसान के बावजूद ये पत्रिकाएँ निकल रही हैं। यह स्थिति तब है, जब इन विषयों पर निजी तौर पर अच्छी पत्रिकाएँ तथा पुस्तकें प्रकाशित की जा रही हैं। फिर फिल्म जैसी महत्त्वपूर्ण विधा को इससे वंचित करना जायज नहीं कहा जा सकता। घाटे का सौदा ही सही, लेकिन इसके महत्त्व को देखते हुए, यह घाटा उठाया ही जाना चाहिए।

सिनेमा जगत में पैसा पानी की तरह बहता है। कुछ संवेदनशील फिल्मकार यदि इस दिशा में थोड़ी-सी भी पहल करें, तो हिन्दी पाठकों को सिनेमा पर अच्छा साहित्य मिल सकता है। इसी प्रकार यदि कुछ संवेदनशील फिल्म लेखक मिलकर यह बीड़ा उठा लें, तो काम कोई मुश्किल नहीं है। ऐसा लगता है कि यदि फिल्मी साहित्य के महत्त्व को गम्भीरता से नहीं स्वीकारा गया, तो अच्छी फिल्मों के निर्माण की आशा भी छोड़ देनी पड़ेगी।

हिन्दी में सिनेमा-आलोचना की दृष्टि से पचास और साठ के दशक को स्वर्णकाल माना जा सकता है। अरुण कुमार का कहना है–"आधुनिक विधाओं में सम्प्रेषण की दृष्टि से सुलभ होने के बावजूद भारतीय सिनेमा साठ के दशक तक गम्भीर चर्चा के केन्द्र में नहीं रहा है। यह स्थिति भारतीय उपमहाद्वीप के अन्य देशों की भी रही है। ऐसा नहीं है कि सिनेमा और जनता के बीच रचनात्मक सम्बन्ध के बीज नहीं थे। पचास के दशक में कई अच्छी फिल्में, भारतीय कृषि-समाज के उत्पीड़न की गाथा कह गई हैं। सत्तर के बाद हिन्दी फिल्मों में सेक्स और हिंसा की हमजोली, जिस उत्तेजना के साथ आई है, वह पहले की फिल्मों में नहीं थी। ग्लैमर, स्टार सिस्टम और हिंसा के बीच जीवन की स्वाभाविकता अत्यधिक विकृत हुई है। व्यक्तिगत प्रतिशोध लेने की मानसिकता ने समाज के सार्वजनिक जीवन को प्रभावित किया है। साठ के दशक में पूरी व्यवस्था को बदल देने की बेचैनी संस्कृति जगत में भी महसूस हुई थी। सब कुछ गलत है, बेजा है, ऐसा सोचनेवाले अनेक थे, इसके साथ स्वस्थ विकल्प की तलाश धुँधली-सी जान पड़ रही थी। संस्कृति को लेकर तत्कालीन व्यवस्था की चिन्ता बिल्कुल उथले ढंग की थी। सिनेमा से लेकर खेल की दुनिया तक, सरकार की कोई स्पष्ट नीति नहीं थी। बँगला

फिल्म निर्देशक ऋत्विक घटक का अनुभव है कि "वर्तमान व्यवस्था में फिल्म-निर्माण एक जुआ है। सिनेमा के लिए एक ठोस नीति का अभाव आज भी खलता है। अच्छी फिल्मों के निर्माण को प्रोत्साहन, सिनेमाघरों की सुविधा, सेंसर बोर्ड की स्वस्थ नीति, कम बजटवाली अच्छी फिल्मों के निर्माण की दिशा में सरकार के हस्तक्षेप के उदाहरण देखने को नहीं मिलते।"[41]

कला सिनेमा आन्दोलन के महत्त्वपूर्ण फिल्मकार श्याम बेनेगल फिल्मों के बेहतर भविष्य की उम्मीद करते हैं। उनका कहना है—"बीस वर्ष पहले हिन्दी सिनेमा में ही एक विशेष दर्शक वर्ग के लिए फिल्में बनना शुरू हुईं। इसे कला या समान्तर सिनेमा के नाम से पुकारा जाने लगा, पर यह दोनों ही सम्बोधन बड़े ही मूर्खतापूर्ण सम्बोधन हैं। सिनेमा की इस किस्म को अच्छा संरक्षण मिला। जिस वजह से हमारे बीच कई फिल्म केन्द्र निर्मित हुए पर दूरदर्शन और वीडियो के आ जाने से सिनेमा को गहरा आघात पहुँचा है। इनमें से अधिकांश फिल्म निर्माता दूरदर्शन में चले गए हैं, पर सामान्य धूमधड़ाकेवाले सिनेमा से हटकर एक अधिक संवेदनशील सिनेमा की जरूरत अब भी है। यह जरूरत कई तरह से अपनी उपस्थिति का अहसास कराएगी और एक ऐसे सिनेमा का आविर्भाव होगा, जो इस संजीदा और परिपक्व दर्शक वर्ग की आवश्यकताओं को पूरा कर सके। अपने अस्तित्व को बरकरार रखने के लिए और अपना विकास करने के लिए मुख्यधारा के सिनेमा को अपनी संरचना तथा अर्थशास्त्र में परिवर्तन के लिए मजबूर होना होगा।"[42]

सार्थक सिनेमा और सार्थक सिनेमा-समालोचना दोनों एक दूसरे के पूरक हैं, आज हिन्दी में दोनों की जरूरत है।

सन्दर्भ-सूची

1. सिंह, नामवर, 'शताब्दी के आखिरी दौर में हिन्दी आलोचना', 'पहल', अंक-53, पृ. 48
2. रे, सत्यजित, 'निर्देशक की दृष्टि में आलोचक', 'चलचित्र कल और आज', पृ. 89
3. रंगूनवाला, फिरोज 'फिल्म पत्रकारिता विवाद ही विवाद', 'पटकथा' फिल्म वार्षिकी-1993, पृ. 187
4. मनन, सुरेन्द्र, 'फिल्मी पर्दे पर गोर्की का कथा-संसार', 'सारिका', नव., 1986, पृ. 42
5. चड्ढा, मनमोहन, हिन्दी सिनेमा का इतिहास, पृ. 40
6. चड्ढा, मनमोहन, हिन्दी सिनेमा का इतिहास, पृ. 148-149 पर उद्धृत
7. भारद्वाज, विनोद, 'नया सिनेमा', पृ. 16
8. अग्रवाल, विजय, 'फिल्म साहित्य की विडम्बना, 'सिनेमा की संवेदना', पृ. 103
9. प्रेमचन्द, 'सिनेमा और जीवन', 'समकालीन साहित्य समाचार', अक्टू., 1997, पृ. 28 पर पुनर्प्रकाशित (हंस-मार्च, 1935 में प्रथम प्रकाशन)
10. अब्बास, 'ख्वाजा अहमद', 'सामाजिक यथार्थ का बदलता सन्दर्भ', 'समकालीन सृजन' अंक-17, पृ. 18

11. वर्मा, वृन्दावनलाल, 'सिनेमा को काली मैया उठा ले जाएँ', 'समकालीन सृजन' अंक-17, पृ. 13
12. वर्मा, भगवतीचरण, 'वासवदत्ता का चित्रालेख', पृ. 14
13. रंगूनवाला, फिरोज 'फिल्म पत्रकारिता विवाद ही विवाद', 'पटकथा' फिल्म वार्षिकी-1993, पृ. 187
14. कमलेश्वर 'उसके बाद' (पटकथा), पृ. 6
15. भारद्वाज, विनोद, 'नया सिनेमा', पृ. 16
16. कमलेश्वर, 'उसके बाद' (पटकथा), पृ. 5-6
17. भारद्वाज, विनोद, 'नया सिनेमा', पृ. 16
18. अग्रवाल, विजय, 'फिल्म साहित्य की विडम्बना', 'सिनेमा की संवेदना', पृ. 104
19. कमलेश्वर, 'उसके बाद' (पटकथा), पृ. 10-11
20. भारद्वाज, विनोद, 'सिनेमा एक समझ', सम्पादकीय, पृ. 6
21. यशशचन्द्र, 'सिनेमा उनकी समझ', 'आजकल' जनवरी, 1994, पृ. 35
22. भारद्वाज, विनोद, 'सिनेमा एक समझ', सम्पादकीय, पृ. 7
23. भारद्वाज, विनोद, 'सिनेमा एक समझ', सम्पादकीय, पृ. 7
24. कुमार, अरुण, 'हिन्दी में सिनेमा आलोचना', 'समकालीन सृजन', अंक-17 पृ. 102
25. कश्यप, आर.के., 'सिनेमा एक समझ' पृ. 3
26. यशशचन्द्र, 'सिनेमा उनकी समझ', 'आजकल' जनवरी, 1994, पृ. 35
27. तिवारी श्रीराम, 'पटकथा', सम्पादकीय अंक-16, पृ. 3
28. अग्रवाल, विजय, 'फिल्म साहित्य की विडम्बना', 'सिनेमा की संवेदना', पृ. 104
29. भारद्वाज, विनोद, 'हिन्दी फिल्म समीक्षा : दशा और दिशा', 'राष्ट्रीय सहारा अखबार', 9.8.94, पृ. 2
30. रंगूनवाला, फिरोज, 'फिल्म पत्रकारिता विवाद ही विवाद', 'पटकथा' फिल्म वार्षिकी-1993, पृ. 187
31. भारद्वाज, विनोद, 'नया सिनेमा', पृ. 17
32. कुमार, केवल जे., 'मास कम्यूनिकेशन इन इंडिया', पृ. 146-147
33. मसूद, इकबाल, 'आलोचक का आत्कथ्य', 'पटकथा', अंक-11, पृ. 67
34. मसूद, इकबाल, 'आलोचक का आत्कथ्य', 'पटकथा', अंक-11, पृ. 68
35. भट्टाचार्य, बासु, 'हम घर नहीं बना रहे', पटकथा', अंक-17, पृ. 64
36. रे सत्यजित, 'निर्देशक की दृष्टि में आलोचक', 'चलचित्र : कल और आज', पृ. 89
37. सिन्हा, भास्कर, 'हम घर नहीं बना रहे', (बातचीत), 'पटकथा', अंक-17, पृ. 64
38. अग्रवाल विजय, 'फिल्म पत्रकारिता का वर्तमान स्वरूप' 'सिनेमा की संवेदना', पृ. 108
39. भारद्वाज, विनोद, 'नया सिनेमा', पृ. 17
40. अग्रवाल, विजय, 'फिल्म पत्रकारिता का वर्तमान स्वरूप', 'सिनेमा की संवेदना', पृ. 105
41. कुमार, अरुण, 'हिन्दी में सिनेमा आलोचना', 'समकालीन सृजन', अंक-17, पृ. 102
42. बेनेगल, श्याम, 'श्याम बेनेगल' (मोनोग्राम), पृ. 8

षष्ठम् अध्याय

एक भारतीय सिने-सिद्धान्त का अनुसन्धान

व्यावसायिक सिनेमा से अलग एक सार्थक और नए सिनेमा की जरूरत है, जो समाज-निर्माण तथा कला के प्रति समर्पित हो। दूसरे, भिन्न और नए सिनेमा के विकास के लिए एक विशाल सांस्कृतिक योजना की जरूरत होगी। इस तरह का कार्यक्रम कुछ व्यक्तियों के अकेले कर्म से सम्भव नहीं। इसके लिए विभिन्न तरह के दृष्टिकोणों के एकत्रीकरण की जरूरत होगी, इतिहास का घनघोर ज्ञान, अवधारणात्मक अस्त्रों की दक्षता, कला-साहित्य के सिद्धान्तों तथा रचनात्मक पुस्तकों में अवगाहन की आवश्यकता के साथ इस तरह के व्यक्ति-समूहों को, एक उद्देश्य के लिए नियोजित करने की आवश्यकता होगी।

विकसित देशों में पिछले पन्द्रह वर्षों में एक नई जागरूकता उभरी है कि दुनिया को एक नए अर्थशास्त्रीय स्वरूप की जरूरत है। यह महसूस किया गया कि एक नए सूचना और संचार-माध्यम के बिना अर्थशास्त्रीय स्वरूप लागू करना सम्भव नहीं। अन्तर्राष्ट्रीय फलक पर सभी देशों में सिनेमा सामाजिक जीवन का एक हिस्सा है। नया सिनेमा एक नवीनतम समाज में ही पैदा हो सकता है और नया सिनेमा नए समाज के निर्माण में सहयोग कर सकता है। नए सिनेमा के विकास के लिए अपनी सांस्कृतिक जलवायु के अनुकूल सिने-सिद्धान्त की संरचना अत्यावश्यक है। सिने-सिद्धान्त के व्यापक अर्थ में फिल्म के जन्म के साथ-साथ, लगभग पहली ही फिल्म के साथ सिने-सिद्धान्त की भी शुरुआत होती है। इस अर्थ में पहले सिने-सैद्धान्तिक विलियम कैनेडी ल्यूरे डिक्सन हैं। डिक्सन (William Kennedy Laurie Diction) ने थामस अल्वा एडिसन के निर्देशन में कार्य किया था। उसने 1896 में एक पुस्तक लिखी 'ए हिस्ट्री ऑफ फोटोग्राफिक एंड साइंटिफिक एक्सपेरिमेंट्स एंड डेवलपमेंट लीडिंग अप टू द परफेक्शन ऑफ द वीटास्कोप।" एडिसन द्वारा आविष्कृत वीटास्कोप में एक ही आदमी फिल्म देख सकता था। डिक्सन ने इस अवधारणा का विरोध किया था। गैस्टन रोबर्ज लिखते हैं–'Diction argued against Edison that films should not be shown only in 'peepshows' for only one person to see them, but should be projected on a screen for large audience.'[1]

सन् 1916 में ह्यूगो मौन्सटरबर्ग ने 'फोटोप्ले' (सिनेमा के लिए तब यही शब्द प्रयुक्त होता था) का मनोवैज्ञानिक अध्ययन प्रस्तुत किया। ह्यूगो मौन्सटरबर्ग एक जर्मन मनोवैज्ञानिक थे। उनकी पुस्तक का नाम है–'द फोटो प्ले : ए साइकोलॉजिकल स्टडी।' सन् 1970 में प्रकाशित संस्करण में कुछ परिवर्तनों के साथ पुस्तक का नाम भी थोड़ा बदल दिया गया है–'द फिल्म : ए साइकोलॉजिकल स्टडी।' मौन्सटरबर्ग ने पहली बार सिनेमा का मूल्यांकन नाटक, रंगमंच तथा अन्य कलाओं से भिन्न एक नई कला के रूप में किया। गैस्टन रोबर्ज का कहना है–"This is a judicious change because the thesis of Munsterburg is that cinema is a new art completely different from that of the stage. Since the cinema, Munsterburg claimed, is an art, a cinema theory will be an asthetics. And the art of the cinema will be distinct from the other arts by the particular traits of the psychological experience it triggers in the spectator"[2] पचास वर्ष बाद जिन मित्री नामक महत्त्वपूर्ण सिने-सैद्धान्तिक ने मौन्सटरबर्ग का ही अनुसरण किया तथा मनोवैज्ञानिक प्रभाव के आधार पर सिनेमा और अन्य कलाओं का विभेद स्थापित किया।

आन्द्रे बाजाँ, सर्जेई मिखाइलोविच आइजेंस्टाइन तथा जिन लुक गोदार की पश्चिमी सिने-सिद्धान्त को विकसित और स्थापित करने में महत्त्वपूर्ण भूमिका है। इन तीनों व्यक्तियों में अभूतपूर्व ढंग से एक गुणात्मक समानता है। सबसे पहली बात यह है कि ये तीनों सिनेमा से सम्बन्धित हैं। आन्द्रे बाजाँ एक लेखक के रूप में, गोदार एक फिल्म-निर्माता के रूप में और आइजेंस्टाइन फिल्म-निर्माता और लेखक दोनों ही रूपों में प्रसिद्ध हैं। इन लोगों ने सिने-कला के विकास में रचनात्मक और त्वरित भूमिकाएँ निभाईं। आन्द्रे बाजाँ ने एक सम्पूर्ण सिनेमा का स्वप्न देखा, जिसे वे इटालियन नव-यथार्थवादी (Neo-Realism) सिनेमा में साकार होते देखते हैं। आइजेंस्टाइन चलचित्र-रचना के रहस्यों को उद्घाटित करते हुए, सिनेमा को एक क्रान्तिकारी अस्त्र में बदल देने की उम्मीद के साथ प्रयोग करते रहें और गोदार अथक परिश्रम से सिनेमा के एक ऐसे स्वरूप की संरचना में लगे रहे, जो समाज और समालोचक के अनुकूल हो। इनके अलावा एडगर मॉरिन, क्रिस्चियन मेट्ज, फ्रायड, रोमन जैकोव आदि ने सिने-सिद्धान्त के विकास में अभूतपूर्व योगदान किया है।

सन् 1960 के बाद आगे के लगभग पन्द्रह वर्षों में व्यवस्थित और सुगठित सिने-सिद्धान्त की रचना हो गई थी। सिने-सिद्धान्तों की तीन धाराएँ स्थापित हो चुकी थीं–रूपवाद (Structuralism), मार्क्सवादी (Marxism) और फेमिनिज्म (Feminism)। इनके लिए तीन अनुशासन पद्धतियाँ भी स्वीकृत हो गई थीं–लक्षणशास्त्र (Semiotics), मनोविश्लेषणशास्त्र (Psychoanalysis) और भाषा-विज्ञान (Linguistics)। पश्चिमी सिने-सैद्धान्तिकों ने सिनेमा के नवीन मानदंडों का अनुसन्धान कर, उसे एक कलात्मक स्तर प्रदान किया, साथ ही उसके अधिक से अधिक समाजोपयोगी स्वरूप की संरचना में भी महत्त्वपूर्ण भूमिका निभाई। उन्होंने प्लेटो, अरस्तू और फ्रायड, एडलर और युंग

द्वारा रचित ग्रन्थों के आधार पर सिने-सिद्धान्तों की स्थापना की।

सन् 1895 में पश्चिम में और सन् 1896 में भारत में सिनेमा का प्रदर्शन हुआ। किन्तु भारत में भारतीय सिने-सिद्धान्त की रूपरेखा गठित करने की कोशिश नाममात्र की हुई है। शुरू के वर्षों में हमारी फिल्में हॉलीवुड और ब्रिटेन की सिनेमा-शैलियों से प्रभावित रहीं, जो प्रभाव आज तक बदस्तूर जारी है। दादा साहब फाल्के के दिखाए पौराणिक फिल्मों के रास्ते पर जो धारा विकसित हुई, वह आज तक 'जय सन्तोषी माँ' और 'शिरडी के साईं बाबा' आदि रूपों में विकासमान है। सन् 1950 के बाद 'फ्रेंच न्यू वेव' का प्रभाव पड़ा तो 'नया सिनेमा' नामक सिनेमा की यथार्थवादी धारा बह चली।

सन् 1950 के बाद बँगला में क्षेत्रीय भाषायी चरित्र का सिनेमा विकसित होना शुरू हो गया। बंगाल में शुरू से ही फिल्मकार साहित्यिक कृतियों पर फिल्में बना रहे थे। ये और बात है कि ऋत्विक घटक, सत्यजित रे और मृणाल सेन से पहले के फिल्मकारों की साहित्यिक कृतियों पर आधारित फिल्में किताबी थीं। उनके निर्माण में इस बात का विशेष ध्यान रखा जाता था कि सिनेमा साहित्यिक कृति का शब्दशः अनुवाद हो, ऐसे रूपान्तरणों को श्रेष्ठ माना जाता था। घटक, रे और सेन की त्रयी ने सिनेमा के निजी मुहावरों और दृश्य भाषा के नवीनतम प्रयोगों से बंगला सिनेमा का अन्य कलाओं और साहित्यिक विधाओं से भिन्न मौलिक चरित्र स्थापित किया। इस त्रयी ने भारतीय सिनेमा को अपने प्रभावों में ले लिया। पहली बार व्यापक स्तर पर, भारतीय सिनेमा पर भारतीय सार्थक सिनेकारों का प्रभाव पड़ा।

सन् 1969 में हिन्दी में समान्तर सिनेमा का दौर शुरू होने के साथ तमिल, तेलुगु, कन्नड़, असमिया, उड़िया आदि भाषाओं में समान्तर फिल्मकारों ने अपने दर्शक वर्ग और भाषायी मुहावरे विकसित कर लिए। हिन्दी राष्ट्रभाषा पर सिनेमा का बम्बई स्कूल हावी है, जिस पर मुख्यतः आज भी हॉलीवुड प्रभावी है। दूसरी तरफ सिनेमा से पहले की नौटंकी और पारसी थिएटरों का प्रभाव सबसे अधिक हिन्दी सिनेमा में ही परिलक्षित होता है। मृणाल पांडेय लिखती हैं—"भारत में हिन्दुस्तानी पारसी थिएटर ही वस्तुतः हिन्दी की लोकप्रिय फिल्मों का पूर्वज था। हिन्दी सिनेमा को इस थिएटर से विरासत में सिर्फ दर्शक ही नहीं, चरित्र-चित्रण और रोल-अदायगी के खास ढंग भी मिले हैं। इसलिए कई पूर्वग्रहों और मान्यताओं को ताक पर रखकर ही इस दौर की ईमानदार पड़ताल की जा सकेगी।"[3] बहरहाल, हॉलीवुड पर पारसी थिएटर आदि के बाद हिन्दी सिनेमा पर, सबसे महत्त्वपूर्ण प्रभाव 'फ्रेंच न्यू वेव' का पड़ता है, किन्तु भारत की अन्य भाषाओं की तुलना में हिन्दी कला-सिनेमा आन्दोलन विकसित होते हुए भी स्थापित नहीं हो पाया।

दुनिया के जिन देशों में और अपने ही देश की जिन भाषाओं में सिनेमा एक कलात्मक इकाई के रूप में विकसित हो पाया है, उनमें उस भौगोलिक परिवेश और भाषा के लेखकों, पत्रकारों, फिल्मकारों और चिन्तकों का विशेष योगदान रहा है। उन्होंने

अपनी मिट्टी और सांस्कृतिक जलवायु के अनुकूल सिनेमा के चरित्र और भाषा को गढ़ने का कठोर श्रम किया है। हमारे देश में सन् पचास के बाद बँगला में और सत्तर के बाद शेष भाषाओं में इस प्रकार की सफल, सार्थक कोशिशें हुई हैं, किन्तु हिन्दी में भारतीय सिनेमा के संस्थापक दादा फाल्के के बाद, किसी दूसरे फिल्मकार, पत्रकार या चिन्तक का सर्वथा अभाव है, जिसने भारतीय सिने-सिद्धान्त को सृजित करने की तरफ सार्थक कदम बढ़ाया हो। फाल्के 'नाट्यशास्त्र' के आधार पर सिने-सिद्धान्त गढ़ना चाहते थे, किन्तु ऐसा कर नहीं पाए। हिन्दी में फिल्म-निर्माण करनेवाले अधिकतर फिल्मकार गैर-हिन्दीभाषी हैं। समान्तर सिनेमा के दौर में भी जबकि हिन्दी की साहित्यिक कृतियों को आधार बनाकर फिल्म-निर्माण शुरू हुआ, कोई विशेष फर्क नहीं उपस्थित हो पाया। शमा जैदी का कहना है–"हिन्दी फिल्म की एक खासियत यह है कि यह होती तो है हिन्दी में ही, मगर हिन्दी की फिल्म नहीं कहला सकती। यानी जो सम्बन्ध बँगला साहित्य और बँगला फिल्म में है, वह हिन्दी में गायब है। इसकी वजह ? पहले पूछिए कि आज बम्बइया फिल्म में कौन-कौन से पैबन्द लगे हैं ? पहला पैबन्द : पारसी थिएटर (जो बजाते खुद नौटंकी और उन्नीसवीं सदी के चालू ब्रिटिश नाटकों का मेल था), दूसरा पैबन्द : हॉलीवुड की नई और पुरानी फिल्में, तीसरा पैबन्द : बँगला के मशहूर रूमानी उपन्यास (बंकिम, शरतचन्द्र आदि के), चौथा पैबन्द : उर्दू-हिन्दी का कोण-कल्चर (आपने नोट किया कि साहित्य का नाम गायब है)। इन सब पैबन्दों की कतर-ब्योंत करके एक ऐसी मजबूत, टिकाऊ और रंग-बिरंगी चादर तैयार हुई, जो 'आलमआरा' के पचास साल बाद भी यथावत है। जो लेखक इन 'चादर छाप' की फिल्मों में कुछ कर दिखाने आए, उन्हें मजबूरन नए पैबन्द तैयार करने पर लगा दिया गया। प्रेमचन्द और अमृतलाल नागर जैसे लेखक ढंग से कतर-ब्योंत न कर पाए और मैदान छोड़कर भाग गए, कुछ और थे–मसलन कमलेश्वर, राही मासूम रजा, इस्मत चुग़ताई जो चादर की चमक-दमक से प्रभावित होकर टिक गए या शायद यह सोचकर डटे रहे कि हम नई चादर तैयार कर पाएँगे, पर उनसे बात नहीं बनी। पर देखते-देखते एक नए नमूने की चादर तैयार हो गई।"[4]

हिन्दी कमर्शियल सिनेमा में हिन्दी के साहित्यकार नहीं टिक पाए। किन्तु हिन्दी कला-सिनेमा के दौर में भी उनकी भूमिका नगण्य रही। शमा जैदी ने कटाक्ष किया है–"अब पूछिए इन समान्तर फिल्मों में लेखक का कितना योगदान रहा है ? बात यह है कि पटकथा के चार अंग होते हैं–कहानी, शूटिंग स्क्रिप्ट, संवाद और गीत। ये समान्तर फिल्म के निर्देशक किसी छपी हुई कहानी या अपनी गढ़ी हुई कथा पर आधारित शूटिंग स्क्रिप्ट या तो खुद लिखते हैं, या किसी लेखक के सर पर बैठकर, बगल में घुसकर अपनी पसन्द से लिखवाते हैं। इनमें से चूँकि हिन्दी-उर्दू जाननेवाले कम हैं, इसलिए वे गीत और संवाद भी किसी और को सौंप देते हैं। अभी तक हिन्दी समान्तर फिल्म में एक ही साहित्यकार उभरे हैं–विजय तेंदुलकर और वे भी हिन्दी के नहीं मराठी के लेखक हैं।"[5]

हिन्दी की पहली 'कला फिल्म' के रूप में स्थापित 'भुवनशोम' बनफूल के बँगला उपन्यास पर आधारित है। 'हिन्दी कला-सिनेमा' की पटकथा के नाम पर रोमन में हिन्दी फिल्में लिखी जाती हैं। विजय तेंदुलकर की पटकथाओं के संवादों का अनुवाद या रूपान्तर सत्यदेव दुबे या बसन्त देव करते रहे हैं। ऐसा कला-सिनेमा दौर के अधिकांश फिल्मकारों (जिन्होंने स्वयं पटकथा भी लिखी है) ने किया है। यहाँ तक कि पटकथाएँ रोमन लिपि में लिखी जाती है; क्योंकि हिन्दी अक्षरों को पढ़ सकने में अधिकतर निर्देशक और लेखक असमर्थ हैं। हिन्दी सिनेमा में हिन्दी-लेखक संवाद और गीत लेखक के रूप में अपने आपको हिन्दी प्रदेशों से कोसों दूर, एक भिन्न भाषिक प्रदेश में टिकाए हुए हैं। शमा जैदी लिखती हैं–" 'पटकथा' निर्देशक की अपनी या किसी और की साझेदारी में लिखी गई हो, तो संवाद और गीत लिखनेवाले कई लेखक हैं, जो समान्तर सिनेमा की देन समझे जा सकते हैं–शरद जोशी, रघुवीर सहाय, रंजीत कपूर, हृदय लानी, असगर वजाहत, मदहोश 'बिलग्रामी', फिर बम्बइया फिल्म के लेखक भी कभी-कभी इस तरफ भटक जाते हैं–कैफ़ी आज़मी, गुलज़ार, मजरूह, इस्मत चुग़ताई, कमलेश्वर, सागर सरहदी, जावेद सिद्दीकी, वगैरा। सवाल यह है कि इनमें से किसी ने पटकथा को साहित्यिक स्तर पर पहुँचाया या नहीं।"[6]

साहित्यिक स्तर की पटकथाओं का हिन्दी में बहुत कम प्रकाशन हुआ है। सामान्यतया पटकथाओं के नाम पर फिल्मों के संवाद प्रकाशित होते रहते हैं, जो आज भी किसी सिनेमा हॉल के सामने की पटरियों पर मिल जाते हैं। कुछ ज्यादा अच्छे ढंग से (जिनमें संवाद और गीतों के अलावा थोड़ा-बहुत दृश्यांकन भी हैं) भी प्रकाशित हुए हैं। इनमें 'शर्मीली' (गुलशन नन्दा), 'दस्तक' (राजेन्द्र सिंह बेदी), 'दरार' (वेद राही), '27 डाउन' (रमेश बक्षी), 'आँधी' (गुलजार), 'शालीमार' (मनोहर मुलगाँवकर) आदि हैं। गुलजार की फिल्म 'मीरा' की पटकथा प्रकाशित पटकथाओं में एक साहित्यिक स्तर की पटकथा है। इसके अलावा जिन पर फिल्म-निर्माण नहीं हुआ है, उनमें 'उसके बाद' (कमलेश्वर) और 'वासवदत्ता का चित्रालेख' (भगवतीचरण वर्मा) साहित्यिक स्तर की पटकथाएँ हैं। 'खंडहर' और 'मन्थन' की पटकथाएँ क्रमशः 'द रूइंस' और 'द चर्निंग' नाम से अंग्रेजी में प्रकाशित हुई हैं।

मध्य प्रदेश फिल्म विकास निगम की पत्रिका 'पटकथा' के अंक 17 में 'त्रिकाल' के संवाद प्रकाशित हुए। इनके अलावा 'हंस' पत्रिका में कभी-कभी कुछ टेलीफिल्मों के संवाद प्रकाशित होते रहे हैं। 'सारिका' के 'फिल्म साहित्य कथा अंक' फरवरी, 1985 में हिन्दी, मराठी, कन्नड़, बंगला, मलयालम की ढेर सारी साहित्याधारित फिल्मों की कहानियाँ प्रकाशित हुई हैं। 'पटकथा' पत्रिका के अंक 6 में आइजेंस्ताइन की फिल्म 'बैटलशिप पोटेमकिन' की पटकथा का हिन्दी अनुवाद तथा अंक 10 में 'उन फेमस्त उनेफेम' नामक गोदार की फिल्म की पटकथा का हिन्दी अनुवाद, अंक 12 तथा 13 में डेविड लीन की फिल्म 'ब्रीफ एनकाउंटर' की पटकथा का हिन्दी अनुवाद, अंक 19 में ईंगमार बर्गमैन की फिल्म 'वाइल्ड स्ट्राबेरीज' की पटकथा का हिन्दी अनुवाद, अंक

14 में फ्रिटजलेंग की फिल्म 'मेट्रोपोलिस' की पटकथा और अंक 1 में 'पथेर पांचाली' का हिन्दी अनुवाद प्रकाशित हुआ है। हिन्दी में हिन्दी फिल्मों और दूसरी भाषाओं की फिल्मों की पटकथाओं का प्रकाशित परिदृश्य अल्प है। 'कला सिनेमा' दौर की हिन्दी फिल्मों तथा उसके पहले की भी सार्थक फिल्मों की पटकथाओं के साथ हिन्दीतर भाषाओं की पटकथाओं के भी अनूदित स्वरूपों का प्रकाशन हो सके तो एक नया परिदृश्य सामने आएगा। अकादमिक अध्ययन-अध्यापन की दृष्टि से भी ऐसा किया जाना आवश्यक है। सत्यजित रे, ऋत्विक घटक, मृणाल सेन, कुमार साहनी और अडूर गोपालकृष्णन की समूची लेखकीय सामग्री का हिन्दी में अनुवाद कर लेने पर, हिन्दी में सिनेमा-लेखन की थाती को वृहद किया जा सकता है। बासु भट्टाचार्य की सभी फिल्मों की पटकथाएँ साहित्यिक और सिने-कला की रचनात्मकता के साथ लिखी गई हैं, उनमें से सिर्फ 'तीसरी कसम' की पटकथा अनुपलब्ध है। 'गृह प्रवेश' की पटकथा देवनागरी लिपि में तथा 'आविष्कार' की पटकथा रोमन लिपि में (हिन्दी तथा अंग्रेजी में अनूदित) तथा 'पंचवटी' की पटकथा रोमन लिपि में लिखी गई है। श्याम बेनेगल, एम.एस. सथ्यू, सईद मिर्जा, गोविन्द निहलानी आदि की वे पटकथाएँ जिनको एन.एफ. डी.सी. से आर्थिक सहयोग मिला है, वहाँ उपलब्ध हैं। उन पटकथाओं के प्रकाशन की पहलकदमी की जानी चाहिए।

फिर भी यह सवाल शेष रह जाता है कि हिन्दी में बनी हिन्दी जमीन की फिल्में कितनी हैं। बासु भट्टाचार्य, श्याम बेनेगल, सईद मिर्जा, गोविन्द निहलानी की कला-फिल्मों की भाषा तो हिन्दी है, किन्तु क्या चरित्र और वातावरण भी हिन्दी प्रदेश के हैं ? इसका उत्तर सिर्फ एक शब्द में दिया जा सकता है–नहीं। इसी प्रश्न का उत्तर ढूँढ़ते हुए प्रयाग शुक्ल लिखते हैं–" 'तीसरी कसम' हिन्दी की फिल्म थी। हमारे सामने श्याम बेनेगल की हिन्दी फिल्में हैं। सईद मिर्जा की हिन्दी फिल्में हैं, लेकिन बम्बई की फिल्में हिन्दी की फिल्में नहीं हैं। कम-से-कम आज जो बन रही हैं, वे तो नहीं हैं।"[7] यह ठीक है कि सिनेमा एक दृश्य-माध्यम है, और संवादों या शब्दों का महत्त्व उसमें नगण्य है, लेकिन फिल्म में जिन चरित्रों और परिस्थितिगों को विषयवरतु बनाया जाता है, वे किसी विशेष भाषिक प्रदेश के होते हैं, और भाषा का सम्बन्ध आवश्यक रूप से संस्कृति से है। केरल के अडूर गोपालकृष्णन, सत्यजित रे के बाद दूसरे ऐसे भारतीय फिल्मकार हैं, जिन्हें अन्तर्राष्ट्रीय परिदृश्य पर एक प्रमुख शख्सियत के रूप में जाना जाता है। विश्व के कला-संस्थानों द्वारा उन्हें कई राष्ट्रीय-अन्तर्राष्ट्रीय पुरस्कार मिल चुके हैं। वे अपनी मातृभाषा तमिल में फिल्में बनाते हैं। उनसे एक बातचीत में शशि शर्मा ने जब पूछा कि "आप अंग्रेजी में फिल्में क्यों नहीं बनाते, इससे आपको अन्तर्राष्ट्रीय फिल्मकारों के साथ प्रतिस्पर्धा में सहायता मिलेगी।" अडूर गोपालकृष्णन ने इसका बहुत तीक्ष्ण उत्तर देते हुए अपनी भाषा के प्रति प्रेम को प्रकट किया। उन्होंने कहा–"मैं नहीं मानता कि महज भाषा की वजह से किसी फिल्म का महत्त्व कम हो जाता है। भाषा के साथ संस्कृति का अटूट सम्बन्ध है, और उसमें रद्दोबदल करके मैं फिल्म की विश्वसनीयता

पर आँच नहीं आने देना चाहता। फिर अन्तर्राष्ट्रीय प्रदर्शन के वक्त हर फिल्म के साथ उपकथन (सबटाइटल) तो होते ही हैं। इसलिए दर्शकों को भाषावरोध की समस्या नहीं होनी चाहिए। भाषा से अनभिज्ञ होने के बावजूद वे इस तरह फिल्म का रसास्वाद ले सकते हैं।"[8]

हिन्दी सिनेमा में हिन्दी लेखक की भागीदारी नगण्य है, जबकि इस देश में सबसे ज्यादा फिल्में हिन्दी में बनती हैं। ये फिल्में किसी लेखक, कैमरा-शिल्पी निर्देशक द्वारा नहीं बनाई जाती। ये प्रायः दूसरी भाषाओं की फिल्मों की नकल, रूपान्तरण या अनुवाद हुआ करती हैं।

फिल्मों ने हिन्दी ही नहीं अन्य भाषाओं के शब्दों को भी दूर-दूर तक पहुँचाया है। साहित्य के समानान्तर सिनेमा ने भाषाओं का विशेषकर इस देश में राष्ट्रभाषा हिन्दी का ज्यादा प्रसार किया है। सन् 1961 में नितिन बोस ने 'गंगा-जमुना' नामक एक फिल्म बनाई, जिसमें पहली बार किसी फिल्म में 'भोजपुरी' भाषा को प्रवेश मिला। यह फिल्म हिन्दी, भोजपुरी मिश्रित भाषा में बनाई गई है। 1962 में कुन्दन कुमार ने भोजपुरी की पहली फिल्म 'गंगा मइया तोहे पियरी चढ़इबो' का निर्माण कर लिया। उसके बाद 'हमार संसार', 'बिदेसिया', 'लागी नहीं छूटे राम' आदि शास्त्रीय स्तर की फिल्में बनी हैं। रवि कुमार के 'दंगल' से भोजपुरी सिनेमा में व्यावसायिकता का प्रवेश होता है, जो नासिर हुसैन की फिल्म 'बलम परदेशिया' से होते हुए आज तक जारी है। भोजपुरी सिनेमा की शुरुआत स्तरीय ढंग से हुई थी, किन्तु वह स्रोत सूख गया।

हिन्दी सिनेमा में हिन्दीभाषी प्रदेश के रचनाधर्मियों, तकनीशियनों आदि का योगदान नगण्य है। विनोद भारद्वाज लिखते हैं–"कला-समीक्षा और कला-लेखन या पत्रकारिता का इतिहास देखा जाए, तो उसे सम्मानित रूप देने में दूसरी विधाओं का खासतौर पर कवियों का कितना बड़ा हाथ रहा है।"[9]

हिन्दी में सिने-सिद्धान्त का स्वरूप सिनेमा-लेखन के अलावा भारतीय साहित्य कला के इतिहास और सांस्कृतिक संरचना के विश्लेषणों के आधार पर सृजित किया जा सकता है। इसके लिए तमिल, मलयालम, कन्नड़ तथा असमिया और बँगला, उड़िया आदि में हुए सिनेमा-लेखन से भी सहयोग लेना आवश्यक है। भारतीय सिने-सिद्धान्त की सर्जना के लिए भरत के 'नाट्यशास्त्र' रामचन्द्र गुणचन्द्र के 'नाट्यदर्पण' और डी. डी. कौशाम्बी के संस्कृति सम्बन्धी लेखन, विवेकानन्द, कृष्णमूर्ति, रजनीश आदि के सांस्कृतिक दर्शनों तथा पुराणों और लोक संस्कृति और लोकनाट्यों की परम्परा से पृष्ठभूमि निर्मित करना आवश्यक है। सिनेमा की शताब्दी के खत्म होने के बावजूद हमारे यहाँ आज तक एक 'भारतीय सिने सिद्धान्त' का स्वरूप तक गठित नहीं हो पाया है। एक भारतीय सिने-सिद्धान्त की आवश्यकता पर बल देते हुए गैस्टन रोबर्ज 'टुवाड्र्स एन इंडियन फिल्म थियरी' नामक अध्याय में लिखते हैं–"Indeed, there is no Indian film theory to talk of. On the other hand, there definitely is an Indian film theory. I am not talking here of an elusive 'Indianness', which one is supposed to conjure up out of anything done in India. I am talking of a cultural product that has developed on the basis of an aesthetic tradition, a tradition that has its multifarious practice and a well elaborated canon."[10]

पश्चिमी सिने-सैद्धान्तिकों ने अरस्तू और प्लेटो आदि की आलोचनाओं, विचारों और रंगमंच के स्वरूपों और परम्पराओं से आधार ग्रहण करते हुए सिने-सिद्धान्तों का विकास किया। कुछ विद्वानों के अनुसार 'नाट्यशास्त्र' और संस्कृत-रंगमंच तथा वर्तमान रंगमंचों के बीच, इतना लम्बा अन्तराल है कि इनमें एक तारतम्य ढूँढ़ना उचित नहीं। हालाँकि 1964 में जब तक कि पहली बार 'नाट्यशास्त्र' का सम्पूर्ण प्रकाशन नहीं हो गया था, ऐसा सोचना तत्कालीन विवशता कही जा सकती है। गैस्टन रोबर्ज भरत मुनि के नाट्यशास्त्र और भारतीय सिनेमा के बीच अन्तर्सम्बन्ध की परिकल्पना करते हैं, उन्हीं के शब्दों में–"I am aware that the mere suggestion of a relationship between Muni Bharat's book and Indian cinema is rejected by some Indian scholars."[11]

कमलेशदत्त त्रिपाठी भारतीय सौन्दर्यशास्त्र को समझने के लिए, नाट्यशास्त्र और व्याकरण को आवश्यक मानते हैं। उन्हीं के शब्दों में–"भारतीय सौन्दर्यशास्त्र की बात करना चाहें तो उसके लिए कौन-सा ग्रन्थ सहायक हो सकता है, तो मुझे कहने में तनिक भी संकोच नहीं है कि वह 'नाट्यशास्त्र' है। नाट्यशास्त्र केवल रंगमंच का शास्त्र नहीं है। यह सम्पूर्ण भारतीय सौन्दर्य का शास्त्र है। हर परम्परा का आधार होता है, जिसके जरिए उस परम्परा की समझ को हम जोड़ते हैं। अगर आपको पश्चिम के विचारों को समझना है, तो उसका केन्द्रीय शास्त्र मैथेमेटिक्स है। अगर आप गणित नहीं समझते, तो पश्चिम के विचार को नहीं समझते। लगातार उनका मैथेमेटिक्स बढ़ता गया, और उससे ही सारे शास्त्रों का अनुशीलन होता गया। हिन्दुस्तान को यदि समझना हो; भारतीय विचार को यदि समझना हो, तो उसके लिए शास्त्र है–संस्कृत भाषा का व्याकरण। अगर आप संस्कृत भाषा के व्याकरण को समझते हैं, तो सम्पूर्ण भारतीय विचार की इकाई को अलग-अलग रूपों में बाँट सकते हैं। (वि-आ-करण) वि-माने अलग-अलग, आ-पूरी तरह और करण का अर्थ है–करना। यह है व्याकरण अर्थात् 'एनालिसिस'। व्याकरण भाषा का विश्लेषण है, लेकिन यह केवल विश्लेषण नहीं है। विश्लेषण तो सब जगह है। भाषा का विश्लेषण तो सारी दुनिया में है। यहाँ भाषा का विश्लेषण किया जा रहा है ताकि भाषा का संश्लेषण किया जा सके। ताकि पूरे व्यक्तित्व को संश्लेषित करके उसकी इकाई में फिर से उसे वापस ले आएँ। 'नाट्यशास्त्र' को ठीक इसी दिशा में समझने की बात है। वह सम्पूर्ण सौन्दर्यशास्त्र की व्याख्या करता है ताकि हम पुनः एक ऐसे अनुभव की ओर आ सकें, जहाँ हम एक नहीं रह जाते, अविभक्त हो जाते हैं। इसलिए भारतीय सौन्दर्यशास्त्र का प्रथम ग्रन्थ 'नाट्यशास्त्र' है।"[12]

हिन्दी सिनेमा पर हॉलीवुड, ब्रिटेन, और 'नया सिनेमा' के दौर में फ्रांसीसी रूसी

और जापानी सिनेमा के प्रभाव पड़े। उस पर लोकनाट्य, पारसी थिएटर और पुराण कथाओं और महाकाव्यों के रचना-विधान, और कथा-गठन तथा चरित्र-निर्माण की शैली के प्रभाव परिलक्षित किए जाते हैं। किन्तु आज तक किसी फिल्मकार ने नाट्यशास्त्र और सांस्कृतिक मूल्यों के आलोक में, एक भारतीय सिने-सिद्धान्त की सर्जना का उद्योग नहीं किया है। हिन्दी सिनेमा या कमोबेश भारतीय सिनेमा को आज भी किसी पाणिनी, किसी भरत का इन्तजार है। गैस्टन रोबर्ज का कहना है :

"Nonetheless, the Indian films were made for a different audience, they took inspiration from different stories, and they drew from a different aesthetic tradition."[13]

पश्चिमी विद्वान एम. सी. ब्रिस्की बम्बइया फिल्मों को संस्कृत नाटकों का कलयुगी अवतार घोषित करते हैं। उनका कहना है कि विभिन्न विदेशी फिल्म शैलियों के प्रभाव के बावजूद, भारतीय सिनेमा ने अपना एक निजी चरित्र विकसित किया है, जिसको ठीक-ठीक पहचानकर उद्घाटित करना आवश्यक है। वे लिखते हैं–"मिथक और भारत के फिल्म-इतिहास के बीच सादृश्य केवल विनोदपूर्ण संयोग नहीं है, मेरे विचार से यह एक ओर पूर्वजों को ठोस पांडित्य और तर्कसंगत सिद्ध करता है, तो दूसरी ओर यह प्रमाणित करता है कि फिल्म माध्यम की लोकप्रियता, जिसे खासतौर पर, बीसवीं सदी की देन समझा जाता है, वह वास्तव में भारतीय समाज के समक्ष खड़ी सांस्कृतिक चुनौती के प्रति एक और मूलभूत भारतीय प्रतिक्रिया है।"[14]

विभिन्न तरह के प्रभावों में भारतीय सिनेमा के मूलभूत सांस्कृतिक चरित्र को रेखांकित किया जाना एक श्रमसाध्य, किन्तु अत्यावश्यक कर्म है।

सन्दर्भ सूची

1. रोबर्ज, गैस्टन, 'द वेज ऑफ फिल्म स्टडी', पृ. 24
2. वही, पृ. 26
3. पांडेय, मृणाल, 'स्त्रीः पारसी थिएटर से शुरुआती हिन्दी सिनेमा तक' समकालीन सृजन, अंक-17, 1997, पृ. 88
4. जैदी, शमा, 'सार्थक सिनेमा में लेखक कितना सार्थक', धर्मयुग, जनवरी, 1984, पृ. 28
5. वही, पृ. 28
6. वही, पृ. 28
7. शुक्ल, प्रयाग, 'यथार्थ सत्ता की चुनौती और सत्यजित रे का सिनेमा', पटकथा, अंक-18, पृ. 26
8. शर्मा, शशि, 'ध्वनि फिल्म की आत्मा है' (साक्षात्कार), भारतीय फिल्म वार्षिकी, 1993, पृ. 173
9. भारद्वाज, विनोद, 'हिन्दी में फिल्म पत्रकारिता', नया सिनेमा, पृ. 17
10. रोबर्ज, गैस्टन, 'द वेज ऑफ फिल्म स्टडी', पृ. 182

11. वही, पृ. 182
12. त्रिपाठी, कमलेश दत्त, 'नाटक भाव का अनुकीर्तन है', पहल, अंक-56, जून, 1997, पृ.1051
13. रोबर्ज, गैस्टन, 'द वेज ऑफ फिल्म स्टडी', पृ. 182
14. बिस्कीं, एम.सी., 'क्या बम्बया फिल्में संस्कृत नाटकों का कलयुगी अवतार है ?', धर्मयुग, जन., 1984, पृ. 6

सहायक ग्रन्थ-सूची

1. उपाध्याय, भगवतशरण, भारतीय कला की भूमिका; दूसरा संस्करण : 1991, पीपुल्स पब्लिशिंग हाऊस, नई दिल्ली।
2. प्रसाद, जयशंकर, काव्य और कला तथा अन्य निबन्ध; प्रथम संस्करण : 1983, प्रसाद प्रकाशन, प्रसाद मन्दिर, गोवर्धनसराय, वाराणसी।
3. विष्णुस्वरूप, कवि समय मीमांसा; प्रथम संस्करण : 1963, काशी हिन्दू विश्वविद्यालय प्रकाशन, वाराणसी।
4. मल्ल, कल्याण, अनंगरंग; प्रथम संस्करण : 1988, चौखम्बा, संस्कृत प्रतिष्ठान, वाराणसी।
6. रे, निहार रंजन, भारतीय कला के आयाम; प्रथम संस्करण : 1994, पूर्वोदय प्रकाशन, 7/8 दरियागंज, नई दिल्ली।
7. नम्बूदिरिपाद, ई.एम.एस., कला संस्कृति, संस्करण : 1992, अरुणोदय प्रकाशन, दिल्ली।
8. मोनाको, जेम्स, हाऊ टू रीड ए फिल्म ऑक्सफोर्ड यूनिवर्सिटी प्रेस, न्यूयार्क।
9. रसेल, बी, एक हिस्ट्री ऑफ वेस्टर्न फिलॉसफी संस्करण : 1948, जॉर्ज एलेन एंड अनविन (मिश्र, डॉ. भगीरथ, 'काव्यशास्त्र' में उद्धृत)।
10. दर्शनकोश, प्रथम संस्मरण : 1988, सम्पादक-आई.टी. फ्रोलोव, प्रगति प्रकाशन, मास्को, पीपुल्स पब्लिसिंग हाऊस (प्रा.) लिमिटेड, 5 ई, रानी झाँसी रोड, नई दिल्ली।
11. विमल, डॉ. कुमार, सौन्दर्यशास्त्र के तत्त्व; तृतीय संस्करण (पुनर्मुद्रित) : 1993, राजकमल प्रकाशन प्रा. लिमिटेड 1-बी, नेताजी सुभाष मार्ग, नई दिल्ली।
12. कानूनगो, इन्दुप्रकाश, सिनेमा की कला यात्रा, पता (लेखक) : 99, रेडियो कॉलोनी, इंदौर, म.प्र.।
13. गौतम, डॉ. मनमोहन, सरल भाषा विज्ञान; चतुर्थ संस्करणः 1972, हिन्दी साहित्य संसार, 1543 अमीरचन्द मार्ग, दिल्ली-6।
14. अज्ञेय, सच्चिदानन्द हीरानन्द वात्स्यायन, आलवाल ('सर्जना और सन्दर्भ' में संकलित); प्रथम संस्करण : 1985, नेशनल पब्लिशिंग हाऊस; नई दिल्ली।
15. मिश्र, डॉ. भगीरथ, काव्यशास्त्र; दशम् संस्करणः 1993, विश्वविद्यालय प्रकाशन, चौक, वाराणसी।
16. मिश्र, प्रो. रामदरश, हिन्दी आलोचना का इतिहास; प्रथम संस्करण : 1974, काशी हिन्दू विश्वविद्यालय प्रकाशन, वाराणसी।
17. रोबर्ज, गैस्टन, द सब्जेक्ट ऑफ सिनेमा; संस्करण : 1990, सीगल, 25 सर्कस एवेन्यू, कलकत्ता।
18. चड्ढा, मनमोहन, हिन्दी सिनेमा का इतिहास; प्रथम संस्करण : 1990, सचिन प्रकाशन,

7/34, अंसारी रोड, दरियागंज, नई दिल्ली।

19. घटक, ऋत्विक कुमार, सिनेमा एंड आई; प्रथम संस्करण : 1987, ऋत्विक मेमोरियल ट्रस्ट फेडरेशन ऑफ फिल्म सोसायटी ऑफ इंडिया के सहयोग से, 1/10 प्रिंस गोलम मोहम्मद रोड, कलकत्ता।
20. रे, सत्यजित, चलचित्र : कल और आज; प्रथम संस्करण : 1992, अनुवादक : योगेन्द्र चौधरी, राजपाल एंड संस, कश्मीरी गेट, दिल्ली।
21. क्राकोअर, सिगफ्रीड, थ्योरी ऑफ फिल्म; संस्करण : 1965, ऐ गेलेक्सी बुक, ऑक्सफोर्ड यूनिवर्सिटी, न्यूयॉर्क।
22. मस्ट, जेराल्ड व कोहेन मार्शल, फिल्म थियरी एंड क्रिटिसिज्म, संस्करण : 1974, ऑक्सफोर्ड यूनिवर्सिटी प्रेस, न्यूयार्क।
23. टेलर, जॉन रसेल, सिनेमा आई, सिनेमा इयर, प्रथम संस्करण : 1964, मेथूएन एंड कम्पनी लिमिटेड, लन्दन।
24. स्टीफेन, आर. और डेब्रिक्स, जे. आर., द सिनेमा इज आर्ट; प्रथम संस्करण : 1965, पेंगुइन बुक्स लिमिटेड, हारमंडसूवर्द, मिडलसेक्स, इंग्लैंड।
25. रोबर्ज, गैस्टन, द वेज ऑफ फिल्म स्टडी; प्रथम संस्करण : 1992, अजन्ता पब्लिकेशन, पोस्ट बॉक्स-2192, मलकागंज, दिल्ली।
26. रिफ्लेक्शन ऑन इंडियन सिनेमा, संस्करण : 1 नवम्बर, 1995, सम्पादक–शिव कुमार मुखर्जी, अरुणा वासुदेव, डायरेक्टर जनरल, इंडियन काउंसिल फॉर कल्चरल रिलेशन्स, आजाद भवन, इन्द्रप्रस्थ इस्टेट, नई दिल्ली।
27. मजूमदार, एस., विवेकानन्द (जीवनी), रामकृष्ण मठ, बेलूर, कलकत्ता।
28. अग्रवाल, विजय, सिनेमा और समाज; संस्करण : 1995, साहित्य प्रकाशन, 205-बीकचावड़ी बाजार, दिल्ली।
29. वर्मा, भगवतीचरण, वासवदत्ता का चित्रालेख; प्र. संस्करण, 1952, भारती भंडार, लीडर प्रेस, इलाहाबाद।
30. रोबर्ज, गैस्टन, अनदर सिनेमा फॉर अनदर सोसायटी; संस्करण : 1985, सीगल बुक्स, 26 सर्कस एवेन्यू, कलकत्ता।
31. हमजातोव, रसूल, मेरा दागिस्तान, रादुगा प्रकाशन, मास्को पीपुल्स पब्लिशिंग हाऊस (प्रा.) लिमिटेड, 5 ई, रानी झाँसी रोड, नई दिल्ली।
32. मुक्तिबोध रचनावली, भाग 5; प्रथम संस्करण : 1985, सम्पादक-नेमिचन्द्र जैन, राजकमल प्रकाशन प्रा.लि., नई दिल्ली।
33. पांडेय, मैनेजर, साहित्य के समाजशास्त्र की भूमिका; प्रथम संस्करण : 1989, हरियाणा साहित्य अकादमी, चंडीगढ़।
34. राजशेखर, काव्य मीमांसा; द्वितीय संस्करण : 1965, अनुवादक–स्वर्गीय पं. केदारनाथ शर्मा सारस्वत, बिहार राष्ट्रभाषा परिषद्, पटना।
35. द्विवेदी, डॉ. हजारीप्रसाद, हिन्दी साहित्य का इतिहास : चतुर्थ संस्करण : 1987, राजकमल प्रकाशन प्रा. लि., नई दिल्ली।
36. भारद्वाज, विनोद, नया सिनेमा; प्रथम संस्करण : 1989, रूपा एंड कम्पनी, 15 बंकिम चटर्जी स्ट्रीट, कलकत्ता।

37. महर्षि अरविन्द्र, श्रीअरविन्द : अपने और श्रीमाताजी के विषय में; प्रथम संस्करण : 1965, अनुवादक : जगन्नाथ वेदालंकार, अरविन्द सोसायटी, पांडिचेरी-2।
38. डॉ. नगेन्द्र, हिन्दी साहित्य का इतिहास; संस्करण : 1993, मयूर पेपर बैक्स, ए-95, सेक्टर-5, नोएडा।
39. करुणा शंकर, भारतीय फिल्मों का इतिहास; संस्करण : 1976, रंगभूमि प्रकाशन, दरियागंज, दिल्ली।
40. राजाध्यक्ष, आशीष और विलमेन, पॉल, एनसाइक्लोपिडिया ऑफ इंडियन सिनेमा; संस्करण : 1995, ऑक्सफोर्ड यूनिवर्सिटी प्रेस, नई दिल्ली।
41. रे, सत्यजित, आवर फिल्मस् देयर फिल्मस्; प्रथम संस्करण : 1992, ओरिएंटल लांगमैन लिमिटेड, 17 चितरंजन एवेन्यू, कलकत्ता।
42. फास्ट, हावर्ड, साहित्य और यथार्थ; प्रथम संस्करण : 1994, (अनुवादक-सुषमा, विजया), पीपुल्स लिटरेसी। 517, मटिया महल, दिल्ली-110 006।
43. भट्टाचार्य, रिंकी, बिमल रॉय; मध्य प्रदेश फिल्म डेवलपमेंट कॉरपोरेशन लिमिटेड, ई 1/10, अरेरा कॉलोनी, भोपाल-462 016।
44. खोपकर, अरुण, गुरुदत्त : तीन अंकीय त्रासदी; प्रथम हिन्दी संस्करण : 1988, मध्य प्रदेश फिल्म डेवलपमेंट कॉरपोरेशन लिमिटेड, ई 1/10, अरेरा कॉलोनी, भोपाल।
45. श्याम बेनेगल (मोनोग्राम), तिवारी, श्रीराम (सम्पादक), मध्य प्रदेश फिल्म डेवलपमेंट कॉरपोरेशन लिमिटेड, ई 1/10, अरेरा कॉलोनी, भोपाल।
46. सत्यजित रे (मोनोग्राम), तिवारी, श्रीराम (सम्पादक), मध्य प्रदेश फिल्म डेवलपमेंट कॉरपोरेशन लिमिटेड, ई 1/10, अरेरा कॉलोनी, भोपाल।
47. राजकपूर (मोनोग्राम), ताम्रकर, श्रीराम (सम्पादक), मध्य प्रदेश फिल्म विकास निगम, ई 1/10, अरेरा कॉलोनी, भोपाल।
48. भारद्वाज, विनोद, समय और सिनेमा; प्रथम संस्करण : 1994, प्रवीण प्रकाशन, महरौली, नई दिल्ली।
49. अग्रवाल, विजय, सिनेमा की संवेदना; संस्करण : 1995, प्रतिभा प्रतिष्ठान, 1985, दखीनराय स्ट्रीट, नेताजी सुभाष मार्ग, नई दिल्ली-2।
50. कमलेश्वर, उसके बाद (पटकथा); संस्करण : 1986, राजपाल एंड संस, कश्मीरी गेट, दिल्ली।
51. भारद्वाज, विनोद (सम्पादक), सिनेमा : एक समझ; संस्करण : 1993, मध्य प्रदेश फिल्म विकास निगम, ई 1/10, अरेरा कॉलोनी, भोपाल।
52. मुक्तिबोध, गजानन माधव, एक साहित्यिक की डायरी; प्रथम संस्करण : 1985, राजकमल पेपरबैक्स नई दिल्ली।
53. कुमार, केवल जे, मॉस कम्युनिकेशन इन इंडिया, संस्करण : 1981, जयको पब्लिशिंग हाऊस, 121, एम.जी. रोड, बम्बई-400 001।
54. दासगुप्ता, चिदानन्द, टॉकिंग एबाऊट फिल्म्स; संस्करण : 1981, ओरियंट लौंगमैन लिमिटेड, 3/5, ऑसफ अली रोड, नई दिल्ली-110 002।
55. डेनीटो, डेनिश, फिल्म फार्म एंड फिलिंग; संस्करण : 1985, हॉरफर एंड रॉ, न्यूयार्क
56. गुलजार, मीरा (पटकथा); संस्करण : 1979, राधाकृष्ण प्रकाशन, नई दिल्ली।

57. त्रिपाठी, सत्यदेव, लोक संचार माध्यम : प्रस्तुति के रचनात्मक आयाम; प्र.सं. 1994, अमन प्रकाशन, 104 ए/118, रामबाग कानपुर-208012।
58. चन्द्रशेखर, एल., सवाक् चित्र-कहानी; प्रथम संस्करण : 1938, नायक-ब्रदर्स, ठठेरी बाजार नं. 4, बनारस।
59. चतुर्वेदी, रामस्वरूप, हिन्दी साहित्य और संवेदना का विकास; चतुर्थ संस्करण : 1994 लोक भारती प्रकाशन, 15-ए, महात्मा गाँधी मार्ग, इलाहाबाद-1।
60. फिल्ड, सीड, स्क्रीन प्ले; संस्करण : 1982, डेल पब्लिशिंग कम्पनी, न्यूयॉर्क।
61. स्वेन, जॉय आर. और स्वेन ड्वेट वी., फिल्म स्क्रिप्ट राइटिंग : ए प्रैक्टिकल मैनुअल द्वितीय संस्करण, प्रकाशन : बोस्टन, लन्दन।
62. वर्मा, धीरेन्द्र (प्रधान सम्पादक), हिन्दी साहित्य कोश; भाग 1; तृतीय संस्करण : 1985, ज्ञानमंडल लिमिटेड, वाराणसी।
63. प्रसाद, कालिका (प्रधान सम्पादक), वृहत हिन्दी कोश; षष्ठम संस्करण : 1989, ज्ञानमंडल लिमिटेड, वाराणसी।
64. बक्शी, डॉ. प्रदीप कुमार (सम्पादक), तकनीकी शब्दावली; प्रथम संस्करण : 1992, भारत रिफ्रैक्ट्रीज लिमिटेड, बोकारो इस्पात नगर-827 001।
65. शास्त्री, मधुसूदन (सम्पादक), नाट्य शास्त्रम्-भरतमुनिविरचितम्; द्वितीय भाग; सं. 1975, प्रकाशन-काशी हिन्दी विश्वविद्यालय, वाराणसी।
66. हरमन, लेविस, प्रैक्टिकल मैनुअल ऑफ स्क्रिप्ट राइटिंग, संस्करण : 1965, द वर्ल्ड पब्लिशिंग कम्पनी, 2231 वेस्ट लोद रोड क्लेवेंडा-2, ओहियो एंड न्यूयॉर्क।
67. अवस्थी, डॉ. देवीशंकर, कहानी विविधा; तीसवाँ संस्करण : 1992, राजकमल प्रकाशन प्रा.लि., नई दिल्ली।
68. अनन्तमूर्ति, यू.आर., संस्करण : पाँचवाँ संस्करण : 1995, अनुवाद–चन्द्रकान्त कुसनूर, राधाकृष्ण प्रकाशन प्राइवेट लिमिटेड, दिल्ली।
69. अर्नहेम, रूडोल्फ, फिल्म एज आर्ट; संस्करण : 1983, रूपा एंड कम्पनी, कलकत्ता।
70. अहमद, श्रीकलीमुद्दीन, उर्दू-समालोचना पर एक दृष्टि; प्रथम संस्करण : 1969, बिहार राष्ट्रभाषा परिषद्, पटना-4।
71. इशारा, बी.आर., प्रेमशास्त्र (पटकथा), वीनस पब्लिकेशन, नई दिल्ली।
72. ईओंरा, वेरोनिका, मिथ एंड लिजेंड्स ऑफ इंडिया, हैमलिन, लन्दन।
73. बोरोत्सोव, यूरी और राचुक ईगोर, द फिनोमेनॉन ऑफ द सोवियत सिनेमा; संस्करण : 1980 (अंग्रेजी), प्रोग्रेस पब्लिशर्स, मास्को।
74. वर्मा, भगवतीचरण, साहित्य के सिद्धान्त तथा रूप; संस्करण : 1916, राजकमल प्रकाशन, नई दिल्ली।
75. विक्टोरोव, विक्टर, द नटालिया सेट्स चिल्ड्रेन्स म्यूजिकल थिएटर; संस्करण : 1982 रादुगा पब्लिशर्स, मास्को।
76. वामन काणे, डॉ. पांडुरंग, धर्म शास्त्र का इतिहास, द्वितीय संस्करण : 1984, अनुवाद–अर्जुन चौबे काश्यप, उत्तर प्रदेश हिन्दी संस्थान, लखनऊ।
77. ड्रिव, एलिजाबेथ, पोयट्री, ए मॉर्डन गाइड; नवम संस्करण : 1970, डेल पब्लिशिंग कॉरपोरेशन लिमिटेड, न्यूयार्क।

78. दुग्गल, कर्तार सिंह, उसकी चूड़ियाँ; प्र.सं. 1975, स्टार पब्लिकेशन प्रा.लि., नई दिल्ली।
79. द्विवेदी, डॉ. हजारीप्रसाद, हिन्दी साहित्य का आदिकाल; चतुर्थ सं. 1980 बिहार राष्ट्रभाषा परिषद्, पटना-4।
80. द्विवेदी, डॉ. रामायण प्रसाद, बौद्ध संस्कृत काव्य-समीक्षा, भाग-12; सं. 1976, काशी हिन्दू विश्वविद्यालय, वाराणसी।
81. साहा, रणजीत (अनुवादक), हेब्बार; संस्करण : 1984, ललित कला अकादमी, नई दिल्ली।
82. शर्मा, रामविलास, भारती इतिहास और ऐतिहासिक भौतिकवाद; सं. 1992, हिन्दी माध्यम कार्यान्वयन निदेशालय, दिल्ली विश्वविद्यालय, दिल्ली।
83. शर्मा, रामविलास, स्वाधीनता संग्राम : बदलते परिप्रेक्ष्य; संस्करण : 1992, हिन्दी माध्यम कार्यान्वयन निदेशालय, दिल्ली विश्वविद्यालय, दिल्ली।
84. शुक्ल, प्रयाग (सम्पादक), कला समय समाज; संस्करण : 1979, ललित कला अकादमी, नई दिल्ली।
85. साहनी, बलराज, मेरी फिल्मी आत्मकथा, संस्करण : 1974, हिन्द पॉकेट बुक्स, दिल्ली।
86. साहनी, बलराज, यादें; संस्करण : 1972, मयूर पेपरबैक्स, दिल्ली।
87. साहनी, भीष्म, बसन्ती; चौथा संस्करण : 1992, राजकमल पेपरबैक्स, नई दिल्ली।
88. सिंह, डॉ. ठाकुर जयदेव, भारतीय संगीत का इतिहास; संस्करण : 1994, संगीत रिसर्च एकेडमी, कलकत्ता।
89. सिंह, नामवर, कविता के नए प्रतिमान; तृतीय संस्करण : 1982, राजकमल प्रकाशन, नई दिल्ली।
90. शुक्ल, आचार्य रामचन्द्र, चिन्तामणि, भाग-2 तृ.सं. संवत् 2041, इंडियन प्रेस (पब्लिकेशंस) प्रा. लि., इलाहाबाद।
91. शुक्ल, आचार्य रामचन्द्र, चिन्तामणि, भाग-1, संस्करण : 1989, इंडियन प्रेस (पब्लिकेशंस) प्रा. लि., इलाहाबाद।
92. शुक्ल, रामचन्द्र, विश्व प्रपंच; प्रथम संस्करण : 1963, नागरी प्रचारिणी सभा, काशी।
93. शर्मा, हेमन्त (सम्पादक), भारतेन्दु समग्र; तृतीय संस्करण : 1989, हिन्दी प्रचारक संस्थान, वाराणसी।
94. शर्मा, डॉ. मक्खनलाल (सम्पादक), पाश्चात्य काव्यशास्त्र; मार्क्सवादी परम्परा, दिल्ली विश्वविद्यालय, दिल्ली।
95. श्रीवास्तव, परमानन्द, समकालीन कविता का व्याकरण; संस्करण : 1980, शुभद्रा प्रकाशन, दिल्ली।
96. सरकार, विद्युत, द वर्ल्ड ऑफ सत्यजीत रे, दूसरा संस्करण : 1993, यू.बी.एस.पी.डी. लिमिटेड, दिल्ली।
97. नारायण, आर.के., द गाइड; संस्करण : 1984, इंडियन थाउट पब्लिकेशंस, मैसूर।
98. नायक, लक्ष्मी नारायण, कला-सैद्धान्तिक, खंड-2 प्र. संस्करण : 1991, सेक्टर 3-ई, बोकारो स्टील सिटी, धनबाद (बिहार)।
99. निराला, श्री सूर्यकान्त त्रिपाठी, प्रबन्ध-प्रतिमा; द्वितीय संस्करण : 1963, भारती-भंडार लीडर प्रेस, इलाहाबाद।

100. ऐरिजॉन, डेनियल, ग्रामर ऑफ द फिल्म लैंग्वेज; संस्करण : 1996, फोकल प्रेस, लन्दन और न्यूयार्क।

101. हसनैन, नदीम और दीक्षित, अखिलेश, सामान्य मानवशास्त्र; संस्करण : 1992, जवाहर पब्लिशर्स एंड डिस्ट्रीब्यूटर्स, दिल्ली।

102. शुक्ल, आचार्य रामचन्द्र, हिन्दी साहित्य का इतिहास; सं. स. 2049 वि. नागरी प्रचारिणी सभा, वाराणसी।

103. लापिएर, डोमिनीक, आनन्दनगर, द्वितीय संस्करण : 1994 हिन्दी रूपान्तरण, मोहिनी राव, हिन्दी पाकेट बुक्स, दिल्ली।

104. राघव, डॉ. रांगेय और शर्मा, श्री गोविन्द, संस्कृति और समाजशास्त्र, भाग-2; प्रथम संस्करण : 1961, विनोद पुस्तक मन्दिर, आगरा।

105. रुस्वा, मिर्जा हादी, उमराव जान अदा; प्र. संस्करण : 1987, अनुवाद–प्रकाश पंडित, साहित्य संगम, दिल्ली।

106. रेणु, फणीश्वर नाथ, ठुमरी; संस्करण : 1994, राजकमल प्रकाशन, नई दिल्ली।

107. राय, नारायण, नाट्य-रचना विधान और आलोचना के प्रतिमान; संस्करण : 1980, इन्द्रप्रस्थ प्रकाशन, दिल्ली।

108. ओशो, तन्त्रा विजन : बीयांड द बैरियर्स ऑफ विजडम; संस्करण : 1993, डायमंड पाकेट बुक्स, नई दिल्ली।

109. ओइजेर्मान, थेओदोर, द्वन्द्वात्मक भौतिकवाद और दर्शन का इतिहास; संस्करण : 1984, प्रगति प्रकाशन, मास्को।

110. बोउवार, सीमोन, द स्त्री : उपेक्षिता, प्रस्तुति–डॉ. प्रभा खेतान, संस्करण : 1992, हिन्द पाकेट बुक्स, नई दिल्ली।

111. बार्तोलीनि, लूईजि, साइकिल चोर, (अनुवादक–श्रीकान्त व्यास)–1959, किताब महल, इलाहाबाद।

112. ब्यूरैक, ए.एस., उपन्यास-लेखन शिल्प; प्रथम संस्करण : 1973, मध्य प्रदेश हिन्दी ग्रन्थ अकादमी, भोपाल।

113. बन्धु : पं. रघुनाथदत्त, पुराण-कथा-कौमुदी; प्रथम संस्करण : जुलाई, 1962, नेशनल पब्लिशिंग हाउस, 26-ए जवाहरनगर, दिल्ली।

114. भारती, धर्मवीर, सूरज का सातवाँ घोड़ा; बारहवाँ संस्करण : 1992, भारतीय ज्ञानपीठ प्रकाशन, 18, इंस्टीट्यूशनल एरिया, लोदी रोड, नई दिल्ली।

115. बनफूल, भुवनशोम; संस्करण : 1971, हिन्द पॉकेट बुक्स, दिल्ली।

116. बनर्जी, हेमन्ती, ऋत्विक कुमार घटक, ए मोनोग्राफ; संस्करण : 1985, नेशनल फिल्म आर्काइव ऑफ इंडिया, 4 लॉ कॉलेज रोड, पुणे।

117. बलराज-सन्तोष साहनी समग्र; प्रथम संस्करण : 1994, सम्पादक : डॉ. बलदेव राज गुप्त, हिन्दी प्रचारक संस्थान, पो.बॉ.-1106, पिशाचमोचन, वाराणसी।

118. कमलेश्वर, काली आँधी; संस्करण : 1989, राजपाल एंड संस, कश्मीरी गेट, दिल्ली।

119. कमलेश्वर, दर्पण; संस्करण : 1986, राजपाल एंड संस, कश्मीरी गेट, दिल्ली।

120. कृष्णमूर्ति, जे., दिस मैटर ऑफ कल्चर; संस्करण : 1992, कृष्णमूर्ति फाउंडेशन ऑफ इंडिया।

121. कृष्णमूर्ति, जे., संस्कृति का प्रश्न, द्वितीय संशोधित संस्करण : 1984, अनुवादक : श्री सुन्दरलाल मल्हारा, कृष्णमूर्ति फाउंडेशन ऑफ इंडिया।

122. गिफ्फोर्ड, डेनिस, ब्रिटिश सिनेमा, एन इलस्ट्रेटेड गाइड; प्रथम संस्करण : 1968, ए. ज्वेमेर लि. लन्दन।

123. गुलजार, मेरा कुछ सामान; द्वितीय संस्करण : 1995, राधाकृष्ण प्रकाशन प्राइवेट लिमिटेड, 2138, अंसारी रोड, दरियागंज, नई दिल्ली।

124. गुलेरी, चन्द्रधर शर्मा, उसने कहा था; प्रथम संस्करण : 1996, हिन्द पॉकेट बुक्स, दिल्ली।

125. चौधरी, राजकमल, बीस रानियों के बाइस्कोप; प्रथम संस्करण : अगस्त, 1972, सम्भावना प्रकाशन, 18/1, भोलानाथ नगर, शाहदरा, दिल्ली-32।

126. जींस, आब्नेर, कला के वैचारिक और सौन्दर्यात्मक पहलू; संस्करण : 1985, अनुवादक : बुद्धि प्रसाद भट्ट, रादुगा प्रकाशन, मास्को, पीपुल्स पब्लिशिंग हाउस (प्रा.) लिमिटेड, 5 ई, रानी झाँसी रोड, नई दिल्ली।

127. तिवारी, डॉ. सुरेन्द्रनाथ, शतरंज के खिलाड़ी, सम्पादक—श्रीराम तिवारी, मध्य प्रदेश फिल्म विकास निगम मर्यादित, भोपाल।

128. तेंदुलकर, विजय, दि थ्रीशोल्ड; संस्करण : 1985, अनुवादक : शम्पा बनर्जी, सीगल बुक्स, 26 सर्कस अवेन्यू, कलकत्ता।

129. थापर, रोमिला, भारत का इतिहास; बारहवाँ संशोधित संस्करण (पुनमुर्दित) : 1992, राजकमल प्रकाशन, प्रा.लि., 1-बी, नताजी सुभाष मार्ग, नई दिल्ली।

130. दासगुप्ता, चिदानन्द, द सिनेमा ऑफ सत्यजित रे; संस्करण : 1994, नेशनल बुक ट्रस्ट ऑफ इंडिया, नई दिल्ली।

131. परांजपे, श्रीधर और डॉ. शरच्चन्द्र, संगीत बोध; तृतीय संस्करण : 1986, मध्य प्रदेश हिन्दी ग्रन्थ अकादमी, भोपाल।

132. भानुशील, पी.बी., रजतपट के प्रणय गीत; प्रथम संस्करण : 1964, हिन्दी प्रचारक संस्थान, वाराणसी।

133. भंडारी, मन्नू, त्रिशंकु; प्रथम राधाकृष्ण संस्करण : 1995, राधाकृष्ण प्रकाशन प्राइवेट लिमिटेड, 2/38, अंसारी मार्ग, दरियागंज, नई दिल्ली।

134. भगत, धनराज; हिन्दी संस्करण : 1987, सहायक-सम्पादक सौमित्र मोहन, अनुवादक : जवाहर गोयल, ललित कला अकादमी।

135. मार्क्स और एंगेल्स, साहित्य तथा कला; संस्करण : 1981, प्रगति प्रकाशन, मास्को।

136. मिश्र, केशव प्रसाद, देहरी के आर-पार; प्रथम संस्करण : 1987, राजकमल प्रकाशन प्रा. लिमिटेड, 1-बी नेताजी सुभाष मार्ग, नई दिल्ली।

137. मिश्र, केशव प्रसाद, कोहबर की शर्त; प्रथम संस्करण (पुनर्मुद्रित) : 1993, राजकमल प्रकाशन प्रा. लिमिटेड, 1-बी नेताजी सुभाष मार्ग, नई दिल्ली।

138. मिश्र, रामदरश, हिन्दी उपन्यास एक अन्तर्यात्रा; द्वितीय संस्करण (पुनर्मुद्रित) : 1992, राजकमल प्रकाशन प्रा. लिमिटेड, 1-बी नेताजी सुभाष मार्ग, नई दिल्ली।

139. मुक्तिबोध, सतह से उठता आदमी; तृतीय संस्करण : 1983, भारतीय ज्ञानपीठ, बी/45-47 कनॉट प्लेस, नई दिल्ली।

140. मंटो, सआदत हसन, टोबा टेकसिंह; प्रथम संस्करण : 1975, नीलाभ प्रकाशन, 5-खुसरो बाग रोड, इलाहाबाद।
141. राय कृष्णदास, भारतीय मूर्तिकला; नवम् संस्करण : संवत् 2046, नागरी प्रचारिणी सभा, वाराणसी।
142. लाजोस एगरी, द आर्ट ऑफ ड्रामेटिक राइटिंग; संस्करण : 1963, रॉकफेलर सेंटर, न्यूयार्क-20।
143. वालेक, रेने, आलोचना की धारणाएँ, द्वितीय संस्करण : 1940, अनुवादक : इन्द्रनाथ मदान, हरियाणा साहित्य अकादमी, चंडीगढ़।
144. सिनेमा एंड टेलीविजन; 1991, सम्पादक : जैकेस कर्माबोन और कुमार साहनी, ओरिएंट लांगमैन लिमिटेड, 1/24 आसफ अली रोड, नई दिल्ली।
145. त्रिपाठी, डॉ. वशिष्ठ नारायण, नाटक के रंगमंचीय प्रतिमान; प्रथम संस्करण : 1991, जगतराम एंड संस, गाँधी नगर, नई दिल्ली।
146. एंड्रयू, डुडले, कन्सेप्टस् इन थ्यौरी; प्रथम संस्करण : 1984, ऑक्सफोर्ड यूनिवर्सिटी प्रेस, न्यूयॉर्क।
147. एरिजोन, डेनियल, ग्रामर ऑफ द फिल्म लैंग्वेज; प्रथम संस्करण : 1976, फोकल प्रेस लन्दन व न्यूयार्क।
148. बुनुएल, लुइस, माइ लास्ट साइट; प्रथम संस्करण, सितम्बर, 1984, अनुवाद : एविगेल इजराइल विन्टेज बुक्स, ए डिविजन ऑफ रैंडम हाउस, न्यूयार्क।
149. बर्क, टॉम, डू इट इन डार्क : ए गाइड टू इसी डाकरूम मेथड; संस्करण : 1975, एच. पी. बुक्स, पो.बॉ.-5367, टक्सन, यू.एस.ए.।
150. इलिस, जैक सी., ए हिस्ट्री ऑफ फिल्म; संस्करण : 1979, प्रेंटिस हॉल इनकॉ, एंगलवुड क्लिपस, न्यूजर्सी।
151. नैश, कांसटेंस और ओके वर्जिनिया, द स्क्रीन राइटर्स हैंडबुक, हारपर एंड रो पब्लिशर्स इनकॉ, 10 इस्ट, न्यूयॉर्क।
152. पैकयार्ड, विलियम, द आर्ट ऑफ स्क्रीनराइटिंग : स्टोरी स्क्रिप्ट, मार्केट, पैरागोन हाउस पब्लिशर्स, न्यूयार्क।
153. पिंकस, एडवार्ड (सहयोग : लिंकन, जैरस), गाइड टू फिल्म मेकिंग; प्रथम संस्करण : 1969, ए सिग्नेट बुक; न्यू अमेरिकन लाइब्रेरी, 1633 ब्रॉडवे, न्यूयॉर्क।
154. रीस, स्लीमर, करेल और गोबिन, द टेक्नीक ऑफ फिल्म एडिटिंग; संस्करण : 1968, फोकल प्रेस, लन्दन एंड न्यूयार्क।
155. स्पॉटिसवुड, रेमंड, फिल्म एंड इट्स टेक्नीक; पंचम संस्करण : 1958, यूनिवर्सिटी ऑफ कैलिफोर्निया प्रेस, बर्कले एंग्लस, केलीफोर्निया।
156. टेकिंग सक्सेसफुल पिक्चर्स; संस्करण : 1982, सम्पादक : क्रिस्टोफर एंग्लोग्लो, विलियम कौलिंस संस एंड कम्पनी लि., लन्दन।
157. मेकिंग द मोस्ट ऑफ कलर्स; संस्करण : 1982, सम्पादक : क्रिस्टोफर एंग्लोग्लो, विलियम कौलिंग संस एंड कम्पनी लि. लन्दन।
158. मिश्रा, डॉ. विश्वनाथ, हिन्दी चलचित्रों में साहित्यिक उपादान, संस्करण : 1980, हिन्दी प्रचारक संस्थान, वाराणसी।

159. ओशो (रजनीश), नए समाज की खोज, डायमंड पॉकेट बुक्स, नई दिल्ली।
160. दंडी, दशकुमारचरित्, चौखम्बा प्रकाशन, वाराणसी।
161. शर्मीली, सं. 1971, नन्दा, गुलशन, साधना पॉकेट बुक्स, 39, यू.ए., बैंगलो रोड, दिल्ली।
162. बेदी, राजेन्द्र सिंह, दस्तक, संस्करण : 1971, हिन्द पॉकेट बुक्स, दिल्ली।
163. राही, वेद, दरार, संस्करण : 1972, मयूर पेपर बैक्स, दिल्ली।
164. 27 डाउन, संस्करण : 1974, बक्षी, रमेश, स्टार पब्लिकेशन, नई दिल्ली।
165. शालीमार, संस्करण : 1977, मुलगाँवकर, मनोहर, विकास पब्लिकेशन, नई दिल्ली।
166. इन सर्च ऑफ फेमिन (अकालेर सन्धाने), संस्करण : 1983, बन्धोपाध्याय, समिक सीगल बुक्स, कलकत्ता।
167. द रूइंस (खंडहर) संस्करण : 1984, बन्धोपाध्याय, समिक, सीगल बुक्स, कलकत्ता।
168. द चर्निग (मन्थन) संस्करण : 1984, बन्धोपाध्याय, समिक, सीगल बुक्स, कलकत्ता।
169. भवनी भवाई, संस्करण : 1986, बनर्जी, शम्पा, सीगल बुक्स, कलकत्ता।
170. 'पटकथा त्रैमासिक' में प्रकाशित पटकथाएँ, मध्य प्रदेश फिल्म विकास निगम मर्यादित भोपाल।
अंक–1–पथेर पाँचाली–रे, सत्यजित।
अंक–6–बैटलशीप पोटेमकिन–आईजेंस्टाइन।
अंक–10–उन फेम स्त उने फेम–गोदार।
अंक–12-13–ब्रीफ एनकाउंटर–लीन, डेविड।
अंक–14–मेट्रोपोलिस–लेंग, फ्रिट्ज।
अंक–17–त्रिकाल–बेनेगल, श्याम।
अंक–19–वाइल्ड स्ट्राबेरीज–बर्गमैन, ईंगमार।

पत्र-पत्रिकाएँ

1. सिनेमा इन इंडिया, सम्पादक : रवि गुप्ता, एन.एफ.डी.सी., वर्ली, मुम्बई।
2. समकालीन सृजन, अंक-17, वर्ष-1997, सम्पादक : शम्भुनाथ, 20 बालमुकुन्द मक्कर रोड, कलकत्ता।
3. सिनेमाया, सम्पादक : अरुण वासुदेव, बी-90 डिफेंस कॉलोनी, नई दिल्ली।
4. पटकथा : श्री राम ताम्रकर, मध्य प्रदेश फिल्म विकास निगम, ई-1/90 अरेरा कॉलोनी, भोपाल।
5. सारिका, सम्पादक : अवध नारायण मुद्गल, 10, दरियागंज, नई दिल्ली।
6. दिनमान, सम्पादक : रघुवीर सहाय, 10, दरियागंज, नई दिल्ली।
7. धर्मयुग, सम्पादक : धर्मवीर भारती, द टाइम्स ऑफ इंडिया बिल्डिंग, डॉ. डी.एन. रोड, मुम्बई।
8. विज्ञान प्रगति, सम्पादक : जी.पी. फोंडके, सी.एस.आई.आर, डॉ. के.एस. कृष्णन मार्ग, नई दिल्ली।
9. साप्ताहिक हिन्दुस्तान, सम्पादक : शीला झुनझुनवाला, हिन्दुस्तान टाइम्स हाऊस, नई दिल्ली।

10. इलस्ट्रेटेड वीकली ऑफ इंडिया; जनवरी 27, 1995।
11. जनसत्ता, वार्षिकांक-96, 97, सम्पादक, विवेक गोयनका, 83 वी.के. पाल एवेन्यू, कलकत्ता।
12. इतिहास बोध, अंक-19, जनवरी-जून-1995, सम्पादक : लाल बहादुर वर्मा, 1496 किदवई नगर, अल्लापुर, इलाहाबाद।
13. नाट्यवार्त्ता, नाट्यशास्त्र विशेषांक, अंक : 41-44, फरवरी-मई : 1980, 4, बिशप लेकफ्रायर रोड, कलकत्ता।
14. पुरुष, सम्पादक : विजयकान्त, निरालानगर, गोशाला रोड, मुजफ्फरपुर, बिहार।
15. पहल, सम्पादक : ज्ञानरंजन, 101 रामनगर, आधारतल, जबलपुर, म.प्र.।
16. डीप फोकस, सम्पादक : गॉर्गकुट्टी, ए.एल., 94 चार्ल्स कैम्प बेल रोड, कॉक्स टाउन, बंगलोर।
17. इंडिया टुडे, सम्पादक : अरुण पुरी, एफ-14/15 कनॉट प्लेस, नई दिल्ली।
18. योजना, अंक-8, अगस्त, 1995, सम्पादक : देवेन्द्र भारद्वाज, प्रकाशन विभाग, सूचना और प्रसारण मन्त्रालय, नई दिल्ली।
19. नटरंग, सम्पादक : नेमिचन्द्र जैन, आई-47 जंगपुरा एक्सटेंशन, नई दिल्ली।
20. आजकल, सम्पादक : प्रताप सिंह बिष्ट, सूचना और प्रसारण मन्त्रालय, नई दिल्ली।
21. हंस, सम्पादक : राजेन्द्र यादव, अक्षर प्रकाशन प्रा.लि., 2/36 अंसारी रोड, नई दिल्ली।
22. तीसरी दुनिया, सम्पादक : आनन्द स्वरूप वर्मा, सी-28, सेक्टर-9, नोएडा, गाजियाबाद।
23. समकालीन भारतीय साहित्य, सम्पादक : गिरधर राठी, रवीन्द्र भवन, 35 फिरोजशाह मार्ग, नई दिल्ली।
24. जनमत, सम्पादक : महेश्वर, आजाद मार्केट, पीर मुहानी, पटना, बिहार।
25. सारंगा-स्वर, सम्पादक : विजय कुमार मिश्र, जी-5, हंस भवन, बहादुरशाह जफर मार्ग, नई दिल्ली।
26. दैनिक पत्र–राष्ट्रीय सहारा दैनिक, द पायनियर, स्वतन्त्र भारत, टाइम्स ऑफ इंडिया, जनसत्ता, नवभारत टाइम्स तथा हिन्दुस्तान।

ग्रन्थालय

1. केन्द्रीय ग्रन्थालय, काशी हिन्दू विश्वविद्यालय, वाराणसी।
2. शान्त रक्षित ग्रन्थालय, केन्द्रीय उच्च तिब्बती शिक्षा-संस्थान, सारनाथ।
3. लायब्रेरी ऑफ एफ.टी.आई.आई., पुणे।
4. लाइब्रेरी ऑफ एफ.ए.आई., पुणे।
5. साहित्य अकादमी ग्रन्थालय, नई दिल्ली।
6. बोकारो केन्द्रीय लाइब्रेरी, बोकारो।

●●●